MARK HUGHES

MAX VERSTAPPEN UNSTOPPABLE

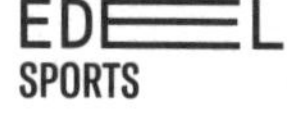

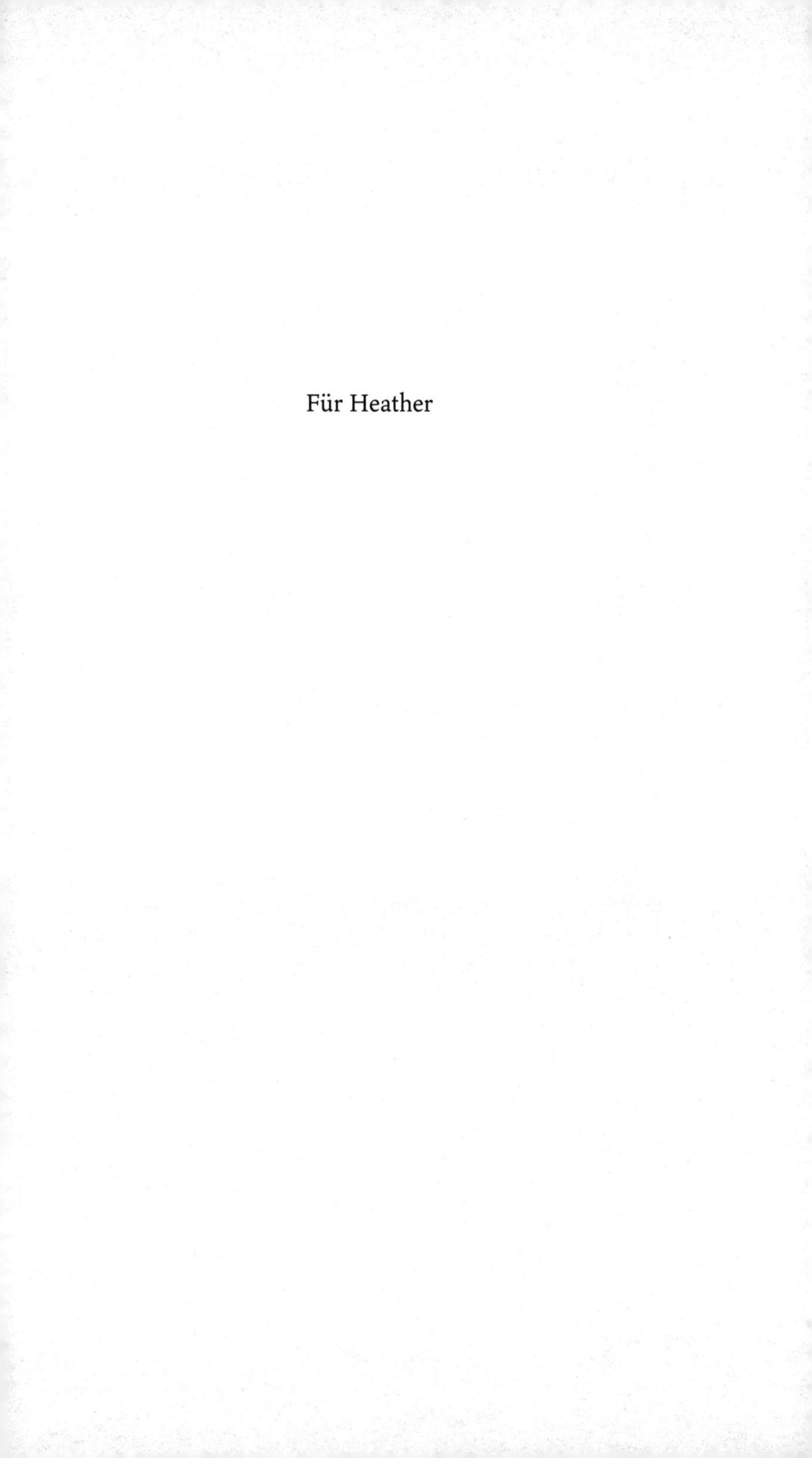

Für Heather

INHALT

EINFÜHRUNG

Max Verstappen eroberte die Formel 1 mit Vollgas. Kaum war er da, hatte er sich auch schon durchgesetzt. Den Namen Verstappen kannten viele Rennsportfans noch aus den 1990er- und frühen 2000er-Jahren, als Max' Vater, Jos, den manche nur „Boss" nannten, mit seiner direkten Art und seinem aggressiven Fahrstil für Furore und so manche Kontroverse sorgte, wenngleich er nie Einfluss auf den Ausgang eines Rennens hatte und sich in der Formel 1 nie wirklich hatte durchsetzen können. Sein Stern verblasste, bevor er richtig aufgegangen war.

Nachdem sich Jos aus der Formel 1 zurückgezogen hatte, begann allerdings schon die zweite Verstappen-Ära. Wenn es einen Weg gäbe, den perfekten Rennfahrer unter Laborbedingungen zu erschaffen, wäre Max Verstappen womöglich die beste Vorlage für dieses Experiment. Denn Max ist nicht nur der Sohn von Jos, sondern auch von Sophie Kumpen, einer der weltbesten Kartfahrerinnen ihrer Generation. Sie fuhr gegen Jenson Button, Giancarlo Fisichella, Jarno Trulli und einen begabten, aber nicht ganz so herausragenden Rennfahrer namens Christian Horner. An einem guten Tag konnte Sophie die Besten von ihnen schlagen. Sie war beeindruckend, talentiert und klug.

Aber gibt es so etwas wie ein Speed-Gen? Wurde Max das Weltmeisterwerden in die Wiege gelegt? War es die doppelte Dosis Racing-DNA, die ihn zum Rennfahrer machte und ihn mit dem fast schon übernatürlichen Gespür für die physikalischen Haftungsgrenzen von Reifen auf Asphalt segnete, die ihn zum Champion machte? Oder ist sein Erfolg schlicht der Tatsache zu verdanken, dass er auf der Kartbahn aufwuchs – mit dem Geruch von verbranntem Gummi und Zweitaktbenzin in der Nase, aufgezogen und angetrieben von einem der härtesten, anspruchsvollsten und gelegentlich wohl furchteinflößendsten aller ehrgeizigen Väter, die es je auf einer Rennstrecke gab?

Wissenschaftler verbrachten zahllose Stunden damit, herauszufinden, ob es so etwas wie ein Siegergen überhaupt gibt, ob sportliches Talent in einem bestimmten Bereich eher angeboren ist oder vielmehr antrainiert werden muss, und welche Kombination aus Veranlagung und Training notwendig ist, damit ein Sportler sein volles Potenzial entfaltet.

David Epstein hat in seinem 2020 auf Deutsch erschienenem Buch *Die Siegergene: Talent, Übung und die Wahrheit über außergewöhnlichen Erfolg* den Stand der Forschung zusammengefasst. „Das Ergebnis der Kompetenzstudie ... lässt sich in einem einzigen Satz zusammenfassen, der in meinen Gesprächen mit Psychologen, die auf diesem Gebiet forschten, gebetsmühlenartig wiederholt wurde: ‚Die Software ist entscheidend, nicht die Hardware.'" Mit anderen Worten: Das, was Profis von Amateuren unterscheidet, haben sie durch beharrliches Üben erworben.

Das Augenmerk der dem Epstein-Buch zugrundeliegenden Studien lag auf dem Gebiet der Leichtathletik; es gibt keine vergleichbaren Untersuchungen, die sich der Frage gewidmet haben, ob die Erkenntnisse auch auf den Motorsport übertragbar sind. Es gab allerdings Untersuchungen zur Erleichterung von Auswahlverfahren bei Kampfpilotanwärtern. Und hierbei lassen sich durchaus einige Parallelen zum Motorsport feststellen. Was bei diesen Studien herausgefunden wurde, scheint eher die „Hardware"-Theorie zu bestätigen, nämlich dass gewisse Fähigkeiten durchaus angeboren sind und es von Person zu Person signifikante Unterschiede hinsichtlich der natürlichen Begabung gibt.

Vermutlich muss beides zusammenkommen. Es gibt unterschiedliche individuelle Begabungen, und es gilt die „10.000-Stunden-Regel". Diese ist bekannt geworden durch Malcolm Gladwells

Bestseller *Überflieger: Warum manche Menschen erfolgreich sind – und andere nicht*, der wiederum auf einer Studie aus dem Jahr 1993 basiert, die der Psychologe Anders Ericsson von der Florida State University mit Weltklassegeigern an der Westberliner Musikhochschule durchgeführt hat.

Ericsson und sein Team kamen bei ihrer Untersuchung zu dem Ergebnis, dass grob gesagt 10.000 Übungsstunden vor dem zwanzigsten Lebensjahr den Unterschied ausmachen zwischen Elite und Nicht-Elite. Ein derartiges Arbeitspensum ist alles andere als angenehm und wird nur von den motiviertesten und entschlossensten Sportlern durchgehalten, aber es ist laut Ericsson unerlässlich, um sich die von einem Spitzensportler benötigten Fähigkeiten anzueignen, um etwa Bewegungsmuster zu verinnerlichen und den Gegner „lesen" und auf diesen in einer vorbewussten Art und Weise reagieren zu können.

Hatte Max also eine angeborene „natürliche" Begabung? Wenn ein Vierjähriger in ein Gokart steigt, Runde um Runde fährt und schon bald schneller ist als andere Kinder, die diesen Sport schon seit Jahren betreiben, deutet einiges darauf hin.

Hat er seine „10.000 Stunden" geübt? Auf jeden Fall. Und noch einige mehr. Mit Jos als Vater hätte es auch gar nicht anders sein können. Obwohl sich Jos bis in die Formel 1 hochgearbeitet hatte, blieb er dem Kartsport, der ja den idealen Einstieg in den Rennsport bietet, immer verbunden. Er war einer der größten Experten in Sachen Kartsport und verdiente damit seinen Lebensunterhalt. Als der vierjährige Max ein eigenes Kart haben wollte (er war extrem sauer, als man ihm zunächst sagte, er solle damit noch ein oder zwei Jahre warten, sodass Sophie ihren Mann davon überzeugte, dass es für alle Beteiligten von Vorteil wäre, dem Jungen das Fahrzeug besser früher als später zu geben), erfüllte ihm Jos diesen Wunsch gerne.

Und als Max ein paar Jahre später, als sein Talent mehr als deutlich zu erkennen war, darum bat, mit dem Rennsport beginnen zu dürfen, wollte Jos es von Anfang an richtig angehen. Ihm war es von vornherein ernst mit der Ausbildung seines Sohnes, an spaßigem Zeitvertreib hatte er kein Interesse. Wahrscheinlich wäre auch für Max ohnehin nie etwas anderes infrage gekommen, als sich voll und ganz reinzuhängen. In diesem Umfeld waren sowohl der Wunsch, Rennen zu fahren, als auch die Herangehensweise an den Sport, die ihm von Anfang an eingetrichtert wurde, eine Selbstverständlichkeit.

Wie kann man Jos' Ehrgeiz , sich in seinem Sohn zu verwirklichen und es nach den Fehlern, die er selbst in seiner Karriere gemacht hat, nun besser zu machen, und Max' Recht, aus eigenen Fehlern lernen zu dürfen, in Einklang bringen? Als Jos in die Formel 1 kam, gab es einigen Wirbel um diesen wilden Kerl aus der holländischen Schrottplatz-Community, der im Kartsport und in den Nachwuchsklassen des Automobilsports für Furore gesorgt hatte.

Selbst für die begabtesten und ehrgeizigsten Fahrerinnen und Fahrer, sogar für diejenigen, die dank einer vermögenden Familie einen immensen Vorteil haben, ist der Motorsport oft ein verwirrender Kosmos, den man erst nach und nach verstehen lernt. Selbst wenn man sich den Zugang dazu erkaufen kann, das Wissen und die Intelligenz, die man braucht, um seine Chancen zu maximieren, erlangt man auf diese Weise nicht: Es gibt unzählige Fallstricke und mindestens so viele Hürden, an denen selbst die vielversprechendsten Karrieren scheitern können. Dieses Wissen eignet man sich schon von Kindesbeinen an an, wenn man Rennen fährt, und selbst diejenigen mit einer besonders schnellen Auffassungsgabe, brauchen Jahre für einen essenziellen Grundstock. Aber Max' Weg wurde von jemandem geebnet, der das alles schon einmal durchgemacht hatte, von jemandem, der bereit war, sich zu hundert Prozent auf die Planung und das Management seiner Karriere zu konzentrieren und die Fehler zu vermeiden, die er selbst gemacht hatte. Es war ein Zehnjahresprojekt, das die Verstappens zwangsläufig zu einer unaufhaltsamen Kraft machen sollte.

Die für den Rennsport nötige Einstellung ist nicht jedermanns Sache. Es ist im Grunde Besessenheit, die nur am Rande minimal Platz für anderes lässt – für andere Interessen, für Beziehungen außerhalb des Rennsports, für Interesse an der Welt außerhalb der Rennblase. Es geht nur um Leistung: Reaktionen und Lösungen zu auftretenden Problemen müssen a) richtig sein und b) unmittelbar umgesetzt werden. Mit dem Wort „fokussiert" ist das nicht einmal ansatzweise beschrieben. Leistung dominiert alles. Man ist ständig damit beschäftigt, Möglichkeiten zu finden, wie man selbst oder das eigene Auto noch schneller werden kann. Es gibt immer wieder neue Erkenntnisse und Erfahrungen zu sammeln, doch ohne Zwang und harte Arbeit wird man es nicht schaffen, das Beste aus sich herauszuholen. Wenn man eine Rennstrecke mit dem Gefühl verlässt, dass man mehr hätte leisten können, ist das unerträglich, völlig inakzeptabel. Für Hobby-Rennfahrer mag das das in Ordnung sein. Es ist vielleicht auch in Ordnung für Kinder, die einfach nur Spaß haben am Rennsport und die Anerkennung genießen. Aber es ist nicht in Ordnung für diejenigen, die es richtig ernst meinen. „Ich habe mit vielen großartigen Fahrern zusammengearbeitet", sagt Kees van der Grint, der Bridgestone-Reifeningenieur, der mit Jos vom Kart bis zur Formel 1 zusammengearbeitet und den frühen Aufstieg von Max aus nächster Nähe miterlebt hat, „aber die Art und Weise, wie sie an die Dinge herangegangen sind, war nicht normal, nicht einmal gemessen an dem, was im Rennsport üblich ist. Sie war extrem. Die Entschlossenheit dieser Leute, der unbedingte Wille, keine Kompromisse eingehen zu wollen, war unglaublich. Ich glaube nicht, dass Max in diesem Alter viel Einfluss auf die Entscheidungen hatte. Im Grunde hat Jos alles entschieden. Und sie geben alles. Wirklich alles. Zum

Beispiel gehen sie nach einem Test noch mal auf die Strecke zurück, um ein paar Runden bei Regen zu fahren, für den Fall, dass es am Renntag regnen sollte. Oder sie versuchen, in mühseliger Arbeit den Motor oder das Kart schneller zu machen, worin sie viele Stunden investieren. So etwas habe ich echt noch nicht gesehen."

Auch als Jos F1-Fahrer war, blieb er dem Kartsport treu. Er leitete Teams, bereitete Motoren vor und verkaufte sie. So gewann beispielsweise Giedo van der Garde 2002 die Kart-Weltmeisterschaft mit einem Motor von Jos Verstappen. Auch zwischen den Grands Prix war er in den europäischen Kart-Paddocks oder in seiner Werkstatt anzutreffen und schraubte, wie sich van der Grint erinnert: „Selbst als Jos in der Formel 1 aktiv war und noch bevor Max Rennen fuhr, konnte es schwierig sein, ihn für einen Testtag zu bekommen, wenn dieser mit einem wichtigen Kart-Event kollidierte." Sein Fokus lag immer auf dem Kartsport. Aus Sicht des Rennsports hätte es also kein perfekteres Umfeld für den jungen Max geben können. Sein Vater war dort bereits aktiv und kannte sich bestens aus, sodass die Voraussetzungen von Max, als er mit dem Rennsport begann, von Anfang an optimal waren.

Auch wenn etwas von Jos' Impulsivität und seiner kurzen Lunte bei Max in Momenten, in denen er extrem angespannt ist, gelegentlich durchschimmert, besitzt er einen grundsätzlich ausgeglicheneren Charakter, und es braucht mehr als seinen Vater, um ihn zu stressen. Diesbezüglich scheint er mehr nach seiner Mutter als nach seinem Vater zu kommen, weshalb Jos manchmal glaubte, dass Max manches nicht ernst genug nahm, was zu einigem Ärger zwischen Vater und Sohn führte. Doch trotz der unbekümmerten, offenen Art, dem ungezwungenen Lächeln und den lockeren Sprüchen ist er absolut straight: Seine Einstellung ist die eines Rennfahrers durch und durch. Klappt man das Visier herunter, wird er, wie ihn sein

Red-Bull-Teamchef Christian Horner beschreibt, „ein Vollblut. Er ist willensstark, er kann sehr heißblütig werden, wenn die Emotionen hochkochen. Er hält sich nicht zurück. … Aber man weiß, dass man von ihm hundert Prozent bekommt, und seine mentale Belastbarkeit ist einzigartig, so etwas habe ich noch nicht gesehen. Seine Fähigkeit, sich in Drucksituationen zu behaupten, ist phänomenal. Und je mehr Druck man auf ihn ausübt, desto besser wird er. Einfach phänomenal."

Trotz seines Alters ist Max gierig und engagiert. Er hat den Mut, den Jos ihm eingeimpft hat. Wobei die Art und Weise, wie er das getan hat, in keinem Elternratgeber zu finden sein wird und gelegentlich mehr als grenzwertig war. Nehmen wir den Vorfall in Neapel 2012, der mittlerweile zur Rennsportfolklore gehört. Damals war Jos so wütend über einen dummen Fehler, den Max beim Rennen gemacht hatte, dass er seinen 15-jährigen Sohn an einer Tankstelle stehen ließ und alleine weiterfuhr. Ein anderes Mal ließ Jos ihn aus Verärgerung über einen Fahrfehler beim Rennen die kilometerlange Strecke zurück zum Hotel laufen. Als Max mit Rennanzug und Helm zu Fuß unterwegs war, wurde er von einem Autofahrer aufgelesen und zum Hotel gebracht. Als Jos ihn früher als erwartet ankommen sah, fragte er ihn, wie er das so schnell geschafft habe. Als Max es ihm erklärte, bestand Jos darauf, ihn dorthin zurückzubringen, wo er aufgegriffen worden war, und ihn seine Strafe ohne Hilfe verbüßen zu lassen. Jos war als Pädagoge weder einfühlsam noch sanft oder subtil. Die sich selbst gestellte Aufgabe bestand für Jos darin, Max zum besten Rennfahrer zu machen, der er sein konnte, und Jos kannte nur einen einzigen Weg, das zu erreichen. Für Kompromisse gab es da keinen Platz und verletzte Gefühle spielten dabei keine Rolle.

Doch damit der Plan aufging, brauchte Max mehr als nur herausragendes Talent. Er brauchte auch eine ganz besondere Persönlichkeit, die zwar das Durchsetzungsvermögen und die

Energie eines erfolgreichen Rennfahrers in sich vereinte, aber nicht über die damit oft verbundenen rebellischen Züge verfügte. Es brauchte ein gehöriges Maß an Belastbarkeit, um mit Jos' extremer Herangehensweise fertig zu werden und gleichzeitig seine einmal gemachten Fehler nicht zu wiederholen.

Damit Jos harte Hand die gewünschte Wirkung erzielen konnte, musste Max sich voll und ganz darauf einlassen, was aber nicht ganz so schwer gewesen sein dürfte, wie sich das manch einer vorstellen mag, weil er ja nie etwas anderes gekannt hatte. Außergewöhnlich war, dass Max trotz der Rigorosität seines in vielerlei Hinsicht extremen Vaters seine eigene Identität bewahrte.

„Max ist der Diplomat", sagt seine Mutter Sophie in der Fernsehsendung *RTL-Boulevard*. „Er möchte es immer allen recht machen." Angesichts der dominanten Persönlichkeit von Jos und der so intelligenten wie streitbaren Sophie kann man sich leicht vorstellen, dass es für den jungen Max in den ersten elf Lebensjahren vor der Trennung seiner Eltern nicht immer einfach war. Wenn man heute mit ihm spricht, merkt man nichts davon, er ist locker und umgänglich und lächelt immer. Das Besondere an seiner Persönlichkeit, das Entscheidende, ist, dass er sich durch nichts einschüchtern lässt. Er fürchtet niemanden, und um seinen Ruf schert er sich nicht. Er ist geradeheraus und auf dem richtigen Weg, er ist immer der Dominante, egal wobei. Aber es hat keine Rebellion gegeben. Nicht, soweit man weiß. Er ist einfach nur geradlinig, sachlich und offen, typisch holländisch eben, und er führt das Leben weiter und treibt die Karriere weiter voran, die Jos mitgestaltet hat. Er hat seinen Vater, als er berühmt und erfolgreich wurde, nicht aufs Abstellgleis befördert. Jos ist immer noch an seiner Seite, ein Partner, vielleicht sogar ein gleichberechtigter Partner, obwohl sich die Abnabelung des Sohns von seinem Vater abseits der Rennstrecke ziemlich nahtlos vollzogen zu haben scheint.

Jos und Raymond Vermeulen, der Manager, den Jos vor Jahren für sich selbst engagiert hatte und der immer noch der Berater seines Vertrauens ist, kümmern sich in aller Ruhe um die Geschäfte, während Max auf der Piste die Gegner alt aussehen lässt, um dann zur Normalität zurückzukehren, die für Max seit Ende 2020 aus Partnerin Kelly Piquet und Penelope, ihrer Tochter aus einer früheren Beziehung, besteht.

„Kelly ist ein bisschen älter als er", sagte Sophie 2021 in der Sendung *RTL Boulevard*. „Sie hat ein kleines Kind. Sie haben eine Art kleine Familie gegründet, und ich glaube, dass Max das vielleicht vermisst hat, als er jung war, und ich denke, dass ihm diese Stabilität auch in diesem Jahr geholfen hat, weil er weiß, dass zu Hause jemand auf ihn wartet. Sie kommt auch aus einer Rennfahrerfamilie, von daher versteht sie das alles. Wenn man sieht, wie liebevoll er zu ihrem Kind ist, aber auch zu seiner Schwester, dann sieht man, dass er das Herz am rechten Fleck hat."

Max hat sich anscheinend das ruhige Leben zu Hause geschaffen, das er als Kind nie hatte, das er sich aber sicher gewünscht haben dürfte, wenn man bedenkt, wie unharmonisch die Ehe seiner Eltern war. Wie schlimm es war, lässt sich daran ermessen, dass Sophie nach der Trennung 2008 eine einstweilige Verfügung gegen Jos erwirkte. Nach der Trennung blieb Max bei Jos – nicht zuletzt, weil sie zu dieser Zeit ohnehin durchs Kartfahren sehr viel Zeit miteinander verbrachten – während Max' Schwester Victoria bei Sophie blieb. Max behielt zu allen einen engen Kontakt, ein liebevoller Sohn und Bruder.

Wie wichtig ihm das war und immer noch ist, zeigte sich auch eindrucksvoll daran, dass er wenige Stunden nach dem Gewinn seines ersten Weltmeistertitels in einem Interview sagte, er sehe dies als Erfolg für die Familie. „Wenn man sein Lebensziel erreicht, ist das ein unglaubliches Gefühl, nicht nur für mich, sondern für meine ganze Familie. Sie haben viel für mich geopfert. Mein Vater war viel unterwegs, daran ist wahrscheinlich die Ehe zerbrochen. Und auch meine Schwester hat auf einiges verzichten müssen, sie hat mich vermisst, und sie hat auch ihren Vater vermisst, weil er immer bei mir war. Das alles ist für etwas gut gewesen. Es war nicht umsonst. Das ist etwas ganz Besonderes."

„Ich glaube, Max weiß, wie traurig ich war, wie sehr ich ihn vermisst habe, als er jünger war", sagte Sophie in der Verstappen-Dokuserie *Whatever It Takes* von 2020, „und ich glaube, er will die verlorene Zeit wiedergutmachen."

Auch Victoria hat unter der Trennung gelitten, und während Max' Erfolge es ihr ermöglichten, ihren eigenen Interessen nachzugehen – unter anderem im Kartsport –, haben sie sie, wie Max andeutet, auch etwas gekostet. In *Whatever It Takes* spricht sie darüber: „Ich verstehe, warum Papa so viel Zeit mit Max verbracht hat. Es ist unglaublich, dass sie es in die Formel 1 geschafft haben. Aber für mich war es manchmal schwer. Es gab Zeiten, da fühlte ich mich nicht wichtig, wenn sie nur über Max sprachen."

Max erzählt auch von der Freizeit, die er mit seiner Mutter und seiner Schwester auf Kartbahnen verbringt. „Wir fahren manchmal zusammen Kart. Zwischen meiner Mutter und meiner Schwester gibt es immer ein Wettrennen. Sie liegen immer nur Zehntelsekunden auseinander, und meine Schwester wird oft wütend, weil sie glaubt, dass sie besser ist. Gegen meinen Vater bin ich das letzte Mal gefahren, als ich 13 war, und wir hatten ähnliche Rundenzeiten. Das hat mir Spaß gemacht."

„Als sie Kinder waren, hat Max Victoria immer einen Sticker oder ein Malbuch gegeben, um den Frieden zu wahren", erzählte Sophie auf RTL. „Er denkt immer an sie. Sie gehören einfach zusammen. Er ist so gut, so lieb. Max will alles immer erst im Gespräch klären, er ist ein sensibler Mensch. Das wilde Racer-Herz hat er von Jos, die Sanftmut von mir. Aber täuschen Sie sich nicht. Unter dem Helm ist er ein Tiger."

Max ist sensibel genug, um eine gute Atmosphäre um sich herum zu schaffen, aber er ist kein Grübler. Tiefenpsychologische

Fragen nach seiner Beziehung zu seinem Vater in seiner Kindheit treiben ihn nicht um. Er hätte darauf keine tiefgründigeren Antworten als achselzuckend zu sagen „es ist, wie es ist“ und „ich bin sehr dankbar dafür“. Seine Realität. Und nur die zählt. Seine Sicht der Dinge ist, dass er sah, wie alle um ihn herum Rennen fuhren und er verlangte, auch mitmachen zu dürfen. Jos kam dieser „dringenden Bitte“ (wie er später sagte) nach, aber er trainierte ihn so, wie noch nie jemand zuvor trainiert worden war. Jedenfalls nicht in diesem Sport. Vielleicht gibt es Parallelen zu den Williams-Schwestern oder Andre Agassi im Tennis.

Der Junge, der in den Zirkus hineingeboren wurde, ist nun derjenige, der auf dem Drahtseil steht und all die Lektionen umsetzt, die ihm sein Vater auf den Kartbahnen Europas beigebracht hat. Und der blickt nun mit sichtlichem Stolz nach oben, weil er weiß, dass sein Sohn auf dem Seil besser ist, als er selbst es je war, und er ist zufrieden, weil er ihm das Rüstzeug für seinen Erfolg mitgegeben hat, eine Ausbildung, die viel besser ist, als seine eigene je hätte sein können.

Aber was ist das für ein Typ, der sein ganzes bisheriges Leben dem Rennsport gewidmet hat? Trotz seines unglaublichen Talents wirkt er bodenständig und mitunter auch ein wenig unbedarft. So scheinen ihm die typischen Sorgen der Generation Z, etwa was die soziale Gerechtigkeit anbelangt, keine größeren Kopfschmerzen zu bereiten; ja mehr noch: Er macht nicht den Eindruck, als wüsste er, was in der Welt außerhalb seiner eigenen Blase vor sich geht oder als interessiere er sich auch nur dafür. Er ist ein netter Kerl, ein fürsorglicher, vernünftiger junger Mann, aber für die Dinge jenseits seiner unmittelbaren Lebenswirklichkeit scheint er sich schlicht nicht zu interessieren. Da ist immer dieser Hang zur Ausgewogenheit. Natürlich nicht im Auto. Aber außerhalb des Autos geht es darum, alles so stressfrei wie möglich zu gestalten, auch für die wichtigen Menschen um einen herum. Aus Rennsportsicht ist das eigentlich eine perfekte Kombination: ein Ausbund an Leidenschaft und Aggression im Auto, und eines an Ausgeglichenheit, wenn er keinen Rennoverall und Helm anhat. Vielleicht ist das, mehr noch als Renntalent, das entscheidende genetische Erbe: die Kombination von Jos Feuer und Sophies Ausgeglichenheit. „Wissenschaftlich gesehen ist das womöglich die beste Mischung, die es gibt“, sagt Frits van Amersfoort, für dessen Team sowohl Jos als auch Max gefahren ist. „Max’ Ehrgeiz und seine Wildheit kommen von Jos und die soziale Seite von Sophie. Das ist die perfekte Kombination. Ich glaube nicht, dass man in einem Labor hätte erreichen können, was diese beiden Menschen erreicht haben!“

Jedes Mal, wenn er im Auto sitzt, will er das Beste aus sich herausholen, was Max in seinen ersten Jahren in der Formel 1 manchmal zu Manövern verleitete, die nicht der Rennetikette entsprachen. Ein extremes Beispiel war, als er Kimi Räikkönen in Spa zwang, bei 200 km/h auf der Geraden zu bremsen, um einen verheerenden Unfall zu vermeiden. Der legendäre dreifache Weltmeister Niki Lauda kommentierte diese Harakiri-Aktion mit den Worten: „Der sollte mal zum Psychiater gehen.“

„Toll, dann können wir ja zusammen dahin gehen“, sagte Max lachend, als er von Laudas Kritik hörte. Nicht aggressiv oder defensiv. Es ist ihm einfach egal, was andere denken, weil er sich seiner Sache sicher ist.

Die üblichen Regeln wurden durch sein überbordendes Talent und die geschickte Art, wie Jos es in Szene setzte, oft bedeutungslos. Einige von Verstappens übermütigen Aktionen erforderten neue sportliche Regeln, wie sie eine Generation zuvor für Michael Schumacher aufgestellt worden waren. Eine davon war das neue sportliche Reglement, das ein Mindestalter von 18 Jahren für F1-Fahrer vorschreibt, nachdem Max mit 17 Jahren und 166 Tagen als jüngster Fahrer aller Zeiten debütiert hatte.

Er hatte bereits 14 Grands Prix absolviert, bevor er überhaupt einen Führerschein besaß und auf Europas Straßen fahren durfte. Max hat keine Zeit für die Art und Weise, wie sich die Formel 1 im Zeitalter der sozialen Medien verändert hat, denn er ist diesbezüglich alte Schule, obwohl er ein sogenannter Digital Native ist. Er kann Dinge mit einem Auto tun, von denen andere nur träumen. Er kann im Rennen auf eine Weise Rad an Rad fahren, dass seine Gegner fast den Eindruck haben müssen, es sei unmöglich, ihn mit normalen Mitteln zu schlagen. Aber er wird nur durch den Sport definiert und er ist keiner von denen, die den Rennsport in der Art und Weise transzendieren, wie es Lewis Hamilton oder Ayrton Senna getan haben. Dafür ist er zu geradlinig, zu uninteressiert an der Welt jenseits des Rennsports. Denn das ist eine Welt, in der er nie gelebt hat. Aber innerhalb der Blase, in der er sein ganzes Leben verbracht hat, sind bisher nur sehr wenige jemals so hoch geflogen wie er.

MONACO

Wie auf kaum einer anderen Rennstrecke konnte der junge Newcomer sein großes Potenzial in Monaco unter Beweis stellen.

Der Gewinn der Weltmeisterschaft 2022 war weit weniger stressig und umstritten gewesen als der Titelgewinn im Jahr zuvor. Das letzte Rennen, das auch diesmal wieder in Abu Dhabi stattgefunden hatte, war eine entspannte Angelegenheit gewesen, die Max, der sich bereits vier Rennen zuvor den Titel gesichert hatte, den 15. Saisonsieg bescherte. Das war auch ein neuer Rekord, denn Max hatte in dieser Saison, die er unglaublich dominiert hatte, mehr Grand-Prix-Siege eingefahren als Jack Brabham, Graham Hill oder Emerson Fittipaldi in ihren gesamten jeweils langen Karrieren. Vom Nahen Osten flog Max mit dem Dassault Falcon 900EX – dem Privatjet, den er im Jahr 2020 von Richard Branson gekauft hat – nach Nizza und von dort per Helikopter weiter nach Monaco, wo er seit seinem 18. Geburtstag lebt.

Ich hatte Jos schon früh in jenem Jahr interviewt, als Max noch nicht das Nest verlassen hatte, obwohl er bereits Formel-1-Pilot war. Jos hatte damals noch keinen Grund gesehen, warum Max aus dem Haus im belgischen Maaseik ausziehen sollte. „Er wäscht seine Wäsche hier und hat all seine Sachen hier“, sagte Jos, als ob das Max davon hätte abhalten können, allein leben zu wollen. Max’ Weg in die Formel 1, der im Grunde in seiner Kindheit begonnen hatte, war zu Ende, und der 17-Jährige konnte es kaum erwarten, einen Teil seines Millionengehalts für eine eigene Wohnung auszugeben, in der er in relativer Anonymität trainieren, sich ausruhen und spielen konnte.

Seit seinem elften Lebensjahr lebte Max ausschließlich bei seinem Vater, besuchte zwischen den Rennen seine Mutter und seine Schwester und kam oft früh aus der Schule – oder musste erst gar nicht hin –, um mit Jos im Transporter quer durch Europa zum nächsten Rennen zu fahren, der nächsten Chance für Max, genau das zu tun, was er gerne tat. So jedenfalls blickt Max heute auf diese Zeit zurück.

„Ob es Max tatsächlich jeden Tag Spaß gemacht hat, weiß ich nicht. Ich bezweifle es. Das, was im Nachhinein erzählt wird, stimmt nicht unbedingt immer mit der Realität überein", sagt Kees van der Grint. „Jetzt, wo sie so erfolgreich sind, können sie darüber lachen, wie sie immer wieder zusammen Tausende Kilometer in dem Transporter zurückgelegt haben. Ich weiß nicht, ob Max jede Nacht glücklich war. Aber natürlich verdienen sie den Erfolg, den sie heute haben, auch wegen dieser Zeit damals. Ich glaube nicht, dass Jos ihn dazu gedrängt hat, eine Rennsportkarriere anzustreben, wobei aber immer klar gewesen sein wird: Wenn wir das machen, dann richtig."

„Ich habe Max' Karriere immer alles untergeordnet", sagte Jos, kurz nachdem Max von zu Hause ausgezogen war. „Max war auf seine Karriere fixiert, und als er es in die Formel 1 geschafft hatte, ging er nach Monaco."

Es war ein unglaubliches Abenteuer gewesen, vom Kart-Kid zum vielversprechendsten aller F1-Fahrer aufzusteigen, wobei dieser Erfolg auf seinem Talent sowie auf Jos' Fachwissen und Erfahrung gründete. Doch nun war er bereit, sein eigenes Leben zu führen, auch wenn sich Jos und sein Vertrauter Raymond Vermeulen (der die Wohnung in Monaco gefunden hatte, in die Max später einzog) weiter um das Geschäftliche kümmerten.

In der zweiwöchigen Pause zwischen dem Großen Preis von Japan und dem Großen Preis von Russland wurde Max 18 Jahre alt. Jos schenkte ihm zum Einzug in seine eigene Wohnung einen Jetski, und Sophie half ihm beim Möbelkauf. Sie hatte das mütterliche Gefühl, dass das der Moment war, in dem sie ihn an den Superstarruhm zu verlieren begann, und dass dies die letzte normale Sache war, die sie als Mutter und Sohn gemeinsam tun würden. Ihr Sohn, der bereits als minderjähriger F1-Debütant 14 Grands Prix bestritten hatte, was einer von bald zahllosen Rekorden war. In Suzuka war er von Rechts wegen noch ein Kind, das bei seinem Vater wohnte, auch wenn er im Toro Rosso versuchte, den Red Bull von Daniil Kwjat in der legendären Kurve 130R mit 320 km/h zu überholen, wobei sein rechter Hinterreifen neben der Streckenbegrenzung war. Zwei Wochen später in Sotschi war er ganz offiziell ein Monegasse.

Dass in Monaco der prestigeträchtigste Grand Prix der Welt ausgetragen wird, ist für die Entscheidung, seinen Hauptwohnsitz dorthin zu verlegen, im Grunde völlig nebensächlich. Für viele Formel-1-Stars, die in relativ kurzer Zeit ein großes Vermögen angehäuft haben, ist das Fürstentum wegen seiner niedrigen Steuern der ideale Wohnort. Dennoch hat Monaco in Verstappens Karriere auch eine besondere sportliche Bedeutung. Bei seinem ersten Rennen auf dem legendären Stadtkurs im Jahr 2015 war er in seinem Toro Rosso zwar schnell gewesen, aber dramatisch vorzeitig ausgeschieden, nachdem er über die Front von Romain Grosjeans Lotus geflogen war.

Und dann war da ein Jahr später der Große Preis von Monaco 2016, das Rennen nach seinem siegreichen Red-Bull-Debüt, als er im ersten Qualifying beim Schwimmbad in die Mauer krachte, wobei eine Spurstange brach, weshalb er in der nächsten Kurve nicht mehr lenken konnte. Zwei Jahre später ereignete sich im Samstagstraining ein fast identischer Unfall, der ihn die Teilnahme am Qualifying kostete. Beide Male gehörte er zu den Schnellsten und galt als aussichtsreicher Kandidat für die Pole-Position – und damit als potenzieller Sieger, da Überholen auf der engen, kurvenreichen Strecke nahezu unmöglich ist. Auf diesem legendären Kurs wären also zwei prestigeträchtige Siege durchaus möglich gewesen, aber so wurden die Chancen darauf verschenkt.

Im Donnerstagstraining 2015 sammelte Max seine ersten Erfahrungen auf der Strecke, die bekanntermaßen sehr anspruchsvoll ist, wenn man versucht, ein 1000-PS-Monster durch die engen, von Mauern gesäumten Straßen zu steuern. Im Toro Rosso, der alles andere als ein Top-Auto war, fuhr der 17-jährige Rookie sensationell die zweitschnellste Zeit und lag damit nur zwei Zehntel hinter Lewis Hamilton im Mercedes. Für die Beurteilung des Potenzials neuer Fahrer sagen die Spitzenwerte weit mehr aus als die Durchschnittswerte. Sie geben Aufschluss über die Leistungen, die regelmäßig gebracht werden können, wenn der Fahrer über genügend Erfahrung verfügt, um seine besten Leistungen abrufen zu können. Das erste Training am Donnerstag 2015 war ein wichtiges Indiz für die kommende Größe. In seiner erst zweiten Saison im Autorennsport (im Gegensatz zum Kartsport) war er in einem mittelmäßigen Fahrzeug der Zweitschnellste bei einem F1-Training, das die Fahrer auf dem Stadtparcours auf ganz besondere Weise forderte.

Der Zwischenfall von 2018 war ebenso bezeichnend. Drei Jahre nach seinem erstaunlichen Debüt kam er mit einer ziemlichen Bürde nach Monaco, da er in den fünf vorangegangenen Rennen der Saison jedes Mal in irgendeiner Form Schwierigkeiten gehabt hatte. Es wirkte so, als ob er in seiner dritten Saison bei Red Bull noch immer ein Auto hatte, dass dem Mercedes klar unterlegen war, weswegen er das Unmögliche möglich zu machen versuchte, indem er technischen Rückstand mit einem draufgängerischen Fahrstil zu kompensieren suchte, was allerdings keine Früchte trug. Jos hatte ihm insgeheim geraten, es etwas bedachter anzugehen. Andere, die Max darauf ansprachen, wurden kurz abgefertigt. „Ich werde meinen Fahrstil nicht ändern", hatte er vor dem Wochenende gesagt. „Das werde ich nie tun, weil er mich dahin gebracht hat, wo ich jetzt bin."

Dieser Standpunkt war zu einer Art Mantra geworden, in einer Zeit, in der sich ein Zwischenfall an den nächsten reihte. Er trug ein teaminternes Bestzeitduell mit seinem Red-Bull-Kollegen Daniel Ricciardo aus, als er am Samstagmorgen in derselben Kurve wie 2016 ausgangs des Schwimmbads einen schweren Crash baute – eine Wiederholung des zwei Jahre zurückliegenden Unfalls. Als er aus dem Wrack kletterte, blickte er auf eine der großen Leinwände, die die Liveübertragung zeigten und rund um die Strecke aufgestellt waren, und sah, wie Jos wütend mit der Faust auf den Tisch schlug. Als Max in die Red-Bull-Box zurückkehrte, erwartete er vielleicht das übliche „Mach dir keine Gedanken, Kopf hoch" vom Team, doch stattdessen sah er Helmut Marko, der sich von ihm abwandte und seine Enttäuschung nicht verbergen konnte. Red-Bull-Teamchef Christian Horner erklärte vor den Fernsehkameras, dass Verstappen einen Weg finden müsse, seine Herangehensweise zu ändern, da sie einfach nicht funktioniere. Später fand er Max zusammengesackt in seinem Zimmer in der Teambasis am Hafen, während er versuchte, ihn zu trösten und mit ihm darüber zu sprechen, was er anders machen musste. Das Team arbeitete auf Hochtouren, damit das Auto für das Qualifying zwei Stunden später wieder einsatzbereit war, aber gerade als die letzten Vorbereitungen getroffen waren und das Qualifying beginnen sollte, wurde ein Riss im Getriebe entdeckt. Damit war Max' Monaco-Wochenende gelaufen – und das auf einer von nur zwei oder drei Strecken, auf denen sein Auto in dieser Saison wirklich schnell war und auf der Ricciardo von der Pole startend gewinnen sollte.

Obschon er immer wieder beteuerte, seinen Fahrstil nicht geändert zu haben, tat er danach genau das. In einem Interview, das ich 2019 mit ihm führte, stand er kurz davor, dies endgültig zu bestätigen. „Ich glaube, es ist ein sehr schmaler Grad, der entscheidend dafür ist, ob es wirklich schiefgeht oder richtig gut wird. Aber man lernt immer aus seinen Fehlern, und das habe ich definitiv getan – aber zu sagen, dass ich meine Herangehensweise komplett geändert hätte, ist nicht wahr. Ich habe nur ein paar Dinge verfeinert, wodurch das Endergebnis des gesamten Wochenendes gleich viel besser war. Ich lerne einfach, passe mich an und versuche, besser zu werden. Ich glaube nicht, dass ich versucht habe, aggressiver oder schneller zu fahren. Vielleicht habe ich mich ein bisschen zurückgehalten, und das hat mich ein bisschen schneller gemacht. Vielleicht habe ich es zu sehr erzwingen wollen.... Man muss den richtigen Moment abpassen, in dem man pushen kann, und man muss wissen, wann man es besser bleiben lässt. Man darf bei all dem auch nicht vergessen, dass mein Aufstieg bis in die Formel 1 so rasend schnell vonstattenging – zwischen meiner Kartzeit und der Formel 1 lag nur ein Jahr, in dem ich in der Formel 3 gefahren bin. Ich denke, einige der Fehler, die ich in der Formel 1 gemacht habe, haben andere in den unteren Klassen gemacht, an denen das Medieninteresse natürlich viel geringer ist. Was mich angeht, ist das keine Frage: Ich mache sie lieber in der Formel 1 als in einer der unteren Klassen. Mein Vater hat mir immer gesagt: ‚Selbst wenn du denkst, dass du nicht schnell genug bist, bist du es sicher längst.' Ich hatte das Gefühl, dass ich nach diesen sechs Rennen besser geworden bin, indem ich etwas langsamer gefahren bin. Ich lerne aus jedem Rennen."

Es war das letzte Puzzleteil. Nach dieser demütigenden Erfahrung im Jahr 2018 wurde er zu dem großen Fahrer, den man nach seinem ersten Training 2015 bereits in ihm gesehen hatte. Was auch immer er nach dem Crash in Monaco änderte, es half ihm, noch besser zu werden. Alles, worauf er jetzt noch wartete, war ein konkurrenzfähiges Auto, mit dem er ganz oben mitfahren konnte.

Ein Jahr später wurde Max in Monaco nach einem starken Rennen Zweiter. In den letzten Runden attackierte er sogar Hamilton, der auf den älteren Reifen unterwegs war, wobei sich die Autos der beiden in der Schikane sogar berührten. Doch erst 2021 beim nächsten Rennen im monegassischen Fürstentum (das Rennen 2020 war wegen der Coronapandemie abgesagt worden) konnte er endlich nach einer herausragenden Leistung auf seiner „Heimstrecke" als Erster über die Ziellinie fahren. Abgesehen vom Prestige dieses Grand-Prix-Sieges war dies ein wichtiger Meilenstein in seiner Karriere: Zum ersten Mal war er der Führende in der Fahrergesamtwertung, zum ersten Mal war er in der Formel 1 der Gejagte und nicht der Verfolger.

Machen wir einen Sprung ins Jahr 2022. Der Große Preis von Monaco war eines der wenigen Rennen der Saison, das der amtierende Weltmeister Verstappen nicht gewinnen konnte. Die Umstände dieses Misserfolgs verärgerten das „Team Verstappen" und belasteten das Verhältnis zu Red Bull. Auslöser für die Geschichte war ein Unfall von Max' Teamkollegen Sergio Perez in den letzten Sekunden des Qualifyings.

Hintergrund der ganzen Aufregung war, dass Perez im Lauf der bisherigen Saison deutlich besser mit Verstappen mithalten konnte und schlicht konkurrenzfähiger war als in ihrer ersten gemeinsamen Saison bei Red Bull im Vorjahr, als Perez im Qualifying im Durchschnitt immer fast eine halbe Sekunde langsamer war als Max und weniger als halb so viele WM-Punkte geholt hatte als er. Er war als zweiter Fahrer eingesetzt worden, eine Rolle, die er 2021 zufriedenstellend ausfüllte. Er war da, um für Red Bull zu retten, was zu retten war, wenn Verstappen ein Problem hatte, wie in Baku, als der in Führung liegende Max nach einem Reifenplatzer in die Streckenbegrenzung krachte. Doch der Mann, der seit mehr als einem Jahrzehnt in der Formel 1 fuhr, aber noch nie ein wirklich konkurrenzfähiges Auto zur Verfügung gehabt hatte, wollte nun eindeutig mehr als nur eine Nebenrolle spielen.

Im Jahr 2022 konnte Perez mit dem Auto, mit dem er viel besser klarkam als sein Teamkollege, der das Gefühl hatte, dass es seine eigenen Fähigkeiten einschränkte, Verstappen gelegentlich einen echten Zweikampf liefern. In Jeddah fuhr er beim zweiten Rennen der Saison eine beeindruckende Pole-Position heraus und wurde nur durch das unglückliche Timing einer Safety-Car-Phase zurückgeworfen, die Verstappen nach einem späten Zweikampf mit Charles Leclerc im Ferrari den Weg zum Sieg ebnete.

In der Woche vor dem Showdown in Monaco hatten die Spannungen innerhalb des Teams weiter zugenommen. Grund dafür war die Teamorder an Perez beim Großen Preis von Spanien, Verstappen vorbeizulassen, nachdem dieser sich nach einem Ausflug ins Kiesbett wieder zurückgekämpft hatte. Perez verzichtete darauf, selbst den Sieg herauszufahren und meinte: „Ich halte es für sehr unfair, aber okay."

In Monaco war Perez wie immer auf Stadtkursen ziemlich schnell. Im Qualifying war er in jeder Session schneller als Verstappen, wobei er sich dennoch hinter den Ferraris einreihen musste, die mit der Strecke besser zurechtkamen. Das Problem der Red Bulls im Qualifying bestand darin, die Vorderreifen schnell genug auf die nötige Temperatur zu bringen, bevor sie auf eine schnelle Runde gehen konnten, was den Ferrari problemlos gelang. Sowohl Verstappen als auch Perez versuchten, das Problem mit einer zusätzlichen Aufwärmrunde oder sogar mit zwei zusätzlichen zu umgehen. Man muss diese Feinheiten kennen, um zu verstehen, was sich hier zwischen den Red-Bull-Piloten abspielte, als sie um ihre wichtigen Startplätze in Monaco kämpften.

Perez entschied sich in der letzten Session, die zeitlich kürzer war, für einen ersten Run über mehrere Runden mit zwei schnellen Runden und einer Abkühlrunde dazwischen. Dadurch blieb ihm nur wenig Zeit für seinen zweiten Run mit neuen Reifen. So musste er auf die letzte schnelle Runde ohne die zusätzliche Vorbereitungsrunde gehen, was bedeutete, dass seine Vorderreifen mit ziemlicher Sicherheit zu kalt sein würden. Daher musste er im ersten Lauf über mehrere Runden eine gute Rundenzeit herausfahren.

Verstappen hingegen entschied sich für die konventionelle Aufteilung in zwei gleich lange Runs. Zwei getrennte Einzelrunden gaben ihm die Zeit, jeweils eine zusätzliche Vorbereitungsrunde mit den neuen Reifen zu fahren. Theoretisch hätte er so den Vorteil nutzen können, dass die Strecke am Ende der Session griffiger ist, weil mehr Gummi auf ihr ist.

Auf seinem ersten Run fuhr Perez eine etwas schnellere Zeit als Verstappen. Doch in den letzten Runs hatte Verstappen mit seiner zusätzlichen Vorbereitungsrunde bereits Perez' Zeit im ersten Sektor aus den ersten Runs unterboten und schien auf dem besten Weg, die Führung zu übernehmen. Es überrascht nicht, dass Perez' zweiter Run angesichts seiner Reifen, die noch nicht auf der richtigen Temperatur waren, nicht gut verlief und er sich nicht weiter verbessern konnte. Endgültig besiegelt wurde dies, als sein Red Bull in der Portier-Kurve mit dem Heck in die Leitplanke einschlug und kurz darauf noch der Ferrari von Carlos Sainz in ihn hineinfuhr. Die roten Flaggen nach diesem Crash bedeuteten das Ende des Qualifyings, womit Verstappen nicht mehr die Möglichkeit hatte, seine Runde zu Ende zu fahren und die bisherige Bestzeit von Perez – und vielleicht sogar die von Sainz – zu toppen. So landeten Perez und Verstappen auf den Plätzen drei und vier in der Startaufstellung.

Verstappen hatte den Braten gerochen. In Monaco war es nicht ungewöhnlich, dass ein Fahrer nach einer guten Zeit im ersten Run unter verdächtigen Umständen einen Unfall baute, um zu verhindern, dass die Rivalen mit einer besseren Rundenzeit noch an ihm vorbeiziehen konnten. Michael Schumacher wurde 2006 wegen eines solchen Vergehens ans Ende der Startaufstellung strafversetzt. 2014 hatte Nico Rosberg während seines letzten Runs durch einen Fahrfehler, in dessen Folge er mit seinem Auto in einer Auslaufzone zum Stehen kam, für gelbe Flaggen gesorgt, womit seinem Teamkollegen und Titelrivalen Lewis Hamilton die Chance genommen worden war, noch eine bessere Zeit zu fahren. Mangels eindeutiger Beweise mussten die Stewards Rosbergs Erklärung akzeptieren, er habe die Situation falsch eingeschätzt und nicht absichtlich gelbe Flaggen erzwingen wollen. Im Gegensatz zu Rosberg wurde Perez nicht einmal vor die Stewards zitiert, um sich zu erklären. Doch was das Team – und Verstappen – anhand der Telemetrie- und In-Car-Aufzeichnungen sahen, ließ kaum Raum für Zweifel. Sie waren überzeugt, dass Perez den Crash absichtlich herbeigeführt hatte, mit untypischem Vollgasgeben sehr früh in der Kurve und kaum erkennbaren Versuchen, etwas gegen den daraus resultierenden Kontrollverlust über das Fahrzeug zu unternehmen.

Perez wies die Vorwürfe zwar zurück, vermochte allerdings nicht wirklich zu überzeugen. Man kann sich kaum vorstellen, dass ein Formel-1-Pilot an dieser Stelle so stark aufs Gas geht und erst so spät eine deutliche Lenkkorrektur vornimmt, wenn keine Absicht dahintersteckt. „Das gehört einfach zum Sport dazu, wie die ganzen Spekulationen, die die Leute gerne anstellen", sagte er später. „Das ist so viele Rennen her, dass es für mich keine Rolle mehr spielt."

Zwei Dinge über Max Verstappen: Sein Siegeswille ist selbst für einen Formel-1-Fahrer extrem, und er neigt dazu, Situationen nach einem Schwarz-Weiß-Schema zu beurteilen, für Grautöne ist da kein Platz. Das hat er mit seinem Vater gemeinsam. Einer, der beides hautnah miterlebt hat, ist Kees van der Grint. „Als Jos einmal eine Kart-Europameisterschaft gewann und im Finale nur noch Dritter oder Vierter werden musste, um den Titel zu holen, überholte er den in Führung liegenden Mike

Hezemans mit einem halsbrecherischen Manöver. Er gewann. Nachdem ich Jos gratuliert hatte, fragte ich ihn, warum er das gemacht hat, denn es hätte ja auch schiefgehen können. Er sagte: ‚Die Meisterschaft ist mir egal.' Er wollte nur Erster werden. Das ist Teil der Verstappen-DNA, und es ist sehr schwer, dagegen anzukämpfen. Und bei Max ist es genauso. Er hat das nötige Urteilsvermögen und ist auf der Strecke vielleicht nicht ganz so leichtsinnig, aber innerlich respektiert er absolut niemanden neben sich. Er weiß, wie gut er ist, und wenn ihm jemand in die Quere kommt, versetzt das seinem Selbstbewusstsein keinen Knacks. Ganz im Gegenteil."

Es wäre für Max dementsprechend eine Sache gewesen, wenn ihm ein Rivale dazwischengefunkt hätte, aber da es sich um seinen eigenen Teamkollegen handelte – um einen Fahrer, der ihn seiner Meinung nach unterstützen und nicht in den Rücken fallen sollte –, war seine Empörung groß, was er auch nicht zu verhehlen suchte. „Es ist sehr ärgerlich", sagte er hinterher im Fahrerlager, „und natürlich ist es schade, dass derjenige, der das Auto in die Mauer gesetzt hat, mein Teamkollege ist. Aber am Ende erhält man dafür keine Strafe. Wenn man weiß, dass man einen guten ersten Run hat, dann kann man denken: ‚Ach, weißt du was, ich parke ihn einfach, indem ich ihn taktisch in die Mauer lenke.' Das kann man machen."

Er ist immer so direkt, spricht so unverblümt, wenn ihm etwas wichtig ist. Da greift kein PR-Filter. Und in diesem Fall war er offensichtlich sehr überzeugt von dem, was er sagte. Am nächsten Tag, als Perez aufgrund der besseren Startposition das Rennen gewann, empfand Max Verstappen diese Ungerechtigkeit in noch größerem Maße. Im Rennstallduell der Red Bulls mit den Ferraris wechselte Perez als Führender zu einem bestimmten Zeitpunkt von Regenreifen auf Intermediates, um seine Chancen zu erhöhen, den früh in Führung gegangenen Charles Leclerc (und später auch Sainz) zu überholen. Der

Zeitpunkt des Boxenstopps von Verstappen, der als schlechter Platzierter nicht in Schlagdistanz zu den Ferraris lag, war abhängig von Perez' Stopp. Und so kam er nur als Dritter ins Ziel. Perez, der gerade seinen Vertrag um zwei Jahre verlängert hatte, feierte seinen Sieg ausgiebig mit dem Team. Den Verstappens war dagegen nicht nach Feiern zumute.

Am Tag danach machte Jos seinem Unmut auf Max' Website Luft: „Um ehrlich zu sein, hatte ich kein gutes Gefühl beim Rennwochenende in Monaco. Und das ist noch sehr vorsichtig ausgedrückt. ... Auch als Vater war ich vom Rennen enttäuscht. Max' dritter Platz war sehr enttäuschend. Wir haben alle gesehen, dass es ein schwieriges Wochenende für ihn war. Das fängt beim Auto an, das von der Abstimmung her einfach noch nicht zu seinem Fahrstil passt. Max hat viel zu wenig Grip auf der Vorderachse. Und gerade in Monaco mit all den kurzen Kurven braucht man ein Auto, das sehr schnell einlenkt. Das war einfach schwierig. ... Red Bull hat ein gutes Ergebnis erzielt, aber gleichzeitig wenig getan, um Max nach vorne zu bringen. Dass er Dritter wurde, verdankt er dem Fehler von Ferrari beim zweiten Stopp von Charles Leclerc. Die gewählte Strategie hat Max als dem Führenden in der Fahrerwertung nicht geholfen. Sie begünstigte komplett Perez. Das war enttäuschend für mich, und ich hätte mir gewünscht, dass es für den Weltmeisterschaftsführenden anders gelaufen wäre. ... Pérez hat das Rennen eigentlich wegen des früheren Boxenstopps gewonnen. Das Team kann das vielleicht als Glück darstellen, aber sie hatten zum Beispiel bei Gasly gesehen, dass die Intermediates zu diesem Zeitpunkt die beste Wahl waren. ... Ich hätte mir gewünscht, dass sie sich für Max entschieden hätten, aber ich bin natürlich nicht ganz objektiv. Ich denke, dass Max hier zehn Punkte verschenkt hat. Gerade nach den beiden Ausfällen brauchen wir jeden Punkt. Man darf nicht vergessen, dass Ferrari momentan das bessere Auto hat, vor allem im Qualifying."

Im Gegensatz zu Max hatte Jos es vermieden, Perez' umstrittenen Qualifying-Erfolg zu erwähnen, aber das eigene Team auf Max' Website öffentlich dermaßen zu kritisieren, war alles andere als eine Kleinigkeit, über die man hinwegsehen konnte. Natürlich mag hier zum Teil sein hitziges väterliches Temperament mit ihm durchgegangen sein, gewiss steckte aber auch der Versuch dahinter, Red Bull mithilfe des Einflusses, den er aufgrund von Max' phänomenalem Talent zu besitzen glaubte, zum Handeln zu zwingen. Helmut Marko, der Motorsport-Chef von Red Bull, ließ mit einer Antwort nicht auf sich warten.

„Ich habe ihn sofort angerufen", erzählte er *De Limburger*. „Ich fragte: ‚Was ist los, Jos?' Jeder kann seine eigene Meinung haben, auch Jos, aber er sollte sie nicht auf der Website seines Sohnes veröffentlichen. Er sagte: ‚Ja, aber ich bin der Vater', was in Ordnung ist. Aber es auf diese Weise zu machen, ist definitiv nicht in Ordnung."

Marko sagte auch: „Jos ist großartig, und das ist der Grund, warum Max es so weit gebracht hat. Als Max in die Formel 1 kam, war es am Anfang nicht immer einfach mit Jos. Er hatte zu allem eine Meinung, woran sich übrigens bis heute nichts geändert hat. Seine Kommentare sorgten für Unmut im Team und lieferten den Journalisten Stoff zum Schreiben. Aber Jos ist eben Jos. Er kann manchmal sehr schnell in Rage geraten, und daran wird sich auch nichts mehr ändern."

Mit anderen Worten: Marko konnte kaum mehr tun, als seinen Unmut zu äußern. Es war derselbe Kampf um Macht und Kontrolle, der von Anfang an zwischen Red Bull und dem Team Verstappen herrschte und der auch durch den Gewinn der Weltmeisterschaft 2021 und den anschließend unterzeichneten mehrjährigen Mega-Vertrag nicht beendet wurde.

Die Ereignisse von Monaco 2022 sind in dieser Hinsicht sehr aufschlussreich. Sie zeigen uns, wie komplex und empfindlich die Beziehung zwischen Red Bull und Max ist, und dass sie sich für den gemeinsamen Erfolg zwar voll und ganz aufeinander verlassen können, ihre Verbindung aber in mancherlei Hinsicht keine Liebeshochzeit ist. Sie sind seit vielen Jahren erfolgreiche Partner und haben gute Zeiten erlebt. Aber es herrscht immer noch eine gewisse Distanz zwischen ihnen – und das liegt an den Verstappens. Denn es geht um Kontrolle.

Red Bull hat sein berühmtes Nachwuchsprogramm, sponsert junge Fahrer im Kartsport und in den Motorsport-Nachwuchsklassen, um den nächsten Champion aufzuspüren. Helmut Marko, der Anfang der 1970er-Jahre selbst ein vielversprechender Formel-1-Fahrer war, ist für diese Talentsuche verantwortlich. Dass sich Red Bull ein Junior-F1-Team (damals Toro Rosso, dann AlphaTauri, heute Racing Bulls) leistet, um die Lücke zwischen den Nachwuchsklassen und dem Topteam zu schließen, in dem sich die Fahrer entweder als zukünftige Weltmeister etablieren oder ausscheiden können, ist Teil dieser Strategie, möglichst effiziente Bewährungsmöglichkeiten zu schaffen.

Doch trotz seines offensichtlich großen Potenzials war Verstappen weder im Kartsport noch in der Formel 3 ein Red-Bull-Junior. Jos hatte dafür gesorgt, dass er so lange wie nötig unabhängig blieb, um sich möglichst viele Optionen offenzuhalten. Erst als Red Bull Max nach nur einer Saison im Formelsport (2014 in der F3) für 2015 ein Formel-1-Cockpit bei Toro Rosso anbot, kam er zu dem Rennstall.

„Es gab ein Tauziehen um ihn mit Mercedes, das auch durch die Konkurrenz zwischen den beiden älteren österreichischen Herrschaften geprägt war“, sagt Red-Bull-Teamchef Christian Horner in Anspielung auf Helmut Marko und Niki Lauda, der bei Mercedes eine ähnliche Rolle gespielt hat wie Marko bei Red Bull. Die beiden hatten seit Ende der 1960er-Jahre miteinander gewetteifert, wer von ihnen zuerst in die Formel 1 kommt (sie debütierten im selben Rennen), wer von ihnen zuerst groß herauskommt (bis zu seinem Unfall sah es so aus, als wäre es Marko), wer von ihnen einen Ferrari-Vertrag bekommt (Marko hatte an dem Wochenende, an dem er verunglückte, ein Vertragsangebot aus Maranello in seiner Aktentasche, aber den Vertrag bekam schließlich Lauda, der mit Ferrari zweimal Weltmeister wurde). Sie wurden gute Freunde, doch die Rivalität blieb. Zwei alte Rivalen auf der Rennstrecke – beide gezeichnet durch Unfälle in einer Ära, als der Tod in der Formel 1 noch zum Alltag gehörte –, die sich immer noch gegenseitig die Punkte stahlen. Marko erinnerte Lauda immer wieder daran, dass er seine Karriere nur seinem, also Markos, Unfall zu verdanken hatte, dass er all die Rennen gefahren war, die Marko hatte aufgeben müssen. Lauda konterte indes, dass Marko es sowieso nie geschafft hätte. Und im selben Geiste wetteiferten sie nun darum, den nächsten Superstar der Formel 1 für ihr jeweiliges Team zu gewinnen.

„Ich erinnere mich an ein Abendessen mit Helmut in Heidelberg bei einem Rennen am Hockenheimring. Er sagte: ‚Das Einzige, was wir für Max haben, was Mercedes nicht hat, ist ein Platz in der Formel 1.' Und dass wir ihm nächstes Jahr einen Platz bei Toro Rosso anbieten sollten. ... Zuerst dachte ich, das wäre ein zu großer Schritt. Und dann überlegt man: Er hat es in der Formel 3 gleich geschafft, also warum nicht? Der Junge scheint ein großes Talent zu sein, wenn er gut genug ist, wird er mit der Herausforderung schon klarkommen. Mercedes konnte ihm eben nicht sofort einen Platz in der Formel 1 anbieten und wollte ihn stattdessen in einem GP2-Team unterbringen. Das war unser Trumpf. Ich glaube, Helmut hat sich sehr gefreut, ihn unter Vertrag zu nehmen, nicht nur wegen seines Talents, sondern auch, weil es ein großer Stinkefinger Richtung Niki war!"

Dass es für Jos so wichtig war, bis zu diesem Zeitpunkt für Max alle Optionen offenzuhalten, hatte zweifellos etwas mit seiner eigenen Erfahrung und dem seiner Meinung nach maßgeblichen Faktor für das Scheitern seiner eigenen F1-Karriere in den 1990er-Jahren zu tun – denn er hatte die Kontrolle jemand anderem (Benetton-Chef Flavio Briatore) überlassen und wurde in eine untergeordnete Rolle gedrängt (gegenüber Michael Schumacher). Das dürfte Jos wahrscheinlich einen erheblichen Knacks versetzt haben. Er war im Kartsport und bei den Junioren ein ebenso überragendes Talent gewesen wie später Max. Er galt als der nächste große Rennfahrer. Seit der Formel 3 war Jos in allem, was er bis zu seinem Einstieg in die Formel 1 gemacht hatte, die Nummer eins gewesen, aber hier wurde er plötzlich in eine Nebenrolle gedrängt, und was noch schlimmer war, in eine Nebenrolle, in der ihm nicht die gleichen Mittel zur Verfügung standen wie der Nummer eins. Es ist alles eine Sache der Wahrnehmung, und von diesem Moment an galt seine F1-Karriere als weniger erfolgreich, als sie hätte sein können. Die Kontrolle zu behalten, war daher immer ein zentrales Element von Jos' Karriereplanung für seinen Sohn.

Und so kam es, dass sich Red Bull und Max im Grunde noch gar nicht kannten, als der Rennstall ihm das Steuer eines seiner F1-Boliden anvertraute. Die Verstappens hatten sich nur für Red Bull und nicht für Mercedes entschieden, aufgrund dessen, was Red Bull angeboten hatte. Jos hatte das Interesse von Mercedes an Max brillant ausgenutzt, um das F1-Cockpit bei Toro Rosso für 2015 zu bekommen, wobei es Raymond Vermeulen geschafft hat, einen sehr vorteilhaften Vertrag auszuhandeln. Nicht vorrangig in finanzieller Hinsicht, sondern in Bezug auf die Kontrolle, die den jungen Nachwuchsfahrern von Red Bull bekanntermaßen nicht gewährt wurde. Daniel Ricciardo, der seit 2006 unter den Fittichen von Red Bull stand und 2011 sein F1-Debüt gab, war vertraglich langfristig gebunden und erst Ende 2018 frei, selbst zu entscheiden. In der Zwischenzeit hätte er jederzeit entlassen werden können, wenn seine Leistungen nicht den Erwartungen entsprochen hätten, wie es schon vielen vor ihm ergangen war: Christian Klien, Jaime Alguersuari, Jean-Éric Vergne und so manchen anderen.

Das war bei Max' Vertrag mit Red Bull nicht der Fall. Es schien fast so, als hätten Jos und Raymond Vermeulen Red Bull einen Gefallen getan, indem sie ihnen Max quasi ausliehen – daher sofort das F1-Cockpit (plus ein paar Freitagstrainings bei den verbleibenden Rennen 2014) und die Option, danach zu wechseln, wenn er nicht zu einem vereinbarten Zeitpunkt vom Juniorteam zu Red Bull geholt wird.

„Es gab einen Anknüpfungspunkt in Max' Vertrag", bestätigt Horner. „Indem wir die Cockpits von ihm und Daniil Kwjat getauscht haben, haben wir Max' Vertrag mit uns verlängert. Das war möglich, weil die beiden Teams demselben Eigentümer gehören."

Die Verhandlungen wurden von Jos und Raymond Vermeulen sehr erfolgreich geführt. Sie haben Max' Talent und sein offensichtlich enormes Potenzial mutig und effizient genutzt. Ganz sachlich wurden die beiderseitigen Interessen in weitgehende Übereinstimmung gebracht, es war gewiss kein mit heiligen Schwüren besiegeltes Happy End. Die Verstappens hatten nicht unbedingt vor, langfristig bei Red Bull zu bleiben.

An dieser aus der inneren Unabhängigkeit herrührenden Gelassenheit änderte sich auch nichts, als die Partnerschaft schon bald schöne Früchte trug: Selbst nachdem Red Bull Max 2016 nach nur fünf Rennen in seiner zweiten Saison von Toro Rosso zum Mutterteam beförderte (und damit die vertraglich geregelte Möglichkeit ausschloss, ihn Ende 2017 zu verlieren), selbst nachdem er in Spanien sensationell und geradezu märchenhaft sein allererstes Rennen für Red Bull gewonnen hatte – als jüngster Grand-Prix-Sieger aller Zeiten mit 18 Jahren. Auch danach blieb er immer noch als Erstes sich selbst treu, und die Verstappens fühlten sich niemand anderem verpflichtet als sich selbst.

Das führte unweigerlich zu Spannungen in der Beziehung zum Rennstall, auch weil Mercedes den Sport weiter dominierte und Lewis Hamilton einen neuen Rekord nach dem anderen aufstellte. In den folgenden fünf Saisons fuhr Max Verstappen ein Auto, das in keinerlei Hinsicht dem Mercedes ebenbürtig und nur dann gut genug war, um trotz allem den einen oder anderen Sieg einzufahren, wenn bei den Silberpfeilen etwas schiefging. Für Max, der wahrscheinlich der schnellste Fahrer im Starterfeld war – und immer mehr auch als solcher wahrgenommen wurde – war es keine geringe Herausforderung, seine zunehmende Frustration zu kontrollieren, damit sie sich nicht auf seine persönliche Leistung auswirkte. Was das Verhältnis zum Team anging, hielten die Verstappens weiterhin alle Karten in der Hand, aber was nützte das, wenn das Team ihm kein konkurrenzfähiges Auto zur Verfügung stellte, mit dem er auch um die Weltmeisterschaft mitfahren konnte?

Eine Klausel, die die Verstappens für 2019 ausgehandelt hatten, regelte, dass Max für 2020 von dem Vertrag entbunden sein könnte, wenn das Team bis zu einem bestimmten Stichtag nicht bestimmte Leistungsziele erreicht. Es gab Gerüchte über ein erneutes Interesse von Mercedes, wo er mit Lewis Hamilton ein Superteam bilden sollte, was für Red Bull einen herben Rückschlag dargestellt hätte. Doch daraus ist nichts geworden, nicht zuletzt, weil die vertraglichen Performance-Klauseln erfüllt wurden. Dennoch hat das Team Verstappen offen kommuniziert, dass es sich umschauen will, wo Max langfristig am besten aufgehoben ist. Die Mercedes-Gerüchte erreichten rund um den Grand Prix von Großbritannien 2019 ihren Höhepunkt. Ich hatte Red Bull um ein Interview mit Max gebeten und eine klare Absage erhalten, weil die PR-Abteilung wohl befürchtete, dass ich ihn auf die Gerüchte rund um einen möglichen Wechsel zu Mercedes ansprechen würde. Es lag nicht im Interesse von Red Bull, Max' Sicht der Dinge zu diesem Thema öffentlich zu machen, wohl aber lag es im Interesse des

Teams Verstappen, und so kam das Interview letztlich doch zustande. Aus den Fenstern von Max' Red-Bull-Motorhome konnte man nicht nur seine eigenen Trucks im hinteren Teil des Fahrerlagers sehen, sondern auch die des benachbarten Mercedes-Teams. Der große dreizackige Stern bildete den perfekten Hintergrund für das Bild, das dem Fotografen vorschwebte, als Max mit dem Rücken zum Fenster saß. Der Fotograf fragte ihn, ob er sich etwas vorbeugen könne. Max warf einen Blick über die Schulter, um zu schauen, was im Hintergrund zu sehen sein würde, lächelte und sagte: „Klar." Es war nur ein Spiel, aber es offenbarte etwas von der Dynamik zwischen Team und Fahrer. 2021, in Max sechster Saison bei Red Bull, hatte er endlich ein konkurrenzfähiges Auto. Und mit ihm holte er seinen ersten Weltmeistertitel, nach einem sagenhaft spannenden, hitzig geführten, sich über die ganze Saison bis zur buchstäblich letzten Minute hinziehenden Duell mit Hamilton und Mercedes, das mit einer extrem umstrittenen Entscheidung sein Ende fand. Erst danach schienen die Verstappens endlich davon überzeugt, dass Red Bull ihr Zuhause war und nicht nur eine Zwischenstation auf ihrem Weg zum Erfolg. Anfang 2022 wurde ein Mega-Vertrag über sieben Jahre angekündigt (eigentlich eine Verlängerung seines vorherigen Vertrags um zwei Jahre, aber zu völlig neuen, ab sofort geltenden Bedingungen).

„Max sagte über Funk in Abu Dhabi [2021], dass wir das noch viele, viele Jahre machen könnten", erzählt Raymond Vermeulen in der Dokumentation *Lion Unleashed* über Max' Karriere. „Das war der Grund, warum Dr. Marko mich wieder anrief und sagte: ‚Lass uns einen Kaffee trinken und sehen, wie wir das regeln können.' Und nach ein paar Wochen waren alle Punkte geklärt. Es waren ganz normale Gespräche und eine ganz normale Verhandlung, und am Ende haben wir einen neuen Vertrag geschlossen, einen langfristigen Vertrag. Ich denke, es war wichtig für Red Bull, Max angesichts ihrer auf lange Sicht angelegten Zukunftspläne mit an Bord zu haben, denn sie investieren viel in ihre Antriebsstränge und andere Dinge. Wir fühlten uns sehr wohl dabei, einen langfristigen Vertrag mit Red Bull abzuschließen."

Vermeulen, der als Immobilieninvestor tätig gewesen war, bevor er sich dem Management von Jos Verstappen gewidmet hatte, genießt das volle Vertrauen von Max' Vater. Als dessen Sohn begann, ernsthaft Rennen zu fahren, wurde er wieder als Manager aktiv – diesmal allerdings zu weitaus lukrativeren Konditionen. Der sympathische, aber knallharte und mit allen Wassern gewaschene Verhandlungspartner spielte eine wichtige Rolle dabei, die Einnahmen der Verstappens zu maximieren – und mithin wohl auch seine eigenen.

Der neue Vertrag bindet Red Bull und Verstappen wirklich langfristig aneinander, während es zuvor immer wieder Ausstiegsklauseln gab, vor allem für den Fall des Einsatzes werksfremder Motoren.

Ein solcher Fall ist eine ganz typische Ausstiegsklausel für einen Fahrer. Wenn er ursprünglich bei einem Werksteam unterschrieben hat – einem Team, das eine Motorenpartnerschaft mit einem Automobilhersteller als Motorenlieferant hat – und das Team diesen Status später verliert und zu einem Kundenteam wird (das seine Motoren kaufen muss), kann der Fahrer häufig vor Ablauf des Vertrags entlassen werden. Dies war für Red Bull schon immer ein heikler Punkt, vor allem angesichts der oft sehr schwierigen Beziehung zu seinem früheren Motorenlieferanten Renault, die 2018 nach zwölf Jahren endete. Renault wurde durch Honda ersetzt, und obwohl sich diese Beziehung wesentlich besser gestaltete, gab es seitens des japanischen Herstellers kein langfristiges Bekenntnis dazu, die Formel 1 mit Motoren auszustatten.

Mercedes und Ferrari – die einzigen anderen Teams von vergleichbarem Kaliber – hatten dieses Problem nicht, da sie ihre

Motoren selbst herstellten. Die Zeit war reif für Red Bull. Ende 2020 gab Dietrich Mateschitz, der österreichische Softdrink-Milliardär und Gründer des Teams, grünes Licht für die Gründung von Red Bull Powertrains, um einen eigenen Motor zu entwickeln. Das hieß auch, dass man bis dahin zwar noch für eine gewisse Zeit selbstständig Honda-Motoren einkaufen und auch die Unterstützung der Japaner erhalten würde, aber das Team wäre nicht mehr von ihnen abhängig, nicht mehr den Launen eines Großkonzerns am anderen Ende der Welt unterworfen.

Was die Vertragssituation von Max betrifft, so hat die Lösung der offenen Motorenfrage in Verbindung mit der Tatsache, dass Mercedes und Ferrari mit George Russell bzw. Charles Leclerc ihre eigenen langfristigen Fahrerlösungen offenbar bereits gefunden hatten, das Team Verstappen und das Team Red Bull sicherlich für längere Zeit zusammengeführt.

Es gab Spekulationen, dass die finanziellen Bedingungen für Max sogar besser sein könnten als die von Lewis Hamilton bei Mercedes, der zwischen 40 und 50 Millionen Pfund pro Jahr verdient. „Ich weiß nicht, ob das stimmt", antwortete Helmut Marko auf die Frage, „weil ich den Vertrag von Hamilton nicht kenne. Aber ich denke, es ist normal, dass Max als Weltmeister mehr verdient. Ich bin stolz auf das, was er erreicht hat. Es zeigt, dass es damals die richtige Entscheidung war, ihn in die Formel 1 zu holen. Und es hat auch all die Skeptiker zum Verstummen gebracht, die sich anfangs sehr kritisch geäußert haben."

Marko gab aber auch zu, dass er erleichtert war. „Ein bisschen, ja klar. Als wir ihm langfristig kein konkurrenzfähiges Auto geben konnten, mit dem er um den Weltmeistertitel mitfahren konnte, hatte ich Angst, dass er woanders hingeht."

Verstappen steht im Zentrum von Red Bull: Auf operativer Ebene und im Support dreht sich alles um ihn, er ist sehr glücklich in dieser Rolle, die ihm erhebliche Vorteile bringt. Vor diesem Deal bestand immer die Möglichkeit, dass sein Erfolg bei Red Bull dem von Michael Schumacher bei Benetton oder dem von Lewis Hamilton bei McLaren ähneln würde: beeindruckend, aber unterhalb des völlig anderen Niveaus bleibend, zu dem der Fahrer fähig ist, wenn alles perfekt zusammenpasst, wie beide Formel-1-Legenden mit ihren bahnbrechenden Erfolgen bei Ferrari bzw. Mercedes gezeigt haben.

Aber selbst jetzt, da Max und Red Bull auf absehbare Zeit vertraglich aneinander gebunden sind, ist die Beziehung zwischen Fahrer und Team immer noch nicht so eng, wie es die zwischen Ferrari und Schumacher gewesen war, in der es anscheinend keine Unstimmigkeiten gegeben hatte und kein einziges Mal eine hochgezogene Augenbraue in Schumachers Gesicht zu sehen gewesen war, die als öffentliche Kritik an seinem Team hätte verstanden werden können. Und sie reicht auch nicht an die etwas weniger entspannte, aber dennoch sehr enge Beziehung zwischen Mercedes und Hamilton heran.

Das Nachspiel zum Großen Preis von Monaco 2022 zeigte, dass Red Bull Max' Einsatz für die gemeinsame Sache nicht als selbstverständlich betrachten konnte, Mega-Vertrag hin oder her. Die Kräfteverhältnisse hatten sich über die Jahre nachhaltig verändert, und das sollte sich im Laufe der Saison noch öfter zeigen. Nach Monaco forderten die Verstappens hinter den Kulissen Änderungen, und zwar umgehende. Zwei Rennen später stand Max ein weiterentwickeltes Auto zur Verfügung, das besser auf seine außergewöhnlichen Fähigkeiten zugeschnitten war – und mit dem Perez viel mehr zu kämpfen hatte, so dass er wieder in die Rolle der Nummer zwei, die die Nummer eins unterstützt, gedrängt wurde. Der Grundstein für Max' spätere Dominanz in der Saison 2022 wurde also nach diesem Monaco-Wochenende gelegt. Vielleicht wäre es auch ohne Jos' undiplomatisches öffentliches Betonen der immensen Bedeutung von Max für das Team dazu gekommen. Aber

Jos ist nicht der Typ, der darauf wartet, dass andere die Dinge für einen regeln. Er nimmt so etwas selbstverständlich selbst in die Hand, und das Verständnis des Verstappen-Teams für alles andere als vollen Einsatz für Max ist gleich null.

„Wenn ich denke, dass es scheiße ist, dann ist es scheiße", sagte Max in typischer Verstappen-Manier dem *Guardian* im Juli 2021. „Wenn es gut ist, dann ist es gut. So gehe ich mit dem Team um. Das ist es, was ich dem Team sage: ‚Ihr könnt das Gleiche zu mir sagen. Wenn ich ein Arschloch bin, könnt ihr mir das sagen.' Wenn ich Scheiße baue, baue ich Scheiße. Wenn ich es gut mache, mache ich es gut. ... Ich kann nicht immer superhöflich und nett sein, so arbeite ich nicht. Man muss hart zueinander sein, besonders in schwierigen Zeiten oder wenn man mit bestimmten Dingen nicht zufrieden ist. Das gilt für beide Seiten. Sie sagen es mir, ich sage es ihnen. Man muss kritikfähig sein und Kritik auch annehmen können."

Teamchef Christian Horner ist ein erfahrener Mann, der diese heikle Dynamik gut versteht. Seine ersten Erfahrungen in diesem Spannungsfeld machte er in der Red-Bull-Ära des ersten Titelgewinns mit Sebastian Vettel, der nicht immer besonnen auf die Herausforderungen durch seinen Teamkollegen Mark Webber reagierte. Der Australier wiederum schaffte es, jeden internen Konflikt aufzublasen und in die Öffentlichkeit zu tragen, wenn er seine eigenen Chancen beeinträchtigt wähnte. Dennoch gewannen Red Bull und Vettel mit Webber im zweiten Cockpit viermal hintereinander die Fahrerweltmeisterschaft. Die Verstappens stellen Horner allerdings vor andere Herausforderungen, wobei die persönliche Beziehung zueinander kühler und emotional weit weniger innig ist. Aber Horner nutzt ihre fordernde Energie innerhalb des Teams unglaublich gut, um die Gesamtperformance auf ein immer dominanteres Niveau zu bringen. „Max kann sehr scharf und schneidend sein, wenn die Emotionen hochkochen, und viele Ingenieure würden mit diesem Druck sicher nicht klarkommen", sagt Horner. „Er ist sehr anspruchsvoll. Und seine Zündschnur ist noch etwas kürzer als die von Seb." Über Jos sagt er nur, dass er „ein leidenschaftlicher Vater ist, wie viele andere Väter auch. Er mischt sich nicht mehr so sehr ein, wie er es in den ersten Tagen bei Toro Rosso getan hat. Er war Gold wert für uns."

Es funktioniere einfach, sagt er. „Max fühlt sich sehr wohl in diesem Umfeld. Es gibt eine gemeinsame Überzeugung, eine gemeinsame Philosophie, wie wir Rennen fahren, und ich glaube, dass er das schätzt. Er ist sehr loyal und stellt sich vor das Team."

Die engste persönliche Beziehung, die Max bei Red Bull hatte, war wohl die zu Dietrich Mateschitz. Der 78-jährige Teamgründer starb im Oktober 2022 an den Folgen einer Krebserkrankung, erlebte aber noch, wie Verstappen in Japan seinen zweiten Weltmeistertitel holte. Er starb am folgenden Rennwochenende, wo Verstappen in Austin sagte: „Ich finde es wirklich unglaublich, was er geschaffen hat. Zum Glück konnte ich vor ein paar Wochen noch etwas Zeit mit ihm verbringen, was jetzt natürlich umso wertvoller war. Ich habe es wirklich genossen. ... Das letzte Mal, als ich ihn getroffen habe, die Dinge, über die wir gesprochen haben, das hat den Tag schon sehr besonders gemacht. Und jetzt hat diese letzte Begegnung noch mehr an Bedeutung gewonnen. Die Nachricht von seinem Tod trifft mich sehr. Ich werde ihn als einen sehr sanftmütigen Menschen in Erinnerung behalten, der sich sehr liebevoll um die Menschen gekümmert hat. Er hat nie das Rampenlicht gesucht. Im Grunde seines Herzens war er ein Racer, er hatte eine enorme Leidenschaft für den Sport. Wer sonst in der Geschichte der Formel 1 hat schon zwei Teams gegründet?"

Mateschitz war nicht in die Details der Teamführung eingebunden, und normalerweise besuchte er auch nicht mehr als ein paar Rennen pro Saison. Aber seine Idee, den Energy

Drink Red Bull mithilfe des Images von wagemutigen, risikoreichen Abenteuern zu vermarkten, ist genuiner Teil der Marken-DNA des Teams. Red Bull kann ein bisschen Kontroverse daher ganz gut vertragen, mehr als jeder andere Rennstall. Die Verstappens passen gut zu diesem Ethos – und es ist sogar möglich, dass sich das positiv auf Max' Leistung auswirkt. Der Junge wollte schon immer Rennen fahren, und er hat nie etwas anders getan. Er hat sich bezüglich seiner Herangehensweise gewisse Freiheiten erarbeitet, und im Grunde fühlt er sich nur sich selbst verpflichtet.

Vielleicht mehr als jeder andere Fahrer im Starterfeld, vielleicht sogar mehr als Fernando Alonso, fährt Verstappen nach seinen eigenen Regeln. Das Einzige, was man bei Red Bull nicht toleriert, ist mangelnde Leistungsbereitschaft, worum man sich bei Max allerdings nie Sorgen machen musste. Er will sich immer beweisen, immer alles geben. Und das tut er auch ausnahmslos. Das ist in seiner DNA verankert, und daher schafft er es auch, entspannt in die Rennen zu gehen – was zu seiner überragenden Performance beiträgt.

Mehr als auf jeder anderen Strecke zeigte sich in Monaco 2015 das enorme Potenzial des jungen Rookies; 2016 erlebte man dort den für seine Anfangszeit bei Red Bull typischen, etwas zu heißspornigen Angriffsmodus, 2018 den entscheidenden Fehler, der eine Korrektur seiner Herangehensweise nach sich zog, 2021 den wirklich großen Fahrer, der seinen ersten Großen Preis von Monaco gewann, und schließlich 2022 die Turbulenzen im Team, die dazu führten, dass die Verstappens für Max die totale Dominanz im Red-Bull-Team klar einforderten.

Während Max durch die Straßen seiner neuen Heimat joggt, könnte er zweifellos über jeden dieser einschneidenden Momente nachdenken. Wäre er denn der nachdenkliche Typ.

VATER UND SOHN

Als Fahrer war Jos meiner Meinung nach genauso gut wie Max.

Kees van der Grint

Zwei Wochen nach seiner Rückkehr vom Saisonfinale in Abu Dhabi 2022 nahm Verstappen in Bologna an den FIA Awards teil, der Zeremonie, bei der die Weltmeister in allen Motorsportkategorien offiziell gekrönt werden. Der F1-Award ist natürlich der prestigeträchtigste von allen, und Verstappen nahm ihn hier zum zweiten Mal in Folge entgegen. „Man strebt sein ganzes Leben lang danach, Weltmeister zu werden", sagte er in seiner Rede vor den tausend Gästen auf dem Messegelände Fiera di Bologna, „aber in diesem Jahr waren wir noch konkurrenzfähiger als zuvor und haben neben der Fahrer- auch die Konstrukteurswertung gewonnen."

Im Vorjahr hatte sich Verstappen zwar denkbar knapp den Fahrertitel gesichert, aber Mercedes war es noch zum achten Mal in Folge gelungen, Konstrukteursweltmeister zu werden. Diesmal hatte sich das Blatt gewendet und die Dominanz von Red Bull war so überwältigend, dass alles darauf hindeutete, dass sich die Partnerschaft zwischen Rennstall und Fahrer nachhaltig im Aufwind befand. 2021 war Lewis Hamilton nach der extrem umstrittenen Entscheidung, die ihm beim spektakulären Showdown in Abu Dhabi den Titel gekostet hatte, so enttäuscht gewesen, dass er sich geweigert hatte, an der offiziellen FIA-Preisverleihung 2021 teilzunehmen, wozu er als Vizeweltmeister eigentlich verpflichtet gewesen wäre. Hamilton hegte keinen persönlichen Groll gegen Verstappen, fühlte sich aber durch eine falsche Auslegung des sportlichen Reglements durch den damaligen

F1-Rennleiter Michael Masi um den Titel betrogen. Er vertrat den Standpunkt: Wenn der Wettkampf um den größten Titel des Rennsports auf diese regelwidrige Weise entschieden werden konnte, warum sollte er sich dann an das Reglement halten, das von ihm die Teilnahme an der Gala verlangte?

„Ich kann verstehen, wie er sich gefühlt hat", sagte Verstappen über Abu Dhabi 2021. „Alles sah gut für ihn aus, und dann passiert so etwas. Das ist hart. Das Einzige, was ich mir in dem Moment gesagt habe, war, dass er sieben Titel gewonnen hat und einen davon, als es so aussah, als würde er verlieren – und dann hat sich das Blatt in der letzten Runde noch gewendet. Deswegen habe ich gehofft, dass er das versteht."

Das war eine typische Reaktion von Max, und sie fiel ganz anders aus als die, die man von seinem Vater an seiner Stelle erwartet hätte. „Jos haut immer gleich voll drauf", sagt Helmut Marko, „nicht reflektiert, nur pure Emotion. Max hingegen ist ein besonnenerer Typ. Er hat einen anderen Charakter als Jos, was auch an seiner im Vergleich zu seinem Vater anderen Erziehung lag. Charakterlich hat er viel von seiner Mutter."

Doch zweifellos ist Max genauso hart wie Jos, und wenn er provoziert wird, kann er genauso aggressiv reagieren wie sein Vater, sowohl im Cockpit als auch abseits der Strecke. Aber er hat sein Temperament besser im Griff als sein Vater. Normalerweise kann er die instinktive Reaktion von der tatsächlichen trennen. Aber das ist auch kein Wunder, wenn man bedenkt, wie unterschiedlich die beiden erzogen wurden.

Es war letztlich diese kompromisslose, aggressive Ader, die es Jos ermöglichte, sich vom Leben auf dem Schrottplatz in die glamourösen Gefilde der Formel 1 hochzuarbeiten. Sein Weg war ungewöhnlich: In den 1980er-Jahren, als er mit dem Kartfahren begann, war der Motorsport noch ausschließlich den Reichen vorbehalten. Für Menschen aus bescheidenen Verhältnissen war das keine Welt, zu der man wirklich Zugang bekommen konnte. Aber auf der Einstiegsebene, dem lokalen Kartsport, konnte jemand mit mechanischem Geschick, großem Talent und enormer Hartnäckigkeit seinen Weg schon machen, auch wenn seine Aussichten auf einen Aufstieg in höhere Gefilde sehr begrenzt waren.

Dank seines bemerkenswerten fahrerischen Könnens und seines unbändigen Siegeswillens war Jos allerdings schon bald so weit gekommen, dass er für professionelle Teams fahren konnte. Mithilfe eines wichtigen Mentors und Förderers gewann er 1984 die niederländische Juniorenmeisterschaft und 1989 als Mitglied des CRG-Werksteams die Europameisterschaft in der Formel A und der ICA-Klasse. Er hatte also Glück – so man es denn Glück nennen mag, wenn das jemandem passiert, der sowohl unglaublich talentiert als auch zielstrebig ist, jemandem, der wie besessen arbeitet, um auf sich aufmerksam zu machen. Jos' niederländischer Landsmann Huub Rothengatter, der in den 80er-Jahren als Formel-1-Fahrer selbst gescheitert, aber ein sehr erfolgreicher Geschäftsmann geworden war, erlebte 1991 als Zuschauer das Finale der Kart-Weltmeisterschaft. Er hatte gerade einen Vertrag mit Philips und Marlboro ausgehandelt und war auf der Suche nach Fahrern. Der niederländische Rennfahrer und TV-Kommentator Allard Kalff erinnert sich: „Jos stieß mit Fisichella zusammen. Fisichella saß nur da und sagte: ‚Oh, verdammt, ich hatte einen Crash.' Aber Jos? Jos zog einfach sein mit dem Fahrzeug des Italieners verkeiltes Kart heraus, setzte sich wieder rein und gab Gas. Huub sah das. Er sagte: ‚Den will ich haben.' Er nahm ihn mit zum Grand Prix nach Estoril und sagte: ‚Hier werden wir am Ende auch mit dabei sein, wenn du tust, was ich dir sage.' Und so finanzierten sie Jos Einstieg in den automobilen Motorsport."

Die Teilnahme am Motorsport kostet enorm viel Geld. Aber für die Spitzenfahrer unterscheidet sich die Finanzierung zwischen Kart- und Automobilsport in einem entscheidenden

Punkt: Die wenigen anerkannten Spitzenfahrer im Kartsport – wir reden hier von nicht mehr als vielleicht einem Dutzend weltweit – werden von Kartherstellern rekrutiert und dafür bezahlt, als Werksfahrer Rennen für sie zu bestreiten, denn je besser die Ergebnisse dieses Herstellers sind, desto mehr Karts wird er verkaufen. Diese Kartfahrer können sich dank der Werksunterstützung und der Bezahlung durch alle Klassen des Kartsports hocharbeiten, solange sie erfolgreich sind und gewinnen. In den Nachwuchsklassen des automobilen Motorsports gibt es keine Werksteams. Hersteller wie Dallara produzieren Autos, die ein angehender Rennfahrer in der Regel kauft und der sich dann von einem professionellen Rennteam betreuen lässt. Aber auch dann müssen die Kosten für die Rennen gedeckt und genügend Gewinne erzielt werden, um das Team bezahlen zu können.

Egal, wie hoch das Ansehen ist, das man sich im Kartsport erworben hat, wenn man in den Automobilsport wechselt, wird man mit der bitteren Realität konfrontiert, dass man nicht mehr finanziert wird, sondern spätestens jetzt plötzlich zahlen muss. Und zwar sehr viel. Das heiß, man braucht einige Millionen. An diesem Punkt endet so manche vielversprechende Karriere abrupt. Für Ayrton Senna war das vor einigen Jahrzehnten ein so großer Schock, dass er sich kurzzeitig aus dem Motorsport zurückzog und heim nach Brasilien flog, um sich darüber zu beschweren, dass nicht das Talent, sondern das Kapital, das jemand mitbringt, darüber entscheidet, wer irgendwo ein Cockpit bekommt. Damals fuhr er noch in der Formel Ford, der untersten Stufe auf der Karriereleiter. Normalerweise würde jemand mit Jos' Background, dessen Familie nicht etliche Millionen auf der hohen Kante hat, der aber über ein herausragendes Talent verfügt, sich vielleicht im Kartsport durchzusetzen können, aber es wäre höchst unwahrscheinlich, dass seine Karriere von dort aus noch weiterführen würde. Doch Jos traf glücklicherweise auf Huub Rothengatter.

Während Rothengatter das Geld ranschaffte (eine Aufgabe, bei der er später von Raymond Vermeulen unterstützt wurde), ebnete die Kombination aus Talent und Risikobereitschaft, die Jos zum besten Kartfahrer seiner Generation gemacht hatte, den Weg für den sofortigen Erfolg im Nachwuchsrennsport Anfang der 90er-Jahre. Gleich in seiner ersten Saison wurde er 1992 Benelux-GM-Lotus-Meister (mit acht Siegen in neun Rennen), 1993 folgte die Deutsche Formel-3-Meisterschaft (mit elf Siegen in siebzehn Rennen) im Team von Willi Weber, die den Grundstein für seinen Aufstieg in die Formel 1 legte. Ohne Rothengatter hätte es für Jos keine Formel-1-Karriere gegeben. Ohne ihn hätte die Welt nie von Max Verstappen gehört.

Die Geschichte von Rothengatter ist also von entscheidender Bedeutung für Max' Karriere. Rothengatters Formel-Ford-Mechaniker war ein junger Mann namens Frits van Amersfoort, der sich wie folgt erinnert: „Ich stamme aus einer Schrauberfamilie. Zandvoort war unsere Heimrennstrecke, und wenn dort in den 60er-Jahren jedes Jahr der Große Preis der Niederlande stattfand, fuhr die ganze Werkstatt mit allen Mechanikern dorthin, und die Firma hat das bezahlt. 1966 war ich 12 Jahre alt und durfte am Trainingstag mit dabei sein, weil die Ticketpreise am Samstag nicht so hoch waren. Das war das erste Mal, dass ich ein echtes Formel-1-Auto sah. Ich sah John Surtees, Bruce McLaren und viele andere. Der Geruch und der Lärm haben mich auf Anhieb fasziniert, und da die Automobiltechnik bei uns ja ohnehin in der Familie lag, wurde ich spontan mit dem Virus infiziert und bin es immer noch. … Der Zufall wollte es, dass Huub nur fünf Straßen von uns entfernt wohnte. Er war Kartfahrer, aber wir kannten ihn nicht. Wir trafen uns erst, als er in den 70ern einen Formel Ford Royale kaufte und ihn bei uns lackieren lassen wollte. Ich dachte: ‚Oh, ein echter Rennfahrer.' So fing es an. Damals gab es in der Formel Ford einen Fahrer und einen Mechaniker, das war alles. Also genauso wie bei einem Kart-Team damals.

Und ich wurde sein Mechaniker. ... Er war schon ein ganz besonderer Typ, sehr zielstrebig und eigensinnig. Ein Jahr später kaufte er sich einen Formel-3-March, einen 763. Den Wagen haben wir immer noch. Ich habe ihm ein paar Mal geholfen, aber ich musste ja auch noch die Schule beenden. Dann hörte Huub als Privatfahrer auf und wechselte zum Racing Team Holland in die Formel 3, zusammen mit Jan Lammers und Arie Luyendyk. Ich musste ihn also gehen lassen. ... Aber Huub ist immer ein Freund geblieben, ein besonderer Freund. Mit ihm fing alles an, dass ich mein eigenes Team gründete und andere Fahrer engagierte. Nachdem Huubs Formel-1-Karriere geendet hatte, weil er einsehen musste, dass er zwar genügend Talent besaß, um Geld aufzutreiben, aber nicht genug Talent, um wirklich richtig schnell zu sein, traf er Jos, der sich bereits einen Namen im Kartsport gemacht hatte – und der gerade ein Team für sich suchte. Wir fuhren damals in der Formel Renault. Wir testeten mit Jos einen Tag lang in diesem Auto, aber er mochte es nicht besonders. Er wollte Opel Lotus fahren. Also wechselten wir und ließen ihn 1992 dort fahren. Jos war der aufsteigende Stern. Und Huub war sein Manager. Und er bleib es all die Jahre, bis seine F1-Karriere ins Stocken geriet."

Während sich seine eigene Rennsportkarriere dem Ende zuneigte, betreute er Max bei seinem Einstieg in den Kartsport. Rothengatter war von dem Potenzial des Jungen restlos überzeugt, als dieser 2013 den Kart-Weltmeistertitel holte. Von da an ging es nur noch um Autos, womit Jos' Expertise im Kartsport nicht mehr gefragt war – und gleichzeitig ein enormer Finanzierungbedarf entstand, der gedeckt werden musste. Dass Max ein Kart-Superstar war, spielte nun keine Rolle mehr: Er brauchte Geld, und zwar viel Geld. Und hier kam Rothengatter wieder ins Spiel. Er zahlte die 200.000 Pfund, die nötig waren, um ein Formel-3-Auto von Dallara zu kaufen, damit das Team Van Amersfoort Max für sich fahren lassen konnte. Danach muss in der Beziehung zwischen Jos und Rothengatter etwas richtig schiefgelaufen sein. Sie sprechen schon lange nicht mehr miteinander, was mit etwas zu tun hat, das in dieser Zeit passierte. Rothengatter will nicht darüber reden, er sagt nur, dass er diese Phase seines Lebens als abgeschlossen betrachtet, als Vergangenheit.

Van Amersfoort erinnert sich: „Da waren drei erwachsene Männer [inklusive Vermeulen], die in ihrem Leben im Motorsport schon ein Vermögen verdient hatten, und sie stritten sich um den Anteil an Max' zukünftigen Einnahmen. Und das ist etwas, was meiner Meinung nach falsch war. ... Jos und Huub sind sich zu ähnlich. Ich denke immer noch, dass es nicht so weit gekommen wäre, wenn die beiden über mehr gesunden Menschenverstand verfügt hätten. Aber Huub war ein Dickkopf, Jos war auch ein Dickkopf, und Raymond stand dazwischen."

Jos wuchs in einem Wohnwagen auf. Sein Großvater hatte einen Schrottplatz, sein Vater Frans ein Café, beide befanden sich in Montfort, Holland, nahe der belgischen Grenze, etwa 100 Kilometer von Amsterdam entfernt. Jos verbrachte seine Kindheit damit, zwischen diesen beiden Orten hin und her zu pendeln. Als sich Frans und Jos' Mutter trennten, blieb der Junge bei seinem Vater – eine Geschichte, die sich eine Generation später mit Jos, Sophie und Max wiederholen sollte. Frans Verstappen war selbst ein kompromissloser Typ: Er sperrte Jos zur Strafe ein, wenn er wieder einmal etwas angestellt hatte. In dieser problematischen Vater-Sohn-Beziehung kam es oft zu körperlichen Auseinandersetzungen – die noch 2016 darin gipfelten, dass Frans nach einem erneuten handgreiflichen Streit mit seinem Sohn mit Verletzungen ins Krankenhaus musste, wie *De Telegraaf* berichtete.

Man kann sich gut vorstellen, wie der enttäuschte und zugleich wütende Teenager nach jedem Streit mit seinem Vater zum Großvater auf dessen Schrottplatz flüchtete. Dort fuhr er auf Motorrädern, arbeitete an Motoren herum, hauchte Schrottkarren neues Leben ein und fuhr als Minderjähriger mit ihnen herum. Man kann es sich vorstellen. Man kann wohl sagen, er hat nicht sonderlich viel menschliche Wärme erfahren.

Später jedoch, als Jos mit dem Kartfahren anfing, half ihm Frans, er fungierte als sein Mechaniker und gab ihm Ratschläge – wenn auch mangels Wissens bei Weitem nicht so qualifizierte, wie die, die Jos eine Generation später seinem Sohn gab. Leider waren Jos und Frans völlig zerstritten, als Frans 2019 mit 72 Jahren an Krebs starb. Dennoch ist klar, dass das Fundament von Max' Karriere nicht erst eine, sondern bereits zwei Generation zuvor gelegt wurde.

„Sie hatten eine sehr schwierige Beziehung", sagt Kees van der Grint über Jos und seinen Vater. „Ich mochte Frans, ich hatte immer Kontakt zu ihm. Ich fand es sehr traurig, wie es endete. Er arbeitete hart in seiner Kneipe und auf seinem Schrottplatz und war nebenbei noch Jos' Mechaniker, während Jos später einen Vollzeitmechaniker für Max einstellen konnte. Ihm standen alle Türen offen, als der berühmte ‚Jos Verstappen' mit Max angefahren kam. Für Frans hat sich keine Tür einfach so geöffnet, als er mit Jos herumfuhr. Aber ich glaube, dass Jos im Grunde seines Herzens weiß, was Frans für ihn getan hat. Aber es war eine sehr schwierige Beziehung, weil Frans auch manchmal ein sehr aufbrausender Typ war."

„Mit unserer Familie klarzukommen, ist sicher nicht immer einfach", sagte Frans Verstappen 2018 im niederländischen Fernsehen. „Aber ich denke, das ist bei Sportlern oder generell ehrgeizigen Menschen normal. Ich gehe immer ans Limit, ich bin ein Perfektionist. Jos ist genauso. Max hingegen hat eine etwas andere Einstellung."

„Mein Vater ist an alles mit seiner Alles-oder-nichts-Einstellung rangegangen", sagt Jos in *Whatever It Takes*, „und das hat er mir beigebracht, und so bin ich auch Rennen gefahren. Max hat die gleiche Mentalität, aber er ist klüger."

Während Jos davon überzeugt ist, dass ihm diese Einstellung im Berufsleben stets half, führte sie im Privatleben zu ständigen Konflikten, nicht nur mit seinem Vater, sondern auch mit seinem Großvater, seiner Mutter, seinen Frauen und Freundinnen – und nicht zuletzt mit Huub. Van Amersfoort sagt dazu nur: „In seinem Leben läuft immer irgendetwas schief. Warum das so ist, kann ich Ihnen nicht sagen. Ich glaube, da sollten Sie besser einen Psychologen fragen. Ich werde mir dazu kein Urteil erlauben."

Der junge Jos fuhr im belgischen Genk Rennen, nur etwa 30 Meilen von seinem Zuhause in Montfort entfernt. Dort kam er unter die Fittiche von Paul Lemmens, der die Rennstrecke 1980 angelegt hatte und dessen GKS-Team später viele erfolgreiche Fahrer hervorbringen sollte. Lemmens gab ihm einen Job in der Werkstatt der Rennstrecke. Hier lernte Jos wirklich sein Handwerk, und es ist nicht allzu schwer, sich vorzustellen, dass er an diesem Ort mit Lemmens als seinem Mentor auch ein wenig Ruhe und Frieden fand, weit weg von den Konflikten mit seinem Vater.

Lemmens' Alles-oder-nichts-Rennsportphilosophie ähnelte durchaus der von Frans Verstappen, aber mit ihm gab es keine familiären Konflikte, und er wurde von Jos sehr geschätzt, auch für all die Lektionen fürs Leben, die er ihm vermittelte und die sich auch später noch bei der Erziehung des jungen Max als sehr nützlich erweisen sollten. Einer der ehemaligen Fahrer von Lemmens, Robert Frijns, erinnerte sich gegenüber *Vroomkart.com:* „Paul wollte wirklich nur gewinnen, er hatte sich mit Haut und Haaren dem Kartsport verschrieben. Aber er war auch sehr streng und hat dir auch gesagt, wenn du etwas falsch gemacht hast. Und dabei ging es nicht bloß ums Fahren – denn es war ja nicht so, dass man sich danach einfach ins Hotel verdrückte, und der Mechaniker kümmerte sich um den Rest. Es war ihm wichtig, das Kart sauber zu halten, mit dem Mechaniker gut zusammenzuarbeiten und somit sicherzustellen, gemeinsam für das gleiche Ziel zu arbeiten. Es war eine harte Schule, aber eine gute. Wenn ich morgens zur Rennstrecke fuhr, hielt Paul zwei oder drei Kilometer vor dem Ziel an und sagte: ‚Ab hier gehst du zu Fuß ins Fahrerlager!‘ Ich habe das gehasst, aber das war seine Art, uns junge Leute zu dem zu machen, was wir heute sind. Er war immer sehr direkt und hat dich manchmal angeschrien, wenn du Mist gebaut hast, aber wenn du ein Rennen gewonnen hast, war er immer der Erste, der dir gratulierte. Am Ende geht es aber nur um ein paar grundlegende Dinge. Es geht hart zu in der Welt, in der viele Fahrer kommen und gehen, die um ein paar wenige freie Plätze konkurrieren."

Jos erinnerte sich in einem Interview mit *Vroomkart.com* 2021 gerne an seine Zeit mit Lemmens in Genk zurück. „Ich erinnere mich noch an den ersten Tag, als die ursprüngliche Rennstrecke in Genk fertig gebaut war. Ich war damals neun oder zehn Jahre alt. Es gab nur die Strecke und viel orangefarbenen Sand daneben. Paul war im Keller bei der Arbeit. … Ich bin für Paul gefahren, als ich 13 oder 14 war. Er war ein sehr bekannter Tuner und hatte ein gutes Team. Er besaß viele Motoren und vermietete auch welche an Kunden. Das Lustige daran war, dass ich sie einfahren musste, bevor wir zu den Rennen fuhren, aber das Gute daran war, dass ich mir meine eigenen Motoren aussuchen konnte, was mir zugutekam! … Als ich 17 war, habe ich in seinem Keller gearbeitet und die Motoren überholt. Ich habe auf dem Prüfstand gearbeitet und den Leuten an der Rennstrecke geholfen, das heißt, ich habe viel Zeit mit Paul verbracht. Damals gab es viele gute Fahrer – beispielsweise Guy de Nies, Jan Heylen und Sophie Kumpen." Sophie Kumpen, seine spätere Frau und Max' Mutter.

Der Kartsport stellte für Jos eine Fluchtmöglichkeit aus dem tristen Alltag und seinen ziemlich begrenzten Perspektiven dar. So konnte er einem Leben entrinnen, das viel zu lahm und unaufregend gewesen wäre, um ihm zu genügen. Lemmens freute sich über seine scheinbar grenzenlose Wissbegier und brachte ihm über Motoren und Karts alles bei, was er wusste. Und er heizte seinen Siegeswillen an. Er war es auch, der Jos beibrachte, seine Leidenschaft in eine beeindruckende Arbeitsmoral umzuwandeln – auch etwas, das er später an Max weitergab.

Es gibt wohl kaum einen Fahrer, der sich so intensiv mit den technischen Aspekten des Kartsports auseinandergesetzt hat wie Jos Verstappen. Das profunde Wissen, das er sich nicht nur während seiner eigenen Kartkarriere, sondern auch später als Inhaber seiner eigenen Kartmotoren-Tuning-Firma angeeignet hat, kam Max' Karriere von Anfang an zugute. Lemmens bildete somit einen weiteren wichtigen Grundstein für die Karriere von Max Verstappen, auch wenn dieser Grundstein schon eine Generation früher gelegt wurde.

„Paul ist sehr emotional und extrem motiviert, bei dem, was er tut", sagte Jos, „und ich glaube, dass er sich in mir oft wiedererkannt hat. Wir sind uns sehr ähnlich: Ich arbeitete hart und wollte immer unbedingt gewinnen. Ich habe viel von Paul gelernt, beispielsweise wie man Motoren baut und wie man Motoren abstimmt. Ich hatte viele Ideen, über die ich mit Paul gesprochen habe, und wir verbrachten etliche Stunden auf dem Prüfstand, manchmal bis drei oder vier Uhr morgens. Ich hatte ein sehr gutes Verhältnis zu ihm, und ich glaube, er war letztlich ausschlaggebend dafür, dass ich wirklich gerne Motoren baue, und er hat mir auch bei Max sehr geholfen. Es gibt so viele Dinge, an die ich mich erinnere, wie zum Beispiel die Arbeit bis spät in die Nacht, das Einfahren der Motoren. Natürlich war das Arbeit, aber es war immer ein Vergnügen, dort zu arbeiten, zu lernen und dabei noch eine Menge Spaß zu haben.

Jos erinnerte sich an einen regnerischen Abend, an dem er und einige andere Fahrer mit Miet-Gokarts auf die Piste gingen und Rennen fuhren – bis ein wütender Lemmens auftauchte und der Spaß mit einem Schlag vorbei war. Sophie Kumpen gehörte zu dieser Gruppe.

Es ist schwer vorstellbar, dass sich Jos und Sophie jemals getroffen hätten, wenn sie nicht beide Kart gefahren wären, da sie aus so unterschiedlichen Milieus kamen. Sophie ist ein paar Jahre jünger als Jos und stammt aus einer wohlhabenden Familie: Ihr Vater Robert leitete ein großes Straßenbauunternehmen, war Präsident des Fußballvereins KRC Genk und hatte sich schon in jungen Jahren als Hobby-Kartfahrer versucht. Sophies Onkel Paul – Roberts Bruder – nahm an Rallye-Cross-Rennen teil. Im Alter von 10 Jahren saß Sophie bereits in einem Kart. Mit 14 war sie eine ernstzunehmende Fahrerin, die belgische Meisterin wurde und fünf Jahre lang an der Weltmeisterschaft teilnahm. Doch ihre Karriere endete abrupt, als sie im Alter von 22 Jahren mit Max schwanger wurde. Ihre Träume vom großen Durchbruch im Motorsport – sie wäre gerne in der DTM (Deutsche Tourenwagen-Meisterschaft) oder im GT-Rennsport gestartet – wurden für immer auf Eis gelegt.

Als für Kartreifen zuständiger leitender Ingenieur bei Bridgestone oblag van der Grint die Auswahl der Fahrer, die die Produkte des Unternehmens testen sollten. Er war nur an den schnellsten Kartfahrern interessiert. „Wir hatten nur fünf oder sechs von über hundert ausgewählt. Es waren Fahrer, die sehr schnell waren, und sie war eine von ihnen. Was ich nicht meine, ist, dass sie für eine Frau eine gute Fahrerin war – ich hasse dieses Relativieren. Nein, sie war eine absolute Spitzenfahrerin. Sie hat Jos in einem der großen Rennen geschlagen. Sie hat 1995 die Andrea Margutti Trophy gewonnen, sie hat alle großen Stars geschlagen. Sophie ist ein sehr liebenswürdiger Mensch, von ihr kommt die entspannte Seite von Max. Sie hat beispielsweise immer Schokolade mitgebracht und versucht, ein Team um sich herum aufzubauen. Sie hat persönliche Beziehungen aufgebaut, das war schön. Sie kannte jeden und war sehr gesellig – und diese Seite hat Max auch.

„Die Margutti Trophy war eine große Sache", sagt Michel Vacirca, Chef des niederländischen CRG-Kart-Teams. „Das war fast wie der Gewinn der Weltmeisterschaft. Ein toller Erfolg für Sophie."

Auch der junge Jenson Button erkannte Sophies Potenzial: „Sophie war 1995 meine Teamkollegin im GKS-Team von Paul Lemmens. Sie war eine professionelle Kartfahrerin, und sie war eine der besten der Welt."

Christian Horner, der damals in seiner noch jungen Karriere versuchte, sich gegen sie durchzusetzen, sagt: „Sie gehörte damals definitiv zu den zehn besten Kartfahrern der Welt. Ich bin schon 1989 gegen sie gefahren. Das war bei der Europameisterschaft in Parma in Italien, bei der man sich für die Weltmeisterschaft im spanischen Saragossa qualifizieren konnte, und da war sie richtig schnell. Das war die Zeit von Trulli, Fisichella, Jan Magnussen (der in diesem Jahr gewann) oder Dario Franchitti. Es gab eine starke Gruppe von Toptalenten, die sich durchsetzten, und sie gehörte dazu. Sie war nicht so aggressiv, aber sie war eine clevere Rennfahrerin, und ich denke, Max hat die Aggressivität von seinem Vater und die Rennintelligenz von seiner Mutter. Sie war zu ihrer Zeit eine ungemein beeindruckende Rennfahrerin. Er hat von beiden etwas: Das Feuer und den Kampfgeist von Jos, und von Sophie, die eine sanfte und sehr sympathische Frau ist, die Besonnenheit. Es ist also eine Mischung aus beidem, und man sieht diese beiden Qualitäten in verschiedenen Momenten."

Das vorzeitige Ende von Sophies Karriere ist umso bedauerlicher, als sie als Frau in einer von Männern dominierten Welt „viele Jahre gebraucht hat, um sich zu beweisen", wie sie 2013 gegenüber *racexpress.nl* sagte. „Ich habe immer sehr hart gearbeitet und einen langen Weg zurückgelegt. Ich gebe nicht so schnell auf, und charakterlich habe ich mich immer weiterentwickelt."

Sophie fuhr weiterhin Kart, auch als Jos seine Karriere in Rennwagen fortsetzte. Das Paar heiratete 1996 – in dem Jahr, in dem Sophie schwanger wurde – nachdem sie schon viele Jahre zusammen gewesen waren. Jos stieg 1994 in die Formel 1 ein, nachdem er aus dem Kartsport kommend direkt die GM-Lotus- und die F3-Meisterschaft gewonnen hatte und er aufgrund seines spektakulären, aggressiven Fahrstils zu einem begehrten Kandidaten für so manches Team geworden war. Er wurde sogar noch höher gehandelt, nachdem er im September 1993 mit Arrows seinen ersten Test in einem Formel-1-Auto auf der Rennstrecke von Estoril in Portugal absolviert hatte, zwei Tage nach dem dortigen Grand Prix. Jos gelang dabei eine Sensation. Nach nur vier Runden fuhr er Zeiten, die ihm einen Platz in der Startaufstellung gesichert hätten, und am Ende des Tages hatte er fast die Qualifyingzeit des Stammfahrers Derek Warwick erreicht – mit der er es auf Startplatz zehn geschafft hätte.

Dieser Test war von Rothengatter organisiert worden, der dafür sorgte, dass sämtliche Medien davon erfuhren, und innerhalb weniger Tage meldeten fast alle Teams ihr Interesse an dem schnellen Holländer an. Es sah so aus, als wäre er das aufregendste neue Talent der Formel 1 seit Michael Schumacher und Mika Häkkinen, die ein paar Jahre zuvor in der Königsklasse des Motorsports ihr Debüt gegeben hatten. Paradoxerweise war Jos in diesem Moment so gefragt, wie zu keinem anderen Zeitpunkt in seiner Karriere, was wieder einmal zeigt, wie unberechenbar F1-Karrieren manchmal verlaufen.

Ron Dennis' McLaren-Team bot ihm einen Platz als Testfahrer an mit der Option, künftig bei Rennen eingesetzt werden zu können. Flavio Briatores Benetton-Team machte ihm ein ähnliches Angebot. Es gab Cockpits in kleineren Teams, aber Rothengatter überzeugte Jos, dass es besser sei, gleich bei einem großen Team wie Benetton zu beginnen, als sich für einen sicheren Startplatz bei einem kleinen Rennstall zu entscheiden, auch wenn sich sein Formel-1-Debüt dadurch verzögern würde. Und so entschieden sich die beiden, Briatores Angebot anzunehmen.

Trotz seiner aggressiven Verhandlungsführung war Rothengatter auf diesem sportlichen Niveau etwas überfordert. Ohne sich dessen wirklich bewusst zu sein, hatte er mit dem Vertragsabschluss dafür gesorgt, dass Jos als Teil von Michael Schumachers Unterstützungsnetzwerk bei Benetton verpflichtet worden war und als möglicherweise sehr lukrative Investition für Briatore, wenn der ihn vielleicht später gewinnbringend hätte weiterverkaufen können. Was den beiden nicht ganz klar war, war, dass Michael Schumacher nicht nur über ein sagenhaftes Talent verfügte, sondern auch auf eine Weise mit dem Team zusammenarbeitete, die von allen totale Hingabe verlangte.

Jos sollte offiziell Benettons dritter Fahrer werden, hinter J.J. Lehto, dem erfahrenen Finnen, der selbst einmal als das nächste große Supertalent gehandelt worden war. Die Idee war, dass Jos, indem er Schumachers Arbeit bei den Testfahrten miterledigte, 1994 viele Kilometer sammeln würde, um sich dabei voll und ganz an die Formel 1 zu gewöhnen, bevor er vielleicht im darauffolgenden Jahr sein Renndebüt geben würde. Das war zumindest der Plan, bis Lehto bei einem Vorsaisontest in Silverstone einen Unfall baute, bei dem er sich eine Verletzung an der Halswirbelsäule zuzog, weshalb Jos kurzfristig als Ersatz für ihn bei den ersten beiden Rennen der Saison einsprang. Ein spektakulärer Überschlag bei seinem Debüt in Brasilien, an dem ihn zwar keine Schuld traf, hinterließ keinen guten ersten Eindruck. Beim dritten Rennen, dem verhängnisvollen Großen Preis von San Marino (bei dem Ayrton Senna und Roland Ratzenberger tödlich verunglückten), sollte Lehto wieder übernehmen.

Und hier nehmen wir einen weiteren Faden in der Geschichte auf – neben Schrottplätzen, Paul Lemmens und Genk, van

Amersfoort und Rothengatter –, der sich später bis zu Max Verstappen schlängeln wird, auch wenn er damals noch gar nicht geboren worden war. Es war der Moment, als der von P22 gestartete Pedro Lamy mit seinem Lotus frontal in das Heck von Lehtos Benetton krachte, der noch stand, weil sein Motor beim Start abgewürgt worden war. Dadurch hatte sich Lethos in Silverstone erlittene Halswirbelverletzung wieder verschlimmert, weshalb er nun gezwungen war, für längere Zeit zu pausieren.

Und so musste Jos in einer F1-Saison unverhofft das zweite Cockpit bei einem Topteam übernehmen, lange bevor er bereit dazu war. Und in diesem Augenblick fand das unglaubliche Momentum, das Jos bis an diesen Punkt gebracht hatte, ein abruptes Ende – und es sollte nie wieder zurückkommen. Das lag zum Teil an den Umständen, zum Teil aber auch an Jos selbst, der nicht wirklich verstand, worauf es ankam, um auf höchstem Niveau erfolgreich zu sein. Das kraftvoll Zupackende, das er bei der Beherrschung der technischen Aspekte des Kartsports an den Tag gelegt hatte, musste mit einem feineren Gespür kombiniert werden, um die Dynamik und die persönlichen Einflussmöglichkeiten und Abhängigkeiten in einem so großen und komplexen Unternehmen wie einem F1-Spitzenteam zu verstehen. Für jemanden mit Jos' Background und Persönlichkeit war das einfach eine etwas zu große Herausforderung.

„Als Fahrer war Jos meiner Meinung nach genauso gut wie Max", sagt van der Grint. Aber es geht nicht nur darum, das Gaspedal durchzudrücken und am Lenkrad zu drehen. Es geht um viel mehr, und was das angeht, hat Max aus seinen Fehlern gelernt. Deshalb ist Max auch um einiges vielseitiger. Sein Debüt im Motorsport gab Max mit 16 Jahren. Mental war er zu diesem Zeitpunkt aber schon wesentlich älter – was an seiner Ausbildung durch Jos lag. Bei Jos war das, als er als Autorennfahrer debütierte, nicht der Fall gewesen. Wahrscheinlich war er mental sogar jünger gewesen, als er nach der Anzahl seiner Jahre hätte sein müssen. Weder Rothengatter noch Jos waren auf die Formel 1 wirklich vorbereitet. Sie hatten vor, Testfahrer bei Benetton zu werden, aber Jos wurde als echte Nachwuchshoffnung geholt, als ein schneller Fahrer. Da war also dieser Typ, der es gewohnt war, alles zu gewinnen, der im Kartsport so dominant gewesen war wie später auch Max. Im ersten Jahr fuhr er Opel Lotus und dominierte dort. Im zweiten Jahr fuhr er in der deutschen Formel 3 und dominierte auch dort. Dann wechselte er zu einem F1-Team, das mittlerweile komplett um Schumacher herum aufgebaut worden war. Da er technisch versiert war, wusste er, dass es Unterschiede zwischen den Autos gab; es ging um winzige Details, wie beim Bodenblech und solchen Dingen. Natürlich war der Anfang schwierig. Aber entscheidend ist, wie man damit umgeht und klarkommt. Vor allem, wenn man daran gewöhnt ist, regelmäßig zu gewinnen, von den Reifen- oder Fahrwerksspezialisten jeden Wunsch erfüllt zu bekommen, weil sich alle nur auf dich konzentrieren. Und dann bist du plötzlich die Nummer zwei. Jos ist ein emotionaler Typ, der schonungslos sagt, was er gerade denkt, und das ist in dieser Situation alles andere als hilfreich. Mit einem Flavio Briatore oder einem Ross Brawn kann man so nicht reden. Niemand kann das. Aber Jos hat es getan.

Und es kam noch etwas hinzu. Obwohl Jos schnell war, wurde er mit Michael Schumacher verglichen, einem der größten Rennfahrer, die je gelebt haben. Vielleicht wäre selbst ein perfekt vorbereiteter und hoch motivierter Jos nicht so schnell gewesen wie der Deutsche. Das wäre doch gar nicht so abwegig gewesen, oder? Jos' F1-Testdebüt war ja so beeindruckend, weil er fast genauso schnell war wie der alte Haudegen Derek Warwick. Doch bei Schumachers erstem Einsatz in einem F1-Auto, einem Jordan in Silverstone, stellte er mit diesem Auto lauter neue Bestzeiten auf und im Qualifying bei seinem Formel-1-Debüt in Spa war er sogar deutlich schneller als sein Teamkollege, der erfahrene Routinier Andrea de Cesaris, und sicherte sich als F1-Neuling auf Anhieb Startplatz sieben. In seinem zweiten Rennen schlug er auf Anhieb den dreimaligen Weltmeister Nelson Piquet, der bei Benetton sein Teamkollege war. Es war Jos' Pech, gegen ein solches Ausnahmetalent antreten zu müssen, bevor er sich richtig etabliert hatte.

Pat Symonds war damals Technikchef bei Benetton und arbeitete eng mit Schumacher zusammen. Er sagt dazu: „Es bestand kein Zweifel daran, dass Jos schnell war, aber er hatte es mit jemandem zu tun, von dem die Leute gerade erst begriffen, dass er noch mehr war als das. Und 1994 hatte Michael dieses Auto, das sehr gut zu ihm passte und auf ihn abgestimmt war. Jos war nicht so schnell wie Michael, aber wer war das schon? Michael war ein harter Brocken, gegen den es schwer war zu gewinnen, was inzwischen viele selbst erfahren haben. Das war Jos' erstes F1-Rennen. Michael war schon drei Jahre dabei, was einen großen Unterschied macht. Außerdem ist es in der Formel 1 schon oft vorgekommen, dass Talente, die als Junioren enormes Potenzial gezeigt hatten, in der Formel 1 keinen Fuß auf den Boden bekommen. Denn das ist doch noch mal etwas ganz anderes. ... Besondere Schwierigkeiten hatte er nicht. Um es höflich auszudrücken: Er war ein Rohdiamant. Wenn man sich sein Privatleben ansieht, ist er nicht gerade jemand, mit dem man befreundet sein möchte, und trotzdem mochten ihn alle. Im Team war er beliebt, die Jungs, die sich um sein Auto kümmerten, mochten ihn, er hat sich gut eingefügt. Aber man kann in der Situation ja gar nicht anders, als ihn mit Michael zu vergleichen, nicht nur als Fahrer. Er war auch ein ganz anderer Mensch als Michael. Für einen jungen Mann war Michael sehr kultiviert, und er wusste, wie man ein Team um sich herum aufbaut. Jos war ein rauerer Typ und hatte nicht einmal ansatzweise eine Vorstellung davon, wie man das macht. Seine Arbeitsmoral stimmte, aber er war nicht so intelligent wie

Michael, weder emotional noch in sonst einer Bezeihung. … Sie waren ein ungleiches Paar, aber sie wurden Freunde. Denn das ist das Bemerkenswerte an Jos: Die Leute mochten ihn und konnten mit seiner rauen Art umgehen. Ich persönlich glaube, dass er bei Benetton auf seinem Niveau gefahren ist."

War Jos so schnell wie Max? Nein, meint Giancarlo Tinini, der Eigentümer des Kartherstellers CRG, für den beide Rennen gefahren sind. „Max passt sich besser an die Streckenbedingungen an als sein Vater. Jos war auch schnell und aggressiv, aber Max ist, wie Jos selbst zugab, schneller als er."

Jos sagt über Max, dass er „ein besseres Gefühl für das Kart oder das Auto hat als ich". In einer niederländischen Talkshow im Jahr 2021 zeigte Jos rückblickend ein gewisses Maß an Selbstreflektion im Hinblick auf seine F1-Karriere und die Messlatte, die Schumacher darstellte. „Wenn man in die Formel 1 kommt, denkt man: Wir werden Rennen gewinnen und wir werden irgendwann Weltmeister. Aber wenn du dann auf jemanden triffst, bei dem du denkst: ‚Verdammt, ist der schnell', und wenn du dann wirklich alles gibst und ihn immer noch nicht schlagen kannst, dann kennst du deinen Platz und weißt, wie gut du tatsächlich bist. Sicher, wenn wir alle noch einmal die Chance hätten, würden wir es noch einmal versuchen, aber vielleicht weißt du im Hinterkopf schon ein bisschen, wie weit du kommen würdest."

„Ich fand es immer toll und cool, dass mein Vater in der Formel 1 gefahren ist", erinnert sich Max in *Whatever It Takes*. „Natürlich hat jeder seine eigene Meinung, und ich glaube, mein Vater weiß selbst, dass es hätte besser laufen können. Aber manchmal läuft es einfach nicht so, wie man sich das vorstellt, man trifft die falschen Entscheidungen und irgendwann ist es vorbei."

In der gerade erwähnten Doku gibt Jos selbst zu, dass die Würfel in dieser ersten Saison bereits gefallen waren. „Meine schlimmste Zeit in diesem Sport war mein erstes Jahr [in der Formel 1]. Da habe ich zu viele Fehler gemacht. Es ist sehr schwer, wenn man einen so starken Teamkollegen hat. Alles war auf ihn hin ausgerichtet, und das spürt man als Fahrer. Ich war darauf nicht vorbereitet. Ich glaube, ich hätte mehr aus mir machen können, wenn ich mehr über das alles gewusst hätte, wenn ich jemanden an meiner Seite gehabt hätte, der mir erklärt hätte, worauf es ankommt, wie das alles funktioniert. Jemanden, dem ich hätte vertrauen können. Ich musste alles selbst herausfinden, und als mir das gelungen war, war es schon zu spät. Da hatte ich die Fehler schon gemacht."

Wenn dieses Momentum und diese ungetrübte Begeisterung in der Formel 1 einmal verloren gegangen sind, kommen sie nie wieder zurück. Man wird anders wahrgenommen, es bieten sich weniger Möglichkeiten, die Machtverhältnisse verschieben sich zuungunsten des Fahrers, der die Mentalität und den Glauben, unbesiegbar zu sein, eingebüßt hat. Im Gegenzug bringt er weniger Leistung, wahrscheinlich ohne sich dessen bewusst zu sein. Nur ein paar Jahre nach seinem Einstieg in die Formel 1 als das nächste große Talent saß Jos im langsamsten Auto in der Startaufstellung und wurde überdies noch regelmäßig von seinem Rookie-Teamkollegen Justin Wilson geschlagen. Aber zu diesem Zeitpunkt hatte er schon längst seine eigene Kart-Firma gegründet und war zurück in einer Welt, der er selbst auf dem Höhepunkt seiner F1-Karriere nie wirklich den Rücken gekehrt hatte. Und da sein fünfjähriger Sohn bereits in seinem aufgemotzten Kart über die Strecke bretterte, wann immer sein Vater ihn ließ, und unermüdlich darum bettelte, Rennen fahren zu dürfen, war alles bereit für das nächste Kapitel der Geschichte.

DIE GEBURT EINES CHAMPIONS

Er war so ein kleiner Junge, als er mit diesem großen Helm in dem Babykart saß. Und du denkst nur, hoffentlich geht nichts schief.

Sophie Kumpen

In den wenigen Wochen zwischen dem Ende einer Saison und dem Beginn einer nächsten verbringt Max Zeit mit seiner Partnerin Kelly und deren Tochter Penelope. Aber er hat auch eine andere Leidenschaft, die eng mit seinem Beruf verbunden ist: Simulatorrennen. Vier Wochen, nachdem die FIA ihm den Weltmeistertitel 2022 verliehen hatte, nahm Verstappen am Le Mans Virtual Event teil, einer Online-Simulation des 24-Stunden-Rennens von Le Mans. Rennsimulationen nehmen viel Raum in Verstappens Leben ein. Zwischen den Trainings bei den Grands Prix steht er in Kontakt mit seinen Teamkollegen von Team Redline, dem E-Sport-Team, dem er vor einigen Jahren beigetreten ist, um mehr Anonymität zu genießen, als wenn er nur online Rennen fahren würde. Er fährt seine Rennen von seiner Wohnung aus, wo er einen eigenen Bereich für seine „Ausrüstung“ – speziell angefertigte Pedale, ein Lenkrad und mehrere Computerbildschirme – eingerichtet hat. Die Zugehörigkeit zu einem Team professioneller Simracer bietet ihm auch gute Sparringspartner, mit denen er für das nächste große Ereignis trainieren kann, von denen es viele gibt und die alle viele Stunden Vorbereitung erfordern, um voll konkurrenzfähig zu sein.

Doch das Team Redline scheint ihm mehr zu bieten als nur die Möglichkeit, sich abseits der Rennstrecke fit zu halten. Er nimmt seine Rolle dort genauso ernst wie die bei Red Bull. Sein

Partner im Team Redline, Atze Kerkhof, ein ehemaliger Eisschnellläufer, der zum Simracing wechselte und nun im wirklichen Leben als Performance Coach für das Alfa Romeo F1 Team arbeitet, sagt: „Er ist zu einer sehr reifen Persönlichkeit im Team geworden, die auch hinter den Kulissen hilft. Irgendwann wurde er zum Teamchef, wo er nicht mehr selbst fuhr, sondern anderen half, das Setup erklärte, Fahrstile erläuterte. Jetzt weiß ich, dass Max anders ist, als die Welt ihn sieht."

Die Wettbewerbsintensität in dieser virtuellen Welt steht der in der Formel 1 in nichts nach. Man muss sich nur das Interview ansehen, das David Coulthard am Tag nach dem Gewinn der Weltmeisterschaft 2021 auf Channel 4 mit ihm und Jos führte. Max wird hier erst richtig lebendig, als das Gespräch auf die Rennsimulation kommt. Das ist sein Ding, da kann Jos nicht mithalten. Wie so viele Eltern der Generation X kann Jos nicht verstehen, warum jemand so viel Zeit und Mühe in etwas anderes als den echten Rennsport investiert. Für Max hingegen ist es eine faszinierende Herausforderung, die sich zwar vom Rennsport unterscheidet, aber genau die gleiche Herangehensweise erfordert, um Spitzenleistungen zu erzielen. Sein Streben nach dieser Leistung ermöglicht es uns, den Prozess und die Mentalität, die ihn im Kartsport so unglaublich gut gemacht haben, fast in Aktion zu sehen.

„Diese Simracer sind so schnell", erklärt er Coulthard, „und es ist sehr interessant, sie fahren zu sehen, denn sie haben keine wirkliche Erfahrung mit einem Auto, aber wenn man sich ansieht, wie sie bremsen, wie sie lenken, wie sie das Gaspedal benutzen, dann ist das genauso, wie es sein sollte, und deshalb ist es für mich sehr interessant, mich mit ihnen zu vergleichen, denn sie sind in der Simulation von Natur aus schnell, und ich bin es auch im wirklichen Leben. Für mich ist das eine zusätzliche Motivation, denn ich bin mir sicher, dass ich schnell sein werde, wenn ich in ein richtiges Auto steige. Aber im Simulator sind diese Jungs der Maßstab, nicht ich, und ich muss an meine Grenzen gehen, um mich zu testen, mich zu verbessern und von ihnen zu lernen. In meiner Freizeit versuche ich also, mich weiter zu verbessern, und ich denke, dass mir das auch im echten Leben weiterhilft."

Das im Januar 2023 ausgetragene Le Mans Virtual Event war wie sein reales Vorbild ein Langstreckenrennen. Verstappen setzt rund 40 Stunden Training für ein 24-Stunden-Rennen an. Dieses ging nicht gut für ihn aus. Er und Kerkhof lagen nach mehr als 17 Stunden in Führung, doch dann stürzte ein Computerserver ab, vermutlich weil er gehackt worden war. Dadurch verloren sie zwei Runden, die nicht wieder aufgeholt werden konnten, was sie auf die hinteren Plätze zurückwarf und Max dazu veranlasste, sich über die Organisatoren zu beschweren, bevor er aufgab. Die Aufnahmen gingen im Netz viral. „Das Spiel ist aus", sagte er. Ich glaube, ich hätte mehr Glück, wenn ich einfach nach Vegas ins Casino ginge. Dann hätte ich mehr Chancen zu gewinnen. Ich denke, ich werde das Spiel deinstallieren. Das ist gut... Es macht sowieso ein bisschen Platz auf dem PC frei. Und ich hoffe wirklich, dass jeder das Spiel deinstalliert."

Diese Leidenschaft, das ist wirklich authentisch. Nachdem er es im echten Leben bis an die Spitze seines Sports geschafft hatte, fand Max hier ein neues Gebiet, auf dem er nach Spitzenleistungen streben und sich die Fähigkeiten aneignen kann, um auch hier zu dominieren und nicht nur mitzuspielen. Vielleicht können wir jetzt besser verstehen, woher sein Drang kam, Rennen zu fahren. Er wurde ihm nicht von Jos eingeimpft. Max rebellierte nicht gegen Jos' hohe Ansprüche, denn er selbst war es, der darauf drängte, er war es, der immer mehr wollte. Max saugte das nötige Wissen und die erforderlichen Fertigkeiten auf wie ein Schwamm, so schnell, wie Jos sie ihm einflößen konnte, bis er schließlich besser war als sein Vater.

„Alles begann, als Max vier Jahre alt war“, erzählte Jos 2014 im Gespräch mit *Kartcom*. „Wir sprachen zu Hause immer über Rennen. Ich war oft bei Rennen, und ich erinnere mich, dass er oft den Wunsch geäußert hat, Kartrennen zu fahren. Ich habe ihn nie gezwungen, ich habe vielmehr seinem Drängen nachgegeben!“

Max war nicht der erste, der von Jos’ harter Rennausbildung profitierte. 2002 hatte Giedo van der Garde das bereits getan, als er als 17-Jähriger die Super-A-Weltmeisterschaft gewann und später eine kurze F1-Karriere bei Caterham und Sauber startete. Den Kart-Titel gewann er mit dem niederländischen CRG-Team von Michel Vacirca, was für das Semi-Werksteam im Vergleich zu den reinen Werksteams eine beachtliche Leistung war. Van der Garde fuhr mit Motoren von Jos Verstappen, und Teil ihres Deals war, dass Jos ihm mit Rat und Tat zur Seite stand – wie er es später auch mit großem Erfolg bei seinem Sohn tat. Giedo betrachtet diese Zeit als das Highlight seiner gesamten Rennkarriere.

„Ich hatte Jos ein wunderbares Jahr lang an meiner Seite“, erinnert er sich. „In diesem Jahr fuhr er nicht in der Formel 1, aber für 2003 hatte er ein Angebot, [bei Minardi] in die Formel 1 zurückzukehren, und er nahm es an. Das war schade für mich, denn danach habe ich etwas den Anschluss verloren. Jos war einer der besten Motorentuner, denen ich je begegnet bin, aber auch als Mensch, als Trainer, war er ein supernetter Kerl, immer ganz direkt, ohne irgendeinen Bullshit. Manchmal war er auch hart, sehr hart, und wenn du nicht gut warst, war er derjenige, der sagte: ‚Du bist ein Idiot‘; das war wirklich richtig hart, aber ich hatte eine tolle Saison mit ihm.“

Jos als „netten Kerl“ zu bezeichnen, mag ungewöhnlich klingen, wenn man die Liste seiner Gerichtsverhandlungen und Verurteilungen betrachtet. Sein aufbrausendes Temperament hat ihm im Leben schon viel Ärger eingebracht, nicht zuletzt mit einigen ehemaligen Lebensgefährtinnen und Ehefrauen. In der Welt des Rennsports hat man ihn jedoch immer als einen Menschen respektiert, der alles gibt, und in ruhigen Situationen kann er durchaus entspannt, freundlich und sehr gesellig sein. Sein Engagement für van der Garde kam von Herzen, und sein Einsatz ging weit über das hinaus, was man bei einer bezahlten Dienstleistung erwarten kann.

„Jos war mit Leib und Seele dabei“, fährt Giedo fort. „Jedes kleine Detail war wichtig, und das habe ich von ihm gelernt, nicht nur über das Fahren, sondern auch über den Motor, die Mechaniker, die Leute, die in dem Werk arbeiten – er hatte so viel Erfahrung mit all diesen Dingen. Seine Art zu lehren war sehr direkt: Wenn es falsch ist, ist es falsch, wenn es gut ist, ist es gut. … Aber auch die Einstellung war ein Thema. Ich erinnere mich, dass ich einmal bei einem Rennen in Finnland einen Unfall hatte und stehen blieb. Als ich in die Box zurückkam, fing er an zu schreien: ‚Du Idiot, warum hast du das Kart nicht wieder angeschoben, du hättest auf der Strecke noch irgendwas ausprobieren können, aber jetzt verlierst du einfach nur Zeit!‘ Und ich sagte: ‚Wow, okay, immer mit der Ruhe, Mann.‘ Aber als ich das nächste Mal einen Unfall hatte, schob ich das Kart wieder auf die Strecke und fragte ihn nachher: ‚Und, bist du jetzt zufrieden?‘ Und er sagte: ‚Das ist der Platz, an dem du arbeitest, also gib niemals auf.‘“

Van der Garde wurde in diesem Jahr Teil der Verstappen-Familie: „Sie lebten in Belgien, ich war fast jede Woche dort, schlief in Max’ Zimmer. Es war eine tolle Zeit. [Jos ist] ein reiner Rennfahrer, er liebt es, Gokarts und Rennkarts zu sehen, in der ganzen Familie dreht sich alles um den Rennsport. Am Tisch sprachen sie die ganze Zeit über Rennen. … Es war ein schönes Jahr, eine nette Familie. Sophie war da, Max’ kleine Schwester Victoria. Ab und zu habe ich mit Max Playstation gespielt, und wenn man gewonnen hat, war er so wütend, dass er den Controller in die Ecke warf, weil er nicht der Sieger war. Man merkte, dass er schon in jungen Jahren etwas Besonderes an sich hatte."

In der Saison 2002 lernte van der Garde den Trainingsstil kennen, den Jos später auch bei Max praktizierte. Und schon damals schien es unausweichlich, dass Max in absehbarer Zeit in einem Kart sitzen würde. „Max war zu Hause und sah, dass wir die Meisterschaft gewonnen hatten, und wenn man so etwas mitbekommt, wenn man klein ist, will man es selbst einmal versuchen. Da hieß es dann: ‚Hey Papa, das will ich auch mal ausprobieren.' Drängen, drängen, drängen, die ganze Zeit. ... Er kam für ein paar Runden mit Jos und der Familie vorbei. Er fragte immer: ‚Wann, wann, wann? Wann setzt ihr mich in ein Gokart?' Er lag ihm damit ständig in den Ohren."

Jos war 2001 beim Großen Preis von Kanada, als Sophie anrief. „[Sie] sagte, dass er neben ihr stehe und weine, weil er fahren wollte", erinnerte sich Jos im niederländischen Fernsehen. „Aber ich wollte warten, bis er sechs Jahre alt war, weil ich dachte, das wäre ein gutes Alter, um anzufangen." Besonders empört war Max, als er seinen Freund Stan Pex, den Sohn des Kartteam-Chefs Richard Pex (für den sich Jos um die Motoren kümmerte), in Genk fahren sah. Sofort moserte er, dass Stan jünger sei als er. „Er war so hartnäckig", erinnert sich Jos. „Also kaufte ich ihm ein Kart."

Van der Garde war 2001 in Genk mit dabei, als der kleine Max zum ersten Mal mit seinem ‚Buffo'-Minikart auf die Strecke ging. „Es war sofort klar, dass er Talent hatte, sogar in diesem Alter schon. Ich erinnere mich, dass Jos strahlte und es sehr cool fand, seinen Sohn in einem Kart fahren zu sehen." Max fuhr so schnell, dass sein neues Kart schon bald kaputt war und Jos es bereits nach ein paar Tage aufpeppte.

„Es war gar nicht so nervenaufreibend", sagte Jos später über seine erste Erfahrung mit Max auf der Rennstrecke, „denn er war seit seinem zweiten Lebensjahr Quad gefahren, hatte also Erfahrung mit Geschwindigkeit und wusste, wie man lenkt. Er hatte schon viel gemacht, bevor ich ihn in ein Kart setzte." In einem Interview mit Andrew Benson von der BBC erinnerte sich Jos daran, wie Max im Alter von zwei Jahren mit dem Quad plötzlich „nur noch auf zwei Rädern fuhr, die Lenkung korrigieren musste und seitlich in eine Mauer fuhr. Zum Glück trug er einen Helm, der ein paar Kratzer abbekam. Aber ihm machte das nichts aus. Er fuhr die ganze Zeit. Er besaß ein Gefühl für den Motor. Es spielte keine Rolle, ob er auf einem Quad saß, einem elektrischen Jeep – Sie wissen schon, diese kleinen Dinger für Kinder – oder worin auch immer. Er fuhr ständig rum. Jeden Tag musste er fahren."

Für Jos mag Max' erste Fahrt mit dem Kart nicht nervenaufreibend gewesen sein. Sophie sah (und sieht) das etwas anders, selbst als ehemalige Rennfahrerin: „Max war dreieinhalb Jahre alt", erinnert sie sich im Dokumentarfilm *Whatever It Takes*. „Er war so ein kleiner Junge, als er mit diesem großen Helm in dem Babykart saß. Und du denkst nur, hoffentlich geht nichts schief. ... Dein Herz rast, das ist dein eigen Fleisch und Blut, man kann es nicht beschreiben."

Jos' Mentor Paul Lemmens, dem die Rennstrecke gehört, war ebenfalls dabei. „Es war verrückt", sagte er, „weil sein Helm größer war als er selbst."

Falls Jos gedacht hatte, dass Max' Quengeleien ein Ende hätten, sobald er ein eigenes Kart besaß, hatte er sich getäuscht. Sein neues Spielzeugt spornte ihn nur noch mehr an. Er wollte nun auf der Rennstrecke sein, wann immer er konnte. Um an Wettbewerben teilzunehmen, war er noch zu jung, aber er konnte zum Spaß auf der Strecke fahren. Er das tat er zusammen mit ein paar etwas älteren Jungs, von denen einige schon Rennen fuhren. Sobald Max merkte, dass er bereits schneller war als die meisten anderen, fühlte er sich durch die Regeln, die ein Mindestalter von sieben Jahren vorschrieben, stark benachteiligt.

Jos war nicht derjenige, der seinen Sohn zum Fahren drängte, das ging ganz allein von Max aus. Jos schrieb ihm später vor, wie er zu fahren hatte – und seine Vorgaben waren, wenig überraschend, extrem. Aber Max war unerbittlich in seinem Drängen.

Er setzte seinen Vater dermaßen unter Druck, dass Jos Michel Vacirca, seinen ehemaligen Kartkollegen, der jetzt das niederländische Kart-Unternehmen CRG leitete, mit ins Boot holte, um die strenge Altersbeschränkung zu umgehen. „Es gab einen Gruppentest für alle neuen Kinder“, erinnert er sich, „aber man brauchte eine Rennlizenz, um daran teilnehmen zu können. Max hatte noch keine Lizenz, weil er zu jung war, also meldete ich ihn unter einem anderen Namen an, damit er wenigstens trainieren konnte. Ich gab den Namen eines meiner Fahrer an, und Max war bei dem Test einer der Schnellsten. ... Das Problem war, dass jetzt natürlich viele Leute wissen wollten, wer er war. Und dann fand Luca di Donna, einer der Organisatoren, heraus, dass ich mit den Namen geschummelt hatte, und er war sehr wütend auf mich, sagte mir, es ginge dabei um Versicherungsfragen, das dürfe man nicht machen, bla bla bla... Aber am Ende ließ er Max weiterfahren. Jos war an dem Tag gar nicht dabei. Jos ist jemand, der nur zur Strecke kommt, wenn er glaubt, dass da einer fährt – wer auch immer das sein mag –, der konkurrenzfähig ist, und es gab keinen Grund anzunehmen, dass Max so schnell sein würde. Aber Max erzählte Jos alles, als er nach diesem Tag nach Hause kam, und auch ich sprach mit ihm, und von dem Moment an dachte Jos: ‚Okay, Max ist sehr schnell und sehr stark, also können wir diese lange Reise jetzt angehen.‘“

Irgendwann um diese Zeit hielt Jos seinem Sohn vor Augen, auf was er sich würde einstellen müssen: „Wenn wir das machen, dann machen wir es richtig. Wir machen keine Spielchen.“ Wir wissen nicht, inwieweit dem siebenjährigen Max die Tragweite dieser Worte bewusst war. Aber er sollte schnell begreifen, was das zu bedeuten hatte. Max sollte im Team von Vacirca an den örtlichen Mini-Junioren-Meisterschaften 2005 teilnehmen, alles unter der Aufsicht von Jos.

Noch bevor die Saison begann, lernte Max die Vorbereitungen nach Art seines Vaters kennen. Van der Garde – inzwischen ein F3-Fahrer, aber immer noch eng mit den Verstappens und Vacirca verbunden – stattete der Rennstrecke in Genk einen Besuch ab und traf dort auf Jos, der seinen eigenen Test durchführte. „Jos testet mit Max und zwei anderen Jungs. Ich sprach ihn an, und er sagte: ‚Wir machen hier ein paar Tests, so, dass alle auch ein bisschen Spaß dabei haben, fünf Runden, und dann starten wir das Rennen.' Er simulierte ein Rennen zwischen ihnen. Natürlich war es kein offizielles Rennen. Aber er gewährte ihnen nur fünf Übungsrunden, bevor sie gegeneinander antraten. Das hatte zur Folge, dass sie viel mehr nachdenken mussten. Anstatt den ganzen Tag zu fahren, um sich mit der Strecke vertraut zu machen, fährt man nur fünf Runden und macht dann ein Rennen über 20 Runden, und nach den 20 Rennrunden waren sie zehn Schritte weiter, als wenn sie den ganzen Tag nur gefahren wären. ... Je mehr Jahre vergingen, je mehr Rennen Max gewann, und je besser er wurde, umso mehr wusste ich, dass Jos sagen würde: ‚Okay, lasst uns versuchen, in die Formel 1 zu kommen und Weltmeister zu werden.' Für sie ist das ein Traum, der in Erfüllung geht. Aber sie haben auch hart dafür gearbeitet. Unglaublich hart."

„Wir haben alles selbst gemacht. ... Wir waren von niemandem abhängig", sagte Max 2021 im Gespräch mit der GQ. „Viele der Fahrer waren großartig, was das reine Rennfahren anging, aber sie wussten nicht wirklich, wie man ein Kart baut oder einen Motor herstellt. Ihre Väter taten, was sie konnten, um ihre Söhne zu unterstützen, und natürlich versuchten sie, sie so gut wie möglich zu beraten. Aber ich glaube, unser Weg war viel extremer als der der anderen. ... Auch ich habe rumgespielt und meinen Spaß gehabt. Aber ich musste auch verstehen, dass das, was wir taten, eine ernste Sache war, weil wir auf etwas hinarbeiteten. Natürlich wurde es zwischen meinem siebten und elften Lebensjahr zunehmend intensiver, aber er wollte, dass ich dabei war, um zu sehen, was er tat. Siehst du irgendwo einen Riss? Siehst du ein Problem mit dem Kart? Ich sah zu, wie er das Kart komplett auseinandernahm und wieder zusammenbaute, damit ich die Technik dahinter verstand. All diese Dinge versuchte er mir zu erklären, denn er wollte, dass ich verstehe, dass das ganze kein Witz war, dass wir nicht nur zum Spaß dort waren. Unser Ziel war es, an die Spitze zu kommen."

Das sei der Unterschied zwischen ihm und seinen Konkurrenten gewesen, sagt Max. „Ich war einfach viel mehr bei der Sache, ich war professioneller. Das kam definitiv von meinem Vater, denn wenn er nicht mein Vater wäre, würde ich mich auch nur rumtreiben und meinen Spaß haben. Ich brauche diese Art von Motivation."

Van der Garde sieht das genauso: „Bei Jos ging es wirklich um das Engagement, die Arbeitsmoral, er hat mich und Max immer angespornt: ‚Du musst hart arbeiten, manchmal kannst du ein bisschen Spaß haben, wenn du gut bist, aber der Einsatz steht immer an erster Stelle.' Jos konnte als Fahrer manchmal durchdrehen, wütend werden und Fehler machen. Bei Max habe ich das selten gesehen. Hätte ich mit meinem Sohn gearbeitet, hätte ich ihm auch vor allem die Dinge beigebracht, in denen ich nicht so gut gewesen bin, denn daran erinnert man sich. Jos hat Max schon in sehr jungen Jahren zu einem vollkommenen Fahrer gemacht."

Aber nicht nur Max musste hart arbeiten. Auch Vacirca hatte eine neue Herausforderung: Jos Verstappen, der Vater des Kartfahrers. „Ja, manchmal war es eine Herausforderung", sagt er offensichtlich untertreibend. „Alle Väter können anstrengend sein, aber Giedos Vater war zum Beispiel montags immer wieder an seinem Arbeitsplatz, und ich habe nichts mehr von ihm gehört. Aber für Jos waren die Rennen ein Vollzeitjob, das war seine Arbeit. Also rief er mich am Sonntagabend an, während er von der Rennstrecke nach Hause fuhr, und sagte: ‚Okay, wir müssen morgen die Reifen organisieren, und dann brauchen wir noch dies, das und das.'

Vacirca bekam Jos' Temperament am eigenen Leib zu spüren, wenn seine hohen Ansprüche nicht erfüllt wurden. Einmal war er für die Bestellung von Regenreifen beim italienischen Hersteller Vega zuständig, der auch ein Werk in Frankreich hatte. Jos war der Meinung, dass die französischen Reifen den italienischen unterlegen waren, aber Vacirca, der das nicht wusste, versäumte es, bei der Bestellung darauf hinzuweisen, dass er ausschließlich italienische Reifen haben wolle. Als die Slicks aus Frankreich eintrafen, verlor Jos völlig die Fassung. „Für eine Entschuldigung blieb gar keine Zeit mehr, [Jos] fing sofort an, mich anzubrüllen: ‚Verdammte Scheiße, das sind die falschen Reifen!' Die Arbeit mit Jos hielt einen wirklich auf Trab."

Jos ließ Max zwischen den Rennen in der Werkstatt von Vacirca arbeiten und brachte ihm das technische Know-how bei. Max interessierte sich nie so sehr dafür wie Jos, und bis heute ist er von der Mechanik weniger fasziniert als sein Vater. Jos ärgerte sich darüber, denn er hatte das Gefühl, dass Max das Ganze nicht ernst genug nahm, obwohl er große Erfolge feierte.

Es war nicht nur eine Wochenendbeschäftigung: Die Arbeit ging auch nach den sonntäglichen Rennen weiter, denn Jos hatte keinen anderen Job, der seine Aufmerksamkeit von Max' Kartkarriere ablenken konnte.

Vacirca erinnert sich: „Jos hat Max mit in die Werkstatt genommen. Den ganzen Tag waren sie dort und haben geputzt und am Gokart geschraubt. Natürlich war er manchmal ein bisschen faul, er war ja noch ein Kind, aber dann hat Jos ihn gerufen und für ein paar Minuten hat Max wieder etwas gemacht. Bei ihnen ging es rund um die Uhr nur um den Rennsport."

„Jos verstand sich darauf, Max auf eine bestimmte Art und Weise zu triggern", erinnert sich van der Garde. „Und manchmal war er hart, er hat ihn zurechtgewiesen, wenn er nicht gut war, aber wenn er richtig gut war, hat er ihm auch gesagt: ‚Ich bin stolz auf dich.'"

Es war diese Vermittlung von absoluter und strenger Disziplin, die es Max ermöglichte, sein Potenzial auszuschöpfen, erinnert sich Giancarlo Tinini, Eigentümer von CRG: „[Max] verfügte in einem besonders hohen Maße über alle entscheidenden Fähigkeiten, die für einen Fahrer sehr wichtig sind: Renntechnik, mentale Stärke, Entschlossenheit. Im Kart bewies er eine außergewöhnliche Kontrolle über das Fahrzeug, selbst in den ersten Runden des Rennens, als die Reifen noch nicht auf Temperatur waren. Dieses Gefühl und diese Natürlichkeit beim Fahren ermöglichen es ihm auch heute noch, im Motorsport so herausragend zu sein. ... Ich habe nie erlebt, dass Max sich gegen das gewehrt oder gesträubt hätte, was Jos ihm beigebracht hat. Max hat es immer als Herausforderung angenommen und immer eine Lösung gefunden, um das zu erreichen, was sein Vater wollte."

Eines hat ihm sein Vater jedoch nie gesagt, nämlich dass er einmal ein Champion werden würde. „Ganz im Gegenteil", erinnerte sich Max in der Dokumentation *Whatever It Takes,* „er sagte mir, dass ich als LKW- oder Busfahrer enden würde. Und das war gut, weil er mir damit klarmachte, dass das, was ich damals tat, nicht ausreichte. Er meinte, ich sei zu faul und zu bequem. [Er sagte:] ‚Verdammt, du zurückgebliebener Bastard, du dummer Hund. Du wirst es nie schaffen.' Das war zusammengefasst seine Reaktion, wenn er das Gefühl hatte, ich würde nicht alles geben. Er war wirklich streng. Letztendlich hat mich das motiviert, ihm das Gegenteil zu beweisen und ihm zu zeigen, dass ich es sehr wohl kann."

„Ich glaube, Max hatte eine wirklich schwere Zeit", sagt Helmut Marko. „Jos war ein sehr guter Lehrer und Trainer. Aber ich glaube, er hat diesen jungen Mann mehr als hart rangenommen."

„Ich habe getan, was ich konnte, um Max zu unterrichten", sagt Jos. „Ich habe alles in meiner Macht Stehende getan, und ich meine wirklich alles."

Aber auch an den Tagen, an denen Jos mit der Leistung seines Sohnes nicht zufrieden war, blieb Max interessiert und wissbegierig. Ihre Beziehung war keine Einbahnstraße, Max war kein braves Kind, das einfach tat, was man ihm sagte. Seine Fragen wurden zunehmend komplexer, je weiter Max im Kartsport aufstieg. Als sie 2010 die regionalen Meisterschaften hinter sich ließen und sich auf die viel entscheidenderen Europa- und Weltmeisterschaften konzentrierten – die immer in Italien stattfinden, wo die großen Karthersteller ansässig waren –, war das eine sehr intensive Erfahrung. Für Max' Beschulung wurde eine spezielle Vereinbarung getroffen. Er hatte nicht immer genug Zeit, um die Schule in seinem Wohnort zu besuchen, und so wurde ein Privatlehrer eingestellt. Max musste am Ende eines Jahres Prüfungen ablegen und bestimmte Standards erfüllen, um weiter zu Hause unterrichtet werden zu dürfen. Er hat sie immer mit Bravour bestanden. „Er hat einen sehr hohen IQ", sagt Vacirca. „Die Prüfungen schienen für ihn kein Problem zu sein."

„Freitags war Max um drei mit der Schule fertig, und ich wartete vor der Schule im Transporter", erinnert sich Jos in *Whatever It Takes*. „Er stieg ein und ich fuhr mit Vollgas nach Italien. Dort kamen wir um zwei oder drei Uhr morgens an und gingen ins Hotel. Am Samstag haben wir den ganzen Tag getestet und dann alles für den Sonntag vorbereitet. Am Sonntag waren wir bis vier oder fünf Uhr mit dem Rennen beschäftigt, luden dann wieder alles in den Transporter und machten uns gleich auf den Weg nach Hause."

Auf der Rückfahrt wurden weiter Fragen erörtert, von denen es immer genug gab. Jos hatte oft Antworten parat, aber gelegentlich war es auch ihm zu viel. „Manchmal habe ich gesagt: ‚Max, hör bitte auf zu reden'", erzählte Jos 2022. Wobei er sich gewiss nicht immer so höflich ausgedrückt haben dürfte. Wie bei dem berühmt-berüchtigten Vorfall 2012, als er den 15-jährigen Max an einer Tankstelle aus dem Wagen warf, weil dieser über den Zwischenfall sprechen wollte, der ihm beim Rennen zuvor einen leichten Sieg und den Weltmeistertitel gekostet hatte, was Jos enorm wütend gemacht hatte.

Jos wusste, dass Sophie auf derselben Strecke hinter ihnen unterwegs war und dass Max ein Handy hatte – und er kehrte wenig später auch zurück, um Max abzuholen. Trotzdem war es eine ziemlich extreme Reaktion. Die beiden legten die elfstündige Rückfahrt schweigend zurück, und es dauerte eine Woche, bis Jos wieder ein Wort mit seinem Sohn wechselte.

„Manche Menschen können mit so einem Verhalten wahrscheinlich nicht umgehen", sagte Max 2021, „aber ich brauchte das. Ich war wahrscheinlich der Typ, der diese Art von Behandlung nötig hatte."

Auf der Suche nach den „10.000 Stunden" härteten sich die beiden gegen das unbarmherzige nordeuropäische Wetter ab. „Wir waren etwa zwei oder drei Mal pro Woche auf der Strecke, auch wenn es geregnet hat", erinnert sich Jos. „Das war uns egal. Wenn wir testen mussten, fuhren wir selbst bei -2 Grad Celsius hin. Nach fünf Runden kam er rein, seine Hände waren eiskalt. Ich sagte: ‚Okay, geh ins Auto und wärm dich auf.' Nach fünf Minuten habe ich ihn dann rausgeholt, und er musste wieder fahren. Das war nicht immer angenehm für ihn, aber ich glaube, es hat ihn auch ein bisschen geprägt. Er hat gesehen, wie viel Mühe ich mir gegeben habe, und das zeichnet auch ihn aus. Er ist sehr zielstrebig und motiviert."

Max wusste, dass Jos Lektionen wertvoll waren, aber als ein ganz eigener Mensch mit einem anderen Wesen musste er auch seinen eigenen Weg zu lernen finden, und das wurde natürlich immer mehr zu einem Problem, je älter Max wurde. Der Vorfall an der Tankstelle kann als Beispiel dafür betrachtet werden, wie Max begann, sich durchzusetzen. Jos war der Meinung, dass Max gemessen an den hohen Ansprüchen, die er hatte, nicht gründlich genug nachdachte und zu viel als selbstverständlich hinnahm. Vielleicht reizte ihn aber auch Max' lockere Art. Auf der Strecke war er sehr stark, aber er hatte nicht das Bedürfnis, seine Intensität auch jenseits der Strecke zu nutzen. Er schien in der Lage zu sein, sie je nach Bedarf ein- und auszuschalten, und vielleicht war das etwas, womit Jos nicht klarkam.

Max drang nicht so tief in die Materie ein wie Jos, er schien instinktiv zu verstehen, welche Lektionen für ihn die wichtigsten waren. In Kombination mit den Dingen, die seine Mutter ihm mit auf den Weg gegeben hat – ob vererbt oder anerzogen –, trug dies vielleicht dazu bei, dass Max effektiver und ausgeglichener an die Sache heranging, was ihm bei seinem Hereinwachsen in die Welt des Rennsports besser gedient haben mag. Max lernte, so geschickt auf dem schmalen Grat zwischen seinem aufbrausenden Vater und den Anforderungen, die sein Umfeld an ihn stellte, zu navigieren, wie mit seinen Wagen zwischen den Streckenbegrenzungen eines Stadtkurses zu manövrieren. Dieser Pragmatismus taugt womöglich besser als Erklärung für die so anders verlaufenden Erfolgsgeschichten von Jos und Max in der Formel 1 als ein vermeintlicher Unterschied in den Fahrkünsten von Vater und Sohn.

Jos verfügt über die Energie, Dinge voranzutreiben: Er ist explosiv, pfiffig, ungeduldig. Max hat nie versucht, diese Eigenschaften nachzuahmen. Trotz der intensiven Arbeit mit seinem

Vater, hatte Max die Charakterstärke, er selbst zu bleiben. Er hat nie versucht, ein Mini-Jos zu werden. Sicher, Jos' Temperament schlägt manchmal auch bei ihm durch. Aber es braucht schon viel, um es zum Vorschein zu bringen, und es ist immer gerechtfertigt. Die Beziehung zwischen Jos und Max und die Art und Weise, wie sie Max' Karriere beeinflusst hat, ist komplexer und von einer stärkeren Dynamik geprägt, als auf den ersten Blick von außen zu erkennen wäre.

Schon als Kind war Max emotional intelligent genug, um die manchmal schwierige Dynamik zwischen Jos und dem Team zu verstehen. „Max war damals genau wie heute", sagt Vacirca, „immer sehr cool. Um ehrlich zu sein, dachte ich damals über Jos, wenn du deinen Hund ständig anschreist, wirst du das dein ganzes Leben lang machen müssen, ... vielleicht hat Max dieses Spiel einfach mitgespielt. Jos hat immer geschrien, für uns war das normal. Aber wenn ich sehe, wie Max heute mit anderen Menschen umgeht... Er fährt nie aus der Haut, er sagt, okay, ich mache es anders. So war er immer, so cool, so ruhig... Wenn man so einen Vater hat – und ich muss sagen, ich mag Jos – aber manchmal war er nicht einfach, und ich denke, die Art und Weise, wie Max damit umgegangen ist, dass er ruhig geblieben ist und ihm nicht sofort Kontra gegeben hat, dass er ihn erst zur Ruhe kommen ließ, bevor er Dinge mit ihm besprochen hat, das fand ich schon sehr clever. Er weiß, wie man ein Team zusammenhält. Er hat schon als Kind zwischen Jos und dem Team vermittelt. Natürlich hat er als Kind immer auf Jos gehört, aber er hat nicht gleich angefangen zu schreien oder impulsiv reagiert. Für sein Alter war er sehr intelligent.

Diesen Instinkt hat Max womöglich im Laufe des Heranwachsens entwickelt, während die Ehe von Jos und Sophie langsam, aber stetig in die Brüche ging, bevor sie sich 2008 endgültig trennten. Es war eine schreckliche Trennung, sagen diejenigen, die sie aus nächster Nähe miterlebt haben, und es ist klar, dass ein Zehnjähriger seinen eigenen Weg finden muss, um damit klarzukommen.

In gewisser Weise war Max schon als Kind Jos' Manager und nicht umgekehrt. Jos gab ihm, was er brauchte, doch er musste behutsam mit ihm umgehen, damit er für seinen Sohn sein Bestes gebe konnte. „Jos the Boss" war immer noch der Boss, aber Max hatte von klein auf seine eigene Art, mit ihm umzugehen.

Wenn er Rennen fährt, widmet sich Max voll und ganz der Aufgabe, die vor ihm liegt. Wenn er nicht fährt, entspannt er sich. Das hat er von Anfang an so gemacht – etwas, das seinen Vater Jos in den Wahnsinn treibt, weil es ihm den Eindruck vermittelt, dass Max nicht engagiert genug ist. Aber das war und ist er bis heute.

„Ich glaube, er musste sich erst an meine Art, an die Dinge heranzugehen, gewöhnen", mutmaßt Max lächelnd – viele Jahre später.

„Mein Vater hat mir beigebracht, wie man lebt", sagte er 2021. „Dass man sich auf sich selbst konzentrieren und mit seinem Team zusammenarbeiten muss. Alles andere ist unwichtig. Nachdem ich so viele Jahre mit meinem Vater zusammengearbeitet habe, war es leicht, das zu verstehen. Er hat es mir auf viele verschiedene Arten gezeigt, manchmal auf nette, manchmal auf etwas wütendere Art. Durch ihn bin ich härter geworden, und das ist gut so. ... Er hat mir gezeigt, dass das, was ich damals gemacht habe, nicht genug war. Man darf sich nicht nur auf sein Talent verlassen, wenn man der Beste sein will. Im Laufe meiner Kartkarriere habe ich das verstanden und angefangen, härter zu arbeiten. Ich glaube, in den Augen meines Vaters habe ich auf dem Weg in die Formel 1 aber immer noch nicht genug getan. Denn im Vergleich zu ihm gehe ich etwas entspannter an meine Wochenenden heran und gelassener mit Rückschlägen und Zwischenfällen um. Das hat mich aber sehr gut auf den Umgang mit Kritik vorbereitet – weil ich mich einfach nicht dafür interessiere. Es ist mir egal, ob sie negativ oder positiv ausfällt. Es bringt mir nichts, mir etwas einzubilden und zu denken, ich könne über Wasser gehen. Und bei negativer Kritik, werde ich nur wütend. Ich bleibe lieber in der Mitte und blende einfach beide Seiten aus. Und konzentriere mich auf das, was ich tun muss und was ich kontrollieren kann."

Max mag sich genau überlegt haben, welche der Lektionen seines Vaters er verinnerlichen wollte, einige von Jos' Verhaltensweisen gingen ihm jedoch in Fleisch und Blut über. Darunter auch ein wenig von Jos' Machogehabe, wie sich an Max' Schilderung von einem seiner ersten Autotests ablesen lässt. „Ich hatte gerade mit den Formel-Renault-2-Liter-Tests begonnen", erzählte er in einer Talkshow im niederländischen Fernsehen im Dezember 2022, „und dann wurde ich zu einem Formel-3-Test eingeladen. Das war viel härter, vor allem weil die Strecke in Valencia gegen den Uhrzeigersinn gefahren wird, wohingegen alle anderen Strecken normalerweise im Uhrzeigersinn gefahren werden. Das heißt, die Nackenmuskeln sind nicht daran gewöhnt, gegen den Uhrzeigersinn zu fahren. Nach ein paar Runden konnte ich meinen Kopf nicht mehr gerade halten und brauchte eine Polsterung an der Seite. Mein Vater nannte es nur das Muschipolster. Seit diesem Tag weigere ich mich, so ein Polster zu benutzen. 2020 kamen wir nach Mugello [wo ebenfalls gegen den Uhrzeigersinn gefahren wird], und niemand wusste, wie anstrengend es werden würde. Einige Teams hatten die Polster schon montiert, und mein Team fragte mich: ‚Willst du auch Polster?' Ich sagte: ‚Eher fällt mir der Kopf ab, als dass ich so ein Ding benutze', und das sage ich bis heute."

Diese Anekdote zeigt, wie sehr Jos jede Art von Schwäche oder Unwille, sich einer Herausforderung zu stellen, verabscheut. Das ist die unumstößliche Grundlage, auf der alle Details mit ihm verhandelt werden. „Es geht darum, zu üben und ein allgemeines Verständnis für das zu entwickeln, was man tut“, erklärt Max. „Man kann üben, aber man muss auch verstehen, was man übt. Von klein auf hat mein Vater viel mit mir gearbeitet, damit ich verstehe, was die Veränderungen, die am Kart vorgenommen wurden, bedeuteten. Denn letztendlich ist die Mechanik eines F1-Autos ziemlich ähnlich. Sie ist in der Formel 1 nur weiter entwickelt. Aber es ist wichtig, auf die Strecke zu gehen und zu spüren, wo der Unterschied liegt.“ Auch wenn Max es vielleicht nicht so sieht, ist dies eine perfekte Erklärung für das akademische Konzept des bewussten Übens – die notwendige Zutat, um in jedem Bereich Spitzenleistungen zu erzielen. Und Max hätte es ohne Jos nicht geschafft.

„Im Kartsport ist es wie in der Formel 1: Was muss man tun, um schneller zu werden? Und dann muss man versuchen, das so schnell wie möglich umzusetzen. Wenn du im Trockenen fährst und es plötzlich anfängt zu regnen oder umgekehrt, ist es das Gleiche: Du musst dich sehr schnell anpassen. Das sind Dinge, die man von klein auf lernt.“

Zehn Jahre, in denen unablässig geübt, diskutiert und getüftelt wurde, auf verlassenen, regennassen Strecken, und selbst, wenn die Finger vor Kälte schon ganz taub waren, wurde immer wieder nachjustiert und nachgebessert, stundenlange Fahrten im Transporter zu jeder windigen Kartbahn in jedem Winkel des Kontinents. So wurde der Formel-1-Weltmeister geboren. Jos tolerierte keine Misserfolge, tolerierte gar nichts, was in seinen Augen das Ergebnis von weniger als bedingungslosem Einsatz war. Er war ein launischer, extrem fordernder Mensch, der alles überschattete.

Aber Max war auch bereit dazu, seine ganze Jugend hindurch Jahr für Jahr hart zu arbeiten und zu lernen, wodurch er zu dem perfekten Fahrer wurde, der er heute ist.

Was Max auch verinnerlicht hat – womöglich ohne es zu wissen –, ist die Reinheit seiner Liebe zum Rennsport und die Verachtung für den Rummel, der darum getrieben wird. Das bedeutet, dass er sich möglicherweise weitaus weniger drauf einbildet, ein F1-Fahrer zu sein, als jeder andere im Fahrerlager. Kurz nachdem er 2015 im Alter von 17 Jahren sein Debüt in der Formel 1 gegeben hatte, wurde er gefragt, ob er sich der enormen Bedeutung dieser Aufgabe bewusst sei. „Sie ist gar nicht enorm", entgegnete er. „Es ist wie ein Kartrennen, nur mit mehr Zuschauern."

Genau so kommt es einem Jungen, der in den Zirkus hineingeboren wurde und darin aufwuchs, vor. Er ist der ultimative Insider. Als Lewis Hamilton, der vielleicht als der ultimative Außenseiter angesehen werden kann, 2007 in Australien sein Debüt in der Formel 1 gegeben hatte und aus seinem Auto stieg, traf sein Blick den seines Vaters, und sie jubelten. „Wir haben es geschafft! Wir haben es verdammt noch mal geschafft", sagten sie zueinander, fielen sich in die Arme und lachten, weil ihnen etwas gelungen war, das ihnen anfangs so unwahrscheinlich, so unmöglich erschienen war. Für die Verstappens wäre so eine Szene vermutlich undenkbar gewesen. Max ist vom Wesen her weitaus weniger komplex als sein Rivale Hamilton. Was nicht verwundert. Er ist in weitaus weniger komplexen Verhältnissen aufgewachsen, und sein Weg zum Ziel war weitaus geradliniger als der von Hamilton.

Mitten in seinem erbitterten Duell mit Hamilton um die Weltmeisterschaft 2021 war Max' Antwort auf die Frage, wie er sich fühlen würde, wenn er diesen Kampf verlöre, bezeichnend. „Nun, es hilft, dass ich liebe, was ich tue", antwortete er. „Es würde nicht viel ändern." Zum Teil wollte er damit sicher den Druck von sich nehmen. Aber da war vor allem auch ganz viel Wahres dran. Er fährt Rennen, weil es das ist, was er liebt. Das ist in den Hochglanzarenen der milliardenschweren F1-Welt nichts anderes als auf einer kalten, nassen Kartbahn mitten im Nirgendwo, wo ihm außer den anderen Teams niemand zusieht. Ein Grand Prix ist für ihn im Grunde nichts anderes als ein Kartrennen, nur dass wesentlich mehr Zuschauer dabei sind. Die Szenerie um ihn herum verändert sich, die Motorhomes werden größer, die Zeit, die er den Medien widmet, wird länger, das ist alles. Es beeindruckt ihn nicht sonderlich. Sein Ziel zu erreichen, in die Formel 1 aufzusteigen, war für ihn fast schon eine Routineangelegenheit, ebenso wie bei seinem Debüt mit Red Bull einen Grand Prix zu gewinnen.

„Ich bin nicht der Typ, der schnell den Boden unter den Füßen verliert", sagt er in *Whatever It Takes*. „Letzten Endes muss man einfach man selbst sein und sich auf das konzentrieren, was man tun muss. Und das ist, schnell zu fahren. Man darf sich nicht von dem Ruhm kirremachen lassen, der damit einhergeht. Das habe ich von klein auf gelernt." Jos wusste genau, was sein Sohn tun musste, um die sportlichen Höhen zu erreichen, die ihm verwehrt geblieben waren, auch wenn er im Kartsport überaus erfolgreich gewesen war. Deshalb verbannte er jeden selbstgefälligen oder unrealistischen Gedanken aus Max' jungem Kopf.

Obschon er in der Formel 1 gefahren war, kam Jos weder aus gehobenen noch privilegierten Kreisen: Seine Welt war bodenständig, zutiefst unglamourös und manchmal anstrengend, aber sie war keinesfalls normal. Die meisten Menschen erhalten nur gelegentlich Einblick in diese Welt. Max verbrachte jeden Tag seines Lebens darin.

DIE HIERARCHIE SPRENGEN

Richard Pex hatte im Laufe der Jahre einige Hundert Kartrennen gesehen und war recht schnell davon überzeugt, dass Jos Max bis in die Formel 1 bringen würde.

Als Jos noch Formel-1-Fahrer war, verbrachte er die Zeit zwischen den Grands Prix auf der Kartbahn oder in der Werkstatt, wo er Motoren für seine Kunden vorbereitete und das ganze Wissen anwandte, das er sich in all den Jahren bei Paul Lemmens angeeignet hatte. Jos fuhr sogar noch lange nach dem Ende seiner Formel-1-Karriere gelegentlich Kartrennen und feierte seinen letzten Sieg (in der belgischen Meisterschaft) erst 2006. Aber das war nicht der Weg, den Max gegangen ist. Er hat sich nie in dem Maße für die technischen Aspekte des Kartsports interessiert wie Jos. Eine Kartbahn würde ihn zwischen den Grands Prix nicht so reizen wie ein Simulationsrennen. Außerdem ist Monaco keine Kart-Hochburg, im Gegensatz zu Genk, das von der Heimat der Verstappens nicht weit entfernt war.

Max hatte von Jos alles mitbekommen, was er brauchte, um im Kartsport erfolgreich zu sein, aber es ist am Ende nicht die Welt, der er ewig verbunden bleibt. Als diese Welt könnte sich das Sim-Racing erweisen, da er tief darin eintaucht und diese Herausforderung exklusiv für sich hat. Von daher übt für ihn das Sim-Racing einen genauso großen Reiz aus wie der Kartsport für Jos.

Schon als Max im Kart gegen die anderen Kinder antrat, war die Formel 1 für ihn das Ziel. Es gibt Aufnahmen von ihm als Elfjährigen, als er zusammen mit Jos vom niederländischen Fernsehen interviewt wurde, und Max' Antwort auf die Frage, ob die Formel 1 sein Ziel sei, war eindeutig. Er befand sich auf einem Weg, den Jos vorgegeben hatte, über den Max aber nie nachdenken musste. Das Kartfahren war nur Mittel zum Zweck.

Viele, die an seinen Fortschritten im Kartsport ihren Anteil hatten, sind diesem Sport immer noch tief verbunden, allen voran die Familie Pex. In einer Ecke der Werkstatt neben dem Dachdeckerbetrieb von Richard Pex präparierte Jos die Motoren für Max. Hier wurden auch die Karts von Richard und seinen Söhnen Stan (ein paar Monate jünger als Max), Jorrit (vier Jahre älter) und Yard (sieben Jahre älter) vorbereitet. Obwohl sie bis 2009 (als Max für Pex fuhr) im Grunde zwei eigenständige Teams waren, fuhren die Pexens und die Verstappens gemeinsam Rennen und reisten zusammen. Sie waren alle Rennfahrer: Richard (neun Jahre älter als Jos) gewann 2002 und 2004 die niederländische Kart-Meisterschaft, Jorrit wurde 2015 Kart-Weltmeister, Yard war 2007 und 2009 belgischer Kart-Meister und Stan gewann von 2010 an Titel, zunächst in der Mini-Kategorie, bis 2020, als er WSK-Open-Meister wurde.

Obwohl Stan genauso alt ist Max, war es der ältere Jorrit, der länger gegen ihn antrat, als der Verstappen-Sprössling Fortschritte machte. „Gegen ältere Fahrer anzutreten, hat mir während meiner gesamten Karriere unglaublich geholfen“, sagt Max in der Doku *Whatever It Takes*. „Ich musste mich schnell anpassen, denn im Motorsport hat man keine Zeit, mit etwas Neuem vertraut zu werden und zu lernen. Man muss fast sofort Leistung bringen. Die Jahre mit Jorrit Pex haben mir viel gebracht. Vor allem in der zweiten Hälfte meiner Kartzeit und beim Einstieg in die Formel 1.“

Wie wir bereits gesehen haben, gab es eine Menge Vorbereitungen, bevor der siebenjährige Max in Emmen im Norden der Niederlande sein Debüt im Minikartsport gab. Jos wusste, dass er schnell fahren konnte, aber er hatte das Gefühl, dass er einen herausfordenderen Test brauchte – und ein Rennen gegen erfahrene Fahrer, die bis zu drei Jahre älter waren, bot genau das. Jos hätte sich keine Sorgen machen müssen. Max führte das Rennen von Beginn an, wobei ihm sein Speed auf kalten Reifen beim Start den entscheidenden Vorteil verschaffte. „Es war hart“, erinnerte sich Jos in einem BBC-Interview, „denn die Reifen waren weich und griffig, und am Ende des Rennens konnte man sehen, dass er erschöpft war. Aber wie er gekämpft hat, damit hat er seinen Charakter bewiesen. Es war ihm egal, ob die anderen älter waren oder was auch immer, er wollte unbedingt gewinnen. Man hat gesehen, dass das sein Antrieb war.“

„Seine Renntechnik war herausragend. Wenn er mit kalten Reifen ins Rennen ging, war er in der ersten Runde immer eine Sekunde schneller als die anderen. Wenn er also nach dem Start in der ersten Kurve in Führung lag, hatte er beim ersten Überqueren der Start-Ziel-Linie bereits eine Sekunde Vorsprung herausgefahren – und das mit kalten Reifen. Für mich ist das Talent. Das ist Gefühl, und das sieht man auch im Nassen, wo man sehr wenig Grip hat und wo er sehr schnell ist.“ Mit diesem Satz könnte man seine atemberaubende Leistung beim Regen-Grand-Prix von Brasilien 2016 ebenso beschreiben wie sein erstes Kartrennen im Alter von sieben Jahren.

Doch was Max von diesem ersten Rennen am meisten im Gedächtnis geblieben ist, waren nicht die Ereignisse auf der Strecke. In einem Interview mit dem *Guardian* im Jahr 2018 erinnerte sich Max: „Mein Vater war viel nervöser als ich, was sehr lustig war. Ich sah, wie er sich am Zaun festhielt, und seine Körpersprache verriet, dass er wirklich angespannt und besorgt war. Aber wir haben die Pole geholt und beide Rennen gewonnen. Es war perfekt. Nach dem ersten Rennen habe ich mit meinem Vater gesprochen. Ich sagte: ‚Ich habe gesehen, dass du sehr nervös warst.‘ Und er sagte: ‚Ja, natürlich. Es ist dein erstes Rennen.‘ Aber ich habe es einfach genossen und bin so schnell gefahren, wie ich konnte.“

Er war in der Kategorie der Mini-Junioren für Fahrer zwischen sieben und neun Jahren gestartet. Max hat die Provinzmeisterschaft nicht gewonnen, weil er nicht die ganze Saison 2005 gefahren ist. Aber er gewann jedes Rennen, an dem er teilnahm. Jos' ehemaliger Mentor Paul Lemmens beobachtete, wie die nächste Generation der Verstappens begann, ihre eigene Geschichte zu schreiben. „Von seinem ersten Rennen an konnte man sehen, dass er extrem talentiert ist. Als die anderen Rennteilnehmer hierherkamen und ihnen klar war, dass Max gegen sie antreten würde, wussten sie, dass sie nur um den zweiten Platz kämpfen würden."

So war niemand überrascht, als Max im darauffolgenden Jahr die belgische Meisterschaft in dieser Kategorie dominierte und schließlich gewann. Ähnlich lief es in den nächsten vier Jahren, als er aus Altersgründen in die Rotax-MiniMax-Serie wechselte, in der stärkere Motoren eingesetzt wurden. Seine Bilanz nach fünf Jahren Regionalrennen in Belgien und den Niederlanden lässt sich einfach so zusammenfassen: „Wenn er ins Ziel kam, kam er als Sieger ins Ziel."

Max' Fahrstil auf der Rennstrecke ähnelte dem von Jos, wenn man sich ansah, wie er mit kalten Reifen beim Start bis zur Zielflagge nur volle Attacke kannte und mutige Überholmanöver und aggressiv geführte Zweikämpfe zeigte, die von seinem unbedingten Siegeswillen zeugten. Aber sein Fahrstil war eleganter als sein Rennstil, wie Jos zugab. „Ich war ungestümer", sagte er später einmal. Diese Eleganz resultiert daraus, dass er das Verhalten des Karts antizipiert, anstatt darauf zu reagieren. Und das zu können, wird immer wichtiger, je weiter man auf der Karriereleiter nach oben klettert, vor allem bei Autorennen, da die eingesetzten Fahrzeuge viel schwerer sind als ein Kart und durch den aerodynamischen Anpressdruck an den Boden gepresst werden, und zwar mit Reifen, die nicht für einen großen Sturz ausgelegt sind, wie sie im Kartsport üblich sind.

Dank YouTube ist es möglich, den 12-jährigen Max bei einem MiniMax-Rennen 2009 in Ostricourt (Frankreich) zu verfolgen, wo er nach einem Ausfall in einem der Vorläufe vom letzten Startplatz ins Finale ging.

Seine Aufholjagd bis zum Sieg zeigt wunderbar, wie er seinen natürlichen „eleganten" Fahrstil von einem Moment auf den anderen den Erfordernissen des Wettkampfs anpassen kann, wenn Überholvorgänge manchmal eine rigorosere Herangehensweise verlangen. Manche seiner Überholmanöver sind alles andere als elegant, wobei sie dennoch unglaubliches Geschick erfordern, um zu funktionieren. Es ist nicht nur sein extrem feines Gespür für den letztmöglichen Bremspunkt (der sich vom besten Bremspunkt im Hinblick auf die beste Rundenzeit deutlich unterscheidet), sondern auch die anschließende Fahrzeugbeherrschung, mit der er nach den wilden Momenten, die ihm solche Manöver bescheren, immer wieder die Kontrolle über das Kart behält. Er kann also unorthodox zu Werke gehen und eine unbändige Wildheit an den Tag legen, wenn es sein muss, aber das Ziel ist die Eleganz, die es ihm ermöglicht, die ultimative Rundenzeit aus einem Kart oder einem Auto herauszukitzeln. Und sogar mit 12 Jahren schon – und mit ziemlicher Sicherheit schon lange davor – konnte er mühelos und ohne nachzudenken von einem zum anderen wechseln.

Spulen Sie sechs Jahre zurück bis zum Großen Preis von China 2015, Max' drittem Formel-1-Rennen, bei dem er die gleiche Fähigkeit zeigt, andere Fahrer von so weit hinten zu attackieren, dass sie überhaupt nicht damit rechnen, dass er vorbeikommt. Man sieht, wie er zu Beginn des Manövers spät einlenkt und weiß, dass er den Scheitelpunkt nicht optimal treffen wird, sondern einfach innen vorbeifahren, den Rivalen blockieren und sich irgendwie durch den Rest der Kurve schlängeln wird. Um solche Manöver erfolgreich zu absolvieren, ohne dass die Bremsen blockieren oder er am Kurvenausgang zu weit herausgetragen wird, sodass das gegnerische Auto einfach wieder vorbeiziehen kann, ist die gleiche Präzision erforderlich. Max' unglaubliches Gespür für den vorhandenen Grip gibt ihm die Gewissheit, dass seine Fahrzeugbeherrschung den Scheck einlösen kann, den er mit seinem Wagemut ausgestellt hat.

Viele erfolgreiche Kartfahrer scheitern im Automobilsport, weil sie ihren Fahrstil aufgrund der Aufhängung der Autos anpassen müssen. „Es gibt im Grunde zwei Möglichkeiten, im Kart schnell zu sein“, sagte der verstorbene John Surtees, der einzige Mensch, der es geschafft hat, sowohl Motorrad- als auch Formel-1-Weltmeister zu werden, und der Jahrzehnte nach dem Ende seiner eigenen Fahrerkarriere seinem Sohn Henry mit Kart-Racing den Einstieg in den Motorsport ermöglichte: „Die Rock-Ape-Art, die spektakulärer aussieht, und die feinfühligere Art. Nur einer dieser Fahrstile lässt sich auf Autos übertragen, bei denen der Input über die Aufhängung an die Räder weitergegeben wird.

Max hatte von Anfang an ein feines Gespür für die Rückmeldungen, die ihm das Auto und die Reifen gaben. Er wusste nicht so viel über die technischen Details des Karts wie Jos und wollte das alles auch nie so genau wissen. Alles, was er tun musste, war, aufgrund dieser Rückmeldungen selbst ein Feedback zu geben, welche Änderungen am Fahrverhalten des Karts ihm helfen würden, eine noch schnellere Runde zu fahren. Jos wusste dann schon, was er dafür tun musste. Es war ein eindrucksvolles Gespann.

In den Jahren, in denen Max alles dominierte, unterlief ihm ein merkwürdiger Fehler. 2008 drehte er sich in Eindhoven, als er in Führung liegend in eine Kurve einbog und feststellte, dass es dort nun viel nasser war als noch in der Runde zuvor. Beim Wiedereinscheren kollidierte er mit einem anderen Kart und beendete das Rennen mit seinem beschädigten Fahrzeug auf einem der hinteren Plätze. Es war erst das zweite Mal in seinen ersten 69 Rennen, dass er nicht gewann, das andere Mal war ein mechanischer Defekt die Ursache dafür. Für Jos' hohe Ansprüche war das inakzeptabel, zumal Max kurz davorstand, eine weitere Meisterschaft zu gewinnen. Als er erfuhr, dass die Strecke in Horensbergdam, auf der Max das nächste Mal fahren sollte, neu asphaltiert worden war, brachten sie das Kart dorthin, um es zu testen und nichts dem Zufall zu überlassen. So vorbereitet gewann Max am Renntag und sicherte sich neben dem belgischen Jugendtitel (für 8- bis 13-Jährige), den er bereits gewonnen hatte, auch die BNL-MiniMax-Serie.

Zwischen den Rennen war Jos in der Werkstatt von Richard Pex, um Max' Motoren präparieren, oder beim CRG Holland Racing-Team von Michel Vacirca. „Das Tolle daran, wenn Max im Kart saß“, erinnert sich Vacirca, „war, dass er, wenn er auf die Strecke ging, höchstens zwei oder drei Runden brauchte, um zu wissen, was nicht gut war und ob eine Abstimmungsänderung es besser gemacht hätte oder was auch immer. Meistens brauchen die Fahrer sieben oder acht Runden, und dann ist es schwierig, sich wirklich sicher zu sein und das Setup noch entscheidend zu verbessern.

„Außerdem hat Jos keine Geduld, also wollte er schon nach drei Runden wissen, wie es aussieht, und vielleicht hat er Max damit ein wenig unter Druck gesetzt. Da blieb dann keine Zeit, sich aufzuwärmen oder zu schauen, ob der Sitz richtig passt oder ob die Pedale falsch stehen. Nein, einfach losfahren und dann Rückmeldung geben: Das funktioniert gut, das tut es nicht... Jos hat den Druck immer hochgehalten.“

Dank der Fähigkeit, damit umzugehen, sollte er noch viele Rennen gewinnen

Obwohl Max ohnehin alles dominierte, drängte Jos ihn immer wieder, noch bessere Leistungen zu bringen. Bei den Tests schickte er Max in den Verkehr, damit er Überholen üben konnte, wozu er als permanent Führender in den Rennen kaum Gelegenheit hatte. „Es gibt eine schlechte Art zu überholen, bei der man Rundenzeit verliert, und eine gute, bei der das nicht der Fall ist", erklärte Jos.

Richard Pex, der im Laufe der Jahre Hunderte von Kartrennen gesehen hatte, war bald davon überzeugt, dass Jos Max in die Formel 1 bringen würde und dass Max das Talent hatte, Weltmeister zu werden.

Die Familien fuhren nicht nur gemeinsam Rennen, sondern auch gemeinsam in den Urlaub, und Pex erinnerte sich in einem 2014 mit dem Journalisten Ivo Op den Camp geführten Interview daran, wie sogar ein Strandurlaub in Italien auf der örtlichen Rennstrecke endete. Die Pause vom Kartfahren endete mit noch mehr Kartfahren! „Manchmal gingen wir an den Strand", erinnerte er sich, „aber Jos und ich … schauten uns an, nahmen die Handtücher, gingen mit den Jungs zurück zum Campingplatz, packten den Transporter und fuhren zu einer Kartbahn."

Das klingt nach einer unbeschwerten Zeit, in der Vater und Sohn ihrer gemeinsamen Leidenschaft nachgingen und ihre Siege auf der Rennstrecke mit geselligen Stunden mit anderen Kartfahrern verbanden, aber in Wirklichkeit war es selbst auf dieser regionalen Ebene sehr intensiv. Es gab auch finanzielle Sorgen. „Ich habe alles selbst bezahlt und nie nach dem Preis gefragt", erinnert sich Jos in *Whatever It Takes*. „Ich kaufte, was nötig war, und überlegte im Nachhinein, wie wir das finanziell geregelt kriegen konnten.

„Irgendwann hatten wir für Jos kein Geld mehr", erinnert sich Vacirca heute. „Es war schwierig für uns, zu viel Geld für Max' Rennen auszugeben, weil die Kosten im Vergleich zu dem, was wir einnahmen, sehr hoch waren. … Also rief ich CRG [den Kartersteller] in Italien an. Sie haben mir erlaubt, ein Kart von ihnen zu leihen, und so fing es mit Max und der Fabrik an. Dann gab es eine Zeit, in der ich nicht einmal bei allen Rennen von Max dabei sein konnte, weil wir auch an nationalen Rennen teilnahmen. Also überließ ich ihm einen Mechaniker von uns, und mit dem Mechaniker und dem ganzen Zeug von CRG konnten sie weitermachen. Wir kümmerten uns zusammen darum, wie wir zur Rennstrecke kamen, und CRG kümmerte sich um das Material."

Trotz seines rasanten Aufstiegs im Kartsport musste Max 2009 aus Altersgründen noch in seiner Klasse bleiben, obwohl er mehr als bereit war, sich mit den älteren Jungs zu messen. So sollte es auch 2010 sein, als Max in der Klasse KF5 bleiben musste.

Jos war besorgt, dass es für seinen Sohn zu einfach werden könnte, so sehr hatte Max diese regionalen Serien fünf Jahre lang dominiert. Er befürchtete, dass er von dem Wettbewerbsniveau geschockt sein könnte, wenn es an der Zeit sein würde, in den internationalen Kartsport einzusteigen. „Mein Vater hat mir immer gesagt, dass ich an meine Grenzen gehen muss", erinnerte sich Max im Gespräch mit Andrew McCutchen von *Time+Tide Watches*. „Du solltest niemanden brauchen, der dich an deine Grenzen bringt. Du solltest dich immer selbst herausfordern und dich fragen: Wie kann ich noch besser werden, wie kann ich es noch besser machen?"

Jos überlegte, ob es nicht möglich wäre, zumindest im Ausland Rennen zu fahren, vielleicht in der italienischen Meisterschaft, die das Herz des internationalen Kartsports ist und wo alle Hersteller ansässig sind. Zu diesem Zweck fuhr er mit Max zu einem Vorsaisontest nach Muro Leccese im Südosten Italiens, wo er den Motorbegrenzer entfernte, dank dem Max' CRG-Kart den Anforderungen der Klasse KF5 entsprach, in der er in dieser Saison voraussichtlich antreten würde. Ohne den Restriktor fuhr Max ein leistungsstärkeres KF3-Kart, obwohl er mit seinen 12 Jahren noch zu jung für die höhere Kategorie war.

CRG-Chef Giancarlo Tinini, der den Test beobachtete, wollte unbedingt wissen, wer der kleine Junge war, der so viel kleiner als die anderen KF3-Fahrer war und auf Anhieb in den Kurven so viel schneller als die anderen. Er erinnert sich: „Der Referenzfahrer in der KF3-Klasse war damals Nyck de Vries, der für unser Zanardi-Team fuhr, und Max war sofort in der Lage, auf einer ihm unbekannten Strecke und mit sehr wenig Erfahrung in dieser internationalen Kategorie dessen Rundenzeiten zu fahren. Er hat mich wahnsinnig beeindruckt. Er war sehr selbstbewusst und wirkte am Lenkrad wie ein kleiner Profi. Für jemanden, der so klein ist, hat mich das sehr beeindruckt. Ich habe zwei Trainings gesehen, und in beiden war er der Schnellste.

„Ich folgte also Max, als er die Strecke verließ, ohne zu wissen, wer er war, und dann sah ich Jos auf ihn zukommen. Da war mir alles klar. Ich wusste, dass es Max war. Ich hatte ihn vor vielen Jahre gesehen, als er noch wesentlich jünger war, da wir mit Jos und Sophie befreundet waren, und ich hatte so viel über ihn von Michel Vacirca in den Niederlanden gehört, und wir hatten ihn dort unterstützt. Jetzt ergab das alles Sinn! … Ich ging zu Jos und fragte ihn, ob wir Max zu unserem Team holen könnten. Die Tatsache, dass er in jeder Session die schnellste Runde seiner Gruppe fuhr, obwohl er noch nicht alt genug war, zeigte deutlich, was für ein großes Talent in dem kleinen Fahrer steckte."

Vielleicht war das von Anfang an Teil von Jos' Plan. Wenn dem so war, dann war es ein genialer Schachzug. Mit dem Angebot, ein Werkskart zu fahren, war das Thema finanzielle Unsicherheit zumindest für diese Saison vom Tisch. Doch es sollte noch besser kommen. Noch vor Beginn der Saison 2010 senkte der Dachverband FIA das Mindestalter für die KF3-Klasse auf 12 Jahre. Max durfte Tininis Angebot also ein Jahr früher annehmen. Tinini sagt heute, dass Jos zunächst zögerte, weil er Max für zu jung hielt, um auf diesem Niveau gegen ältere und erfahrenere Fahrer anzutreten. Aber diese Bedenken waren dann doch geringer als es die Notwendigkeit war, für finanzielle Sicherheit zu sorgen. Für ein Werksteam zu fahren, wie Jos selbst vor vielen Jahren, bedeutete eine ungemeine Entlastung.

Jos stellte die Motoren weiterhin in der Werkstatt von Pex ein, und sein Coaching wurde noch intensiver, da Max nun auf internationalem Niveau – und zudem als Werksfahrer – antreten musste. „Wir stellten das gesamte Equipment und den Mechaniker“, erklärt Tinini. „Obwohl Jos als Coach von Max dabei war, wurde Max wie alle anderen Fahrer von unserem damaligen Teammanager betreut. Max hatte immer ein gutes Verhältnis zu all seinen Teamkollegen und den verschiedenen sonstigen Mitgliedern des Teams.“

Bevor es mit der KF3-Europameisterschaft 2010 richtig losging, gab es zum Saisonauftakt mit dem South Garda Winter Cup auf der Rennstrecke von Lonato ein prestigeträchtiges Einzelrennen. Für Verstappen war es das erste KF3-Rennen, sein internationales Debüt. Rund 120 Karts waren am Start, darunter viele Werksteams und das CRG-Team, zu dem Max nun gehörte, wobei die allermeisten Fahrer älter und erfahrener waren als er. Tinini erwartete von Max ein ruhiges Debüt. Was er bekam, war viel mehr. „Ich wusste, dass er das erste Rennen nicht gewinnen konnte“, erinnert er sich. „Aber er war nah dran! Er fuhr ein tolles Rennen, kämpfte um den Sieg und wurde mit einem unglaublich knappen Rückstand Zweiter. Sieger wurde der 15-jährige Jegor Orudschew, der in seiner dritten Saison in dieser Kategorie für das Intrepid-Werksteam fuhr. Vierter wurde ein weiterer erfahrener Intrepid-Fahrer, Alex Albon, der sich bereits als Spitzenfahrer in dieser Kategorie etabliert hat. Siebter wurde ein weiterer Fahrer, mit dem Max bald einiges zu tun haben sollte: Esteban Ocon, der in seiner zweiten Saison in der KF3-Klasse fuhr. Auch Pierre Gasly und Charles Leclerc waren unter den Besten. Allesamt zukünftige Formel-1-Stars.

Die Saison 2010 war für Max die erste auf internationaler Ebene, und sie verlief sehr erfolgreich für ihn, denn er gewann – vor dem Zweitplatzierten Albon – die WSK Euro Series in der KF3-Klasse. Alex Albon wiederum gewann in seiner letzten Saison in der KF3-Klasse den CIK-FIA World Cup. 2011 stieg er in die KF2-Klasse der 14- bis 16-Jährigen auf, während Max eine weitere Saison in der KF3-Klasse bleiben musste. Die Euro Series gewann er zum zweiten Mal, wobei Ocon und Leclerc seine härtesten Konkurrenten waren und auch der Rookie George Russell mit sehr starken Leistungen überzeugte. Im FIA World Cup hatte Max erneut Pech und schied auf Platz drei liegend beim Zweikampf mit dem späteren Sieger Leclerc aus.

„Ich bin 2010 zum ersten Mal gegen Max Verstappen gefahren", erinnert sich Esteban Ocon, ein tougher französischer Junge aus der Arbeiterklasse, der zur gleichen Zeit den regionalen französischen Kartsport hinter sich ließ und die internationale Bühne betrat, als Max sich von der regionalen Kartszene in den Benelux-Staaten verabschiedete. „Es war ein hartes Jahr für mich, als ich in den internationalen Rennsport wechselte. Der Kartsport ist sowieso sehr hart. Ich war mit meinem Vater so ziemlich auf mich allein gestellt und kämpfte gegen die großen Teams. Max und ich waren auf der Strecke immer sehr nah beieinander, manchmal sogar zu nah! 2011 haben wir um die Weltmeisterschaft gekämpft, und er hat am Ende gewonnen. Ich erinnere mich an ein Rennen in Italien, das ich gewonnen habe, wobei wir beide einen großen Vorsprung auf den Rest des Feldes hatten. Die Rivalität zwischen uns hat damals begonnen und wurde bald noch größer."

Mirko Sguerzoni, der Besitzer des Intrepid-Teams, überzeugte Jos davon, dass es für Max' Aufstieg in die KF2-Klasse 2012 sinnvoll war, zum Intrepid-Team zu wechseln. Sguerzoni warb damit, dass sein Team schon einige Intrepid-Fahrer auf ihrem Weg in die Formel 1 unterstützt hatte, allen voran

Sébastien Buemi und Jaime Alguersuari, die beide ihre F1-Karriere bei Toro Rosso begonnen hatten. Jos war allerdings erfahren genug, sich davon nicht übermäßig blenden zu lassen, wobei der finanzielle Aspekt dieses Angebots am Ende überzeugender war als die Perspektive, die CRG bot. Schließlich hatte Intrepid Fahrer wie Albon und Leclerc mit im Vergleich zu Max konkurrenzfähigerem Equipment ausgestattet. Die finanzielle Belastung für Jos, Max weiterhin Rennen fahren zu lassen, spielte wahrscheinlich auch eine Rolle bei seinem Wechsel.

Abseits der Kartbahnen und Werkstätten machte Jos immer wieder mit unrühmlichen Vorkommnissen von sich reden. Im Januar 2012 wurde er wegen versuchten Mordes verhaftet, weil er seine damalige Ex-Freundin in der niederländischen Stadt Roermond mit dem Auto angefahren haben sollte. Die Anklage wurde zurückgezogen und Jos erhielt später von der Polizei eine Entschädigung in Höhe von 41.500 Euro. Die zwei Wochen in der Zelle kosteten ihn jedoch wichtige Zeit bei der Vorbereitung auf Max' erste KF2-Saison.

Die Saison 2012 begann optimal, da er mit Intrepid den South Garda Winter Cup und die sechs Runden umfassende Master Series gewann, wobei es sich bei letzterer nur um eine relativ unbedeutende Serie handelte, an der keine großen Namen teilnahmen. Dennoch war es eine gelungene Vorbereitung. Es folgte die prestigeträchtigere KF2-Europameisterschaft mit vier Rennen an zwei Wochenenden in Wackersdorf und Brandon in der englischen Grafschaft Lincolnshire. Max führte die Serie nach den Rennen in Deutschland an, wobei er sich einen harten Kampf mit Charles Leclerc geliefert hatte. Im ersten Rennen auf nasser Fahrbahn lag er in Führung, als er sich um 360 Grad drehte, nachdem er auf die Kerbs geraten war, und obwohl es ihm gelang, sich bis auf den zweiten Platz zurückzukämpfen, ließ sich Leclerc den Sieg nicht mehr nehmen. Das zweite Rennen gewann Max mit Slicks auf nasser Strecke, während Leclerc aufgrund von Problemen mit der Abstimmung nur Achter wurde. Zwei Wochen später kam es in Brandon zu einer Kontroverse, nachdem Max für eine Kollision mit dem Briten Ben Barnicoat (Leclercs ART-Teamkollege) bestraft worden war. Obwohl Max das erste der beiden Rennen gewann, wurde das Endergebnis vom britischen RAC-Berufungsgericht zugunsten von Barnicoat entschieden, der sich damit den Europameistertitel sicherte, der sonst an Max gegangen wäre.

In der darauffolgenden KF2 Euro Series, die Leclerc gewann, wurde Max Sechster. In der zweiten Runde dieser Serie, auf der Rennstrecke von Val d'Argenton in Frankreich, kollidierten die beiden – ein Vorbote ihrer Kollision beim Großen Preis von Österreich 2019. Beide wurden disqualifiziert: Max, weil er Leclerc absichtlich von der Strecke gedrängt hatte, um sich für einen früheren Kontakt zu revanchieren, infolgedessen Leclerc Max die Führung abgenommen hatte; Leclerc wurde disqualifiziert, weil er Max nach Rennende wütend von der Strecke gedrängt hatte.

Max und Intrepid blieben nur eine halbe Saison zusammen. Obwohl sie eigentlich ein sehr konkurrenzfähiges Team waren, das leicht die Europameisterschaft hätte gewinnen können, wurde Jos ungeduldig, als die Ergebnisse hinter den Erfolgen mit den KF3-Titeln in den beiden Vorjahren zurückblieben. Was aber zum Teil auch an Max selbst lag. Er hatte beim Auftakt in Wackersdorf einen Sieg verschenkt, aufgrund eines Fehlers, den er selbst als „amateurhaft" bezeichnete, und dann in Großbritannien eine völlig unnötige Kollision mit Barnicoat – beides Vorfälle, die ihn letztlich die Meisterschaft kosteten. In der ersten Runde der Euro Series in Sarno verschenkte er im Regen einen weiteren möglichen Sieg und überließ Leclerc den obersten Podestplatz.

Jos hätte sich von diesen Fehlern sicher nicht beeindrucken lassen, und das wird er Max wohl auch gesagt haben. Es sollte noch viel größeren Stress geben. Doch zuvor hatte Jos noch vor Saisonhalbzeit Max von Intrepid losgeeist, obwohl Intrepid immer wieder versprochen hatte, einen klaren Weg an die Spitze zu verfolgen. „Ja, Jos ist es egal, ob alle irgendwas von der Formel 1 reden", meint Michel Vacirca. „Er braucht einfach das passende Material, um Rennen zu fahren, und nach einem halben Jahr, in dem alles ein bisschen zu spät kam, die Ergebnisse unbefriedigend waren und man Jos sagte, mach dir keine Sorgen, wir helfen dir, Max in die F1 zu bringen, kann ich mir vorstellen, wie wohl Jos reagierte. Sie haben sich gestritten. Damals habe ich mit Jos gesprochen und versucht, CRG davon zu überzeugen, Max eine zweite Chance zu geben und es noch einmal mit ihm zu versuchen. Am Ende haben sie es ohne mein direktes Zutun getan, aber es war nicht einfach. Trotz der politischen und finanziellen Herausforderungen lief Jos offene Türen ein, da CRG-Boss Tinini ein großer Fan von Max war. „Jedes Rennen mit Max war eine Wette", sagt er heute. „Er euphorisierte das ganze Team. Alle verfolgten leidenschaftlich jedes seiner Rennen, sein Kampfgeist inspirierte uns. Und so schauten alle Augen gebannt auf ihn."

Auf die Frage, was Max so besonders macht, sagt Tinini ohne nachzudenken, dass es seine Fähigkeiten sei, mit kalten Reifen das Optimum herauszuholen. „In dieser Hinsicht erinnert er mich an den großen Danilo Rossi, der nicht zufällig fünf Kart-Weltmeisterschaften gewonnen hat. Eine weitere Besonderheit ist sein aggressiver Rennstil, der ihm sicher von seines Vaters Seite im Blut lag, denn Jos war der typische ‚harte Knochen', den niemand gerne als Gegner hat. Max geht genauso entschlossen zu Werke wie Jos, aber er ist schneller. Er war so dermaßen schnell. Manchmal stellte man am Ende des Rennens fest, dass er einen platten Reifen hatte, aber an den Rundenzeiten hatte man das nicht ablesen können. Wegen seiner Aggressivität hat man nie gesehen, dass er mit irgendetwas Schwierigkeiten hatte. Das war beeindruckend. Man war sich zu 90 Prozent sicher, dass Max Weltmeister wird. Außerdem hat er den gleichen unbedingten Siegeswillen wie Lewis Hamilton, der vorher auch für uns gefahren ist und der bei allem der Erste sein musste, selbst wenn es darum ging, eine Treppe hinunterzulaufen oder einen Kakao zu trinken! ... Einen Vater wie Jos zu haben, war sicher sehr hilfreich, nicht nur, weil er selbst Formel-1-Fahrer gewesen war, sondern auch, weil Jos ein Mensch ist, der den Motorsport lebt und auch kein Problem damit hat, sich die Hände schmutzig zu machen, wie es für die Mechaniker normal ist. Die einzige Gefahr schien damals darin zu bestehen, dass er, auch wenn er Max mit seiner Art Führung zwar vor vielen Fehlern bewahrt, ihn zu sehr in eine Richtung lenkt und vielleicht etwas einengt. Jos war immer eine starke Persönlichkeit, und die Grenze zwischen Rat und Befehl kann mitunter ziemlich fließend sein, was zumindest derjenige so empfindet, der das eine wie das andere erteilt bekommt. Heute wissen wir, dass der Rat wohl weise gewesen sein muss, schließlich wurde aus dem Kartrennen fahrenden Sohn ein großer Champion.

„Max besitzt wichtige Eigenschaften, über die nur wenige verfügen, zum Beispiel Spontaneität. Er hat immer noch Spaß an dem, was er macht, er scherzt immer noch mit den Jungs im Team herum. Ich habe Jungs gesehen, die nicht mal die Hälfte von dem gewonnen haben, was Max gewonnen hat, und unglaublich eingebildet waren. Seine Spontaneität kommt bei den Leuten gut an und er mosert nicht rum."

In der zweiten Hälfte der Saison 2012 kehrte Max zum CRG-Team zurück (unter dem Dach von Michel Vacircas CRG Holland Racing Team, um die politischen Schwierigkeiten innerhalb des Werksteams zu entschärfen). Neben seiner KF2-Kampagne fuhr er auch in der Getriebeklasse, in der er mit 15 Jahren zum ersten Mal startberechtigt war. Diese KZ2 genannte Kategorie ist normalerweise nicht für den Einstieg in den Automobilsport gedacht, sondern eine Klasse mit größeren und schnelleren Karts für professionelle Kartfahrer, von denen viele schon seit Jahren dort antreten. Etliche von denen, gegen die Max hier antrat, haben sich Jahre zuvor sogar schon mit Jos gemessen. Hier kam es noch mehr auf Erfahrung an, auf Können, also auf alles, was in Jos' Augen entscheidend dafür war, um möglichst schnell die F1-Ambitionen seines Sohnes herauszustellen.

Diese Karts waren schwerer und leistungsstärker, sie hatten vorne und hinten Bremsen und besaßen ein Sechsganggetriebe, weshalb sie insgesamt ein ganz anderes Handling erforderten, was für Max allerdings überhaupt kein Problem zu sein schien. „Mit einem KZ-Kart fährt man kantiger", sagte Jos damals, „und mit einem KF, das keine Gangschaltung hat, etwas runder. Aber Max fährt jetzt mit dem KZ so geschmeidig und kann die Kurven so schnell nehmen, das ist nicht normal. Max macht das unglaublich gut... Seine Art zu fahren ist einfach der Wahnsinn. Mehr kann ich dazu nicht sagen."

Er machte seine Sache so gut, dass er auf dem besten Weg war, den KZ-Weltcup auf Anhieb zu gewinnen, als sie sich auf das Finale in Sarno vorbereiteten. Und dann kam es zu dem legendären Zwischenfall, als Max sich in der zweiten Runde verschätzte und der wütende Jos nachher seinen Sohn an der Tankstelle aus dem Wagen warf.

Er hatte das Pre-Finale klar gewonnen, obwohl er nach einem Kupplungsproblem in einem der Vorläufe nur von Platz zehn gestartet war. Am Ende der ersten Runde lag er auf Platz zwei und übernahm in der zweiten Runde die Führung. Damit hatte er sich die Pole-Position für das 33-Kart-Finale gesichert, neben ihm in der Startaufstellung stand der 10 Jahre ältere Daniel Bray aus Neuseeland. In den ersten Kurven fuhren die beiden Rad an Rad, doch Max setzte sich durch und hatte am Ende der ersten Runde bereits einen Vorsprung herausgefahren. Doch Bray machte mächtig Druck, und in der zweiten Runde gelang es ihm, sich auf der Gegengeraden im Windschatten an Max heranzusaugen, sodass er in der folgenden Rechtskurve innen vorbeiziehen und die Führung übernehmen konnte. Doch das Rennen ging über 26 Runden, und es war nicht ungewöhnlich, dass die Führung mehrmals wechselte. Max war schon oft in dieser Situation gewesen, weshalb sich Jos sich zu diesem Zeitpunkt keine Sorgen gemacht hatte. Er war sich sicher, dass Max wusste, wo und wann er angreifen musste.

Einmal in Führung, ohne den Windschatten eines Vorausfahrenden, war Brays Tempo nicht mehr so hoch wie zuvor, und in den nächsten Kurven wurden die beiden von dem 20-jährigen Briten Jordon Lennox-Lamb eingeholt. Vielleicht wollte er sich einfach nicht auf einen Dreikampf einlassen und sich darin aufreiben, weshalb er Bray jetzt wieder überholen und einen Vorsprung herausfahren musste. Und so stach Max in einer schnellen Rechtskurve innen neben Bray rein, was eine ziemlich riskante Stelle zum Überholen war. Es war fast so etwas wie die Blaupause für den Verstappen/Hamilton-Crash in Silverstone 2021, nur mit Max in der Rolle von Hamilton und Bray in der Rolle von Verstappen 2021. Bray lenkte in die Kurve ein und ließ Verstappen keine Wahl. Seine Vorderräder blockierten komplett, während er verzweifelt versuchte, einen Kontakt zu vermeiden. Sein linkes Vorderrad kollidierte mit Brays rechtem Hinterrad, das Kart des Führenden bäumte sich auf und Verstappen rutschte geradeaus weiter. Sein Kart wurde stark beschädigt, er stieg aus und ebnete Lennox-Lamb den Weg zum Rennsieg und zum Gewinn der Weltmeisterschaft.

„Das war dumm“, gab Max viele Jahre später zu. „Es ging über 26 Runden, und ich hätte ihn sicher überholen können.“

Die Familie Pex wurde Zeuge des familiären Donnerwetters, was gewiss nicht schön war. „Jos verlangte viel von Max“, erzählt Richard Pex in *Whatever It Takes*. Die Messlatte lag hoch, und wenn Max an ihr scheiterte, konnte Jos fürchterlich ausrasten. Das war seine Art, Max zu pushen.“

All die Anstrengungen, die Hunderttausende von Kilometern im Transporter, die Stunden auf dem Motorenprüfstand, die Strapazen der Testtage, ganz zu schweigen von der finanziellen Belastung, die das Ganze mit sich brachte: All das war wohl am deutlichsten in Jos' Reaktion auf den simplen Fehler auf der Strecke zu sehen. Der Moment wurde von den Familien Verstappen und Pex in *Whatever It Takes* nachgestellt.

„Das war so dumm", erinnerte sich Jos, der gerade eine neue Kupplung eingebaut hatte, nachdem Max die alte in den verbrannt hatte. „Ich hatte so viel in dieses Rennen investiert. Zeit und Energie. Und ich war so wütend. Ich riss das Zelt ab und warf alles in den Laderaum des Transporters. Ich war so deprimiert. Max hat geweint."

Richard Pex: „Es war herzzerreißend, Max so enttäuscht zu sehen. Und wir wussten, dass Jos es nicht mochte, wenn wir Max trösteten, also mussten wir vorsichtig sein."

Als Max darum bat, ihm zu helfen, sein beschädigtes Gokart zurück zum Auto zu bringen, antwortete Jos: „Mach es selbst." Stan Pex half ihm dann beim Tragen. „Max wollte mit uns nach Hause fahren", erinnert er sich, „aber er durfte nicht. Er musste sich die ganzen 1800 Kilometer mit seinem wütenden Vater herumschlagen. Es ist echt beängstigend, wenn Jos so wütend ist. Wir zumindest hatten Angst."

„So habe ich meinen Vater noch nie erlebt", erinnert sich Max. „Er hat sich das Gokart geschnappt und es einfach in den Transporter geworfen. Als wir im Auto saßen, wollte ich natürlich mit meinem Vater über den Vorfall sprechen. Mein Vater sagte: „Hör auf zu reden, ich will es nicht hören, setz dich einfach nach hinten, ich will es nicht hören."

Da Max darauf bestand, weiter zu reden, hielten sie an der Tankstelle an, und Jos ließ ihn dort allein zurück. Max sagt: „Ich rief meine Mutter an, hinter uns auf der Autobahn unterwegs war. Fünf Minuten später kam sie. Wir wollten gerade losfahren, als mein Vater mit dem Transporter zurückkam und sagte: ‚Steig ein, aber ich will kein Wort hören.' Da mein

Vater mit seiner damaligen Freundin zusammen war, hat sie bestimmt mit ihm darüber gesprochen und gesagt: ‚Das kannst du nicht machen.' ... Damals hatte ich mir gewünscht, dass ich ihn hätte zu Boden werfen können. Aber ich war nicht stark genug. Aber innerlich kochte ich vor Wut auf ihn. Ich wollte ihm unbedingt zeigen, wie gut ich bin. ... Ich habe mit meinem Vater zusammengearbeitet und versucht, das Beste daraus zu machen. Damals dachte ich: ‚Muss ich wirklich so sein? Soll ich so arbeiten?' Aber ich bin wirklich froh, dass wir es so gemacht haben."

Jos besteht darauf, dass der Sarno-Vorfall von 2012 und seine Folgen absolut entscheidend dafür waren, dass Max als Mensch reifte, der dadurch zu jemand wurde, der endlich auf einer tiefen Ebene die Lektionen verstand, die er ihm all die Jahre beizubringen versucht hatte. „Verlieren muss wehtun", sagt Jos. „Ich glaube, das hat er nach diesem Vorfall endlich begriffen."

Wahrscheinlich hat er das, nachdem sich die Wut und der Ärger gelegt hatten. Gegenüber GQ sagte er 2021: „Mein Vater hatte schon vorher gesagt: ‚Es läuft gut, aber du wirst auch mal verlieren. Es wird nicht ewig gut laufen.' Das hilft einem später sehr – wie jetzt in der Formel 1. Man lernt zu verlieren, die Niederlage zu akzeptieren. Denn man muss akzeptieren, dass man nicht jedes Rennen gewinnen kann. ... Ich habe wirklich verstanden, wie wichtig es ist, im Rennen geduldig zu sein. Ich glaube, dass ich am Ende des Jahres einen harten Reset brauchte, um im nächsten Jahr besser zu sein."

Danach gab es 2012 nur noch ein Rennen: den KF2-Weltcup im September im spanischen Zuera, wo Max beim Fotofinish hinter dem 21-jährigen Felice Tiene Zweiter wurde.

2013, in seinem letztem Kartjahr, gewann Max so ziemlich alles – und seitdem gibt es kein Zurück mehr. Da er seinem Vater unbedingt zeigen wollte, wie gut er ist, hatte es gewiss auch mit der den Verstappens eigenen Sturheit zu tun, dass er es auf seine eigene Weise tat. Die Fäuste, mit denen Jos in solchen

Situationen Berichten zufolge seinen Vater herausforderte, ballte Max höchstens in der Tasche. Ihm war absolut bewusst, dass er all das ohne Jos niemals hätte. Aber Jos sollte ihn nicht so unterbuttern. Nicht einmal nach diesem extremen Patzer in Sarno. Und schon gar nicht nach dem, was danach passiert ist. Es war ein schmaler Grat, auf dem sich Max bewegte: Er wurde innerlich härter, ohne die Wut zu verinnerlichen. Und das ist vielleicht das Bemerkenswerteste an ihm, der Charakterzug, der ihn zusammen mit seinem atemberaubenden Können zu dem Phänomen gemacht hat, das er ist."

„Ein Fahrer muss das Talent haben", sagt sein ehemaliger Toro-Rosso-Teamchef Franz Tost, „und Max hat das Talent, aber er ist wie ein Diamant. Damit er es tatsächlich an die Spitze schaffen kann, muss man an ihm arbeiten, und diesbezüglich hat Jos einen fantastischen Job gemacht – was er geleistet hat, zählt zum Besten, was ich je von einem Vater gesehen habe. Andere Väter sind da, sie geben das Geld, aber sie verstehen das alles nicht so, wie es Jos tut."

In der darauffolgenden Saison lief es deutlich besser für Max, der 2013 die prestigeträchtigen Titel in der KF-Direktantriebsklasse (Europameister) und in der KZ-Getriebeklasse (Europa- und Weltmeister) gewann. Die KZ-Weltmeisterschaft war ein einmaliges Ereignis. „Alles hat gut funktioniert", sagte er nach dem Rennen. „Der Start war prima, in der fünften Runde übernahm ich die Führung und setzte mich immer weiter ab, sodass meine Konkurrenten ihre Duelle hinter mir austragen mussten. Ein perfektes Rennen! Die Tatsache, dass es mein Vater war, der meine KZ-Motoren eingestellt hat, hat die Freude über den Weltmeistertitel noch verstärkt. Jetzt kann ich mit der befriedigenden Gewissheit, eine nicht nur erfolgreiche, sondern wirklich herausragende letzte Saison im Kartsport absolviert zu haben, zu den Autos wechseln."

Der einzige Titel, den er nicht gewann, war die KF-Weltmeisterschaft, die in zwei Rennen in Brandon (Großbritannien) und Sakhir (Bahrain) ausgetragen wurde, letzteres auf der Kartbahn der Formel-1-Strecke. Verstappen gewann in Großbritannien souverän, doch in Bahrain bereitete sein Kart Schwierigkeiten, und der Sieg – und damit der Titel – ging an den fünf Jahre älteren Briten Tom Joyner. Doch selbst Joyner gab zu, dass er die Führung im Rennen erst übernahm, „als ich sah, dass Verstappen Probleme hatte".

Der Dachverband FIA fasste die Kartsaison 2013 wie folgt zusammen: „Als Überflieger aus der jungen Generation, als jemand, der die Hierarchie sprengt, hat Max Verstappen der Welt sein überragendes Talent demonstriert. Er hat das Kunststück fertiggebracht, die CIK-FIA KZ- und KF-Europameisterschaft innerhalb weniger Wochen zu gewinnen und dabei die besten Spezialisten hinter sich zu lassen, bevor er sich zum KZ-Weltmeister krönte. Obwohl er den Gewinn der CIK-FIA KF-Weltmeisterschaft beim Finale in Bahrain ganz knapp verfehlte, war er 2013 die unangefochtene Nummer eins unter den Fahrern. ... Das 15-jährige niederländische Wunderkind Max Verstappen (CRG) gewann die CIK-FIA KF-Europameisterschaft in zwei Rennen. Nach zwei Siegen übernahm er die Führung vor so namhaften Profis wie Marco Ardigo (Tony Kart) und Anthony Abbasse (Sodi)."

„Die Hierarchie sprengen", eine denkwürdige Formulierung in einem so trockenen Bericht, die die Stimmung perfekt wiedergibt. Schließlich war es das, was Max bisher immer getan hat. Und das würde er auch weiterhin tun, bis er nicht mehr weiter aufsteigen könnte.

MENSCH UND MASCHINE

Wenn man mit ihm über Funk spricht, während er mit 300 km/h durch eine Kurve rast, wirkt es manchmal so, als würde er gerade irgendwo gemütlich sitzen und eine Tasse Tee trinken.

Helmut Marko

Als Max mit dem Kartfahren begonnen hatte, hatte er sich auch für Fußball interessiert. Er liebte es zu kicken, doch Jos teilte diese Begeisterung nicht, sodass daraus nie mehr wurde. Es scheint auch eher unwahrscheinlich, dass er als Fußballer so gut geworden wäre wie als Rennfahrer. Aber wer weiß? Die Fußballlegende George Best wurde einmal von einem ehemaligen Mitspieler gebeten, stehen zu bleiben, damit er ihn ansehen könne. George fragte, warum er das wolle, und der Mitspieler antwortete: „Weil ich dich immer nur von hinten gesehen habe." Es war, als hätte Best im Bruchteil einer Sekunde mehr wahrnehmen und verarbeiten können als andere Spieler, er konnte die Bewegungen und Positionen der anderen Spieler so schnell analysieren und das Spielgeschehen so sehr antizipieren, dass er durch Lücken tanzte, die seine Gegner noch gar nicht gesehen hatten, womit er sie immer wieder in Verlegenheit brachte.

Max Verstappens Fähigkeiten als Rennfahrer sind ähnlich, auch wenn es sich natürlich um eine ganz andere Art der Begabung handelt. Was macht einen Fahrer schneller als einen anderen? Dass dies kein sonderlich gut erforschtes Thema ist, liegt vielleicht daran, dass das spezielle Geschick der einzelnen Fahrer für Außenstehende oder Zuschauer in wesentlich geringerem Maße erkennbar ist als das eines Fußballers oder Tennisspielers.

Ein britisches Rüstungsunternehmen, das eine Zeit lang das Williams-F1-Team sponserte, legte allerdings einmal einen Teil der Daten offen, die es zur Auswahl physiologisch geeigneter Kandidaten für die Kampfpilotenausbildung verwendete. Dabei stellte sich heraus, dass ein gutes Gespür für Kursabweichungen und eine hohe Rotationsempfindlichkeit zu den entscheidensten Fähigkeiten zählen, und es ist durchaus denkbar, dass diese auch bei Rennfahrern von großer Bedeutung sind und maßgeblich zu deren natürlichem Verhalten bei hohen Geschwindigkeiten beitragen. Die Wissenschaftler vermuten, dass diese speziellen Fähigkeiten ihren Ursprung im unteren Bereich der Wirbelsäule haben, von wo aus Nerven Nachrichten unbewusst – und daher ohne Reaktionsverzögerung – an das Mittelohr weiterleiten. Die Effizienz dieser Nervenbahn ist von Mensch zu Mensch sehr verschieden, was die Unterschiede in der natürlichen Begabung des Einzelnen erklären könnte.

Es wird allgemein angenommen, dass sich die besten Rennfahrer durch eine schnelle Reaktionsfähigkeit auszeichnen – gemessen an der Zeit, die das zentrale und das periphere Nervensystem benötigen, um einen Reiz zu empfangen, zu verarbeiten und die richtige Reaktion auszulösen. Doch das ist mit Sicherheit ein Mythos. Michael Schumacher, einer der ganz Großen des Sports, ließ während seiner Zeit bei Ferrari seine Reaktionszeiten messen, und es stellte sich heraus, dass sie ausgesprochen durchschnittlich waren – „ungefähr so wie meine", erklärte der damalige Teamchef Ross Brawn seinerzeit.

Dr. Riccardo Ceccarelli, dessen Unternehmen Formula Medicine in den letzten Jahrzehnten eine ganze Reihe von Formel-1-Fahrern begleitet hat, hat diesen Test ebenfalls durchgeführt und keinen signifikanten Zusammenhang zwischen Reaktionszeiten und Rennperformance festgestellt. „Die Bandbreite zwischen schnellen und langsamen Reaktionen innerhalb einer Gruppe von Rennfahrern ist völlig normal und unterscheidet sich nicht von der einer Kontrollgruppe", erklärt Ceccarelli. „Einen der besten Werte hatte tatsächlich meine Sekretärin."

Schnellere Reaktionen sind wahrscheinlich besser als langsamere, wenn es darum geht, im Auto auf Gefahrensituationen zu reagieren. Aber sie scheinen keine wesentliche Rolle dafür zu spielen, ob man sein Auto schneller als die Konkurrenz über eine Rennstrecke jagt. Viel entscheidender ist, durch Sinneseindrücke, etwa in den Füßen, und deren Übermittlung über Nervenbahnen im unteren Rücken, ein Verständnis für das Auto und seine Reaktionen zu entwickeln, sensibel für die Botschaften zu sein, die das Fahrzeug übermittelt, und herauszufiltern, welche davon irrelevant sind und welche von entscheidender Bedeutung.

David Epstein erklärt in seinem Buch *Die Siegergene: Talent, Übung und die Wahrheit über außergewöhnlichen Erfolg*, dass dieser Filterungsprozess bei allen Spitzensportlern zu beobachten ist – vom Schachgroßmeister bis zum NFL-Quarterback –, er sei allerdings nicht genetisch bedingt, so seine Schlussfolgerung. „Niemand wird mit den antizipatorischen Fähigkeiten geboren, die ein Spitzensportler benötigt", meint er. Stattdessen würden sie durch jahrelanges, beharrliches Training perfektioniert.

Die Forschung zeigt, dass Spitzensportler infolge ihres intensiven Trainings ausgefeilte kognitive Modelle entwickeln, mit deren Hilfe dieser Filterungsprozess unglaublich effizient und ohne bewusste Anstrengung abläuft. Epstein erklärt: „Wo ein Anfänger von einer Flut an neuen Informationen und scheinbar willkürlichen Abläufen überwältigt wird, erkennt der Profi eine vertraute Ordnung und Struktur, die es ihm ermöglicht, sich auf die Informationen zu konzentrieren, die für die anstehende Entscheidung von Bedeutung sind."

Epstein erklärt, was Untersuchungen der Augenbewegungen von Sportlern ergeben haben: „Experten erkennen rasch irrelevanten Input, dem sie keine Aufmerksamkeit schenken, und konzentrieren sich stattdessen auf die Daten, die für die Festlegung ihres nächsten Zuges oder ihrer nächsten Aktion am wichtigsten sind. Indem sie die Ordnungen und Strukturen wahrnehmen, können sie maßgebliche Informationen aus der Anordnung der Gegner oder aus subtilen Veränderungen in den Bewegungen ableiten, um unbewusste Vorhersagen darüber zu treffen, was als Nächstes geschehen wird.

Alle seine Konkurrenten haben zahllose Stunden auf der Kartbahn verbracht, aber Max hat sie wirklich maximal genutzt, wobei er von Jos gnadenlos unter die Lupe genommen wurde. Vielleicht hat er – verstärkt auch durch die endlosen Stunden Simracing-Training – bessere mentale Muster entwickelt als die anderen, die es ihm ermöglichen, auf Moves seiner Gegner schon zu reagieren, bevor sie diese überhaupt machen.

Aber was ist der Kern dieser immensen Grundschnelligkeit, die er von Anfang an hatte? Max spielt das immer herunter, indem er sagt: „Es sind nur zwei Pedale und ein Lenkrad." Wahrscheinlich ist das ein Geheimnis, das er nie lüften wird. Warum sollte er auch die Magie entzaubern, wenn sie perfekt funktioniert?

Es lohnt sich, da noch ein wenig tiefer zu bohren. Was von seinem Input hat den größten positiven Einfluss auf die Rundenzeit? Was kann er aufgrund seiner Sensibilität im Auto tun, um den Abstand zur Konkurrenz noch zu vergrößern? Nachdem die nah liegenden Dinge perfektioniert sind – die optimale Linie durch die Kurve (die Ideallinie), das harte Bremsen vor der Kurve –, was macht Max noch, worauf das Auto reagiert?

Der Grenzbereich des Fahrzeugs beim Bremsen und beim Kurvenfahren wird durch den Grip, also die Haftreibung der Reifen bestimmt. Der Teil des Reifens, der zu einem bestimmten Zeitpunkt mit der Fahrbahn in Kontakt ist, wird Aufstandsfläche genannt. Diese vier kleinen Gummiflächen sind alles, was den Fahrer mit dem Asphalt verbindet. Ihre Rückmeldungen an die Pedale, das Lenkrad und den Sitz vermitteln dem Fahrer Sinneseindrücke, auf denen neben der visuellen Wahrnehmung sein Input basiert. Mit dem linken Fuß spürt der Fahrer beim Bremsen die vorhandene Bodenhaftung und entscheidet auf dieser Basis, mit welcher Geschwindigkeit er in die Kurve einlenkt.

Bei einem Formel-1-Auto wird diese Bremsphase zusätzlich durch den aerodynamischen Anpressdruck von bis zu 3000 Kilogramm erschwert. Da der Anpressdruck abhängig von der Geschwindigkeit im Quadrat zunimmt, ist der Anpressdruck zu Beginn der Bremsphase wesentlich größer als kurz danach, wenn das Auto langsamer wird. Mathematisch ausgedrückt nimmt der Anpressdruck mit der Quadratwurzel der Geschwindigkeit ab – also sehr, sehr schnell. Der Fahrer tritt also zunächst so stark wie möglich aufs Bremspedal, muss dann aber bei nachlassendem Abtrieb den Druck anpassen, um ein Blockieren der Räder zu verhindern. Je besser der Fahrer den nachlassenden Anpressdruck mit dem Bremsfuß spürt, desto präziser kann er den Druck auf das Pedal so dosieren, dass der Reifen optimale Bremswirkung entfaltet, ohne zu blockieren. Bremst man zu stark, blockieren die Reifen und ruinieren die Runde, bremst man zu schwach, kostet das ebenfalls Zeit. Was zu stark und was nicht stark genug ist, ändert sich ständig.

Über das Gesäß (wahrscheinlich über die Sensoren in der unteren Wirbelsäule und deren direkten Weg zum Innenohr) spürt der Fahrer die „Drehung“ des Fahrzeugs beim Einlenken in die Kurve und setzt sie in Beziehung zu dem, was er sieht. Der Begriff „Drehung“ wird in der Fahrerschulung und in der Fahrdynamik häufig verwendet: Er bezeichnet den Übergang von der Geradeausfahrt in die Kurve. Dies geschieht nicht sofort, denn die Reifen brauchen Zeit, um den Grip aufzubauen. Davon, wie schnell und vorhersehbar sich das Auto dreht, hängt die Herangehensweise des Fahrers und die Kurvengeschwindigkeit ab. Bis zu einem gewissen Grad gilt: Je schneller sich das Auto dreht, d.h. je schneller es aus der Geradeausfahrt in die Kurve einlenkt, desto schneller kann man fahren.

In der Übergangsphase zwischen dem Beginn des Einlenkens und dem Punkt, an dem sich das Fahrzeug gerade auf den Scheitelpunkt der Kurve zubewegt, befindet sich das Fahrzeug im „Gierzustand". Die Gierrate ist die Differenz zwischen der Fahrtrichtung und dem Winkel der Fahrzeugnase. Je kleiner der Winkel der Fahrzeugnase zur Fahrtrichtung ist, desto mehr versucht das Fahrzeug, zu unterzusteuern. Je größer die Gierrate, d. h. je größer der Winkel des Fahrzeugs zur Fahrtrichtung ist, desto größer ist das Übersteuern (d. h. das Fahrzeug lenkt stärker ein, als es der Fahrer per Lenkrad vorgibt).

Je schneller der Fahrer den Übergang zum Gieren erreicht, sodass das Fahrzeug nicht mehr gelenkt werden muss, um den Winkel zu halten, desto früher kann er wieder aufs Gas gehen. Das Lenken kostet Rundenzeit. Man muss es so schnell wie möglich hinter sich bringen.

Dreht sich das Auto jedoch zu schnell, sodass die Hinterreifen die Haftung verlieren, kann zeitraubendes Rutschen über den Asphalt die Folge sein.

Der Fahrer kann die Aufhängung und die Aerodynamik des Fahrzeugs so einstellen, dass er den für ihn optimalen Grad an Drehung erreicht. Je agiler das Auto am Kurveneingang ist, d.h. je schneller es sich dreht, desto schneller sollte es durch die Kurve kommen. Der Fahrer muss aber darauf vertrauen können, dass er diese Drehung per Pedal und Lenkrad kontrollieren kann, um nicht ins Schleudern oder Rutschen zu geraten. Wo und wie der Fahrer bremst, beeinflusst nicht nur die Verzögerung des Fahrzeugs, sondern auch die Lenkgeschwindigkeit in der Gierphase der Kurve.

Und genau das ist die Magie, über die Formel-1-Fahrer verfügen: Den maximal verfügbaren Grip zwischen dem Beginn des Bremsvorgangs und dem Erreichen des Scheitelpunkts der Kurve zu finden und zu nutzen. Dazu müssen sie Bremse und Lenkung einsetzen, um das Gewicht des Autos instinktiv auf die vier Aufstandsflächen zu verteilen, während es diesen Übergang durchfährt. Beim Bremsen verlagert sich das Gewicht nach vorne, in der Kurve nach außen und beim Beschleunigen nach hinten. Die Art und Weise, wie der Fahrer die Gewichtsverlagerung steuert, ist ein sehr dynamischer Prozess, bei dem sich Brems- und Kurvenphase in der Regel überlagern. Von außen ist das nicht sichtbar, aber in diesem kurzen Moment scheidet sich am deutlichsten ein schneller von einem sehr schnellen Fahrer. In diesem Moment wird Max Verstappen zum Schamanen der Geschwindigkeit, der Dinge tut, die die meisten anderen Fahrer nicht beherrschen.

„Am liebsten ist mir eine Vorderachse, die mir viel Gefühl vermittelt und knackiges Einlenken erlaubt. Und das Heck sollte dennoch wenigstens so stabil sein, dass die Balance noch einigermaßen stimmt“, erklärte er. „Ich mag eine stabile Vorderachse, ich mag kein Untersteuern, das zerstört das ganze Gefühl für das Auto. Genau, eine stabile Vorderachse und ein Heck, das gerade noch so passt, auf das man sich aber verlassen können muss.“

Der Punkt, an dem die Drehung eines Autos nicht mehr durch Bremsen und Lenken kontrolliert werden kann – die Grenze der Heckstabilität – ist für jeden Fahrer anders. Je weniger Heckstabilität der Fahrer tolerieren kann, desto schneller kann man das Auto machen. Ein gutmütiges Auto mit großer Heckstabilität dreht sich langsamer und ist daher leichter zu fahren. Bei gleichem Gesamtgrip und gleicher Leistung ist die mögliche Rundenzeit jedoch langsamer. Die optimale Balance der Stabilität wird weitgehend durch das Gefühl und die Sensibilität des Fahrers bestimmt, durch die Rückmeldungen, die er spürt, und die Reaktion, für die er sich daraufhin entscheidet.

„Max hat enormes Selbstvertrauen und die Fähigkeit, mit einem Auto souverän umzugehen, das hinten etwas instabil ist“, sagt Christian Horner, „und die Fähigkeit, das am Kurveneingang auszunutzen. Der große Unterschied zwischen ihm und seinen Teamkollegen lag also nie in den Highspeed-Kurven – Pierre Gasly zum Beispiel wäre in einer Highspeed-Kurve genauso schnell, wenn nicht sogar schneller als Max. Aber es ist diese ganze Bremsphase vor der Kurve. Schauen Sie sich zum Beispiel Kurve 3 in Österreich an, in der er immer glänzt. Mit seinem Feingefühl und seiner Sensibilität kann er – fast wie ein Motorradfahrer – am Kurveneingang genau an der Haftungsgrenze fahren, und wenn das Heck unruhig wird, stört ihn das nicht. Was er will, ist eine wirklich stabile Front, um das Heck kümmert er sich dann schon."

Der ehemalige Rennfahrer Michel Vacirca, der Max all die Jahre im Kartsport betreut hat und mit Hunderten von Fahrern gearbeitet hat, sagt: „Jemand, der so fahren will wie Max, muss spät bremsen und dann den Druck der Füße auf der Bremse exakt spüren. Hier gibt es Leute, die fragen: ‚Wie viel Druck muss mein Sohn auf das Bremspedal ausüben?' Und ich sage dann: ‚Das kann ich dir ganz einfach sagen, aber am Ende musst du auch den Grip auf der Strecke spüren.'"

Max reagiert so schnell, dass es so scheint, als würde er in dem Moment, in dem er spürt, dass das Auto beginnt hinten auszubrechen, bereits reagieren. Die meisten Fahrer machen es sicher nicht falsch, aber sie reagieren zu spät, und deshalb kommt das Kart ins Schleudern. Aber sie wollen nicht zugeben, dass sie es zu spät merken. Sie haben immer eine Ausrede. Sie alle bekommen viel Theorie vermittelt und jede Menge Daten zur Verfügung gestellt – sicher. Aber das ist es, was den Unterschied ausmacht."

Es sieht vielleicht so aus, als würde er schneller reagieren, aber das ist es nicht. Er spürt nur früher, was das Auto macht, und zwar über die neuronalen Bahnen, die direkt ins Gehirn führen, sodass er früher darauf reagieren kann.

Max versteht intuitiv die Dynamik und wie man das Auto schneller macht, auch wenn er nicht immer die technischen Erklärungen dafür kennt, wie Frits van Amersfoort in seiner F3-Saison mit Max beobachten konnte. „Das Beste an Max in der Formel 3 war, dass er immer genau wusste, wo er noch Zeit gutmachen konnte. Er hat es einfach gefühlt. Und so jemanden sieht man nicht so oft. Ein durchschnittlicher Rennfahrer wird normalerweise dort besser, wo er schon immer gut war, vergisst aber, wo er schwach war. Bei Max war es genau umgekehrt. Er wusste, wo seine Schwächen lagen und woran er arbeiten musste – und das ist Talent, das kann man einem nicht beibringen. Charles [Leclerc] war genauso, beide wussten vom ersten Tag an, woran sie arbeiten mussten."

Atze Kerkhof, Max' Partner im Simracing-Team Redline und Fahrertrainer in der echten Formel 1, hat den Vorteil, dass er Max' Daten im Simulator sehen kann. Viele reale Rennfahrer – vor allem älteren Semesters – können im Simulator einfach nicht mithalten und geben auf, weil es sie am Ende nicht wirklich interessiert.

Was den Wechsel von der Simulation zum realen Rennsport angeht, blieben die ganz großen Erfolge bisher aus. Wenn man im echten Rennsport erfolgreich sein will, muss man seine Stunden in der realen Welt verbringen. Der Simulator kann das nicht ersetzen, weil das Gehirn während der Stunden im Simulator eben nicht die gleichen Dinge lernt.

Max wendet das, was er in der realen Welt gelernt hat, auf die simulierte an, während die Simracer diese Fähigkeiten in der Regel anhand von kopierten Daten aus dem realen Renngeschehen erlernen – denn so wurde die Software programmiert. Aber es sind die gleichen Daten, und die Simulatoren sind so ausgeklügelt, dass die gleichen Inputs auf die gleiche Weise belohnt werden. Aber diese Inputs fühlen sich nicht gleich an: Es gibt keine genaue Simulation der anhaltenden G-Kräfte und der Rückkopplungsschleifen, sodass man in der Realität lernen muss, damit umzugehen. In Rennsimulationen ist alles visuell. In der realen Welt geht es um Gefühl und Vision. Damit Max das, was er in der realen Welt gelernt hat, auch in der Simulation erfolgreich anwenden kann, benötigt er viele Stunden Training.

Aber jetzt, da Max die Rennsimulation beherrscht und dort seinem natürlichen Stil gemäß fahren kann, ist das, was er dort ausprobiert und macht, repräsentativ für das, was er im echten Auto macht – und das ermöglicht es Kerkhof wiederum, seine Fähigkeiten sehr gut beurteilen zu können.

Sein Resümee – zu sehen auf Verstappens YouTube-Kanal – ähnelt dem von Vacirca, er drückt sich nur etwas anders aus: „Jemand, der einfach nur so spät wie möglich bremst und dann wieder voll aufs Gas geht, würde Sekunden verlieren. Um schnell zu sein, muss man sehr dynamisch fahren, und Max ist unglaublich dynamisch. Er kann auch ein schwer beherrschbares Auto am Limit fahren und so trotzdem das Optimum herausholen, besser als jeder andere. … Als der Red Bull [zu Beginn der Saison 2022] ein etwas träges Auto mit Tendenz zum Untersteuern war, war er sehr einfach zu fahren. Ein untersteuerndes Auto zu fahren ist sehr langweilig, denn ganz gleich, was man mit dem Bremspedal macht, ab einem bestimmten Punkt dreht sich das Auto einfach nicht noch mehr in die Kurve ein. Ein spitzes oder übersteuerndes Auto will sich hingegen mehr drehen, als man vom Lenkeinschlag vorgibt, und was Max sehr gut kann, ist, das Auto auszubalancieren, das für alle anderen zu spitz ist, weil es dann zu rutschen beginnt. Max kann das Auto perfekt beherrschen und die zusätzliche Drehung zum Kurveninneren nutzen, indem er das lose Heck kontrolliert. … Man kann mehr aus dem Auto herausholen, wenn man mit dieser Art der Ausbalancierung des Fahrzeugs umgehen kann. Mit einem Fahrstil wie aus dem Lehrbuch – hart auf der Bremse und sehr sanft beim Lösen, im richtigen Moment einlenken – kann man bis auf fünf Zehntel an die

Rundenbestzeit herankommen. Aber diese letzten fünf Zehntel sind ein Tanz auf der Rasierklinge, bei dem man das Auto ausbalancieren und von diesem Lehrbuchbremsstil abweichen muss – er wird in den Grundzügen natürlich immer noch befolgt, aber man muss ihn manchmal ganz sachte anpassen, damit er sich positiv auf die Balance auswirkt. Und das ist etwas, dass er und Charles Leclerc einfach besser können als andere. Außerdem muss man es schaffen, sofort bei 101 Prozent sein, ohne Anlaufzeit. Je eher man am Limit fährt, desto früher und genauer kann man den Ingenieuren die entscheidenden Rückmeldungen geben, denn die Zeit auf der Strecke ist begrenzt."

Dann erinnert sich Kerkhof an die Qualifying-Runde, mit der sich Max die Pole fürs 12-Stunden-Rennen in Bathurst auf dem sehr engen Bergkurs sicherte. „Den Unterschied machte, dass er immer eine etwas engere Linie fahren konnte, weil er das Auto etwas besser in die Kurven drehen konnte [als alle anderen]."

Die Rundenzeit hing von Verstappens Gespür für das Gieren und Drehen ab und von den spezifischen Eigenschaften des Autos und den speziellen Anforderungen, die die einzelnen Kurven stellten. So meisterlich, wie er das Auto ausbalancieren kann, ist es ihm möglich, entweder später einzulenken, um eine geometrisch perfektere Linie und eine maximale Scheitelpunktgeschwindigkeit zu erreichen, oder früher, um schneller das Kurveninnere zu erreichen, wobei die Scheitelpunktgeschwindigkeit etwas niedriger ist. Ersteres kann in einer langsamen Kurve, die in eine Gerade mündet, effektiver sein, da sich die höhere Ausgangsgeschwindigkeit auf der gesamten Geraden auszahlt. Die zweite Variante kann optimal sein, wenn am Kurveneingang Zeit gewonnen werden kann und die Ausgangsgeschwindigkeit nicht ganz so entscheidend ist.

Beide Ansätze erfordern einen hohen Abtrieb auf der Vorderachse. Für die Aerodynamiker hat der ideale Formel-1-Rennwagen, also das Auto, das theoretisch die schnellste Rundenzeit fahren kann, vorne mehr Abtrieb, weil dort der Luftwiderstand geringer ist als hinten. Deshalb wird versucht, den Abtrieb an beiden Achsen so weit wie möglich nach vorne zu verlagern. Das bedeutet aber, dass das Auto bei hohen Geschwindigkeiten zum Übersteuern neigt, da der Anpressdruck mit der Geschwindigkeit zunimmt (er nimmt an beiden Achsen zu, aber an der stärker belasteten Achse ist die Zunahme größer).

Sein Teamkollege während der Jahre 2019 und 2020 und ehemaliger Kart-Rivale Alex Albon sagt über Max: „Er weiß nicht nur sehr genau, wo das Limit ist, sondern scheint auch gewisse Dinge einfach nicht zu spüren, die vielen Piloten beim Fahren Unbehagen bereiten. Wenn es zum Beispiel windig ist oder das Auto unruhig wird, scheint er das völlig ausblenden zu können. Wenn man mit seinen Teamkollegen spricht, wird wohl jeder (inklusive mir) bestätigen, dass er in der Lage zu sein scheint, jedes noch so schwierige Auto zu fahren."

Je näher das individuelle Setup eines Fahrers an das erwähnte aerodynamische Ideal herankommt, desto bessere Rundenzeiten sind möglich. Jenson Button sagt: „Was Max perfekt beherrscht, ist, das Beste aus einem Auto herauszuholen, dessen aerodynamische Balance gemäß Windkanal die beste ist. Die meisten Fahrer finden diese Balance schrecklich und passen das Auto an, um das nötige Vertrauen für die Kurven zu bekommen. Aber er kann es einfach so fahren. … Lewis [Hamilton] kann mit so ziemlich jeder Fahrzeugbalance fahren, das Thema scheint für ihn keine große Rolle zu spielen. Es kommt immer mal wieder vor, dass es so aussieht, als hätte er mit irgendwelchen Problemen zu kämpfen, aber wenn es drauf ankommt, fährt er einfach eine großartige Runde, egal mit welcher Balance. Max hingegen scheint mit einem sehr instabilen Auto am schnellsten zu sein. Ich glaube, dass er aus so einem Auto noch mehr herausholen kann als Lewis. Genau weiß ich das nicht. Es ist auf jeden Fall sehr eng zwischen beiden."

Der Red Bull 2022 hatte anfangs ein Gewichtsproblem: Er wog 25 Kilogramm mehr als das vom Reglement vorgeschriebene Mindestgewicht. Allein vom Leistungsgewicht her kostete das etwa 0,7 Sekunden pro Runde. Aber für Max war es noch schlimmer. Die Gewichtsverteilung war zu weit nach vorne verlagert, was dazu führte, dass die Vorderreifen beim Bremsen blockierten und Max aufgrund des Untersteuerns sein Potenzial nicht voll entfalten konnte. Im Laufe der Saison gelang es dem Team, mehr Gewicht an der Vorderachse einzusparen als an der Hinterachse, sodass Max seine Fähigkeiten nun voll zur Geltung bringen konnte.

„Ein schnelleres Auto zu entwickeln ist gleichbedeutend mit einer stabileren Vorderachse für Max", sagt Horner. „Das hat man auch bei Mercedes gesehen. Als sie ihr Auto weiterentwickelt haben, wurde der Abstand zwischen Lewis und George [Russell] immer kleiner. Ich denke, das war zum Teil dem neuen Reglement [für 2022] geschuldet. Wenn die Teams anfangen, etwas über die Reifen und die Abstimmung zu lernen und das Auto zu optimieren, dann entsteht zwangsläufig ein Auto mit einer stabileren Vorderachse, was Max angesichts seiner Stärken sehr entgegenkommt."

Ironischerweise hatte Max' Fähigkeit, mit einem sehr spitzen Auto so perfekt umgehen zu können, Red Bull ein paar Jahre zuvor dazu verleitet, zu weit in diese Richtung zu gehen, wie wir später sehen werden, ein Problem mit einem Auto zu kaschieren und das Team hinsichtlich der technischen Entwicklung in eine Sackgasse zu manövrieren.

Helmut Marko von Red Bull berichtet, wie Max' Renningenieur „GP" (Gianpiero Lambiase) immer sagt: „‚Achte auf die Temperatur des Vorderreifens.' Das macht er auch, aber irgendwann ist der Reifen hinüber und die Temperatur nimmt ab – aber die Rundenzeiten bleiben gleich! Er hält die Geschwindigkeit bei, dafür ändert er etwas an der Motorsteuerung oder fährt eine andere Linie oder findet einfach einen anderen Weg, das zu schaffen."

Diese Fähigkeit ermöglichte es Max auch, sagenhafte Leistungen abzuliefern, nachdem am Auto des Jahres 2022 einige Verbesserungen vorgenommen worden sind. Besonders deutlich wurde das in Spa beim Großen Preis von Belgien. Dort zeigte er in den anspruchsvollen Hochgeschwindigkeitskurven mit einem Auto, das eine deutlich übersteuernde Balance hatte, eine beachtliche Überlegenheit. Überdies war das Auto auch in den langsamen Kurven enorm schnell, da das dort übliche Untersteuern verschwunden war. Als der Renningenieur von Sergio Perez im anderen Red Bull dies im Qualifying sah, erklärte er dem Mexikaner über Funk, dass die einzige Möglichkeit, den Rückstand auf Verstappen aufzuholen, darin bestünde, den Winkel des Frontflügels zu vergrößern. Obwohl dies das Untersteuern bei langsamer Fahrt verringern würde, wäre ein weniger sicheres Gefühl in den Hochgeschwindigkeitskurven die Folge. Nach einer Pause antwortete Perez: „Ich kann nicht mit mehr Frontflügel fahren." Aufgrund einer Motorstrafe für den Austausch der Power Unit musste Max von Platz 14 aus starten. Trotzdem führte er das Rennen bereits nach einem Drittel der Gesamtdistanz – nach 18 Runden – an und baute dann seinen Vorsprung stetig aus. Bis dahin war das zweifellos der eindrucksvollste Grand-Prix-Sieg in seiner Karriere.

Helmut Marko hat nur einen anderen Fahrer erlebt, den er für vergleichbar hält: Ayrton Senna. „Der war ähnlich. Allerdings war Senna strukturierter als Max. Bei Max ist alles viel natürlicher. Wenn man sich die ersten Runden auf einer nassen Strecke ansieht, ist er drei Sekunden schneller als alle anderen. Auch auf einer neuen, trockenen Strecke dauert es drei oder vier Runden, bis die anderen anfangen, den Rückstand bei den Rundenzeiten etwas aufzuholen. Wenn man mit ihm über Funk spricht, während er mit 300 km/h durch eine Kurve rast, wirkt es manchmal so, als würde er gerade irgendwo gemütlich sitzen und eine Tasse Tee trinken."

Marko sagt: „Erinnern Sie sich nur mal an das Regenrennen 2016 in Brasilien. Er kann sogar eine 360-Grad-Drehung machen, ohne groß Zeit zu verlieren, und er ist sofort wieder voll da, ohne erst nach dem richtigen Gang suchen zu müssen. Er scheint ein 360-Grad-Gyroskop in seinem Kopf zu haben!"

Über diese kognitive Reservekapazität, die es ihm ermöglicht, auch bei hohen Geschwindigkeiten präzise zu fahren, scheinen alle großen Fahrer zu verfügen. Dr. Riccardo Ceccarelli hat sich jahrzehntelang wissenschaftlich mit den Leistungen von Rennfahrern im Rahmen seines Formula-Medicine-Mentaltrainings beschäftigt.

Einer seiner ersten Forschungsschwerpunkte war die Untersuchung der Beziehung zwischen Herzfrequenz und Leistung. Wenn ein Fahrer in guter körperlicher Verfassung ist, seien alle Schwankungen des Herzschlags stressbedingt, sagt Ceccarelli. Wenn von einem Fahrer gefordert wird, alles zu geben, sich in gewissem Sinne zu verausgaben, zum Beispiel unmittelbar vor, während und nach eines Boxenstopps, erhöht sich sein Puls normalerweise um etwa 20 Schläge pro Minute, was mit besseren Rundenzeiten einhergeht. Für Ceccarelli stellte sich die Frage, warum ein Fahrer dieses Leistungsniveau nicht durchgehend beibehalten kann. Dementsprechend untersuchte er als Nächstes die Gehirnaktivität während des Fahrens.

In jedem Rennen, in dem er die Herzfrequenz eines Fahrers überwachte, zeigte sich, dass es einen sehr starken Zusammenhang zwischen Leistung und Puls gibt. Studien zur Gehirnaktivität von Simracern – mit dem Fokus darauf, welche Bereiche des Gehirns genutzt werden und wie stark die entsprechende Durchblutung ist – haben ergeben, dass es eine hohe Korrelation zwischen dem Energieverbrauch des Gehirns und dem Herzschlag gibt.

Einen Formel-1-Wagen am Limit zu bewegen, bedeutet eine enorme psychische Anstrengung, und schon eine geringe Absenkung unterhalb dieses Limits verringert den Stress überproportional. Ceccarellis Mentaltraining zielt darauf ab, das Gehirn effizienter zu nutzen, damit es weniger Energie verbraucht, wodurch der Stress reduziert wird, was es wiederum möglich macht, länger nah am Limit fahren zu können.

Seine Studien zeigen, dass die Ökonomie des Gehirns bei der Ausführung von Aufgaben durch Wiederholungen und die Gewöhnung an die Aufgabe gesteigert wird. Umso energieeffizienter das Gehirn arbeitet, desto weniger anstrengend ist das Fahren.

„Wenn man das Adrenalin weglässt, das Autofahren, die Arbeit und den Umgang mit den vielen Menschen, kann sich das allerdings negativ auf die geistige Klarheit und Schärfe auswirken", sagt Ceccarelli.

„Es ist wichtig, sich für jeden Tag Ziele zu setzen. Ein Rennfahrer braucht die Herausforderung, den Wettbewerb. Und zwar jeden Tag. Man muss sich nur zu helfen wissen, zum Beispiel dadurch, dass man sich eine persönliche Zielzeit setzt, die unterboten werden muss, anstatt einfach nur mit dem Rad auf der Straße zu fahren, oder man nutzt Software, um sich mit anderen zu messen. Ein Simulator ist eine großartige Sache, aber es reicht nicht, einfach nur den Simulator zu nutzen. Setzen Sie sich Ziele, messen Sie sich mit sich selbst und versuchen Sie, sich stetig zu verbessern. Analysieren Sie anschließend die Daten. Das alles ist erforderlich, damit Ihr Gehirn effizient arbeitet."

Max nimmt das Simracing sehr ernst und bereitet sich mit vielen Trainingsstunden auf jedes Rennen vor. Verschafft ihm das einen Vorteil? Ceccarellis Studien zufolge ist das zweifellos der Fall.

„Eine Linie zu wählen, verteidigen oder angreifen, die äußersten Bremspunkte finden – es gibt viel zu entscheiden, und das kann man nur, wenn sich das Fahren quasi im Unterbewusstsein abspielt, wo alles ganz natürlich abläuft, wie im Fluss", sagt Kerkhof. „Wenn man stundenlang das Fahren in jeder Kurve auf jeder Strecke trainiert, entwickelt man ein tieferes Verständnis für seine Stärken und Schwächen, was einem enorm hilft, ein besserer Fahrer zu werden."

Christian Horner sagt: „Ich glaube, Lewis begann Online-Rennen zu fahren, weil er dachte, dass das für Max von Vorteil war. Ob es ihm etwas bringt, kann nur er selbst beurteilen."

Ceccarelli behauptet nicht, dass er aus jedem einen Max Verstappen machen kann. „Ich glaube nicht, dass ich den schlechtesten Fahrer zum besten machen kann", sagt er, „aber ich kann jeden Fahrer so gut machen, wie er nur sein kann. Das Gehirn ist wie ein Muskel. Wenn man einen schwächeren Bereich hat, bedeutet das nicht, dass man psychologisch ungeeignet ist, sondern dass man sein Gehirn nicht zu hundert Prozent nutzt, weil der Muskel nicht voll entwickelt ist."

Ein kleines Detail, das Max einmal David Coulthard verriet, mag unbedeutend klingen, doch zeigt es, wie entspannt Max ist und wie sehr er von seinen eigenen Fähigkeiten überzeugt ist, wie zuverlässig sein inneres Gyroskop funktioniert und vielleicht auch, wie wenig er von seiner Gehirnkapazität beansprucht, um seine Topleistung zu erbringen – was darauf hindeuten könnte, dass er im Sinne Ceccarellis bereits ein hohes Maß an „Gehirnökonomie" erreicht hat. „Er hat mir erzählt, dass er seinen Sicherheitsgurt nicht besonders eng anlegt", berichtete der 13-malige Grand-Prix-Sieger Coulthard. „Die Tatsache, dass er so viel Selbstvertrauen hat, dass er sich einen gewissen Bewegungsspielraum im Auto gönnt, finde ich sehr bemerkenswert. Ich wollte immer am Auto festgeschnallt sein, wollte mich nicht darin bewegen. Dass er sich mit einer eher lockeren physischen Verbindung zum Auto entspannt fühlt, ist etwas, das ich sehr interessant finde."

Ceccarelli kann natürlich nicht über bestimmte Fahrer und ihre Leistungen sprechen, doch da wir uns ja dafür interessieren, welchen Einfluss Talent und Training auf herausragende Leistungen haben, können wir im Fall von Max Verstappen sicher festhalten, dass er von beidem in hohem Maße profitiert hat.

Wenn man zu all dem noch in Rechnung stellt, dass Max von seiner psychologischen Konstitution her jemand ist, der sich permanent messen will und der absolut davon überzeugt ist, dass er jeden Gegner bezwingen kann, wird klar, wie schwierig es für jeden Herausforderer wird, der das Gegenteil beweisen möchte. Kerkhof sagt: „Max ist so gut, wie er jetzt ist, weil er eine außerordentliche natürliche Begabung hat, und weil er Millionen von Stunden trainiert hat. Er ist immer besser geworden. Alles Ungeschliffene ist nun verschwunden, und jetzt ist er wie eine Maschine. Man kann ihn nicht besiegen."

VOM KART IN DIE FORMEL 3

Wir könnten Max morgen in ein F1-Auto setzen. Nach einem Tag. Das ist die Wahrheit.

Frits van Amersfoort

Es ist absolut unüblich, dass ein Rennfahrer zwischen seiner Zeit im Kartsport und seinem Debüt in der Formel 1 nur eine einzige Saison im Automobilsport bestreitet. Kimi Räikkönen hat das im Jahr 2000 als 20-Jähriger geschafft, und der Nächste, dem dies gelang, war der 16-jährige Max Verstappen im Jahr 2014.

Während seiner letzten Kartsaison 2013 fuhr der damals 15-Jährige bei einem geheimen Test im walisischen Pembrey zum ersten Mal einen Rennwagen – einen Formel Renault 2.0. Die 2-Liter-Serie der Formel Renault war mit Slicks und Flügeln, die Abtrieb erzeugten, aber relativ schwachen Motoren ein guter Einstieg für Fahrer, die vom Kartsport kamen. Es war die Kategorie, in der sowohl Kimi Räikkönen als auch Lewis Hamilton ihre ersten Meisterschaften in einem Rennwagen – einem sogenannten Monoposto bzw. Single-Seater – gewonnen hatten. Jos sah darin den nächsten Schritt, um Max in die Formel 1 zu bringen.

Das Auto, in dem Max seinen ersten Test absolvierte, gehörte dem britisch-niederländischen Team MP Motorsport, dem der niederländische Fernsehkommentator und ehemalige Rennfahrer Allard Kalff mit Rat und Tat zur Seite stand. „Der ganze Weg bis in die Formel 1, das war schon sehr gut durchdacht", erinnert sich Kalff. „Auch der Wechsel von den Karts zu den Autos. Jos hat immer viele Leute angerufen und sich nach ihren Meinungen erkundigt. Ich glaube, das ist etwas, das Huub [Rothengatter] für ihn während seiner Karriere nicht getan hat. Jos muss wohl erkannt haben, dass das wahrscheinlich ein Fehler war. … Er rief eines Tages an und sagte: ‚Such mir bitte ein Team für einen Test in einem Formel Renault, aber die Sache muss geheim bleiben.' Daher fand das Ganze in Pembrey statt, weil das weitab vom Schuss liegt. Sie machten aber noch viele weitere Tests mit anderen Teams auf anderen Strecken, und nachdem er sich angehört hatte, was Max am Ende zu den Autos sagte, beschloss Jos, die Formel Renault zu überspringen."

MP Motorsport wurde geleitet von Tony Shaw und seiner Frau Sarah, einer Ingenieurin. Der Niederländer Sander Dorsman war Miteigentümer des Teams. Dorsman wusste genau, für wie viel Furore Max im Kartsport gesorgt hatte, und nachdem Kalff ihn kontaktiert hatte, bot er Jos einen kostenlosen Test an. Im Jahr 2000, als Tony Shaw bei Manor Racing gearbeitet hatte, hatte er Räikkönen betreut, der in dieser Saison den Titel gewann. Und im darauffolgenden Jahr hatte unter ihm Hamilton seinen ersten Test in einem Auto absolviert. Dreizehn Jahre später begegnete er einer weiteren zukünftigen Motorsportikone.

„Max war ein netter Junge, sehr bodenständig und umgänglich. Er war auf Anhieb unglaublich schnell in dem Auto. Viel mehr gibt es eigentlich gar nicht zu sagen. Es war ein zweitägiger Test. Am ersten Tag war es nass, am zweiten trocknete es ab. Wir hatten unseren damals aktuellen Fahrer, Oliver Rowland, mitgebracht, aber Max brauchte keine Instruktionen, weder von Oliver noch von den Ingenieuren, er hatte den Dreh sofort raus. Auf seiner Out-Lap im Nassen ging er so beherzt zur Sache, dass wir kaum glauben konnten, dass er wirklich zum ersten Mal in einem Auto fuhr. Aber Jos versicherte uns: ‚Es ist wirklich das erste Mal.' Er hat keinen einzigen Fehler gemacht und war so geschickt im Umgang mit den Pedalen und der Lenkung. Ein Fahrer von diesem Kaliber lässt alle anderen ein bisschen alt aussehen."

„Jos war etwas nervös", erinnert sich Kalff. „Als er das erste Mal reinkam, sagte Jos: ‚Kannst du es nicht langsam angehen lassen und dich erst mal einfahren?‘ Und Max antwortete: ‚Ich gehe es doch langsam an, Papa.‘ An diesem ersten Tag drehte er sich auf der regennassen Strecke ausgangs der letzten Kurve um 360 Grad auf der Start-Ziel-Geraden und fuhr weiter, als wäre überhaupt nichts passiert, und in der nächsten Runde fuhr er wieder genauso schnell wie vorher.“

Hamilton war 2001 bei seinem ersten Einsatz in einem Auto unter der Leitung von Shaw – ebenfalls in einem Formel Renault – nur wenige Monate älter gewesen als Max bei seinem ersten Test. Shaw möchte allerdings klarstellen, dass ein direkter Vergleich überhaupt nicht möglich ist. „Das war eine ganz andere Situation. Zunächst einmal fuhr Lewis einen halben Tag lang in Mallory Park, also auf einer Strecke, die etwas schwieriger ist als die in Pembrey, vor allem an einem kalten Oktobertag, der zudem ein allgemeiner Testtag war, an dem noch viele andere Autos auf der Strecke unterwegs waren. Max’ Test war im Vergleich dazu sehr strukturiert und dauerte zwei Tage, in denen er die Strecke ganz für sich allein hatte. Zweitens war Hamiltons Auto damals bei Weitem nicht so ausgereift wie das, das Max zur Verfügung stand. Es hatte eine Knüppelschaltung, eine sequenzielle zwar, aber man musste das Schalten trotzdem sorgfältig mit dem Bremsen abstimmen. Überdies hatte das Auto auch kleinere Räder und weniger Grip. ... Lewis verlor schließlich kurz die Kontrolle bei einer Bodenwelle bei Gerard’s Bend, als er es wirklich wissen wollte. Das hat ihn aber nicht aus der Ruhe gebracht. Er hat den Stier einfach bei den Hörnern gepackt, und das in der sehr begrenzten Zeit, die ihm zur Verfügung stand. Er hat einfach von Anfang an Vollgas gegeben. Beim Test mit Max hingegen ging es viel ruhiger zu. An jenem Tag mit Lewis hatte man das Gefühl, dass da später noch ein bisschen Arbeit auf uns zukommt – was letztlich auch stimmte –, bei dem Test mit Max hatten wir dieses Gefühl nicht. ... Was sie als Teenager gemeinsam hatten, war, dass sie verdammt schnell waren und sie sich kein bisschen davon beeindruckt zeigten, plötzlich in einem Rennwagen zu sitzen. Bei beiden war einem gleich klar, dass sie eine große Zukunft vor sich haben. Bei Kimi sah das etwas anders aus, denn er fuhr weiter Kart, bis er 20 war, weil sie nicht das Geld hatten, um den nächsten Schritt zu gehen. Als er zum ersten Mal in einem Auto saß, war er also ein viel erfahrenerer Rennfahrer, und als 20-Jähriger war er wahrscheinlich näher dran, sein Potenzial voll abrufen zu können, als man es als 15- oder 16-Jähriger ist. Aber auch er war unglaublich."

Es bestand also kein Zweifel daran, dass Max' die herausragenden Fähigkeiten, die er bereits im Kartsport unter Beweis gestellt hatte, auch im Auto voll zur Geltung bringen konnte. Welchen Rennwagen er genau fahren würde, bei welchem Team, und was vielleicht am wichtigsten ist, wie das Ganze finanziert werden sollte, stand zu diesem Zeitpunkt noch in den Sternen.

„Zu jener Zeit gab es keine Geldgeber in den Niederlanden – kein Sponsor bot seine Unterstützung an", sagt Kees van der Grint. „Ich war dabei, als Max die Kart-Weltmeisterschaft in Fiemme in Frankreich gewann. Max war der letzte Champion auf Bridgestones, als die Reifenwahl noch frei war. Ich habe ein Foto, das an diesem Tag gemacht wurde, auf dem neben mir Max, Charles Leclerc, der Zweiter wurde, und Jordon Lennox-Lamb, der Dritter wurde, zu sehen sind. Jos war damals natürlich auch mit dabei, sowie Huub Rothengatter und Raymond Vermeulen. Mit mir und Max waren wir insgesamt fünf Niederländer, die da waren. Sonst niemand. Keiner hatte Interesse."

Auch ohne Finanzierung setzte Jos das Testprogramm nach dem Ende der Kartsaison fort. Es gab weitere Formel-Renault-Tests in ganz Europa, während Jos und Max weiter die Lage sondierten. MP Motorsport ließ ihn in Zandvoort, Hockenheim und Jerez wieder ins Cockpit. Sarah Shaw erinnert sich: „Ich hatte einen Fahrer, der bereits zwei Jahre in dieser

Kategorie gefahren war und auch 2014 noch Rennen gewann, er war also ganz sicher nicht schlecht. Aber bei den Tests war Max so gut, dass ich ihn um ein Feedback zum Auto und zur Strecke bat, um meinem Fahrer zu helfen."

„Als anglo-holländisches Team wollten wir ihn unbedingt im Auto haben", erinnert sich Tony. „Auf jeder Strecke, auf der wir mit ihm getestet haben, war er superschnell. Wir hätten ihn umsonst fahren lassen; wir hätten ihn einfach ins Auto gesetzt und ihm gesagt, er solle ein paar Rennen gewinnen und uns etwas Geld einbringen, indem er potenzielle Kunden von uns überzeugt. So sicher waren wir uns bei ihm."

Aber aus Jos Sicht gab es keinen Grund, sich jetzt schon festzulegen. Der nächste Schritt musste genau der richtige sein. Max testete auch mit dem Team Koiranen – dem finnischen Team, mit dem Valtteri Bottas, Daniil Kwjat und Carlos Sainz Jr. alle Formel-Renault-Titel gewonnen hatten – im spanischen Alcarras. Und mit dem Team KTR in Hockenheim sowie beim offiziellen Rookie-Test der Formel Renault in Barcelona. Beim Test für Tech 1 auf dem Hungaroring in Budapest war er der schnellste aller Formel-Renaults, knapp vor seinem ehemaligen Kart-Rivalen Alex Albon. Dann bekam er einen ersten Vorgeschmack auf die beeindruckende Strecke in Spa, wo er für das Kaufmann-Team fuhr und erneut Schnellster war. Das deutsche Motopark-Team, das damals für Aufsehen sorgte, lud ihn ein, seinen Formel-3-Rennwagen bei einem Test in Valencia auszuprobieren. Dort war er von allen F3-Piloten der schnellste.

Ein Formel-3-Auto ist ein wesentlich anspruchsvolleres Fahrzeug als ein Formel Renault 2.0, es hat wesentlich mehr Abtrieb und verfügt über deutlich mehr Leistung. Normalerweise steigt ein Fahrer erst nach ein oder zwei Saisons in der Renault-Serie auf. Doch Max benötigte keinerlei Eingewöhnungszeit. Er mochte das Auto auf Anhieb viel lieber als den Formel Renault.

„Der F3 ist ein bisschen schwerer, aber es macht riesigen Spaß, ihn zu fahren", erzählte er Marcus Simmons von *Autosport*. „Ich habe mich ziemlich schnell an das Auto gewöhnt, sodass ich mich sicher genug fühlte, um zu pushen, aber ich habe ehrlich gesagt nicht erwartet, dass ich der Schnellste sein würde. Es war eine tolle Erfahrung, mit meinem Ingenieur und dem ganzen Team zusammenzuarbeiten. Hier ist alles sehr professionell und im Vergleich zur FR2.0 ist das ein weiterer Schritt nach vorn. Man hat viel mehr Daten, die man auswerten muss, und muss viel mehr Details im Blick haben."

„Ich glaube, es war Huub, der diesen F3-Test arrangiert hat", erinnert sich Kees van der Grint. „Damals sagte Huub: ‚Der Junge ist so gut, dass wir sofort in die Formel 3 gehen sollten.' Aber Jos sagte: ‚Nein, nein, nein, wir müssen einen Schritt nach dem anderen machen und erst mal mit der Formel Renault beginnen.' Über diese Frage haben sie häufiger heftig gestritten."

Die Formel 3 war nicht nur schneller, sondern kostete natürlich auch viel mehr Geld als die Formel Renault, was für Jos die Entscheidung nicht gerade leicht machte.

Dann bekam er einen unerwarteten Anruf: Die Ferrari Driver Academy wollte in Florida eine kurze Winterserie für F3-ähnliche Autos (Formel Abarth) veranstalten. Organisiert wurde das Event von Lawrence Stroll, dessen Sohn Lance ebenfalls aus dem Kartsport kam und zu jener Zeit im Nachwuchsförderprogramm von Ferrari war. Von dieser Serie versprach sich Ferrari die Möglichkeit, die jüngsten Nachwuchstalente mit ihren Academy-Fahrern Raffaele Marciello (der in der F3 fuhr) und Antonio Fuoco (aus der Formel Renault) zu vergleichen. Und Max wurde eingeladen, daran teilzunehmen. Der Haken an der Sache war, dass er für dieses Privileg fast 100.000 Euro hinblättern musste. Rothengatter kümmerte sich darum.

Abgesehen von den Ferrari-Junioren trat Max in Florida gegen die Formel-3-Piloten Nicholas Latifi, Tatiana Calderon, Dennis van der Laar und Ed Jones, Alex Bosak aus der Formel Renault sowie die Kartfahrer Vasily Ramanov und Takashi Kasa an.

Die Telemetriedaten der Teilnehmer waren für alle anderen zugänglich. Max – der Jüngste im Fahrerfeld – war der Schnellste von allen und sicherte sich drei Poles und zwei Siege. Aber es waren seine Telemetriedaten, die seinen Konkurrenten die größten Sorgen bereiteten. Obwohl ihm jegliche Rennerfahrung in einem Formel-Auto fehlte, war er oft in der Lage, langsame Kurven schneller zu nehmen als alle anderen. Damit geriet er ins Visier von Ferrari.

Doch die Verstappens machten in Florida nicht nur gute Erfahrungen. „Es gab Streit zwischen Jos und den Organisatoren, weil Jos der Meinung war, dass in den verschiedenen Autos keine einheitliche Elektronik verbaut worden war, was Max benachteiligt hätte", erinnert sich van der Grint.

Auch wenn Jos ein gewisses Maß an Wettbewerbsparanoia nicht abgesprochen werden kann, können bei einer Markenformel – bei der die Motoren vom Wettbewerbsveranstalter und nicht wie in der F3 von unabhängigen Unternehmen gestellt werden – durchaus Zweifel aufkommen, ob nicht jemandem heimlich ein Vorteil verschafft wird (wobei das den Sinn und Zweck der ganzen Veranstaltung ja konterkarieren würde). Ganz gleich, ob Jos mit seinem Verdacht richtig lag oder nicht, der Eindruck, den er gewonnen hatte, spielte auf jeden Fall eine Rolle bei seiner Entscheidung, einen Einstieg in die Formel Renault nicht länger in Betracht zu ziehen und stattdessen direkt in die Formel 3 zu wechseln, so wie es Huub Rothengatter schon länger vorgeschlagen hatte.

„Jos war von der Formel 3 nicht restlos überzeugt, aber in der Florida-Serie gab es Rennen, in denen Jos völlig aufgebracht war und ihnen vorwarf, dass der Motor scheiße sei. Ob das nun stimmte oder nicht, für mich war es jedenfalls ein gutes Zeichen", sagt Frits van Amersfoort.

Andererseits stellte Renault mit seinen verschiedenen Kategorien sowie seinem F1-Engagement (wenn auch zu diesem Zeitpunkt nur als Motorenlieferant) zumindest auf den ersten Blick eine nützliche Verbindung zur Formel 1 dar. Aber wie wir schon in den vorangegangenen Kapiteln gesehen haben, war Jos fest entschlossen, die volle Kontrolle über Max' Karriere zu behalten, und lehnte es daher kategorisch ab, dass er Teil eines Nachwuchsteams wurde und damit weitreichende Verpflichtungen einging. Van der Grint erinnert sich noch gut daran, wie Jos, als Max noch Kart fuhr, ein Angebot von Renault zurückgewiesen hatte, das er als beleidigend empfand: „Er kam zu mir und sagte: ‚Lies das!' Es war ein wirklich lächerliches Angebot, in dem Renault vorschlug, ihn als künftigen Testfahrer unter Vertrag zu nehmen und ihn zu unterstützen – wobei sie allerdings Renault dafür bezahlen sollten. Jos wusste nur zu gut, was sie an Max gehabt hätten, und sagte: ‚Auf gar keinen Fall.' Renault hat sich mit dieser ganzen Geschichte wahrlich nicht mit Ruhm bekleckert, es war eine Farce."

Langsam begann Jos, sich für den Direkteinstieg in die Formel 3 zu erwärmen, vor allem nachdem Max bei seinem F3-Test in Valencia so schnell gewesen war. „Jos hatte das gründlich durchdacht und das Für und Wider abgewogen", sagt Allard Kalff. „Ich weiß noch, dass er mich anrief und mir sagte, dass sie jetzt den direkten Schritt in die Formel 3 in Betracht ziehen würden, weil Max sich in dem F3-Auto so wohl gefühlt habe, viel mehr als in dem Formel Renault. Ich war ganz baff und fragte: ‚Bist du dir sicher? Wenn ihr die Formel Renault gewinnt, wird Renault euch unterstützen.' Er sagte: ‚Die Wahrscheinlichkeit, dass wir in dieser Kategorie nicht gewinnen, ist größer als die, dass wir es tun. Wenn wir aber in die F3 wechseln, ist es dort unser erstes Jahr, und wenn wir die Meisterschaft nicht gewinnen, ist das keine große Sache, dann können wir dort ein weiteres Jahr fahren.' Außerdem war für 2014 in der F3 eine Reglementänderung angekündigt, weshalb der Zeitpunkt, um dort einzusteigen, ideal war, da dort alle unter den gleichen Voraussetzungen anfingen."

Rothengatter hielt seinen Freund und F3-Teambesitzer van Amersfoort auf dem Laufenden, was den Stand der Dinge anging. „Jeder konnte sehen, dass er ein herausragender Fahrer werden würde", sagt van Amersfoort, „denn er war bei fast jedem Test der Schnellste. Ich habe zu jener Zeit oft mit Huub darüber gesprochen. ... Als sie [aus Florida] zurückkamen, kam Huub vorbei und sagte, dass es jetzt sehr danach aussähe, als sollte Max in der Formel 3 starten. Ich wollte ihn natürlich unbedingt ins Team holen. Ich wusste nicht, wie, aber..."

Was die Papierform anging, war das Team von van Amersfoort nicht gerade der naheliegendste Kandidat. Van Amersfoort Racing hatte sich im Jahr zuvor in der europäischen Formel 3 nicht gerade mit Ruhm bekleckert. Es war ihr erstes Jahr in dieser Meisterschaft gewesen, und sie waren einfach nicht konkurrenzfähig. Van Amersfoort gibt unumwunden zu, dass die Saison „ein bisschen chaotisch" gewesen sei. Es war letztlich schon ein ziemlicher Unterschied zwischen der deutschen F3 und den Tagen, in denen er mit Jos und anderen niederländischen Fahrern in der GM-Lotus-Kategorie gestartet war (wo er mit Vincent Radermecker und Tom Coronel weitere Erfolge gefeiert hatte) und der europäischen Formel 3, in der das Niveau deutlich höher war.

„Wir waren uns nicht ganz sicher, ob [2014] ein gutes Jahr werden würde oder nicht, denn es war ein großer Schritt für Max, und unsere Erfolgsbilanz war nicht gerade die beste. Also habe ich gesagt, wenn Max für mich fährt und er nicht supererfolgreich ist, kannst du immer sagen, ja, das Team war halt scheiße, es ist ein Amateurteam, das noch neu ist in der F3."

Ein weiterer Punkt, der für van Amersfoort sprach, war die Tatsache, dass Prema, das als das Spitzenteam galt, ein direkter

Ferrari-Partner war – was für Jos, der eine pathologische Abneigung dagegen hatte, auch nur ein bisschen die Kontrolle über Max' Zukunft aus der Hand zu geben, ein massives Problem darstellte. Und was man auch berücksichtigen musste, war, dass Van Amersfoort Racing all die Meisterschaften in den unteren Klassen ja nicht zufällig gewonnen hatte, und dass er dem Team, für das er ja auch selbst gefahren war, einiges zu verdanken hatte. Dank Frits van Amerfoorts guter Verbindung zu Huub Rothengatter stand nun Verstappen Junior vor seiner Tür.

Dennoch war sich Jos der Sache nicht hundertprozentig sicher, wie er der niederländischen Journalistin Linda Vermeeren damals erklärte. „Wir wussten nicht, wie schnell sie sind. Ich kenne den Teamchef Frits van Amersfoort sehr gut. Er ist großartig und zu dem Ingenieur Rik Vernooij hatte ich sofort Vertrauen gefasst, und dennoch hatte ich meine Zweifel. Aber da es für Max ja erst mal ein Lehrjahr ist, ist es wichtig, in einem vertrauten Umfeld diese neue Aufgabe angehen zu können. Je besser er abschneidet, desto mehr werde ich mich zurückziehen. Aber ich werde alles im Blick behalten. Schließlich ist Max erst 16 und hat noch viel zu lernen."

„Als sie sagten: ‚Auf geht's', hatten wir noch kein Auto und keinen Motor", erzählt van Amersfoort. „Ich hatte noch aus unseren deutschen F3-Zeiten über [VW-Motorsportchef] Kris Nissen einen guten Draht zu Volkswagen, doch der war inzwischen von Jost Capito abgelöst worden. Capito organisierte einen Volkswagen-Werksmotor. Aber zu diesem Zeitpunkt hatte ich nicht die Mittel, um den Dallara für 2014 zu kaufen. Sie versuchten, Sponsoren zu finden, aber niemand hatte Interesse einzusteigen. Wir riefen alle reichen Leute in Holland an, die [koreanische Chemiefirma] Youngbo und die [niederländische Digitalfirma] Trust, und alle winkten ab. ... Heute sagt der CEO von Trust: ‚Es war der größte Fehler meines Lebens, Max nicht zu unterstützen', aber damals war weit und breit nichts in Sicht, es war bereits Februar, und wir hatten noch nicht einmal ein Auto."

Angesichts von Jos' schillernder Vergangenheit übten sich selbst potenzielle niederländische Geldgeber lieber in Zurückhaltung. „Um es mal so zu sagen: Jos war schon immer gut für ein bisschen Drama", sagt van Amersfoort, „deshalb lieben ihn die Leute; er ist nicht der feine, gelackte Gentleman. Aber das ist auch der Grund, warum die Leute manchmal zögerten, ihn zu unterstützen. ... Da sagte Huub: ‚Scheiß drauf, dann mache ich es eben.' Am Anfang wollte er nicht, denn Sie wissen ja, Huub ist eine harte Nuss, wenn's ums Geschäftemachen geht. Aber am Ende war ihm klar, dass wir dringend einen Gang zulegen mussten, denn wir brauchten das Auto. ... Jos wollte nicht in das Auto investieren, Raymond wollte nicht in das Auto investieren. Ich kann nicht beurteilen, ob es am Geld lag oder nicht, aber ein neuer Dallara kostete fast 200.000 Euro. Letztendlich war es also Huub, der Max' Karriere finanziell anschob. ... Huub kümmerte sich um die Finanzierung. Wir setzten den Vertrag auf, und alles war innerhalb von zwei Stunden geregelt. Dann machten wir uns sofort an die Arbeit. Wir haben das Auto von Dallara besorgt, die Elektronik von Bosch, alles zusammengebaut, eine Kupplung gekauft, Stoßdämpfer, die Räder, das ganze Zeug. Es war alles ziemlich knapp!"

So knapp, dass das Auto zum ersten offiziellen Vorsaisontest im tschechischen Most nicht fertig wurde; für die Teilnahme lieh sich van Amersfoort ein Chassis, um das herum er ein Auto baute. An dem nächsten Test in Budapest konnten sie dann mit ihrem eigenen Auto teilnehmen. Dort war Max der Schnellste, noch vor allen anderen Teams, und van Amersfoort sah, dass für sein Team auf jeden Fall mehr zu holen war als in der letzten Saison.

„So sind die Verstappens!", schwärmte er in einem BBC-Interview. „Sie verblüffen dich immer wieder. Jeder Verstappen, ob Jos oder Max, wird dich mit seinem Können immer wieder aufs Neue in Erstaunen versetzen. Ihr Drang, schnell zu sein, ist einfach phänomenal. Es klingt absurd, aber nach seinem ersten Tag mit dem Team sagten wir uns: ‚Wir könnten Max morgen in ein Formel-1-Auto setzen.' Nach einem Tag. Wirklich wahr."

Trotz aller Übertreibungen waren van Amersfoorts Worte prophetischer, als selbst er es sich hätte vorstellen können. Die turbulente Saison, die vor ihnen lag – 33 Rennen an nur 11 Wochenenden – war eigentlich bloß als Generalprobe für die Saison im nächsten Jahr gedacht, in der sie dann um den Titel mitkämpfen wollten. Doch dieser Plan zerschlug sich schlagartig, als Max auf der Piste allen zeigte, wo der Hammer hing. Bereits im Juni 2014 wurde er als heißester Kandidat für ein Rookie-Cockpit in der Formel 1 gehandelt.

Auch wenn sie davon nichts mitbekommen hatten, war der 16-Jährige nach seinen hervorragenden Resultaten bei den Test- und Trainingseinheiten für die erste Runde der F3-Europameisterschaft am April-Wochenende beim Sechs-Stunden-Rennen von Silverstone sofort auf dem Radar der Formel 1. Red-Bull-Teamchef Christian Horner beobachtet die Nachwuchsrennfahrer genau, und obwohl er an diesem Wochenende beim Großen Preis von China war, hat er die Zeit gefunden, sich die F3-Trainingszeiten genauer anzusehen. Verstappen war im ersten Training Dritter (mit nur wenigen Hundertsteln Rückstand auf die Prema-Fahrer Ocon und Fuoco) und im zweiten der Schnellste von allen.

„Er fuhr für ein Team, von dem man nicht erwartet hatte, dass es vorne mitmischt", erinnert sich Horner. „Für jemanden, der gerade erst aus dem Kartsport kam, war das wirklich erstaunlich. Es gab daher einen gewissen Hype um ihm, und ich war beeindruckt, dass jemand, der so jung ist, diesen Schritt gemacht hat, denn ich weiß, was für ein Riesenschritt das ist, vom Kartsport direkt in die F3. Was mich auch sehr beeindruckt hat, war, wie schnell er es geschafft hat, sich anzupassen und gleich den Speed zu haben. Und Helmut [Marko] wurde dann offensichtlich auch auf ihn aufmerksam." Oder besser: ganz besonders aufmerksam. Denn Marko hatte bereits seit 2010 immer wieder zu den Verstappens Kontakt gehabt, um mit ihnen über eine mögliche Aufnahme von Max in das Red-Bull-Nachwuchsfahrerprogramm zu sprechen. Da er Max' Schicksal auf keinen Fall in die Hände anderer legen wollte, hatte sich Jos immer dagegen gesträubt.

Während die ersten Rennen für Max am Saisoneröffnungswochenende in Silverstone nicht ganz so reibungslos verliefen wie die Test- und Trainingssessions – im ersten Rennen hatte er mit einem Kupplungsproblem zu kämpfen, im zweiten war nach einem missglückten Start nicht mehr als der fünfte Platz für ihn drin –, entwickelte sich das dritte Rennen vielversprechender: Er jagte eine ganze Zeit lang Esteban Ocon, den er schließlich überholte, und wurde hinter Fuoco Zweiter.

Das zweite Rennwochenende in Hockenheim brachte einen entscheidenden Durchbruch, wie Linda Vermeeren, die das holländische Wunderkind genau beobachtete, berichtete: „Es war sehr intensiv. Max' Eltern waren beide da. Es ging hoch her, es gab Unfälle, Jos geriet in Rage, Max' Mutter Sophie war sehr aufgewühlt. Und Max war noch so jung. Es muss schwierig gewesen sein, als 16-Jähriger mit all dem fertig zu werden. Es ist schon schwer genug, in diesem Alter mit sich selbst klarzukommen, ganz zu schweigen von dem Druck den Eltern, Medien und die gesamte Motorsport-Community mit all ihren Erwartungen auf ihn ausübten. ... Ich weiß noch, wie er ein bisschen abwesend in der Garage stand und an der Carbonfasernase seines F3-Autos herumdrückte. Die Nase hatte bei einem Unfall im ersten Rennen an diesem Wochenende etwas abbekommen. Es hatte eine Berührung mit Nicholas Latifi gegeben, woraufhin das Team ihn aufforderte, abzubrechen. Man konnte ihm die Enttäuschung im Gesicht ablesen. Es war fast unheimlich, wie sehr er Jos ähnelte, beide waren gleichermaßen verzweifelt. Aber man konnte auch sehen, dass er intelligent war – er war zielstrebig, fokussiert, ein freundlicher, bescheidener Kerl, von dem immer ein tolles Feedback kam. … Er war von Platz vier aus gut gestartet, anders als [Antonio] Giovinazzi, der ihn aufhielt, wodurch er zwei Plätze verlor. Ehrgeizig wie er war, wollte er diese Plätze schnellstmöglich wieder gutmachen. Er versuchte, Giovinazzi auf der Innenseite der Spitzkehre auszubremsen, schätzte die Situation aber falsch ein, woraufhin es zu der Kollision mit Latifi kam. ‚Ich habe zu spät gebremst', erklärte er knapp. Der Schaden hielt sich in Grenzen: Querlenker und Spurstange waren verbogen und in der Nase war eine Delle. Während Jos sichtlich verärgert half, das Auto zu reparieren, kümmerte sich Sophie darum, ihren Sohn zu trösten. ‚Ich habe gesehen, dass ihm die Tränen den Augen standen', sagte sie. ‚Am liebsten hätte ich ihn in den Arm genommen, aber auf der Strecke geht das natürlich nicht', sagte sie lächelnd. Als ich Max ein paar Stunden später wiedersah, schmollte er noch immer. ‚Ich hätte es besser wissen müssen', sagte er betrübt. … Es ist erst sein zweites Rennwochenende in der Formel 3. In Silverstone hatte er die Pace gleich mitgehen können, was ein deutlicher Beleg dafür war, dass die mutige Entscheidung der Verstappens, die Formel Renault zu überspringen, richtig war. Aber wie wir alle wissen, nimmt Jos nie ein Blatt vor den Mund. Er ist immer geradeheraus und falls nötig, wird er auch richtig wütend: ‚Natürlich darf Max Fehler machen, aber dieser Unfall war einfach dumm, das habe ich ihm auch gesagt. Ich sage immer, was ich denke. Das habe ich immer getan, und ich werde auch jetzt nicht damit aufhören. Max weiß, dass das nicht clever war. Ich habe ihm erklärt, was er hätte besser machen können, und hoffentlich ist ihm das eine Lehre.' … Sobald Max [für das zweite Rennen in Hockenheim] aus der Boxengasse rausfahren wollte, kam es allerdings zum nächsten Zwischenfall. Das Auto ließ sich nicht schalten. Dem Team gelang es zwar, es rechtzeitig aus der Boxengasse zu bugsieren, doch aufgrund eines Getriebeschadens war das zweite Rennen für Max damit komplett gelaufen. Vorsichtshalber tauschte man vor dem letzten Rennen die gesamte Elektronik aus, doch dann stieß das Team 20 Minuten vor dem Start auf ein weiteres Problem, das einen Austausch der ECU genannten Black Box erforderlich machte. Max kam mit dem Auto gerade noch rechtzeitig an den Start. Die Anspannung war deutlich spürbar. Doch Max kam gut weg. Er führte das Rennen an und konnte sich von Ocon absetzen. Das Team und die Eltern wirkten erleichtert.

Doch dann folgte eine frühe Safety-Car-Phase, wodurch sein Vorsprung zunichtegemacht wurde. Sophie war aufgeregt, sehr zur Belustigung von Jos. Er lachte darüber, wie nervös sie war, wobei er selbst über eine halbe Stunde lang auf einem Kabelbinder herumgekaut hatte. Als der 16-jährige Max schließlich als Erster über die Ziellinie fuhr und damit seinen ersten Sieg in einem Rennwagen feierte, waren alle außer sich vor Freude. … Obwohl Max überglücklich war, blieb er bemerkenswert ruhig. ‚In der Formel 3 ist es tatsächlich einfacher, an der Spitze zu fahren, weil man weiß, dass die Konkurrenten nicht zu dicht hinter einem fahren können, weil sie dann an Abtrieb verlieren. Um ehrlich zu sein, war es ein ziemlich entspanntes Rennen für mich', sagte er, ohne mit der Wimper zu zucken. Allerdings gab er zu, dass er nicht wirklich erwartet hatte, bereits in seiner ersten F3-Saison schon Rennen zu gewinnen. ‚Aber ich fühle mich wohl im Auto. Jetzt möchte ich so viele Rennen wie möglich gewinnen und in der Meisterschaft so gut wie möglich abschneiden', sagte er. Man konnte die Entschlossenheit hinter diesen Worten spüren, eine Entschlossenheit, die man schon vorher von ihm kannte, die jetzt aber auf ein höheres Ziel gerichtet war."

Bevor Max so richtig in seinen Rhythmus fand, musste er jedoch noch ein paar Dämpfer einstecken. Auf dem Stadtkurs in Pau konnte er das Tempo des dominanten Ocon, seines ehemaligen Kart-Rivalen, nicht mitgehen. Nachdem er sich im zweiten Rennen auf nasser Fahrbahn gedreht hatte, kollidierte er zu Beginn des dritten Rennens in der ersten Kurve mit Ocon, womit das Rennen für beide beendet war. Ocon war ein knallharter Gegner, der nie aufgab, und jetzt, wo er nach zwei Jahren in der Formel Renault in der F3 für Prema fuhr, war er besonders stark. In dieser Saison wurde er zu Max' großem Titelrivalen. Und auch wenn sie sich schon lange kannten, einander ausstehen konnten sich die beiden nicht.

In Ungarn sorgten ein Kupplungsproblem und ein weiterer Fahrfehler dafür, dass Max in der Gesamtwertung weit hinter den zweifachen Sieger Ocon zurückfiel. „Das schwierige Rennen auf dem Hungaroring, bei dem Max Achter wurde, war der Wendepunkt, ab da war das Verhältnis zwischen Max und seinem Ingenieur gestört", erinnert sich van Amersfoort. „Max war ohnehin schon sehr fordernd, und der Ingenieur beharrte auf seinem Standpunkt. Raymond versuchte manchmal zu vermitteln, weshalb wir das irgendwie überstanden haben. Und dann kamen diese drei fantastischen Rennen in Folge.

Das Witzige ist, dass es für das Team so einfach ist, mit einem solchen Wunderkind zu arbeiten. Man muss sich nicht groß anstrengen, um ihn schnell zu machen. Er ist schon von selber schnell. Das einzige Problem ist, dass ihre Bedürfnisse jeden einzelnen Tag ganz oben auf der Liste stehen müssen, da bleibt keine Zeit zum Entspannen. ... Diese Jungs sind unglaublich, so wie sie den Rennsport leben, wobei manchmal der menschliche Aspekt vielleicht ein bisschen zu kurz kommt. Ich maße mir gar kein Urteil darüber an, aber ich erhalte viele E-Mails von jungen Fahrern und vor allem von Vätern, die keinerlei Vorstellung davon haben, wie Jos mit Max umgesprungen ist, dass er ihn auf eine Weise erzogen hat, die für sie vermutlich undenkbar wäre. Zugleich bin ich aber auch davon überzeugt, dass viele Spitzensportler auf eine ganz besondere Weise erzogen wurden. ... Wie dem auch sei, wir hatten das Gefühl, dass wir aus dem Auto und aus Max mehr herausholen mussten, und planten einen Test. Der Termin fiel rein zufällig genau in die Zeit, zu der Jos irgendwo in der Karibik heiratete. Der Test selbst verlief fantastisch. Aber ich erinnere mich noch, dass Max jedes Mal, wenn er aus dem Cockpit stieg, mit Jos telefonierte und ihm genau berichtete, wie es gelaufen ist."

Max ließ sich von dem schwierigen Ungarn-Wochenende nicht unterkriegen und war in Spa – das streng genommen seine eigentliche Heimstrecke ist, da er als Sohn einer belgischen Mutter in Belgien geboren wurde, auch wenn er immer behauptet hat, dass er sich eher als Niederländer fühlt – wieder voll da. Der sieben Kilometer lange Ardennenkurs mit seiner Mischung aus superschnellen und drei sehr engen Kurven und den langen Geraden und der spektakulären Senke in der Eau Rogue stellt eine gewaltige Herausforderung dar. Als Max in der Vorsaison im Formel Renault zum ersten Mal auf dieser Strecke gefahren war, ist er gleich der Schnellste gewesen. Doch jetzt ging es wirklich um etwas, und er dominierte das restliche Fahrerfeld das ganze Wochenende über. Der Formel-3-Newcomer gewann alle drei Rennen, wobei der letzte Sieg besonders beeindruckend war, weil er dem enormen Druck, den Ocon das ganze Rennen hindurch machte, standhielt.

Eine Woche später machte der F3-Zirkus Station auf dem Norisring in Nürnberg. Max gewann das erste der drei Rennen, nachdem er sich von P3 aus mit gewagten Ausbremsmanövern an die Spitze gekämpft hatte, von der er Ocon verdrängte. Das zweite Rennen führte er von der Pole-Position aus an. Die Strecke war anfangs feucht, wurde dann aber immer nasser, und auch mehrere Safety-Car-Phasen änderten nichts daran, dass er sich bei seinem Start-Ziel-Sieg in bestechender Form präsentierte.

Je rutschiger die Strecke wurde, desto größer wurde sein Vorsprung. Am Ende sorgte das Safety-Car dafür, dass sein Vorsprung nicht wesentlich mehr als neun Sekunden betrug.

Ohne dass er etwas davon mitbekam, war diese Wochenende entscheidend für den weiteren Verlauf seiner Karriere – und damit auch seines Lebens. Red Bulls Motorsportchef Helmut Marko verfolgte die Live-Übertragung der Rennen im Internet sehr aufmerksam und schaute sich die Rundenzeiten ganz genau an. Seit seinem ersten Rennen in Silverstone war er fasziniert von Max und hatte kurz darauf schon einmal zu Jos Kontakt aufgenommen.

„Es regnete, begann abzutrocknen, und dann regnete es wieder", erinnert sich Marko an das zweite Rennen auf dem Norisring, „das heißt, die Bedingungen waren sehr wechselhaft, die Kurven jedes Mal anders, und Max war eine Klasse für sich. Es gab Momente, in denen die anderen bremsten, während er beschleunigte und hochschaltete. Zeitweise war er bis zu zwei Sekunden schneller als der Rest. Im Regen ist er eine Klasse für sich, er schaut, wo er noch ein bisschen Grip findet und hat sofort ein Gefühl für das Limit. Die meisten anderen müssen sich erst in die Situation reinfinden, aber er ist sofort da. Es gab ein paar kritische Momente, aber er hat es immer geschafft, die Kontrolle über das Auto zu behalten. So beherrscht das kein anderer Fahrer."

Beim letzten Lauf war das Wetter ähnlich wechselhaft, bis das Rennen doch noch kurz vor Schluss abgebrochen wurde. Verstappens Sieg war allerdings nie gefährdet. Ocon lag auf Rang zwei mit fünf Sekunden Rückstand.

Max hatte nun sechs Rennen in Folge gewonnen und war Ocon in der Meisterschaftswertung dicht auf den Fersen.

Marko: „Max hat von seinem Vater gelernt, indem er ihm beim Fahren zusah, und durch das Internet. ... Beim Überholen hat er alle Variablen im Kopf, er besitzt ein räumliches Vorstellungsvermögen, ein räumliches Bewusstsein, über das selbst viele erfolgreiche Fahrer in dieser Form nicht verfügen." Marko hatte seit dem Großen Preis von Monaco im Mai mit Jos immer mal wieder darüber gesprochen, Max möglicherweise zu Red Bull zu holen. Etwa zu dieser Zeit begann Jos dann auch, Red Bull und Mercedes geschickt gegeneinander auszuspielen. Obwohl Mercedes zu dieser Zeit über kein komplett durchorganisiertes Nachwuchsprogramm verfügte und seine Formel-1-Cockpits an Lewis Hamilton und Nico Rosberg vergeben waren, hatten sowohl Toto Wolff als auch Niki Lauda mit Jos über die Möglichkeit gesprochen, Max bei einem Wechsel in die GP2, dem nächsten Schritt auf dem Weg zur Formel 1, zu unterstützen. Überdies ließ auch Ferrari den Kontakt zu den Verstappens nicht abreißen.

Wenn man bedenkt, dass das Tempo, in dem sein eigener Blitzaufstieg erfolgt war, zugleich auch einen Anteil an seinem schnellen Abstieg hatte, kann man sich vorstellen, dass Jos ein bisschen besorgt darüber war, wie rasant für Max 2014 alles voranging. Allerdings hatte er ja dafür gesorgt, dass Max viel besser vorbereitet war, als er es selbst damals gewesen ist. Und auch in finanzieller Hinsicht war es natürlich günstig, die sich angesichts von Max' atemberaubender Form bietende Gelegenheit beim Schopf zu packen, denn es war ja immer noch nicht klar, wie eine zweite F3- oder eine erste GP2-Saison für Max finanziert werden konnte. Die beeindruckende Erfolgsserie, die Max gerade hingelegt hatte, hatte sie dahin gebracht, wo sie im Moment waren, aber im Motorsport können sich die Dinge sehr schnell ändern. Und solche Chancen bieten sich selten zweimal.

Nach dem Treffen in Monaco hatte sich Marko mit Max in Österreich getroffen, und der junge Mann hatte ihn auch als sehr informierter und überzeugender Gesprächspartner beeindruckt. „Von allen Fahrern hatte ich mit Max das längste Gespräch", erzählt er. „Er wurde von einer Supermarktkette gesponsert. Ich habe ihn danach gefragt, und er wusste sogar, wie viele Leute dort beschäftigt sind, wo sich die Zentrale befindet und wie viele Filialen es gibt. Ich wusste das, weil ich es vorher recherchiert hatte. Ich habe auch schon das völlige Gegenteil erlebt: Wir hatten mal einen amerikanischen Fahrer unter Vertrag, dem ich, als er mir sagte, er fahre von Graz nach München, vorschlug, er solle doch einen Zwischenstopp in Salzburg einlegen. ‚Salzburg? Was ist Salzburg?' ‚Mozart', half ich ihm auf die Sprünge. ‚Mozart? Was ist das denn?' Unglaublich... Wenn ich mich mit jemandem von Red Bull träfe, um über einen möglichen Vertrag zu sprechen, wäre ich optimal vorbereitet und hätte dafür gesorgt, dass ich alles über das Unternehmen weiß. Max hat das getan, er wusste sehr gut Bescheid."

Nach dem Wochenende auf dem Norisring beschloss Marko, das Eisen zu schmieden, solange es heiß war. Früh am nächsten Morgen rief er Jos an. „Jos, vergiss all die Umwege. Wir wollen Max direkt in die Formel 1 bringen." Es blieb still am anderen Ende der Leitung. „Jos, Jos, bist du okay?", wollte Marko wissen. „Sag was." Es waren gerade einmal vier Monate vergangen, seit sich Jos, Frits, Raymond und Huub den Kopf darüber zerbrochen hatten, wie sie die Finanzierung von Max' erster Formel-3-Saison gestemmt kriegen konnten. Und jetzt sollte es für ihn schon in die Formel 1 gehen. Jos und Raymond mussten noch die genauen Bedingungen aushandeln, aber im Grunde war alles beschlossen.

„Jos hat das mit Helmut genau richtig gemacht", sagt van Amersfoort, „indem er sie so lange wie möglich hat zappeln lassen und dann irgendwann gesagt hat: ‚Jetzt ist es so weit, jetzt können wir uns mal unterhalten', und dann hatte er seinen F1-Vertrag in der Tasche. Die beiden passen vom Typ her gut zusammen. Helmut liebt das Risiko, das Abenteuer. Man braucht schon Mut, um zu Helmut ‚Nein' zu sagen. Aber so ist Jos. Und ich glaube nicht, dass er dann allzu lange darüber nachgedacht hat. Er hat zunächst wohl gedacht, Max ist noch nicht bereit für Red Bull, also muss sich Red Bull noch etwas gedulden. Und seltsamerweise hat Helmut gesagt: ‚Okay, ich warte.' Und ich bin überzeugt, dass er das nur dieses eine Mal getan hat und dass er das auch nicht noch einmal wiederholen wird. Es ist wirklich faszinierend, wie dieser ganze Deal zustande gekommen ist."

In der Zwischenzeit galt es erst mal noch, die F3-Saison zu Ende zu fahren. Für die nächsten Meisterschaftsrennen ging es nach Moskau, doch zuvor stand noch ein Event auf dem Programm, das nichts mit der Meisterschaft zu tun hatte, das Max aber nicht verpassen durfte: das Formel-3-Masters in Zandvoort. Jos hatte dieses Rennen, bei dem traditionell die besten Fahrer aus allen nationalen F3-Meisterschaften gegeneinander antreten, 1993 selbst gewonnen. Seit der Einführung der europäischen Formel-3-Meisterschaft hatte dieses Rennen zweifellos nicht mehr den Stellenwert wie noch in den 1990er-Jahren, doch bot sich Max hier die Chance, sich seiner schnell wachsenden niederländischen Fangemeinde zu präsentieren. Da hier Motoren älterer Bauart gefragt waren als im Rahmen der FIA-Formel-3-Meisterschaft und van Amersfoort bereits mit dem Transport des Equipments vom Norisring nach Moskau beschäftigt war, fuhr Max in Zandvoort für Motopark, ein F3-Team, für das er in der Vorsaison bereits getestet hatte. Er startete vor gut besuchten Tribünen von der Pole-Position aus, kam trotz Regen und Wind als Erster ins Ziel und erhöhte damit die Zahl seiner Siege in Folge auf sieben.

In Moskau endete diese Serie allerdings abrupt. Hier gelang Ocon nun ein Dreifachsieg. Im dritten Rennen hatte sich Max mit Ocon einen harten Kampf um den Sieg geliefert, nachdem er im ersten Rennen den dritten Platz belegt hatte und im zweiten wegen eines technischen Defekts ausgeschieden war. Das war aus Max' Sicht gewiss nicht optimal gelaufen, aber die Meisterschaft war immer noch völlig offen, und es gab noch vier Rennwochenenden.

Auf dem Red Bull Ring kam Max irgendwie aus dem Tritt – vielleicht lag es daran, dass der Kurs in der Steiermark die Heimstrecke des Teams war, das sich grundsätzlich bereit erklärt hatte, ihn unter Vertrag zu nehmen. Vielleicht war er zu sehr darauf bedacht, zu beeindrucken. Jedenfalls wurde er in Zwischenfälle mit Ocon und Fuoco verwickelt, für die er Grid-Strafen erhielt. Der einzige Lichtblick für ihn war, dass Ocon ebenfalls sieglos blieb.

Kurz nach diesem Rennen wurde offiziell bekanntgegeben, dass der 16-jährige Max Verstappen bei Red Bull unterzeichnet hat und in der Saison 2015 für Toro Rosso fährt. Beim nächsten F3-Rennen auf dem Nürburgring sollte Max' Auto bereits im Red-Bull-Design gestaltet sein. Vor dem Rennen in der Eifel drehte er auf der Heimstrecke seines neuen Teams in der Steiermark zu Werbezwecken ein paar Runden in einem Formel Renault 3.5 im Red-Bull-Look.

Was das Problem mit Max' Auto auf dem Nürburgring war, weiß van Amersfoort bis heute nicht genau. Er hatte gerade das erste Rennen gewonnen und lag im zweiten in Führung, als der Öldruck sank und die Pleuelstange den Motorblock durchschlug. Auf jeden Fall sanken dadurch Max' Chancen auf den Titelgewinn enorm, denn gemäß Reglement zog jeder Motorwechsel eine Grid-Strafe in Form einer Rückversetzung um zehn Plätze in der Startaufstellung für die folgenden drei Rennen nach sich – womit Ocons Meisterschaft im Grunde in trockenen Tüchern war.

„Die Familie Spiess, die die Volkswagen-Motoren [für die Formel 3] baut, liegt mir genauso am Herzen wie die F3", sagt van Amersfoort. „Sie sind wunderbare Menschen, deren Leidenschaft der Rennsport ist. Ihr neuer 2014er-Motor mit dem 28-mm-Restriktor war anfangs nicht so zuverlässig. Im Grunde genommen mussten wir den Motor nach jedem Test zu Spiess schicken. Am Donnerstag vor dem Rennen bekamen wir ihn dann wieder zurück und mussten ihn wieder einbauen. Ein paar Mal gabs dabei Probleme. Zu Beginn der Saison haben wir uns damit abgefunden, aber sie arbeiteten intensiv daran und fanden eine Lösung, sodass [die Motoren] ab einem bestimmten Zeitpunkt wirklich zuverlässig und schnell waren. Was die Ursache für diesen heftigen Defekt am Nürburgring war, wissen wir nicht."

Max gab jedoch nicht kampflos auf. Beim zweiten Rennen in Imola gelang ihm eine atemberaubende Aufholjagd (nachdem er sich als Schnellster qualifiziert hatte, musste er wegen der Motorstrafe von P11 starten). Er kämpfte sich bis auf den zweiten Platz vor und musste sich nur knapp Tom Blomqvist geschlagen geben. Da die Startposition für das dritte Rennen durch die Platzierung im zweiten Rennen festgelegt wurde und Max' seine Motorstrafe inzwischen verbüßt hatte, startete er im letzten Rennen aus der ersten Reihe und fuhr dann einen souveränen Sieg ein. Das reichte allerdings nicht, um Ocon die Meisterschaft noch streitig zu machen.

Das Meisterschaftsfinale fand wieder in Hockenheim statt. Im ersten Rennen holte Max einen Start-Ziel-Sieg. Am nächsten Tag kam er jedoch seltsamerweise nicht mehr an die Pace des Vortags heran, er war 0,8 Sekunden langsamer als im ersten Qualifying. Vom neunten Startplatz aus kam er im zweiten Rennen als Fünfter ins Ziel und im dritten Rennen war nicht mehr als Platz sechs für ihn drin. Das bedeutete, dass Max noch von Platz zwei in der Fahrerwertung von Blomqvist verdrängt worden war. Im Hinblick auf seine Karriere und den F1-Vertrag, den er bereits in der Tasche hatte, spielte das keine große Rolle mehr. Dennoch endete die Saison so auf eine ganz und gar Verstappen-untypische Art und Weise – was der für ihn über weite Strecken sehr erfolgreichen Saison nicht ganz gerecht wurde. Wäre nicht bereits klar gewesen, dass es für Max nach der Saison bei Toro Rosso weitergeht, hätte es innerhalb des Teams von Van Amersfoort Racing gewiss einigen Ärger gegeben, wobei Jos natürlich die treibende Kraft gewesen wäre.

„Wir sind nie zum Kern des Problems vorgedrungen", sagt van Amersfoort. „Ich glaube, es hatte mit dem Motor zu tun, und wir hatten einige Diskussionen mit den Spiess-Leuten, aber gelöst wurde das Problem nicht. Ich weiß noch, dass Jos echt sauer war.“

Nun stand nur noch das traditionelle F3-Saisonabschlussrennen in Macau auf dem Programm, das prestigeträchtigste F3-Rennen überhaupt, das in der Vergangenheit bereits spätere Legenden wie Ayrton Senna oder Michael Schumacher gewonnen hatten. Max gelang es zwar nicht, seinen Namen in diese illustre Liste einzutragen, aber er präsentierte sich das ganze Wochenende über gewohnt angriffslustig. Jos war mit dabei, um zu sehen, dass alles läuft.

„Während seiner aktiven Zeit ist Jos nie in Macau gefahren“, erinnert sich van Amersfoort. „Es war zwar mal geplant, aber dann hat Huub seine Teilnahme kurzfristig abgesagt, damit er den F1-Test in Estoril mitmachen konnte. Wir hingegen waren schon dort gewesen, wir kannten die Strecke. Im Qualifying lief es für Max nicht besonders gut. Jos wollte, dass wir ihn reinholen, um die Flügelwinkel zu verändern, aber wir wussten, dass Max die Strecke einfach nur ein bisschen besser kennenlernen musste, und wollten ihn draußen lassen. An der Boxenmauer kam es zu einem heftigen Streit zwischen Jos und meinem Ingenieur Rik. ‚Holt ihn rein!‘, brüllte Jos. ‚Nein, verflucht, das machen wir nicht!‘, sagte Rik, und noch während sie sich stritten, fuhr Max die drittschnellste Zeit. Ich fand das sehr witzig.“

Damit stand Max’ Startplatz für das Qualifikationsrennen fest, dessen Ausgang über die Startplatzreihenfolge für das Hauptrennen am nächsten Tag entscheiden würde. Max war so versessen darauf, sich die Pole für das Hauptrennen zu sichern, dass er bei dem Versuch, im Qualifikationsrennen die Führung zu übernehmen, bereits in der vierten Runde ausschied. Das Ergebnis war ein katastrophaler 24. Platz in der Startaufstellung für das Hauptrennen, das er sogar noch als Siebter beendete – wobei es dazu eine Geschichte gibt.

„Im Hauptrennen hatte es eine Massenkarambolage gegeben“, erinnert sich van Amersfoort, „wie immer in Macau, und Max’ Auto war schwer beschädigt. Die einzige Möglichkeit, das Rennen fortzusetzen, war, wieder an den Start zu kommen, aber die Streckenposten sagten ihm, er solle aussteigen, weil sie ihn abschleppen wollten. … Doch er weigerte sich. Er blieb im Auto sitzen, und da hing er dann an einem Kran, als sie es aus der Unfallstelle heraushoben! Sobald sie ihn wieder auf die Strecke gesetzt hatten, fuhr er auf drei Rädern zurück, und wir konnten das Auto reparieren. Am Ende wurde er Siebter. … Dieser unglaubliche Ehrgeiz, dieser unglaubliche Siegeswille, so etwas habe ich noch nicht gesehen, und ich habe viele Rennfahrer kennengelernt.“

Nach diesem Rennen war van Amersfoorts aufregende Reise mit Verstappen Nummer zwei zu Ende. „Es war fantastisch, mit diesen Jungs zu arbeiten“, sagt er. „Im Auto waren sie völlig gleich, gaben immer Vollgas, kannten keine Grenzen, gingen immer aufs Ganze. … Zu verlieren, haben sie nie gelernt. Aber auf diesem Niveau muss man darauf vorbereitet sein, weil es für das Team sonst unerträglich wird. Max konnte das besser als Jos. Er verlor natürlich nicht gerne, aber er konnte besser damit umgehen. In mancherlei Hinsicht war er weiter als sein Vater. … Auch in der Garage trat Jos manchmal unangemessen fordernd auf. Ich konnte verstehen, worum es ihm ging, aber oft war es einfach zu viel. Manchmal hat das Team unter seiner Anwesenheit gelitten, weil er uns so sehr unter Druck gesetzt hat. Aber was soll’s? Denn er war auch derjenige, der, als es einmal im Training ein Problem mit dem Getriebe gab, in seinen Audi sprang, mit Vollgas zum tausend Kilometer entfernten Dallara-Werk fuhr, um das neue Getriebe abzuholen, und am nächsten Morgen wieder zurück war. Auch das ist Jos. Klar, er kann eine echte Nervensäge sein, aber er arbeitet auch sehr, sehr hart und hat alles für Max gegeben, immer hundert Prozent. Genau wie Max im Auto für uns immer hundert Prozent gegeben hat. Es war ein Privileg.“

VOM ROOKIE ZUM REKORDBRECHER

Max Verstappen, du bist ein Grand-Prix-Sieger. Fantastisch.
Christian Horner

Ich ziehe meinen Hut vor Max. Er ist ein Jahrhunderttalent.
Niki Lauda

Max Verstappens Formel-1-Abenteuer begann, als er noch mitten in seiner Formel-3-Saison steckte. Es war Mitte August 2014, als Red Bull im österreichischen Fernsehen bekanntgab, dass sie den damals 16-Jährigen für die kommende Saison als F1-Fahrer für Toro Rosso verpflichtet hätten. Erst wenige Tage zuvor war bestätigt worden, dass Verstappen in den Red-Bull-Nachwuchskader aufgenommen würde. Manche hatten nach dieser Mitteilung erwartet, dass man ihm ein von Red Bull gesponsertes GP2-Cockpit anbieten würde. Was sie nicht bedacht hatten, war, dass die Aufnahme in diesen Kader nur unter der von Jos gestellten Bedingung erfolgte, dass Max mit einem soliden Formel-1-Vertrag ausgestattet wurde, der sogar einige Trainingseinsätze bei drei der verbleibenden Grands Prix im Jahr 2014 vorsah.

Nach Markos Anruf bei Jos unmittelbar nach dem Rennen auf dem Norisring war Max mit den verschiedenen F3-Autos noch in Zandvoort und Moskau gefahren, wobei zwischenzeitlich weder ein ausgearbeiteter Vertrag aufgesetzt, geschweige denn unterschrieben worden war. Zum Großen Preis von Deutschland waren Jos und Max als Gäste von Red Bull nach Hockenheim eingeladen worden, wo sie mit Marko offene Fragen klärten. Unterschrieben hatten sie danach jedoch noch nicht. Vielleicht lässt sich die durchwachsene Performance von

Max auf dem Red Bull Ring am darauffolgenden Wochenende mit diesem Schwebezustand erklären, da immer noch nicht alles abschließend geregelt war. Doch Marko ließ sich davon nicht beirren. Einige Tage später reisten Max, Jos und Raymond Vermeulen nach Graz, Markos Heimatstadt. Und da wurde der Vertrag dann unterschrieben.

Nach der Bekanntgabe des Vertragsabschlusses verriet Max, dass auch andere Teams Interesse an ihm gezeigt hatten. „Wir bekamen einige Anrufe, als wir anfingen, in der F3 Rennen zu gewinnen", sagte er. „Aber mit Red Bull waren wir schon seit 2010 im Gespräch. Am Ende hat das Gefühl den Ausschlag gegeben."

F1-Kommentator Allard Kalff war erleichtert: Endlich war er als Vermittler nicht mehr gefragt. „Drei oder vier F1-Teamchefs waren zu mir gekommen und hatten mir gesagt, dass sie mit Jos gerne über Max sprechen würden", erinnert er sich. „Also erzählte ich ihm, dass der eine und der andere sein Interesse bekundet hatte. Und Jos sagte: ‚Ja prima, aber ich werde nicht unterschreiben.' Ich fragte ihn nach dem Grund, und er sagte: ‚Je länger ich es in der Schwebe halten kann, desto mehr Kontrolle besitze ich.' Ein so klarer wie nachvollziehbarer Gedanke. ... Sie hätten nie gedacht, dass sie es so schnell in die Formel 1 schaffen würden. Jos sprach sowohl mit Toto als auch mit Helmut und überlegte, wessen Angebot langfristig betrachtet das Beste wäre. Es gab keine heimlichen Spielchen. Jeder wusste, dass er auch mit dem anderen sprach. Eines Tages rief er mich an und erklärte mir die Optionen: Mercedes hat uns dies und jenes angeboten. Aber das eigentlich Interessante ist: Mit Red Bull können wir nächstes Jahr in der Formel 1 fahren. ‚Sag das noch mal!', sagte ich, denn ich dachte, ich hätte mich verhört. Dann habe ich etwas darüber nachgedacht und Jos gesagt, dass er es machen solle, wenn er Max für gut genug halte. Und ich sagte: ‚Sieh zu, dass ihr einen Dreijahresvertrag bekommt, als Zeichen, dass sie sich zu euch bekennen.'"

Jos war sich ziemlich sicher – aber nicht so sicher wie Max selbst: „Sogar mein Vater fragte: ‚Bist du dir sicher? Bist du dir sicher, dass du gleich in die Formel 1 willst?'", erinnerte er sich in einem Interview mit David Coulthard für Channel 4. „Und ich sagte ja, denn selbst wenn ich dort Fehler mache, bin ich doch drin."

In einem früheren Interview mit *F1i.com* erklärte er seine damalige Gefühlslage. „Als ich davon hörte, war ich sofort Feuer und Flamme. Für mich stand fest: ‚Ich bin bereit, ich will es unbedingt versuchen', denn nach einer Saison und ein paar Rennen in der Formel 3 hatte ich das Gefühl: ‚Okay, ich glaube, ich kann den Sprung jetzt schaffen.' Als Fahrer denkt man immer, dass man es schaffen kann. Wenn sich so eine Chance bietet, sagt man nicht nein, sondern greift zu."

Doch trotz seines riesigen Selbstvertrauens hatte er zunächst einmal enormen Respekt vor einem Formel-1-Auto. Als er den Großen Preis von Deutschland besuchte und die Boliden auf der Strecke sah, war seine erste Reaktion, wie er Chris Medland von *F1i.com* erzählte: „Oh mein Gott, wie soll ich so ein Auto fahren." Aber er wusste natürlich, dass er es schaffen würde.

„Du musst es selbst wollen", sagte er nach der Bekanntgabe. „Auch wenn dein Vater dich antreibt, geht es vielleicht fünf oder sechs Jahre gut, aber irgendwann macht es keinen Spaß mehr. Glücklicherweise war es nicht so. Meinem Dad war klar, was in seiner Karriere schiefgelaufen war, und wir versuchen, nicht die gleichen Fehler zu machen. Er versucht, es besser zu machen, mit Verstappen 2.0!"

Sie ließen die GP2 aus, die traditionelle Brücke zwischen der Formel 3 und der Formel 1, genauso wie sie die Formel Renault ausgelassen hatten, über die üblicherweise der Weg vom Kartsport zur Formel 3 führt. Dass solche Abkürzungen in so jungen Jahren möglich waren, lag einzig an Max' einzigartigem Talent. Die normalen Regeln galten in diesem Fall einfach nicht.

Red Bull, insbesondere Helmut Marko, war der Meinung, dass man entschlossen handeln müsse, um sich das zu sichern, was er für ein Phänomen hielt, ein Talent, das es nur einmal in einer Generation gibt. Dieser enorme Vertrauensvorschuss, den ihm Marko entgegenbrachte, war allerdings auch besonders.

Das sahen auch viele in der Formel 1 so: Mika Häkkinen, Weltmeister von 1998 und 1999, meinte: „Er ist zu jung, denn in der Formel 1 ist das Risiko groß, dass man seinen Ruf beschädigt, wenn man noch nicht wirklich bereit ist."

Jacques Villeneuve, der Weltmeister von 1997, sagte: „Das ist das Schlimmste, was der Formel 1 passieren kann. Es ist, als bekäme man alle Geschenke, ohne auch nur etwas davon verdient zu haben. Man muss es sich verdienen, denn nur so wird man ein Mann."

„Ich hoffe, dass er nicht viel zu schnell auf dieses Level gebracht wurde", sagte Damon Hill, der Weltmeister von 1996. „Denn wenn du nicht aufpasst, kann dich das für lange Zeit zurückwerfen."

In einigen Kreisen wurde auch der Verdacht geäußert, dass sie mit Max als jüngstem Formel-1-Piloten aller Zeiten gleich auch einen neuen Rekordhalter in ihren Reihen hatten, sei nur ein Marketing-Gag von Red Bull. Zwar passte das Engagement gut zur Marke Red Bull, die sich bewusst von allen anderen absetzte, doch für Marko spielten werbestrategische Überlegungen keine Rolle, es ging ihm einzig und allein um den sportlichen Erfolg.

Was für die Verstappens an der Formel 1 neu war, war das Auto, was nicht neu war, war, dass sie alle anderen irritierten, verwirrten oder störten – das waren sie gewohnt. Die Hierarchie sprengen: Das hatte Max noch in jeder neuen Kategorie gemacht, in der er je angetreten war.

„Mir war klar, wie die Reaktionen ausfallen würden", sagte der 17-jährige Max in der Dokumentation *The Next Generation*.

„[Sie würden sagen] zu jung, nicht gut genug für die Formel 1 ... Sie denken, dass ich bloß ein 17-jähriger Junge bin, den man einfach ein F1-Auto fahren lässt. Aber wir haben so hart gearbeitet, um überhaupt die Chance zu erhalten, in so ein Auto steigen zu dürfen."

Marko hatte genug gesehen, um überzeugt davon zu sein, dass Max ein ganz besonderer Fahrer war. Und diese Überzeugung verbreitete sich dann auch bei Red Bull ziemlich schnell.

„Geistig war er seinem Alter fünf Jahre voraus", sagt Marko heute. „Ich konnte mir von seiner Reife und seiner Einsatzbereitschaft schnell ein Bild machen, und ich habe ja auch gesehen, wie seine Arbeit mit Jos lief. Er war kein Kind mehr. Er war ein sehr ernsthafter Rennfahrer, der seine sagenhaften Fähigkeiten immer wieder unter Beweis stellte. ... Ich habe damals gesagt, Senna sei der Einzige, mit dem man ihn vergleichen könne, wofür ich viel Kritik habe einstecken müssen, auch von meinem guten Freund Gerhard Berger. Aber mittlerweile sagt Gerhard, dass ich recht hatte, dass der Vergleich stimmt."

Als Max bei seinem ersten öffentlichen Auftritt am Steuer eines Formel-1-Autos einen alten Toro Rosso über eine Brücke im Rotterdamer Hafen fuhr und beim Versuch, sich zu drehen, mit dem Frontflügel in eine Leitplanke krachte, werden manche seiner Kritiker vermutlich eine gewisse Schadenfreude empfunden haben. „Jetzt kommen sie wieder mit diesen ganzen ‚Teenager in einem F1-Auto'-Sprüchen", lachte Christian Horner. Aber der wahre Grund für diese peinliche Panne war, dass er noch keine Erfahrung mit dem Anti-Stall-System der Formel 1 hatte. „Ich habe versucht, mit dem Auto zu drehen", erklärt er. „Das Anti-Stall-System griff ein und gab dem Auto einen Schub. Ich hab die Kupplung nicht schnell genug betätigt."

Von Rotterdam aus ging es für Max nach Italien, wo er in Faenza im Toro-Rosso-Werk von seinem neuen Teamchef Franz Tost herumgeführt wurde. Der gebürtige Österreicher hatte in den 80er-Jahren als Fahrer in der Formel Ford begonnen (er gewann 1983 die österreichische Meisterschaft), machte dann aber Karriere im Teammanagement. Er kam über Ralf Schumacher als Teamchef des BMW-Rennstalls in die Formel 1 und wurde von Dietrich Mateschitz, nachdem der Toro Rosso 2005 gekauft hatte, als Teamchef zum neuen Juniorteam von Red Bull geholt.

Tost ist ungemein fleißig, typisch österreichisch, was seine Exzentrik angeht, und steht zu seinen Überzeugungen. Als in der Formel 1 darüber diskutiert wurde, wie nachhaltig ein Formel-1-Kalender mit 24 Rennen noch sein kann, antwortete Tost allen Ernstes: „Das Jahr hat 52 Wochen. Ich wüsste nicht, was dagegenspräche, auch 52 Rennen im Jahr zu fahren." Er habe keine Zeit für halbe Sache.

Markos Stellung war im Vergleich zu den anderen Teamchefs ziemlich ungewöhnlich. Obwohl seine einzige offizielle Rolle nur die des Motorsportchefs war, verfügte er als langjähriger enger Freund von Dietrich Mateschitz über viel mehr Macht und Einfluss, als ihm allein von seiner Funktion her zugestanden hätte.

In die eigentliche Führung der Teams Red Bull und Toro Rosso mischte sich Mateschitz nicht ein, das überließ er Horner bzw. Tost. Er traf die wichtigen Investitionsentscheidungen und sorgte dafür, dass den Teams im Rahmen der ihnen zugewiesenen Budgets alles zur Verfügung stand, was sie benötigten. Aber Marko war ihnen nicht unterstellt, er war in seinem ganzen Leben noch nie jemandem Rechenschaft schuldig gewesen. Er stammte aus einer Juristenfamilie und war Anfang der 1960er-Jahre, wie auch sein Freund Jochen Rindt (der 1970 nach seinem Unfalltod posthum Formel-1-Weltmeister werden sollte), als Jugendlicher und junger Mann ein ziemlicher Rabauke gewesen. Zu ihren zahlreichen Streichen gehörte es, sich mitten in der Nacht aus dem Haus zu schleichen, um sich Autorennen zu liefern. Marko „borgte" sich den PS-starken Chevrolet seiner Eltern, und Rindt kam mit seinem VW Käfer. In der Dunkelheit rasten sie über die Bergstraßen. Sie hatten sich darauf geeinigt, dass der Chevrolet wegen seines erheblichen Leistungsvorteils auf den Geraden nicht überholen durfte, und als Marko eines Nachts versuchte, Rindts Käfer in einer Kurve zu überholen, kam er von der Straße ab und landete im Graben. Rindt hielt an, um sich zu vergewissern, dass es seinem Freund gut ging, und als er gesehen hatte, dass ihm nichts Schlimmes passiert war, lachte er nur und ließ ihn liegen. Darum ging es bei ihren Abenteuern: Wenn du dich in Schwierigkeiten gebracht hast, sieh zu, dass du da wieder rauskommst. „No risk, no fun", wie Marko später sagte.

Die Schule im Heimatort Graz wurde mit den beiden genauso wenig fertig wie ihre Familien (Rindt war eine Kriegswaise und wuchs bei seinem Onkel und seiner Tante auf), und so schickte man sie auf eine Privatschule. Und zwar auf dieselbe, nach Bad Aussee. Hier trieben sie weiter ihren Unfug, ihr Drang nach Unabhängigkeit und Nervenkitzel wurde nicht geringer, im Gegenteil. Am Ende des Jahres fuhren sie mit Rindts Käfer in die Eifel zum Nürburgring, um sich das Training für den Großen Preis von Deutschland 1961 anzusehen, anstatt nach Hause zu fahren und ihren Erziehungsberechtigten die miserablen Zeugnisse vorzulegen. Rindt beschloss damals, Rennfahrer zu werden.

Anders als Rindt, der auf ein stattliches Erbe zurückgreifen konnte, stand Marko dieser direkte Weg nicht offen. Nach dem Abitur studierte er zunächst Rechtswissenschaften und promovierte anschließend. Als er danach ebenfalls eine Karriere als Rennfahrer begann, war er schon einige Jahre älter als es sein Freund bei dessen Einstieg in den Motorsport gewesen war. Aber er war gut und galt Ende der 1960er-Jahre als der Fahrer, den es in der europäischen Formel V zu schlagen galt. Als 1969 ein junger Österreicher namens Niki Lauda auf der Bildfläche auftauchte und ihm seine Stellung streitig machte, kämpfte Marko auf der Nürburgring-Nordschleife mit ziemlich harten

Bandagen, damit er ihn nicht überholen konnte. Damit begann ihre lebenslange Rivalität.

Bei einem Bergrennen, an dem Marko teilnahm, lernte er den jungen Motorsportfan Dietrich Mateschitz kennen. Die Erfolge von Joachim Rindt, der damals der schnellste und faszinierendste Formel-1-Fahrer war, hatten seine Rennsportbegeisterung geweckt. Marko und Mateschitz wurden gute Freunde.

Mit Markos Karriere ging es auch nach Rindts tödlichem Unfall beim Training zum Großen Preis von Italien 1970 steil bergauf. Zusammen mit dem Niederländer Gijs van Lennep gewann Marko 1971 für Porsche das prestigeträchtige 24-Stunden-Rennen von Le Mans.

Noch im selben Jahr debütierte er (wie Lauda) bei seinem Heim-Grand-Prix auf dem Österreichring (dem heutigen Red Bull Ring), einer Strecke, die erst infolge von Rindts großen Erfolgen gebaut worden war.

So sind die Geschichten von Red Bull, Marko und Rindt miteinander verbunden, Geschichten, die einen wichtigen Teil der Formel-1-Historie ausmachen und die mitentscheidend sind für den Erfolg von Max Verstappen. (Rindts Manager war übrigens ein junger Unternehmer namens Bernie Ecclestone, der nach Rindts Tod Eigentümer eines F1-Teams wurde, bevor er selbst zum Boss der Formel 1 aufstieg.)

Marko fuhr 1972 in der Formel 1 für das britische Team BRM und nahm nebenbei weiterhin an der Sportwagen-Weltmeisterschaft teil. Eine beachtliche Leistung mit einem Alfa Romeo bei der Targa Florio im selben Jahr beeindruckte Ferrari so sehr, dass er eingeladen wurde, den verletzten Clay Regazzoni bei seinem Heimrennen, dem 1000-km-Rennen von Zeltweg (auf dem Österreichring), zu ersetzen. Er führte das Rennen einige Zeit an, bevor er mit mechanischen Problemen ausschied. Als er im Juli zum Großen Preis von Frankreich in Clermont-Ferrand eintraf, hatte er für 1973 ein Kombivertragsangebot von Ferrari für ein Formel-1-Cockpit und die Teilnahme an Sportwagenrennen in der Tasche.

Zum Grand Prix in Frankreich war er mit seinem BRM aus der dritten Reihe gestartet und lieferte sich auf der sehr hügeligen Strecke einen Zweikampf mit Ronnie Peterson, als von dessen Auto ein Stein hochgeschleudert wurde, der Markos Visier durchschlug und sein linkes Auge schwer verletzte. Er konnte den BRM noch an den Streckenrand lenken, bevor er vor Schmerzen das Bewusstsein verlor. Die Sicherheitsvorkehrungen waren damals miserabel, und es dauerte Stunden, bis ein Arzt zur Stelle war, der ihn operieren konnte. Er verlor sein linkes Auge, womit seine F1-Karriere beendet war. Lauda übernahm im folgenden Jahr das Cockpit bei BRM und später auch das bei Ferrari, das Marko angeboten worden war.

Nach Markos unfreiwilligem Rückzug aus dem Motorsport investierte er zunächst in Hotels in seiner Heimatstadt Graz, bevor er in den 1980er-Jahren als Besitzer eines Teams, das sowohl in der DTM als auch in den Nachwuchsklassen antrat, in den Rennsport zurückkehrte. Er machte sich nicht nur durch die Erfolge seines Teams einen Namen, sondern auch als jemand, der die Psychologie seiner Fahrer verstand und sie aus diesem Grund noch besser machen konnte. Gerhard Berger und Juan Pablo Montoya gehörten zu denen, die für ihn in der Formel 3 bzw. der Formel 3000 fuhren. Montoya erinnert sich: „Einmal hat er mich zum Mittagessen zu sich nach Hause eingeladen. Er bot mir Gemüse an, was ich damals nicht aß. Ich aß nur das Fleisch. Dann ließ er mich zu seinem Büro hin- und wieder zurücklaufen. Ich bin ungefähr eine Stunde gerannt. Damals war ich deswegen ziemlich wütend auf ihn. Aber er hat das gemacht, um mich weiterzubringen. Er hat mich in Graz wohnen lassen, ich hatte ja kaum Geld. Er hat sich wirklich gut um mich gekümmert." Zuwendung und Strenge. Klingt vertraut, oder?

Markos Team wurde von der Brausefirma seines alten Freundes Mateschitz gesponsert: Red Bull war ab 1995 auch Sponsor des Sauber-Teams. Ende der 1990er-Jahre wollte Marko jedoch kürzertreten und begann, die Vermögenswerte seines F3000-Teams zu verkaufen. Der Käufer war der damals noch sehr junge Christian Horner, der seinen Helm an den Nagel gehängt hatte, nachdem er erkannt hatte, dass Montoya ein viel, viel besserer Fahrer war als er selbst.

Marko schlug Mateschitz vor, sein F3000-Sponsoring mit Horners neuem Team fortzusetzen, für das er selbst sich um die Fahrerentwicklung kümmern wollte. Horners Team Arden International gewann sein erstes F3000-Rennen, die italienische Meisterschaft mit Warren Hughes in Imola im Jahr 2000. In den folgenden Jahren war das Team mit Vitantonio Liuzzi und Bjorn Wirdheim auch in der Europameisterschaft erfolgreich. Als Bernie Ecclestone 2005 Mateschitz davon überzeugte, die F1-Teams Jaguar und Minardi zu kaufen, lag es nahe, Horner, der in der F3000 hervorragende Arbeit geleistet hatte, den Posten als Teamchef des in Red Bull Racing umbenannten ehemaligen Jaguar-Teams anzubieten.

Red Bull wurde zu einem der wichtigsten Sponsoren in der Geschichte der Formel 1 und unterstützte junge Talente nicht nur im Motorsport, sondern in fast allen sportlichen Bereichen, in denen es um ein hohes Maß an Nervenkitzel und Risiko ging. „No risk, no fun" war das Motto, dem Mateschitz und Marko auch danach immer wieder folgen sollten.

Mit diesem Satz antwortete Marko auch, als er gefragt wurde, ob es nicht ein Risiko sei, einem 17-Jährigen einen Formel-1-Vertrag zu geben. Diese Risikofreudigkeit war etwas, womit Marko die traditionellen Gewissheiten im Rennsport infrage stellte. Er hatte bereits Sebastian Vettel dazu verholfen, der jüngste Weltmeister aller Zeiten zu werden. Jetzt wollte er versuchen, diesen Rekord zu brechen, und Max schien für

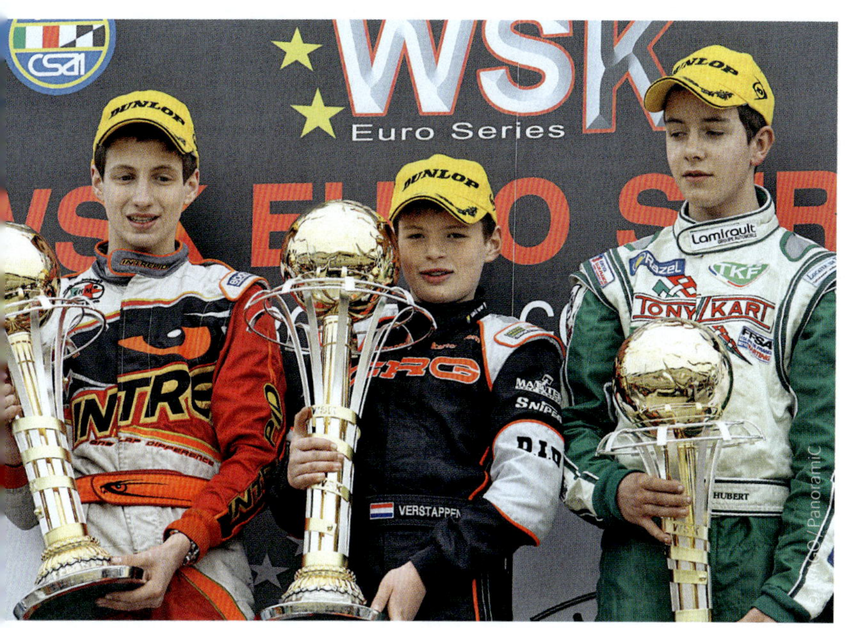

Nach einem Rennen im Rahmen der WSK Junior Karting Series 2010: Von Kindesbeinen an ist Max gewohnt, auf dem Podium zu stehen. Rechts neben ihm der 2019 bei einem Formel-2-Rennen in Spa tödlich verunglückte Anthoine Hubert.

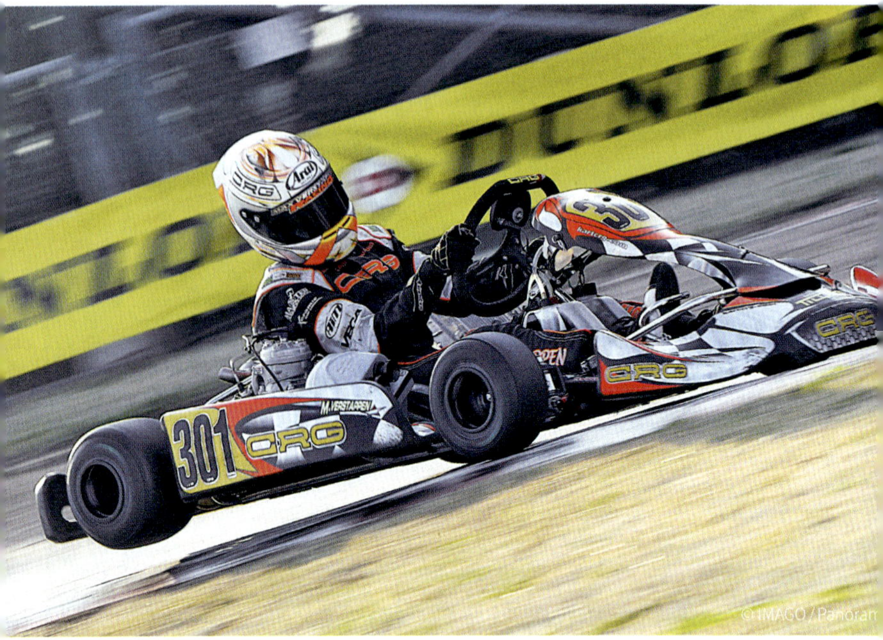

Voller Einsatz in einem CRG-Kart bei der Juniorenmeisterschaft 2011.

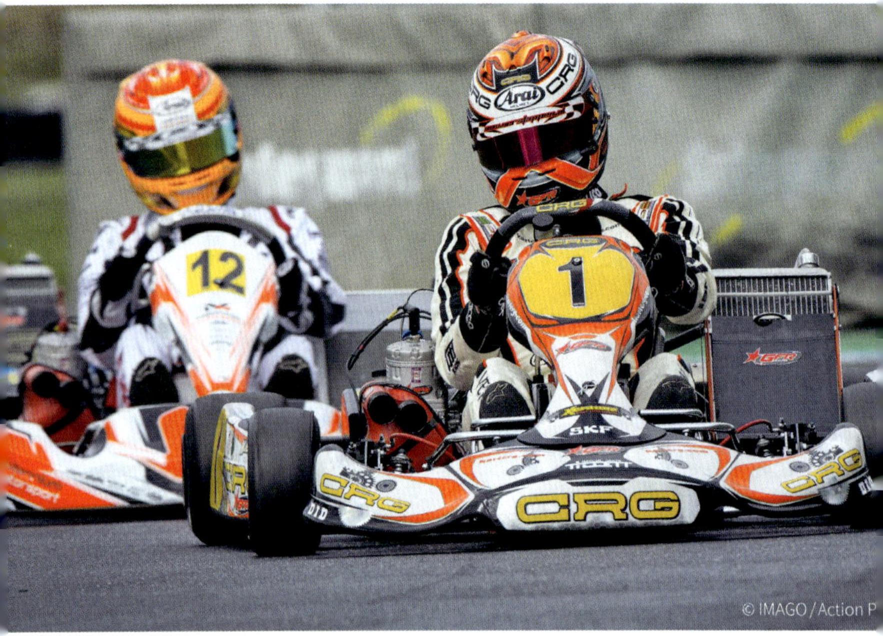

Max mit Startnummer 1: Bereits im Kart lässt er die Gegner reihenweise hinter sich. 2013 gewinnt er den Titel in der KZ-Klasse.

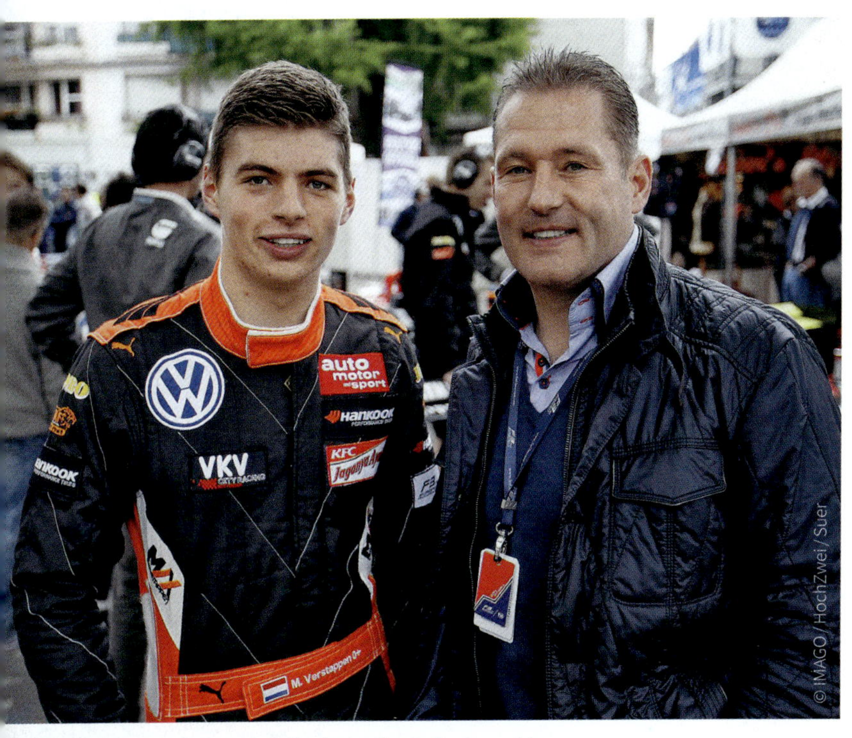

Vater und Sohn: Jos Verstappen fuhr einst selbst in der Formel 1, unter anderem für Benetton an der Seite von Michael Schumacher.

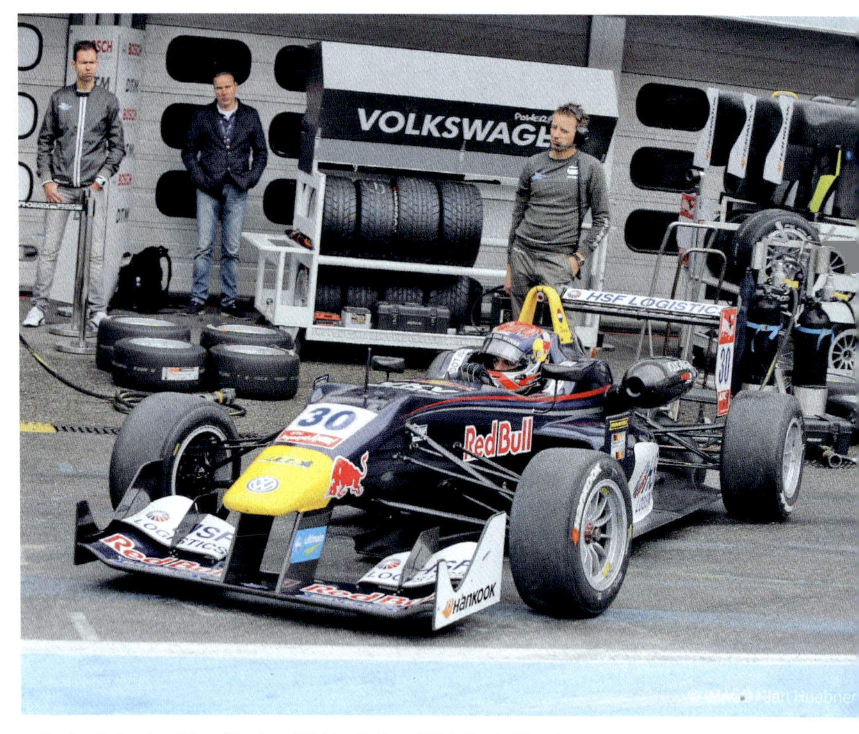

Hockenheimring Mitte Oktober 2014 im Dallara F312: Noch fährt Max in der Formel 3 für das niederländische Team Van Amersfoort Racing, aber der Wechsel zu Red Bull ist bereits vollzogen. Den Titelgewinn verhindern Motorprobleme.

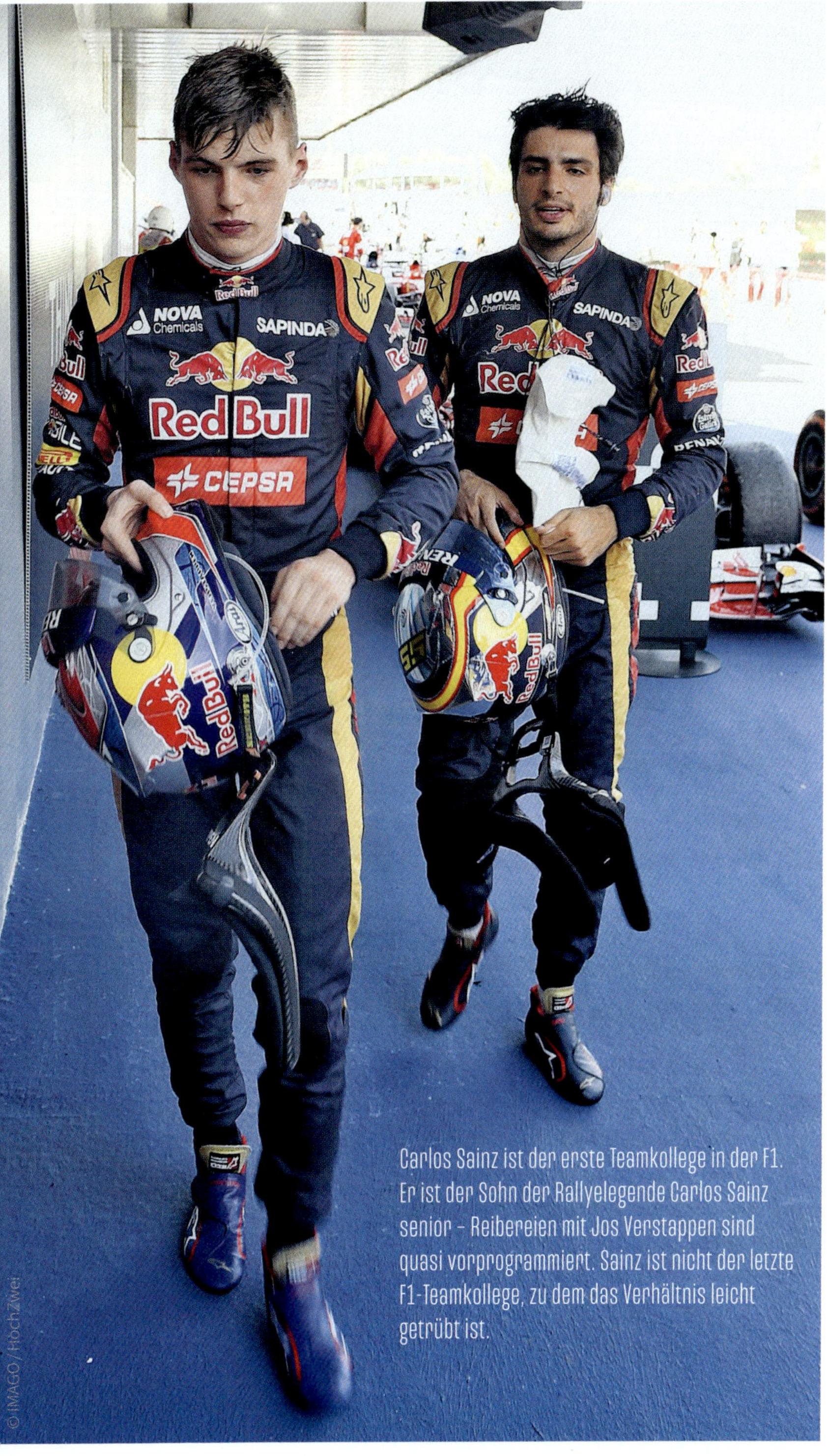

Carlos Sainz ist der erste Teamkollege in der F1. Er ist der Sohn der Rallyelegende Carlos Sainz senior – Reibereien mit Jos Verstappen sind quasi vorprogrammiert. Sainz ist nicht der letzte F1-Teamkollege, zu dem das Verhältnis leicht getrübt ist.

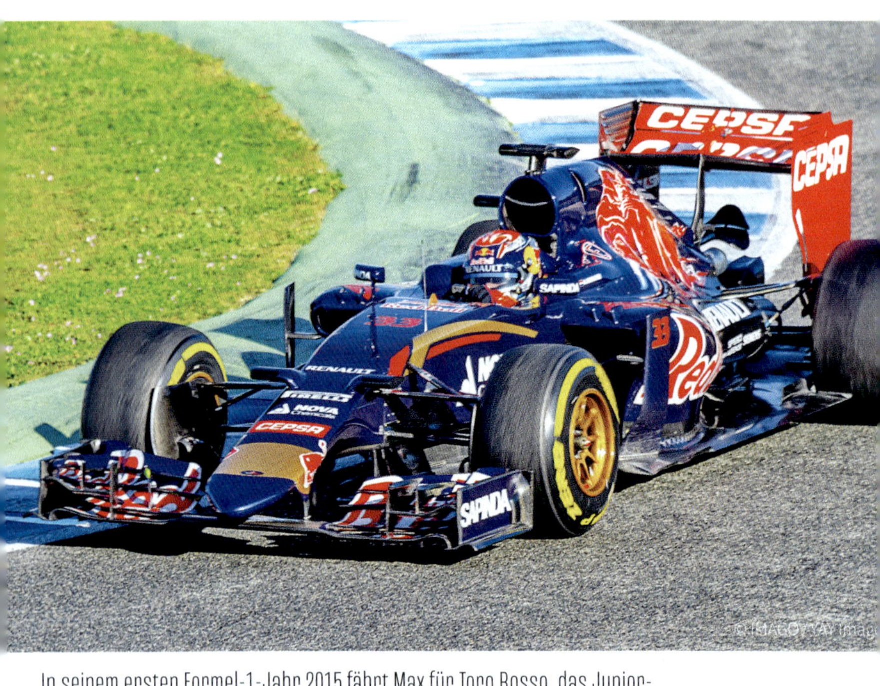

In seinem ersten Formel-1-Jahr 2015 fährt Max für Toro Rosso, das Juniorteam von Red Bull Racing. Das Auto ist gut genug, um im Mittelfeld mitzuhalten. Am Ende springt der zwölfte Platz in der Fahrerwertung heraus. Nach den ersten vier Rennen der Saison 2016 übernimmt Max das Red-Bull-Cockpit von Daniil Kwjat.

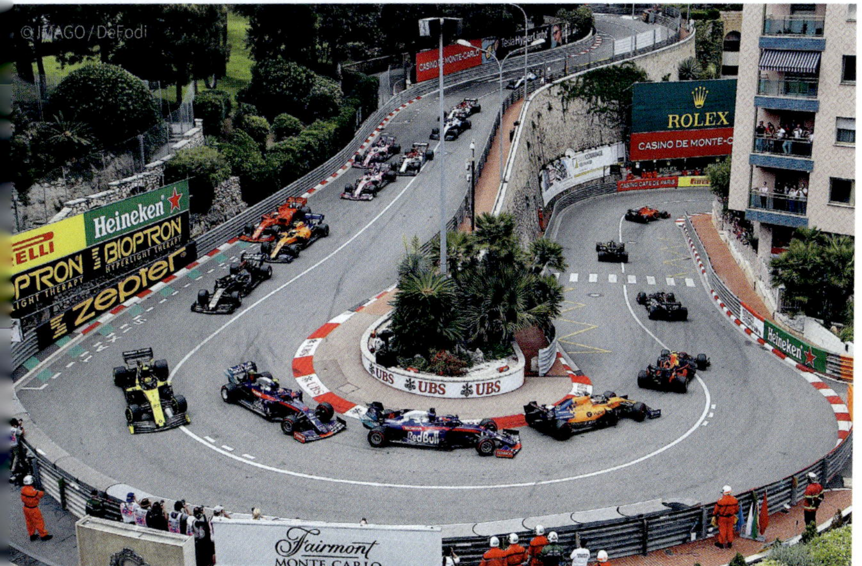

Großer Preis von Monaco 2019: Max hinter Lewis Hamilton und Valtteri Bottas in den Mercedes, am Ende wird er Vierter. Seit er volljährig ist, lebt Max in Monaco. Mit dem Rennen ist es eine schwierige Geschichte, die mit Crashs und ungenutzten Chancen beginnt. Mittlerweile hat er den dortigen Grand Prix 2021 und 2023 zweimal gewonnen.

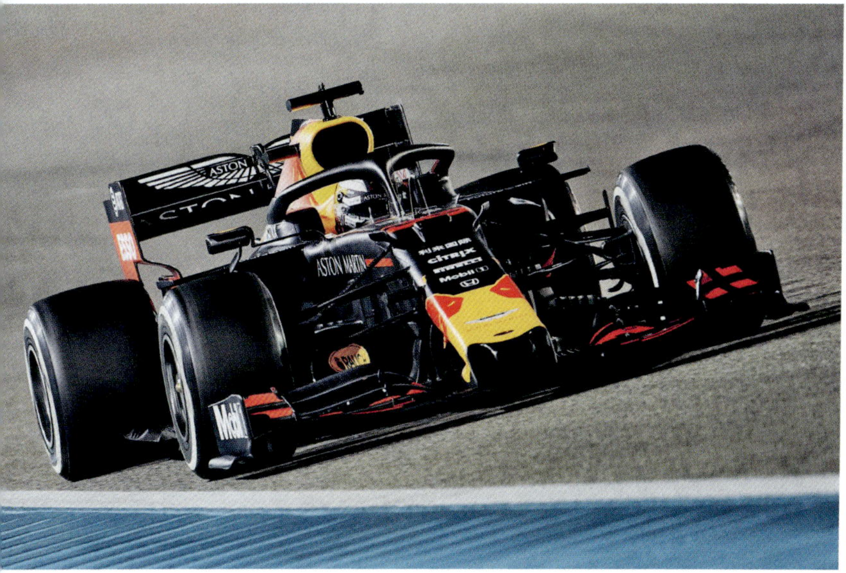

Abschlussrennen der Saison 2019 auf dem Yas Marina Circuit in Abu Dhabi: Max wird Zweiter, in der Fahrerwertung belegt er Rang drei. Lewis Hamilton gewinnt nicht nur dieses Rennen, sondern holt seinen sechsten Weltmeistertitel.

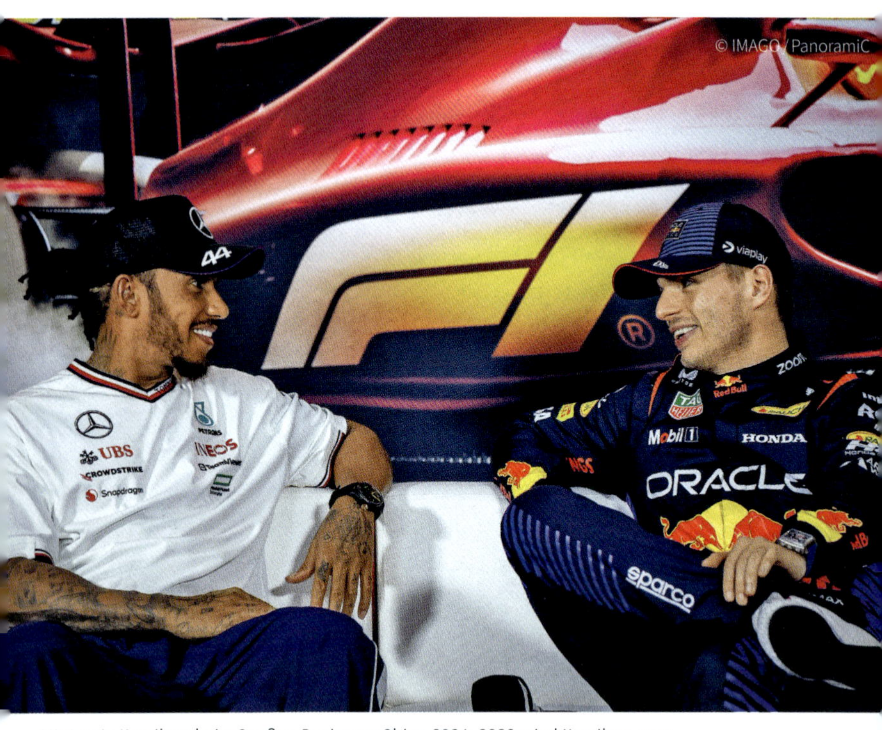

Mit Lewis Hamilton beim Großen Preis von China 2024: 2020 wird Hamilton zum siebten Mal Weltmeister und zieht mit Rekordhalter Michael Schumacher gleich. 2021 erfolgt jedoch die Wachablösung. Seither ist Max Serienweltmeister.

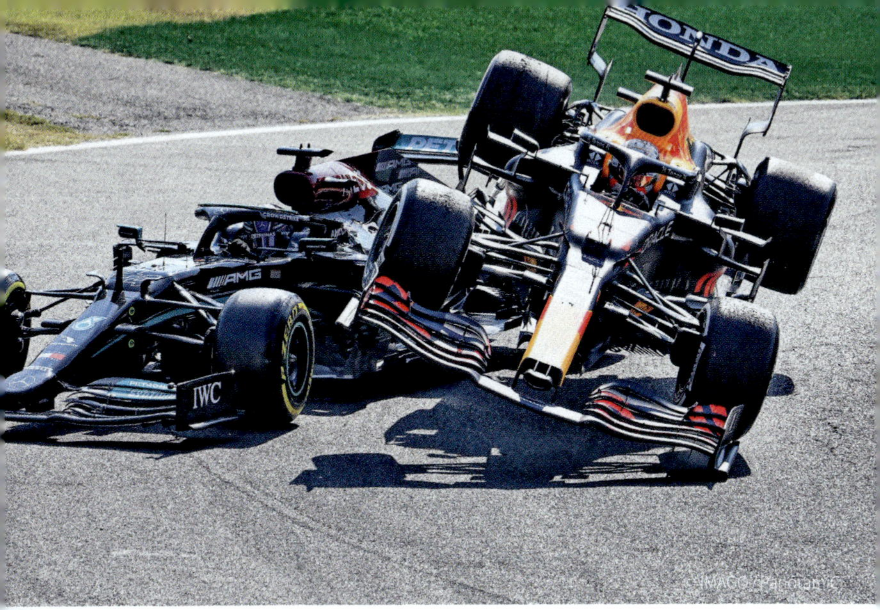

ɹell zwischen dem Titelverteidiger und dem Herausforderer: Der Crash 2021 in Monza beim Großen ·eis von Italien geht auf Max' Kappe, nachdem er auf Biegen und Brechen versucht, in Kurve eins außen bleiben und innen aus der Schikane herauszukommen, dabei auf den Kerbs abhebt, über Hamiltons ercedes rutscht ...

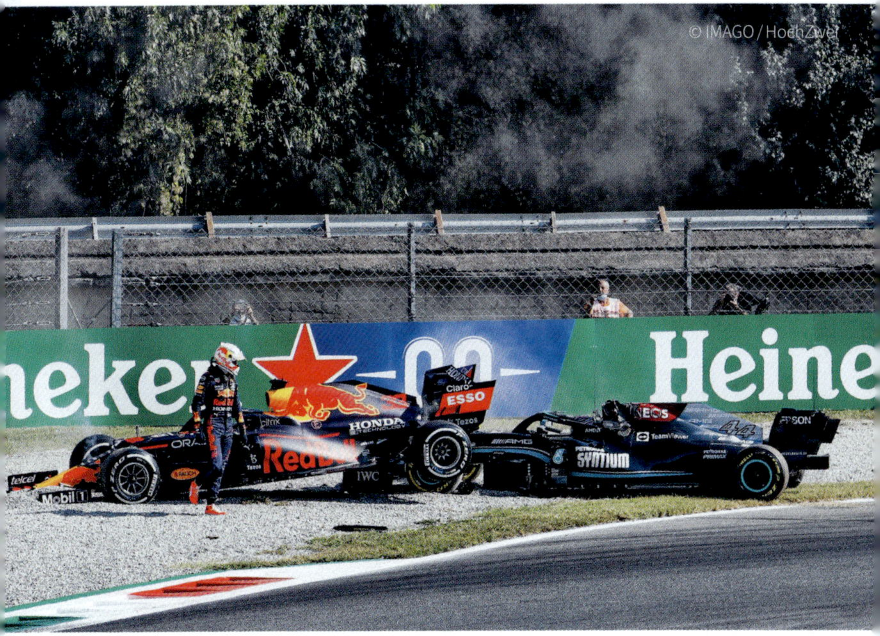

und im Kies auf der Nase des Silberpfeils zum Stehen kommt. Das Rennen ist für beide Rivalen, die sich dieser Saison so einige Scharmützel liefern, beendet.

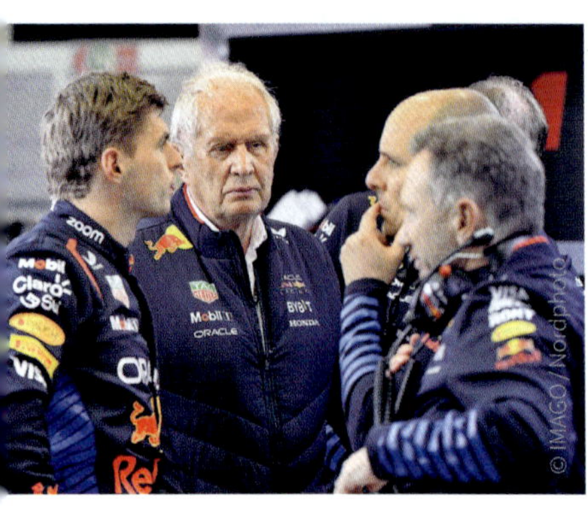

Lange die Garanten der Erfolgsgeschichte von Red Bull: Max Verstappen, Motorsportchef Dr. Helmut Marko, Max' Renningenieur Gianpiero Lambiase, Teamchef Christian Horner. Nicht im Bild ist der Design- und Aerodynamikpapst Adrian Newey. Nach teaminternen Querelen zwischen Marko und Horner zu Beginn der Saison 2024 gibt letzterer seinen Abschied von Red Bull Anfang 2025 bekannt.

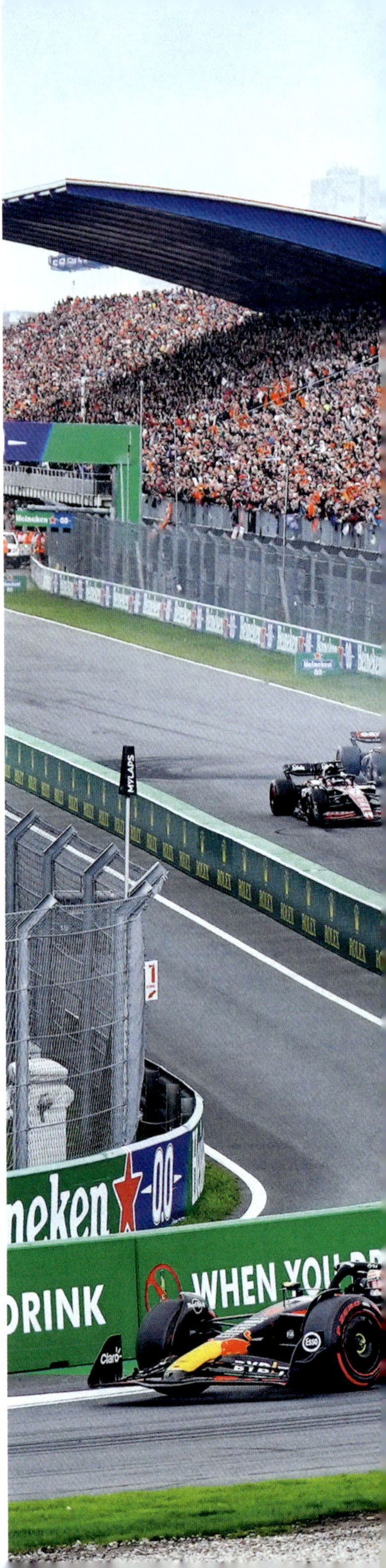

Die »Orange Army« verfolgt am 27. August 2023 Max' dritten »echten« Heim-Grand-Prix in Zandvoort. Dass auf der Strecke in den Dünen seit 2021 wieder Formel-1-Rennen ausgetragen werden, ist einzig und allein Verstappen zu verdanken.

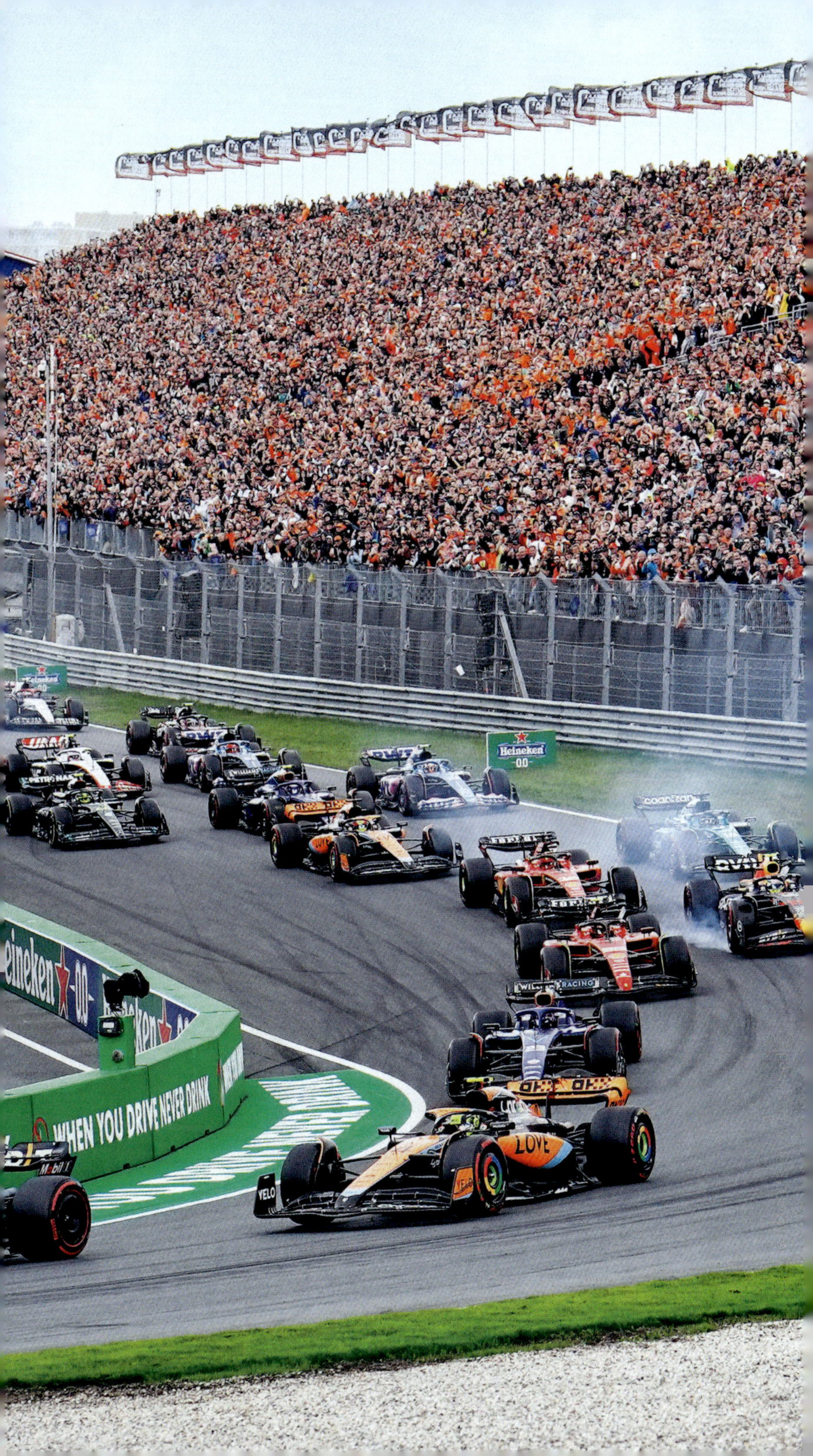
Heineken 0.0
WHEN YOU DRIVE NEVER DRINK
LOVE
VELO

Nicht nur Max und sein Team freuen sich ausgelassen über diesen Sieg.
Auch die niederländische Königsfamilie ist vor Ort und feiert ihren Lokalmatador.

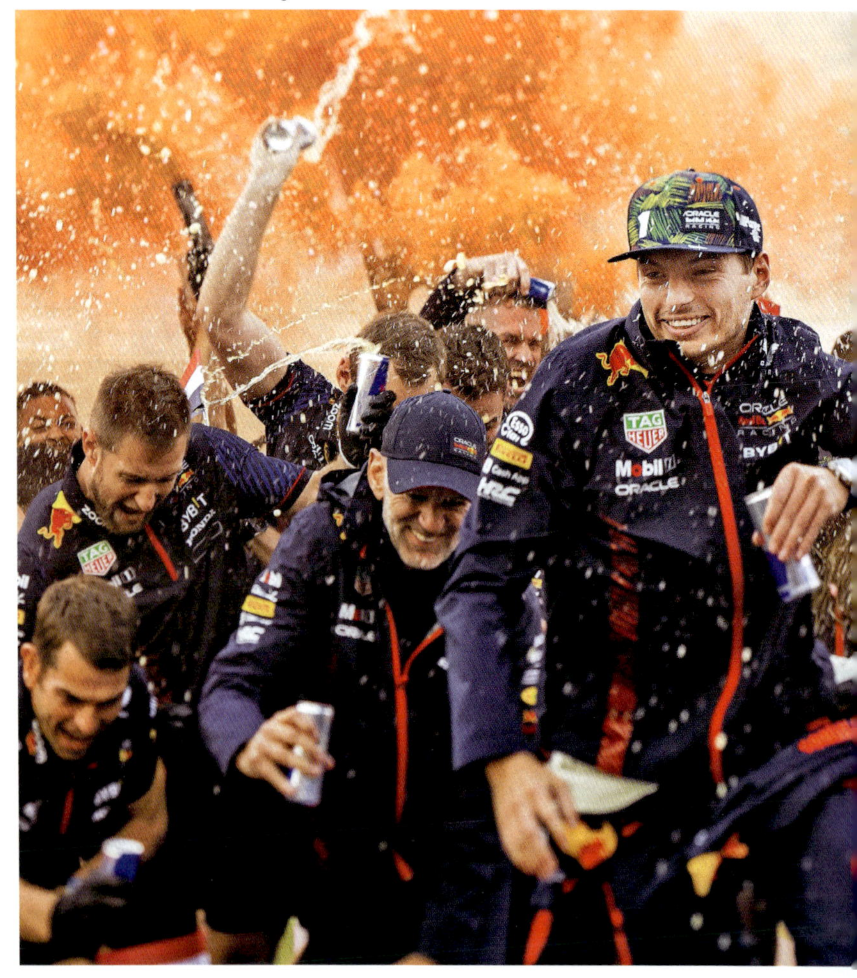

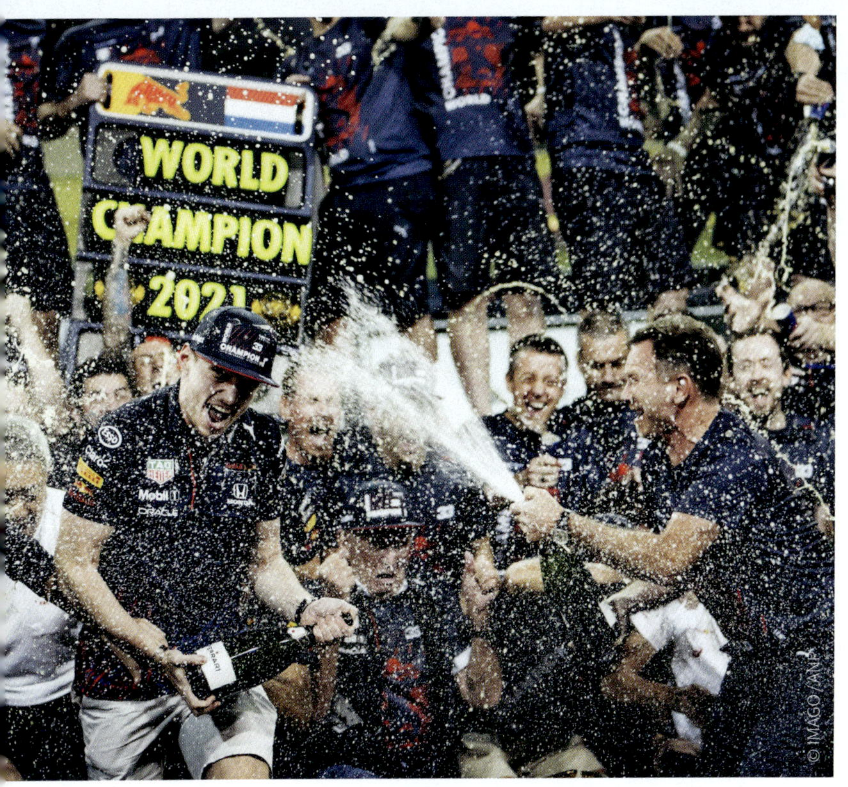

12. Dezember 2021 in Abu Dhabi, Max wird zum ersten Mal Weltmeister. Ausschlaggebend dafür ist eine extrem umstrittene Entscheidung der Rennleitung in der letzten Runde des letzten Rennens der Saison zum Restartprozedere.

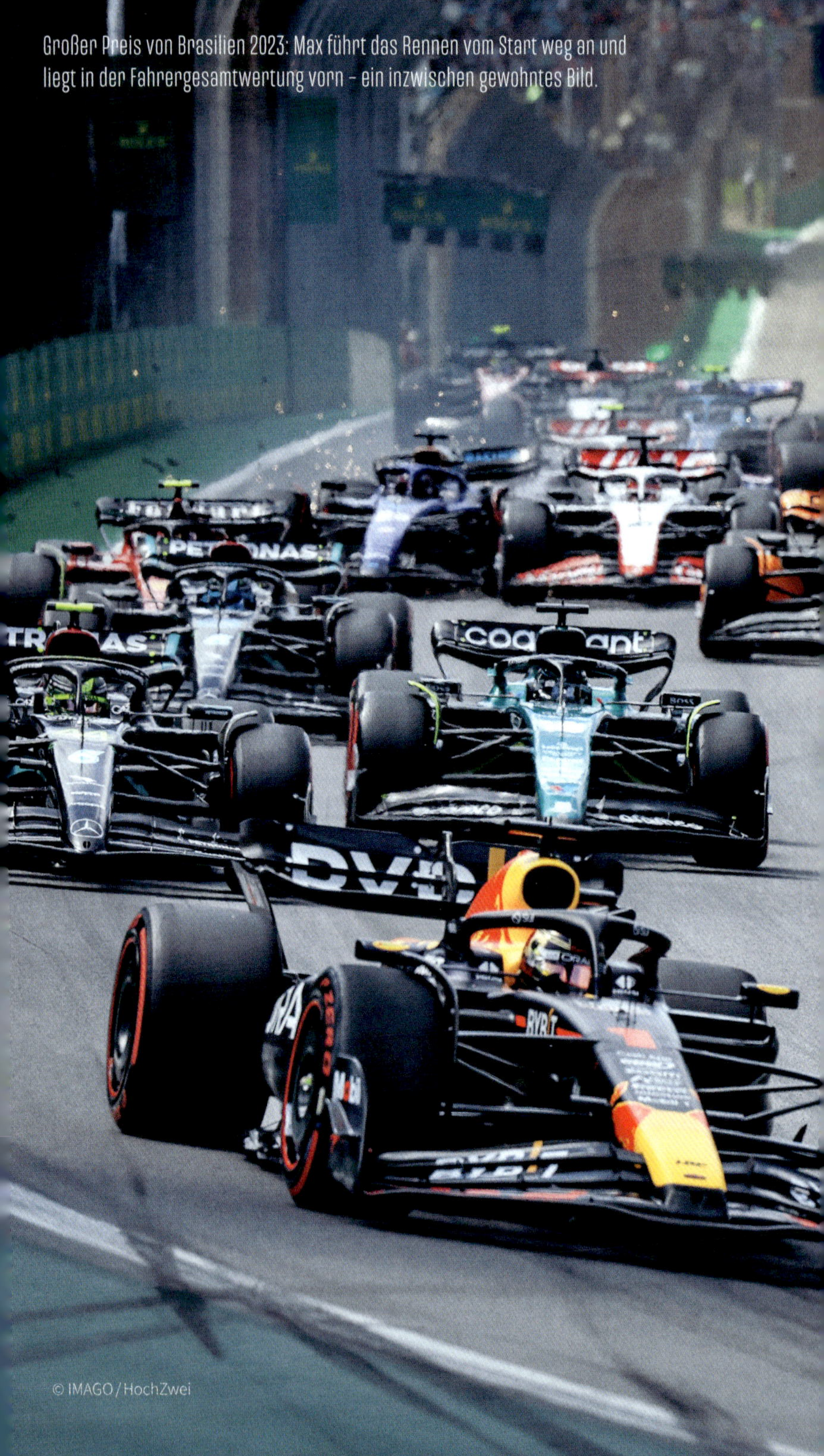
Großer Preis von Brasilien 2023: Max führt das Rennen vom Start weg an und liegt in der Fahrergesamtwertung vorn – ein inzwischen gewohntes Bild.

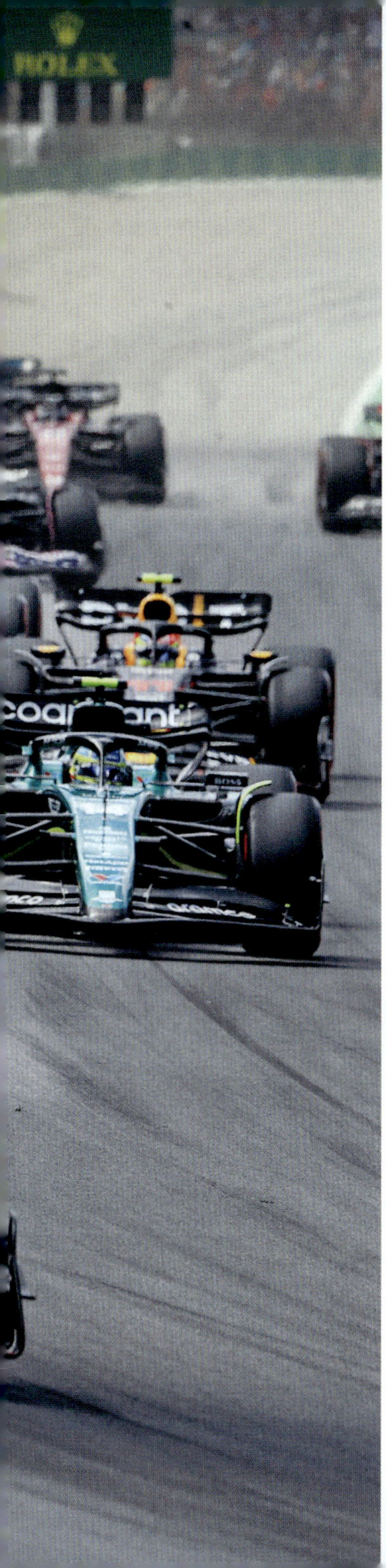

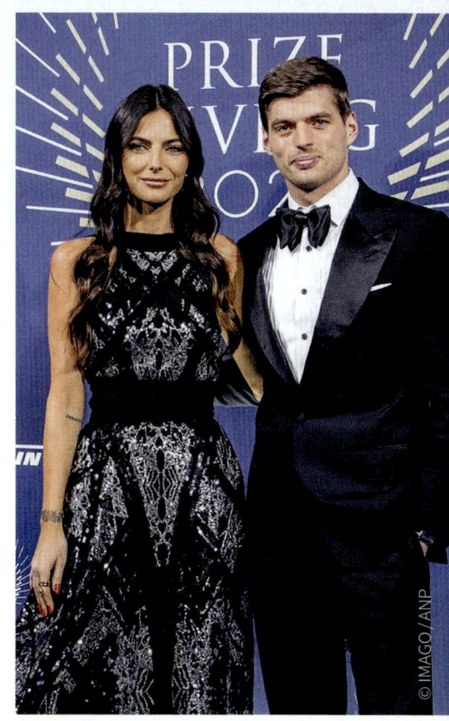

© IMAGO/ANP

Mit Freundin Kelly Piquet auf der FIA-Gala: Die Tochter des dreimaligen brasilianischen Formel-1-Weltmeisters Nelson Piquet war von 2016 bis 2019 mit Daniil Kwjat liiert, dessen Cockpit bei Red Bull Max im Verlauf der Saison 2016 übernahm und der auch der Vater ihrer Tochter ist.

Sinnbild des neuen Formel-1-Booms ist der 2023 erstmals ausgetragene Große Preis von Las Vegas. Auch wenn Max die Show drum herum eher Unbehagen bereitet, das Rennen auf dem Las Vegas Strip Circuit hat er souverän gewonnen.

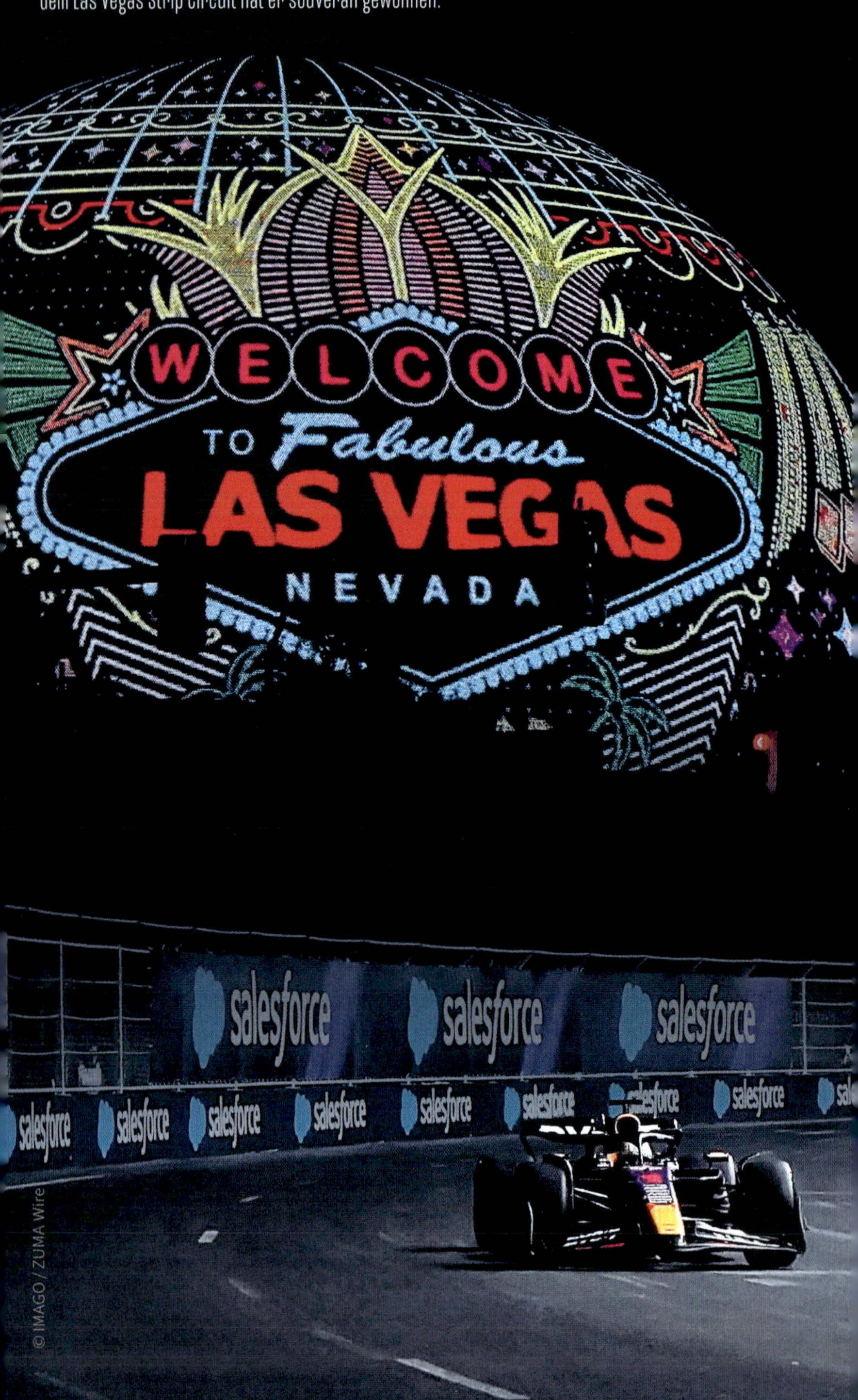

ihn alles mitzubringen, was er dafür brauchte. Nicht nur das Talent, sondern auch die Einstellung, das Engagement, die Risikobereitschaft und die geradlinige Art. Es war eine sehr persönliche Angelegenheit für ihn. Man könnte versucht sein, zu glauben, dass Max etwas von dem rebellischen Geist des jungen Marko wieder zum Leben erweckte. Die Verstappens profitierten von seinem enthusiastischen Projekt, wahrscheinlich mehr als sie erwartet hatten. Dadurch war Max in einer viel stärkeren Position, als er es zum Beispiel bei Mercedes oder Ferrari gewesen wäre. Er war viel mehr als nur ein weiterer Fahrer im Programm von Red Bull. Er war für Marko ein Herzensanliegen. Und das sollte sich 2015 auf die Teamdynamik auswirken.

Jos fuhr 2003, in seiner letzten Saison in der Formel 1, für Minardi. Das war zwei Jahre, bevor Mateschitz das Team als sein Juniorteam aufkaufte und in Toro Rosso umbenannte. Als Tost Max 2014 zur Werksbesichtigung mitnahm, wurden ihm also eine ganze Reihe Leute vorgestellt, die zwölf Jahre zuvor schon mit seinem Vater zusammengearbeitet hatten. Einige von ihnen erinnerten sich sogar an Max als den kleinen Jungen, den Jos ein paar Mal mitgebracht hatte. Jetzt war er ihr Fahrer.

Er sollte Jean-Éric Vergne ersetzen, den Franzosen, der im Toro Rosso 2012 sein Formel-1-Debüt gegeben, aber laut Marko nicht das Zeug dazu hatte, einmal Weltmeister zu werden, da er in seinen ersten beiden Saisons meist von seinen Teamkollegen Daniel Ricciardo und 2014 vom Rookie Daniil Kwjat geschlagen worden war. Er war gewiss ein guter Fahrer, der sein Cockpit in der Formel 1 mehr als verdient hatte, aber Marko musste Platz für dieses neue Phänomen schaffen. Vergne fiel dem zum Opfer. Später im Jahr ergab sich jedoch die Möglichkeit, einen entscheidenden Karriereschritt zu machen, als Red Bulls vierfacher Weltmeister Sebastian Vettel dem Team Ende Oktober mitteilte, dass er 2015 zu Ferrari wechseln würde.

Kwjat kam als Ersatz für Vettel sofort zum Mutterteam, wodurch bei Toro Rosso ein Platz frei wurde. Vergne hoffte daher, dass er vielleicht doch bleiben könnte. Doch Marko, der lieber neue Talente ausprobieren wollte, als an einem Fahrer festzuhalten, der seiner Meinung nach seine Chance gehabt hatte, aber den Anforderungen nicht genügte, verhandelte bereits mit Carlos Sainz, dem legendären Rallye-Weltmeister von 1990 und 1992, über eine Verpflichtung von dessen 20-jährigem Sohn Carlos Jr. Dieser hatte in den letzten vier Jahren dem Red-Bull-Nachwuchsteam angehört und 2011 die Europameisterschaft in der Formel Renault 2.0 sowie 2014 den Titel in der schnelleren Formel Renault 3.5 gewonnen. Red Bull hat mit ihm 2013 in Silverstone getestet, wo er im F1-Auto von Vettel eine schnellere Runde als der damalige dreimalige Weltmeister gefahren war und damit einen starken Eindruck hinterlassen hatte. Der Titelgewinn in der Formel Renault 3.5 zeigte, dass er ein ernst zu nehmender Anwärter auf ein F1-Cockpit war. Sein Aufstieg war nicht so rasant wie der von Max, aber je weiter er kam, desto beeindruckendere Leistungen zeigte er. Und obwohl er wie Verstappen ein F1-Rookie war, als er bei Toro Rosso unterschrieb, besaß er bereits fünf Jahre Erfahrung in einem Rennwagen, während Verstappen nur auf eines kam.

Verstappen war für die Freien Trainings an den Freitagen bei den Grands Prix 2014 in Japan, den USA und Brasilien vorgesehen. Die erste dieser Trainingssessions fand zwischen seinen F3-Rennen auf dem Nürburgring und in Imola statt. Zu diesem Zeitpunkt stand bereits fest, dass Sainz 2015 sein Teamkollege sein und dass er das Auto beim Test nach der Saison in Abu Dhabi fahren würde.

Doch damit Verstappen an einem offiziellen Formel-1-Training überhaupt teilnehmen durfte, brauchte er erst einmal eine Superlizenz. Damit ihm die erteilt werden konnte, musste er einen Test über 300 Kilometer ohne Probleme absolvieren.

Dieser fand auf der Heimstrecke von Toro Rosso in Aida statt. Dort saß der 16-Jährige am Steuer des 2014er Toro Rosso STR 09, dessen Renault-V6-Hybrid-Turboaggregat weit über 900 PS leistete – und damit rund viermal so viel wie der Motor seines Formel-3-Autos, das er damals noch fuhr. „In den ersten Runden kommen die Augen kaum mit und der Magen fühlt sich an wie bei einer Achterbahnfahrt", erzählte er.

Damals arbeitete Max zum ersten Mal mit Xevi Pujolar zusammen, der während seiner gesamten Zeit bei Toro Rosso sein Renningenieur sein sollte. Pujolar war vorher bei Williams gewesen und hatte dort unter anderem mit Ralf Schumacher, Juan Pablo Montoya und Mark Webber zusammengearbeitet. Es dauerte nicht lange, bis er merkte, dass er es bei Max mit jemand ganz Besonderem zu tun hatte.

„Für jemanden, der gerade erst anfängt, ist er der Beste, den ich bisher gesehen habe", sagte Pujolar gegenüber *GPUpdate.net*. „Man sieht sein Potenzial. Man sieht, dass er sich noch weiterentwickeln wird. Freunde haben mir erzählt, wie außerordentlich talentiert Max ist. Das wusste ich also schon. Wir haben jetzt gesehen, wie er sich ohne große Anlaufzeit in einem Formel-1-Auto schlägt, und ich muss sagen, seine fahrerischen Fähigkeiten sind wirklich beeindruckend. Weil er so talentiert ist, begreift er auch alles sehr schnell. ... Aida ist eine langsame Strecke, die eigentlich nicht besonders gut für F1-Autos geeignet ist. Aber Max hat gezeigt, dass er das Auto sehr gut beherrscht, und er hat keine Fehler gemacht."

Auch Teamchef Tost war auf Anhieb überzeugt. „In Aida hat man sofort gesehen, dass Max keine Probleme mit der Geschwindigkeit und dem Bremsen hat. Das ist ein ganz entscheidender Faktor, denn normalerweise hat ein junger Fahrer, der in die Formel 1 kommt, am Anfang große Probleme mit beidem. Man braucht ein paar Testtage, um sich daran zu gewöhnen, wie hart und spät man bremsen kann. Was das

Beschleunigen und Bremsen angeht, ist das hier etwas völlig anderes als alles, was sie bisher gefahren sind. Max kam sofort damit klar, deshalb sah ich auch kein Risiko darin, ihn nächstes Jahr in der Formel 1 fahren zu lassen, genauso wenig, wie ihn in den ersten Freien Trainings schon mal ranzulassen."

Marko war natürlich begeistert, als er am Ende des Tages telefonisch von Tost darüber unterrichtet wurde, wie überaus erfreulich das alles in Aida verlaufen war.

Nach Tests im Red Bull Athlete Performance Center in Spielberg und einem Abstecher zum Simulator in Milton Keynes reiste Max zu seinem ersten F1-Wochenende ins japanische Suzuka. Er fuhr den Toro Rosso im ersten Freien Training (FP1) zum Großen Preis von Japan, nur drei Tage, nachdem er 17 Jahre alt geworden war. Das war nur einer von vielen Rekorden, die er noch brechen sollte.

Suzuka ist nicht die Art von Strecke, auf der man normalerweise einen Rookie mal ranlassen würde. Es ist eine altmodische, sehr schnelle Strecke, die einem kaum Fehler verzeiht. Die Strecke folgt den Konturen des hügeligen Geländes, was heißt, dass es viel auf und ab geht. Die Strecke wurde in den 1960er-Jahren als Teststrecke für Honda gebaut, denen sie auch heute noch gehört. Ursprünglich war geplant, auf dem flachen Gelände in der Nähe eine Rennstrecke zu bauen, doch als der Firmengründer Sōichirō Honda davon erfuhr, war er außer sich: „Was glauben Sie, was Sie da tun?", soll er gesagt haben. „Sie zerstören die Reisfelder, um eine Rennstrecke zu bauen!" Für ihn stand außer Frage, dass die Nahrungsmittelerzeugung Priorität haben musste, und so wurde die Rennstrecke in die Hügel gebaut.

Max war schon 2003 als Kind beim Grand Prix mit dabei. „Ja, das Fahrerlager war damals wie ein Spielplatz für mich", sagt er. „Wenn man zehn Jahre später zurückkommt, denkt man: Wow, hier habe ich früher einfach so zum Spaß gespielt."

Im Jahr 2014 verfolgte ich das erste Training zum Großen Preis von Japan von der Außenseite der Esses aus, einer anspruchsvollen Serie schneller Bergaufkurven, um Max Verstappen zum ersten Mal in Aktion zu sehen. Es war bewölkt, aber trocken, und wie üblich gaben die beiden Silberpfeile von Nico Rosberg und Lewis Hamilton die Pace vor, da sie über deutlich mehr Grip verfügten. Das Bemerkenswerteste daran, wie Verstappen auf diesem Streckenabschnitt fuhr, war vielleicht, dass es bei ihm nicht anders aussah als bei den anderen. Ja, es wirkte so, als würde er das schon seit Jahren machen. Er war sehr selbstbewusst, als er in die Kurvenkombination einlenkte, sehr kontrolliert und ruhig. Die Linkskurve 3 wird schneller angefahren als die direkt folgende, engere Rechtskurve 4. Es gilt also, auszutarieren zwischen a) einer guten Geschwindigkeit in 3, aber einer weniger optimalen Linie in 4 oder b) in 3 etwas langsamer zu sein, um in 4 eine bessere Linie fahren zu können. Max versucht zunächst, schneller in die 3 hereinzufahren, wobei er den am Ausgang etwas ins Rutschen geratenen Toro Rosso souverän abfing. Dann reduzierte er das Tempo ein wenig und konzentrierte sich auf die 4. Er brauchte nicht länger als drei Runden, um herauszufinden, wie er da am besten durchkam.

Sie können sich die In-Car-Aufnahmen dieser Session ansehen, als er gegen Ende eine schnelle Runde auf weichen Reifen dreht. Was auffällt, ist, wie nervös das Auto reagierte. Das Heck übernahm den größten Teil der „Drehung" in den Kurven, und Max ging damit so selbstverständlich um, als sei es gar nichts. Selbst in den schnellsten Kurven korrigierte er oft vor dem Scheitelpunkt und verlor nie viel Zeit durchs Untersteuern. In der berüchtigten Kurve 130R war er – wie in der Simulation – fast sofort im höchsten Gang, was Franz Tost zunächst ein bisschen nervös machte. Bis er sah, wie Max das Runde für Runde wiederholte.

Der Motor des Autos gab auf der In-Lap seinen Geist auf, Rauch und Feuer stiegen auf, als er das Auto neben der Strecke abstellte. Es war wie ein Omen für das, was er in den kommenden Jahren mit den Renault-Motoren erleben sollte. Er beendete das Training als Zwölftschnellster von Zweiundzwanzig, nur 0,4 Sekunden hinter seinem Teamkollegen Kwjat, der schon die ganze Saison lang dieses Auto gefahren war. Max sagte nach der Trainingssession: „Ich war nicht einmal in der Nähe des Limits. Ich habe mich nur darauf konzentriert, meine Zeit gut zu nutzen und ein Gefühl für das Auto zu bekommen. Das Schlimmste wäre gewesen, es zu beschädigen, weil man dadurch die ganze Zeit auf der Strecke verliert und weil das natürlich auch keinen guten Eindruck macht." Vielleicht hat er an jenem Tag auch nur etwas angegeben, denn ein paar Jahre später erzählte er: „Das Auto hatte so viel Power, dass ich dachte: ‚Wow, wie soll ich dieses Auto bloß auf der Strecke halten?'"

Heute erinnert sich Tost an diesen Tag mit dem Wissen, was aus Max Verstappen geworden ist, und nicht mit der leichten Sorge, die er damals trotz allem hatte. „Die Medien haben uns dafür kritisiert, dass wir einen 17-Jährigen in Suzuka in ein F1-Auto gesetzt haben, auf der schwierigsten Strecke der Welt, bla, bla, bla. Wenn ein Fahrer die Fähigkeit und das Talent hat, in der Formel 1 zu fahren, ist es egal, auf welcher Strecke er das macht. Im ersten Freien Training lief alles glatt, keine Probleme, nichts. Er fuhr auch in Brasilien wieder im ersten Freien Training, und da konnte man wirklich sehen, wie er das Auto beherrschte, denn in den Kurven 6 und 7 übersteuerte es sehr stark, und wie er es kontrollierte, das war schon sehr, sehr professionell."

In den Sekunden, auf die er sich bezog, zeigte Max eines der bemerkenswertesten Beispiele für Fahrzeugbeherrschung, das man je gesehen hat. Das Auto stand plötzlich praktisch im 90-Grad-Winkel zur Fahrtrichtung. Wenn man sich ein Standbild von diesem Moment anschaut, scheint es unmöglich zu sein, das Auto noch vor dem Schleudern abfangen zu können – es sieht aus, als wäre es schon mittendrin. Aber er hat es tatsächlich noch abgefangen. Die Kameras schwenken zur Boxenmauer, wo man Jean-Éric Vergne, dessen Auto Max gerade fuhr, mit offenem Mund staunen sieht. Er sieht ungläubig zu Tost hinüber, der nur den Kopf schüttelt und lächelt. Solche Fähigkeiten braucht man nicht, um schnelle Rundenzeiten zu fahren – das Auto hatte schon so viel Geschwindigkeit verloren, dass Max einen Gang zurückschalten musste –, aber diese Rettungsaktion zeigte, über welche Reserven er verfügt, um ein Auto noch unter Kontrolle halten zu können, wenn es schon über den Punkt hinaus ist, zu dem das noch möglich erscheint. Er ist selbst dann noch zu Manövern in der Lage, die andere einfach nicht beherrschen. Etwas Ähnliches zeigte er auf der gleichen Strecke im Regenrennen von 2016, aber es war im ersten Freien Training zum Großen Preis von Brasilien 2014, als die F1-Welt zum ersten Mal sah, über welche bemerkenswerten Fähigkeiten dieser junge Mann verfügte.

Zwischen Suzuka und Brasilien fuhr er auch im FP1 in Austin. Auf die Frage, ob er Lewis Hamilton, der kurz vor dem Gewinn seines dritten WM-Titels stand, für den besten Fahrer der Formel 1 halte, antwortete er: „Ich weiß es nicht. Geben Sie mir sein Auto, und ich sage es Ihnen."

Max war in Brasilien Sechstschnellster, er war nur 0,1 Sekunden langsamer als Kwjat. In der Woche darauf verabschiedete er sich nach dem Zwischenfall in Macau endgültig aus der Formel 3. Von nun an hatte er einen Full-Time-Job als Formel-1-Fahrer.

Im Winter 2014/15 wurde der Toro Rosso STR10-Renault von Verstappen und Sainz im italienischen Misano getestet, bevor man zu den offiziellen F1-Tests, an denen alle Teams teilnahmen, nach Spanien reiste. Die erste Testwoche fand in Jerez statt, die zweite und dritte in Barcelona. Mercedes gab die Pace vor, und danach folgten in der Regel die Williams, die von Mercedes-Motoren angetrieben wurden. Die Toro Rossos lagen irgendwo im Mittelfeld, und der Technische Direktor James Key zeigte sich mit den Fortschritten seiner Fahrer zufrieden. Am Ende des letzten Tests sagte er: „Vor genau einem Monat kamen wir mit zwei Rookies nach Jerez, und heute Abend verlassen wir Barcelona mit zwei jungen Fahrern, die bereit sind, ihr Formel-1-Debüt zu geben. Sie haben sich als Fahrer in der kurzen Zeit enorm weiterentwickelt, ihre Lernkurven sind hervorragend, und sie haben von Tag zu Tag mehr Selbstvertrauen gewonnen."

Verstappen und Sainz hatten in den insgesamt zehn Tagen rund 5000 Kilometer zurückgelegt, und so vorbereitet trafen sie zum Saisonauftaktrennen der Formel-1-Weltmeisterschaft 2015 in Melbourne ein. Als Max am Sonntag im Albert Park seinen Platz in der Startaufstellung einnahm, war er mit 17 Jahren und 166 Tagen der jüngste Fahrer, der je an einem Grand Prix teilgenommen hat. Damit hatte er den bisherigen Rekord von Jaime Alguersuari (ebenfalls Red Bull) gebrochen, der 19 Jahre und 125 Tage alt gewesen war. Ihm blieben noch knapp fünf Jahre, um einen neuen Rekord als jüngster Weltmeister aufzustellen – der Rekordhalter hieß hier Sebastian Vettel (ebenfalls Red Bull), der 23 Jahre und 134 Tage alt gewesen war, als er zum ersten Mal Weltmeister wurde. Das war ein Rekord, den Marko mit Max unbedingt brechen wollte, und er glaubte fest daran, es schaffen zu können.

Doch mit diesem Auto konnte es nicht klappen. Der 2015er Toro Rosso STR10 hatte zwar auch seine guten Seiten – zum Beispiel war er in schnellen Kurven absolut konkurrenzfähig. Aber sein Renault-Hybridmotor (der auch im Red Bull zum Einsatz kam) war den Mercedes- und Ferrari-Aggregaten weit unterlegen, und in langsamen Kurven war die Performance des Autos aufgrund seiner mechanischen Eigenheiten nicht ganz so berauschend. Es war ein Auto, mit dem man im Mittelfeld mitfuhr, aber für Verstappen und Sainz war es in jedem Fall gut genug, um im sich Laufe der Saison als Fahrer weiterentwickeln zu können. Zum ersten Mal in seiner Karriere saß Max in einem nicht konkurrenzfähigen Fahrzeug. Aber so ist das in der Formel 1, und es kommt äußerst selten vor, dass ein Rookie gleich ein konkurrenzfähiges Auto hingestellt bekommt, so wie es bei Lewis Hamilton acht Jahre zuvor der Fall gewesen war, als er es mit McLaren in seiner ersten Formel-1-Saison fast geschafft hatte, die Weltmeisterschaft zu gewinnen – Kimi Räikkönen im Ferrari gewann damals den Titel mit nur einem Punkt Vorsprung vor ihm.

Das Saisonziel von Max war klar: Er wollte alles geben und die Leistung abliefern, die dafür sorgen würde, möglichst rasch ein schnelleres Auto zu bekommen. Das war eine Aufgabe, die ihm Spaß bereitete. „Er hat vor niemandem Angst", sagt Giedo van der Garde, ein alter Freund der Familie. „Ihm ist es egal, wer jemand ist, welchen Platz er im Ranking einnimmt, wer er als Fahrer ist – er kommt einfach rein und will allen zeigen, dass er der Beste ist. Er strotzt vor Selbstbewusstsein und ist einfach furchtlos. Und das hilft einem natürlich ungemein, wenn man als junger Teenager daherkommt und einfach zeigen will, wie gut man ist."

Van der Garde selbst, der in der Formel-1-Saison 2013 für Caterham an den Start gegangen und 2014 Test- und Ersatzfahrer für Sauber war, hatte gehofft, in der Königsklasse zusammen mit dem Jungen fahren zu können, der ihm vor Jahren so sehr nachgeeifert hatte. 2015 war er einer von drei Fahrern, die Sauber vermeintlich als Stammfahrer unter Vertrag genommen hatte, wobei es aber nur zwei Cockpits gab. Er wurde von einem Fahrer mit einem größeren Budget ausgestochen, was zu einer juristischen Auseinandersetzung führte. Um seinen vor einem lokalen Gericht erstrittenen Platz im Cockpit für das Auftaktrennen einzunehmen, tauchte van der Garde im Fahrerlager von Melbourne auf, zog seinen Rennoverall an und ging – verfolgt von einer Schar von Pressefotografen – zur Sauber-Garage, um seinen Dienst anzutreten. Doch kurz vor dem Rennen kam es zwischen van der Garde und dem Team noch zu einer außergerichtlichen Einigung, gemäß der er auf die Teilnahme am Rennen verzichtete und der Vertrag aufgelöst wurde. Seine F1-Karriere war damit so gut wie beendet, während Max' Karriere gerade erst begann. „Es ist wirklich sehr schade", sagt er. „Hätten wir zusammen Rennen fahren können, wäre das eine echt tolle Sache gewesen. Ich habe bei ihm zu Haus übernachtet, als er vier Jahre alt war, als ich die Kart-Meisterschaft gewann, spielte ich mit ihm PlayStation, und 14 Jahre später wären wir fast zusammen in der Formel 1 gefahren. Das wäre fast zu schön gewesen, um wahr zu sein."

Max musste sich in der Formel 1 an vieles gewöhnen, es gab einige Unterschiede im Vergleich zu dem, wie es bisher gewesen war. Das Erste, was ihm bei der Werksführung mit Tost auffiel, war, dass so unglaublich viele Leute notwendig waren, nur um zwei Rennwagen startklar zu machen. Es waren Hunderte. Und alle waren unentbehrlich. Xevi Pujolar war als Renningenieur derjenige aus dem Team, mit dem er am engsten zusammenarbeitete und der ihm auch sonst mit Rat und Tat zur Seite stand. Der andere große Unterschied hatte mit Jos zu tun, der jetzt nicht mehr so direkt in alles eingebunden war. Er würde natürlich in der Garage sein, sich alles ansehen und Max beraten, und sie würden auch immer noch zusammen zur Strecke kommen und auch wieder zusammen gehen. Er würde selbstverständlich direkt mit Marko über alles Mögliche sprechen und so einen gewissen Einfluss haben. Aber keine Kontrolle.

Mit Carlos Sainz Jr. auf der anderen Seite der Garage und Carlos Sainz Sr., dem zweifachen Rallye-Weltmeister, der seinem Sohn bei seinem F1-Debüt zusah, war die Situation manchmal etwas angespannt, woran sich im Laufe des Jahres auch nicht mehr viel ändern sollte.

Max fuhr in der ersten Qualifikationsphase – Q1 – die viertschnellste Zeit, was allerdings nicht viel besagte, da die Toppiloten nur das Nötigste getan hatten, um Q2 zu erreichen. Max schaffte es nicht in Q3 und damit unter die letzten zehn zu kommen, Sainz hingegen war auch in der letzten Quali-Phase dabei und sicherte sich für das Rennen Startplatz acht. Nach dem damaligen Reglement musste Sainz auf den schneller verschleißenden Soft-Reifen starten, weil er mit denen seine Qualifikationszeit gefahren war. Da Max nach der Qualifikation nicht unter den ersten zehn war, durfte er die Reifen frei wählen und entschied sich, auf den härteren Mediums zu starten.

„Wenn die Lichter der Ampel angehen, ist man schon ein bisschen nervös", berichtete er nach seinem allerersten Grand-Prix-Start, „aber nur, weil die Abläufe neu sind. Sobald das Rennen läuft, ist man nicht mehr nervös. Der Puls geht nur kurz etwa hoch, und dann ist alles gut."

Welche der beiden Reifenstrategien besser gewesen wäre, lässt sich nicht sagen, denn beide Toro-Rosso-Fahrer hatten mit Schwierigkeiten zu kämpfen. Beim Boxenstopp von Sainz gab es ein Problem mit einem Schlagschrauber, weshalb der Stopp lange dauerte und er danach weit zurückgefallen war, wobei es ihm dennoch gelang, das Rennen als Neunter zu beenden. Acht Runden nach dieser Panne mit Sainz platzte der Motor von Verstappens Auto auf der Out-Lap nach seinem eigenen Boxenstopp. Hätte es diese Probleme nicht gegeben, hätten sie beide wohl um den siebten Platz kämpfen können, wobei es aufgrund dessen, dass Sainz vom Start weg vor Verstappen lag, so aussah, als hätte er die Oberhand.

Als erfahrener Rennfahrer, der gesehen hatte, wie sich das Timing von Max' Runs und seine Reifenwahl auf sein unbefriedigendes Qualifying-Ergebnis ausgewirkt hatten, machte Jos seinen Einfluss geltend. Die starke Leistung von Sainz verschlimmerte aus der Sicht von Jos die Sache noch, und so nutzte er seine Position, um bei Red Bull dafür zu sorgen, dass sich so etwas nicht noch mal wiederholte.

Danach änderten sich die Dinge bei Toro Rosso, was daran lag, dass Jos sich mit aller Macht für seinen Sohn eingesetzt hatte. Was auch immer besprochen wurde, Marko gab Max und seinen Ingenieuren danach freie Hand, ihre eigenen Entscheidungen bezüglich des Timings und der Reifenwahl zu treffen – wenn nötig auch gegen die Vorgaben von Tost. Und damit begann sich das Team, in zwei Lager zu spalten.

Tost, der von dieser Absprache nichts wusste, versuchte die aufkommenden Spannungen und das beginnende Rumoren im Team einzudämmen. Für einen so erfahrenen Mann war das keine große Sache, nur ein normaler Konkurrenzkampf zwischen zwei Fahrern, die neu in der Formel 1 waren und auf sich aufmerksam machen wollten.

„Carlos verfügte über viel mehr Rennerfahrung", erinnert er sich, „und er war sehr schnell. Beide Fahrer waren sehr talentiert, aber vielleicht war Carlos näher an ihm dran, als Max erwartet hatte, weil er diesen Erfahrungsvorsprung hatte. Aber sie haben sich gegenseitig respektiert, und die Stimmung war eigentlich gut. Und die Väter? Die haben ihre Politik gemacht, wie immer. Ich glaube, sonst wäre es für sie an der Strecke auch zu langweilig gewesen! So wirkte es zumindest. Wir kannten doch all diese Spielchen, da war nichts Überraschendes dabei. Ich denke, für Jos war klar, dass die Zukunft von Max bei Red Bull liegt, aber vielleicht hat Carlos' Vater das bei Carlos nicht so gesehen." Und so ging jede Kampagne innerhalb des Toro-Rosso-Lagers direkt von Carlos Sr. aus. Während Jos außerhalb der Garage des Junior-Teams agitierte und sich direkt an Marko wandte. Es ist nicht schwer, sich vorzustellen, wie verrückt diese Situation war.

Dabei war das nichts Ernstes – noch nicht –, und es war auch nie etwas Persönliches zwischen Max und Carlos Jr. Aber wenn die Herren Sainz das Gefühl nicht loswurden, dass sie nicht dasselbe Standing im Team hatten wie die Verstappens, dann lagen sie zweifellos richtig. Wie bereits erwähnt, hatte sich Sainz jahrelang als Mitglied des Red-Bull-Nachwuchsteams beweisen müssen, um die Unterstützung zu erhalten, die er brauchte, um die Karriereleiter hinaufzuklettern. Das sah bei Max anders aus. Sein sehr früh entwickeltes, außerordentliches Talent und die Begeisterung, die Max damit auslöste, machten ihn zu einem ganz besonderen „Aktivposten" für Marko, was dazu führte, dass sie eine ebenso besondere Beziehung zueinander hatten. Marko musste nicht erst davon überzeugt werden, dass er eines Tages Weltmeister sein würde. Das wusste er schon, bevor Max überhaupt zum ersten Mal in einem F1-Auto gesessen hatte.

So konnte Max seine Rookie-Saison mit der beruhigenden Gewissheit angehen, dass er einfach nur seinen Job im Auto machen musste und dann schon alles gut werden würde. Carlos hingegen fuhr mit der wilden Entschlossenheit von jemandem, der der Welt zeigen musste, dass es mehr als nur einen zukünftigen Spitzenfahrer im Team gab. Der gefühlte Abstand zwischen den beiden war für den Rest ihrer gemeinsamen Zeit als Teamkollegen größer als der tatsächlich gemessene.

Zwei Wochen später in Malaysia fand das Qualifying auf nasser Strecke statt, und Max glänzte, als er den zweiten Toro Rosso weit hinter sich ließ und Sechster wurde. Sainz, der in Q1 noch Vierter wurde, machte in Q2, als er zu sehr pushte, einen „Anfängerfehler", wie er es nannte. Die Konsequenz war ein enttäuschender Startplatz 15. Max hingegen war im Qualifying nur unwesentlich langsamer als der zweite Red Bull, in dem Kwjat saß.

Am Renntag war es bei trockenen, heißen Bedingungen etwas schwieriger. Max war nach wenigen Kurven auf Rang zehn zurückgefallen, während Sainz in der ersten Runde vier Plätze gutmachte und nun seinem Teamkollegen im Nacken saß. Beide setzten auf unterschiedliche Strategien: Max fuhr ein Dreistopp-Rennen, Sainz sollte mit zwei Boxenstopps auskommen.

Nachdem sie all ihre Stopps hinter sich hatten, lag Sainz zwar vor Max, doch war ihm der Holländer mit seinen frischeren Reifen dicht auf den Fersen. In der Anfahrt zu Kurve 4 bremste Max extrem spät, er schien fast überrascht zu sein, wie früh Sainz gebremst hatte, und zog danach sofort nach innen. Er kam als Siebter ins Ziel und war damit der jüngste Formel-1-Fahrer, der Weltmeisterpunkte gesammelt hatte. Er hatte übrigens auch noch Daniel Ricciardo im Red Bull mit einem besonders beeindruckenden Manöver auf der Außenseite von Kurve 1 überholt.

Noch eindrucksvoller erlebte man den angriffslustigen Max beim nächsten Rennen in Shanghai, in dem er einige erstaunliche Überholmanöver zeigte. Nachdem er an Kwjats Red Bull in der ersten Runde innen vorbeigezogen war, überrumpelte er Marcus Ericsson im Sauber in der Haarnadelkurve. Wenige Runden später wiederholte er das Manöver an der gleichen Stelle mit Felipe Nasr, dem anderen Sauber-Piloten. Beide Male bremste er sich hart auf das Bremspedal steigend innen rein und setzte sich so vor sie. Der Rookie, der erst seine zweite Saison in einem Rennwagen bestritt, zeigte den F1-Veteranen, wie es geht. Er wiederholte das Überholmanöver sogar noch ein drittes Mal, wobei er nun Sergio Perez im Force India alt aussehen ließ, doch brachte ihm das alles nichts, weil er in der drittletzten Runde noch mit einem Motorschaden ausschied.

Der Technische Direktor von Toro Rosso, James Key, war trotzdem hoch erfreut und voll des Lobes. „Man hat sofort gesehen, dass er es draufhat. Er war unglaublich schnell und hat einen enormen Siegeswillen gezeigt. Schon in diesen frühen Tagen ging er immer aufs Ganze: Egal, wer vor ihm fuhr, er wollte ihn hinter sich lassen – diese wahnsinnige Entschlossenheit war einfach beeindruckend. Diesen unbedingten Kampfeswillen hatte er von Anfang an. … Auch Carlos war sehr schnell und konkurrenzfähig. Ich glaube, dass Max etwas aggressiver mit dem Auto umgegangen ist, auf jeden Fall ist er von Anfang an sehr aggressiv in die Rennen reingegangen, was sehr stark war. Carlos hat hart gepusht, aber ich würde sagen, dass er im Rennen weniger Risiken eingegangen ist und auf keinen Fall in der Mauer landen wollte. Ich vermute daher, dass sich ihre Racing-Fähigkeiten in den ersten Tagen ein bisschen voneinander unterschieden haben. Außerdem war Carlos, was den Austausch mit dem Team anging, eher aufs Technische fokussiert, während Max sehr gut vermitteln konnte, wie sich das Auto für ihn anfühlte. Er wusste nicht unbedingt, was da genau vor sich ging, aber seine Beschreibung dessen, wie sich das beim Fahren für ihn anfühlte, war sehr, sehr klar."

„Er motiviert alle im Team", sagte Xevi Pujolar gegenüber *De Telegraaf*. „Jeder sieht sein Talent. Aber auch seine Art, Rennen zu fahren. Max ist jemand, der angreift, und das ist etwas, das die Leute mitreißt. Vor allem in einem italienischen Team, wo die Mitarbeiter im Werk wirklich mit Leib und Seele für den Motorsport brennen. Und Max ist ein Rennfahrer, wie er im Buche steht." Die Worte, mit denen Pujolar die Emotionen beschreibt, die Max' Art des Racing bei den Teammitgliedern hervorruft, ähneln auffallend dem, was zuvor schon Giancarlo Tinini gesagt hatte, der Boss des italienischen CRG-Kart-Teams.

Die restliche Saison war für das Toro-Rosso-Team eher durchwachsen. Was die Resultate anbelangt, so waren die beiden vierten Plätze, die Max in Budapest und Austin einfuhr, zweifellos die Highlights. Wobei das letztere Ergebnis vielleicht noch beeindruckender war, weil er in Ungarn von der hohen Ausfallquote unter den Fahrern, die vor ihm lagen, profitierte, während er sich beim Großen Preis der USA den vierten Platz wirklich hart erkämpfen musste, der somit uneingeschränkt verdient war. Auch anderswo gab es vereinzelte Glanzlichter, die einen Vorgeschmack auf das boten, was noch kommen sollte: zum Beispiel das erstaunliche erste Training bei seinem Debüt auf dem legendären Stadtkurs in Monaco, wo er die zweitschnellste Zeit fuhr und nur 0,2 Sekunden langsamer war als Lewis Hamilton im Mercedes.

Bei seinem Unfall im Rennen hatte er sich in seinem Eifer, den auf älteren Reifen fahrenden Grosjean zu überholen, schlichtweg verschätzt. Max sagte damals, er sei überrascht gewesen, wie früh Grosjean gebremst habe. Für Interessierte hat Lotus die Telemetriedaten von Grosjean zur Verfügung gestellt, aus denen hervorgeht, dass er vor der Sainte Dévote tatsächlich fünf Meter später gebremst hat als in der Runde zuvor. Noch interessanter als diese Tatsache war das, was Max mit einigem Abstand über den Unfall sagte: „Er hat mir mehr Selbstvertrauen gegeben. Denn ich hatte einen großen Crash und bin in die Mauer gekracht… Aber [mir geht es gut]. Man hat immer ein bisschen Angst davor, einen Unfall zu bauen oder die Mauer zu berühren, was auch immer, aber jetzt hatte ich einen großen Crash, und ich glaube, jetzt wird es ein bisschen entspannter für mich."

Später im Jahr überholte er in Spa beim Großen Preis von Belgien Felipe Nasr auf der Außenseite der superschnellen Blanchimont-Kurve, was von den F1-Fans zum besten Manöver der Saison gewählt wurde. Es war ein atemberaubendes Überholmanöver in einer High-Speed-Kurve, die nach gängiger Meinung eigentlich gar nicht zum Überholen geeignet ist: Die gesamte Kurvenbreite wird für ein einzelnes Auto benötigt, so groß sind die Fliehkräfte bei über 300 km/h. Aber Max hatte sich noch nie allzu sehr darum gekümmert, was andere als den Bereich des Möglichen definierten. Außerdem war er aufgrund einer Motorstrafe von P15 gestartet und musste das Feld jetzt von hinten aufrollen. Als er im Windschatten des Saubers immer näher herangeflogen kam, war klar, dass Max angreifen wollte. Nasr machte das, was jeder andere auch getan hätte: Er blieb auf der Kurveninnenseite und zwang Max so dazu, die längere Außenbahn zu nehmen, was das ganze Vorhaben eigentlich zum Scheitern verurteilt hätte. Normalerweise wäre durch dieses

Manöver das Duell in dieser Kurve entschieden gewesen, und der Herausforderer hätte auf eine andere Gelegenheit warten müssen. Deshalb atmeten alle tief durch, als Max die Nerven behielt. Er blieb außen und vertraute darauf, dass Nasr ihn a) gesehen hatte und b) selbst nicht zu weit herausgetragen würde. Nicht auszumalen, was hätte passieren können, wenn sich die Räder der beiden Autos bei diesem Tempo ineinander verhakt hätten. Trotzdem blieb Max auf dem Gas und sie fuhren nebeneinander, wobei Max mit seinen äußeren Rädern über die Kerbs fuhr. Sie hatten es geschafft, und Nasr lag immer noch knapp vorn, aber vor der folgenden Rechtskurve, die den Eingang der Bus-Stop-Schikane bildet, war es für Max ein Leichtes, ihn auf der Innenbahn auszubremsen und sich vor ihn zu setzen.

In der Formel 1 gibt es gelegentlich absolut außergewöhnliche Momente, ganz besondere, atemberaubende Manöver, die allen Respekt abnötigen. Fernando Alonso überholte Michael Schumachers Ferrari beim Großen Preis von Japan 2005 in der 130R-Kurve auf ähnliche Weise – es war das vorletzte Rennen der Saison, in der Alonso Weltmeister wurde und noch jeden Punkt brauchte. Max' Attacke in Spa, die weiter hinten im Feld stattfand und sich eher gegen einen unbedeutenden Sauber als gegen den Ferrari des amtierenden Weltmeisters richtete, hatte zwar nicht die gleiche symbolische Bedeutung, stand dem aber in puncto Schwierigkeitsgrad, fahrerischem Können und bedingungslosem Einsatz in nichts nach.

Trotz seiner Unerfahrenheit in der Formel 1 waren es die „Hausaufgaben", die Max zwischen den Rennen erledigte, die ihm das Selbstvertrauen gaben, einen solch gewagten Schritt zu wagen und die Grenzen dessen, was auf der Strecke möglich ist, neu zu definieren. Sein Simracing-Partner Atze Kerkhof berichtete auf seinem YouTube-Kanal: „In der Woche vor Spa haben wir die Simulatoren verbunden und herausgefunden, dass es möglich ist, in der Blanchimont zu überholen. Wir haben es viele Male geübt, und viele Male hat es nicht geklappt. Man spielt bestimmte Szenarien durch und übt dieses bestimmte Szenario immer und immer wieder, probiert Verschiedenes aus, man bleibt außen oder man versucht es innen. Irgendwann, wenn man das vorne liegende Auto fährt, fängt man an, innen zu verteidigen, und dann geht es nur noch außen herum." Das war das Szenario, das Max und Kerkhof immer und immer wieder geübt haben, sodass Max, als er die Chance sah, nicht mehr nachdenken musste.

Doch das vielleicht beste Rennen der Saison fuhr Max bei seinem ersten Besuch in Singapur. Er war auf dem anspruchsvollen Stadtkurs auf der Insel, wo eine sehr hohe Luftfeuchtigkeit herrschte, im Qualifying die achtschnellste Zeit gefahren. Die Strecke schien ihm zu liegen. Doch all die tolle Arbeit, die er geleistet hatte, erwies sich als vergeblich, als beim Start die Antriebseinheit des Toro Rosso streikte. Das Auto musste in die Boxengasse gerollt werden, wo es gelang, den Motor wieder zu starten, sodass er das Rennen nun von hinten aufnehmen musste, nachdem das Feld schon einmal vorbeigefahren war. Während der verschiedenen Boxenstopps und Safety-Car-Phasen (einer aufgrund eines Betrunkenen, der sich auf die Strecke verirrt hatte) überholten Max und Sainz dicht hintereinander fahrend den Sauber von Nasr und die beiden Lotus von Maldonado und Grosjean und schlossen dann zu Sergio Perez auf. Doch als sie näher an den Force India herankamen, bauten seine Reifen relativ rasch ab, und so gelang es Perez, sich mit einer etwas defensiveren Fahrweise gegen die Angriffe von Max zur Wehr zu setzen. Sainz, dessen Reifen noch etwas frischer waren als die von Max, witterte seine Chance und funkte, dass er sicher sei, noch genug Grip zu haben, um Perez zu überholen, wenn man Max bitten würde, ihn vorbeizulassen.

Ein übliches Szenario in der Formel 1: Das Team bittet den vorne liegenden Fahrer, für den dahinter liegenden schnelleren Platz zu machen, damit der den Vordermann attackieren kann, und wenn das nicht klappt, wird der Platz vor dem Ende des Rennens wieder zurückgegeben. Max wurde aufgefordert, die Position zu tauschen, doch er antwortete mit einem wütenden „Nein!“, worauf Pujolar sagte: „Max, mach es einfach.“ Max lehnte das erneut kategorisch ab. Nach einigen Runden hatten auch Sainz’ Reifen kaum noch Grip, sodass sie am Ende auf den Plätzen acht und neun ins Ziel kamen.

Die niederländische Journalistin Linda Vermeeren machte sich nach dem Rennen unverzüglich auf zum Fahrerlager, wo sie bei Toro Rosso direkt auf Jos stieß. „Er war noch total aufgebracht“, erinnert sie sich. „Voller Adrenalin rief er mir und meinen holländischen Journalistenkollegen zu: ‚Ich hätte ihm in die Eier getreten, wenn er Sainz vorbeigelassen hätte‘ – und ich konnte in seinen Augen sehen, dass er das vollkommen ernst meinte. ‚Max ist ein absolut konkurrenzfähiger Fahrer‘, tobte Jos weiter, ‚er lässt niemanden einfach vorbei. Wenn es um den Titel ginge, könnte ich so eine Bitte noch verstehen, aber jetzt?‘ In diesem Moment kam Max vorbei, und Jos sagte: ‚Daddy ist stolz auf dich.‘ Als wir später mit Max sprachen, war er wesentlich ruhiger als Jos. Er sagte, es sei sein bestes Rennen in dieser Saison gewesen, und: ‚Als Xevi mich fragte, stand für mich fest, dass es dazu nicht kommen wird. Ich glaube nicht, dass es richtig ist, sowas zu verlangen, wenn beide Fahrer mit der gleichen Strategie unterwegs sind und das Rennen in wenigen Runden vorbei ist.‘ … Ich habe Jos’ Bemerkung, dass er Max sonst in die Eier getreten hätte, später in einem Tweet zitiert. Es war der drittbeliebteste Tweet in Holland an diesem Tag. Was urkomisch war, aber auch ein Indiz dafür, was für eine große Rolle die Formel 1 in den Niederlanden wieder spielte.

Teamchef Franz Tost räumte später ein, dass Max im Nachhinein „vollkommen recht hatte, nein zu sagen“, und dass eine Fehleinschätzung der Situation zu dieser Anweisung geführt hätte.

Nach dem Großen Preis von Japan, wo er vor Sainz Neunter wurde, kam Max in Texas als Vierter ins Ziel, wobei er erneut eine sehr kämpferische Vorstellung bot, in deren Verlauf er mehr als einmal seine Ellenbogen ausfuhr. Als er seine Position verteidigte, zog er sich den Zorn von Kimi Räikkönen zu, was ein Ausblick auf die Ereignisse der folgenden Saison war: „Dieser Kerl drängt mich am Ausgang immer wieder ab. Wenn das legal ist, mache ich das auch", ärgerte sich der sonst so kühle „Iceman" am Funk. Doch wie Giedo van der Garde schon feststellte, ist sein Ruf nichts, was Max auch nur im Geringsten interessiert.

Vor dem Saisonfinale in Abu Dhabi war das teaminterne Duell zwischen Verstappen und Sainz noch nicht entschieden. Obwohl Max deutlich mehr WM-Punkte gesammelt hatte, spiegelte dies nicht ganz den Stand des Wettbewerbs zwischen den beiden wider, da Carlos Jr. häufiger Probleme mit der Zuverlässigkeit des Autos gehabt hatte. Was ihre Qualifying-Ergebnisse anging, stand es 9:9, sodass derjenige, der sich in Abu Dhabi vor dem anderen qualifizieren würde, sich zumindest damit würde brüsten können. Sainz war nur wenige Hundertstelsekunden schneller als Max, als sie nach Q2 die Plätze zehn und elf belegten. Diese vermeintliche Schmach schien Max letztlich zu einem seiner gelegentlichen mehr als grenzwertigen Überholmanöver verleitet zu haben.

Als er in der ersten Runde versuchte, den Red Bull von Kwjat zu überholen, setzte sich der Russe robust zur Wehr, wodurch Max auf die Kerbs kam und so noch einen weiteren Platz auf Sainz verlor. Kurz darauf verteidigte er seine Position gegen Vettel besonders rücksichtslos, was den Ferrari-Piloten dazu veranlasste, sich über Funk darüber zu beschweren, dass Max sich in der Bremszone hin und her bewegte, ein allgemein anerkanntes Tabu unter den Fahrern, was Max jedoch nicht interessierte. Nach den Boxenstopps war er direkt hinter Sainz, allerdings auf schnelleren Reifen, und direkt vor ihnen fuhr

Kwjat. Die Situation war nun die gleiche wie in Singapur, nur dass Max nun sicher war, Kwjat überholen zu können, wenn Sainz ihn vorbeiließe, um dann den Red-Bull-Piloten zu attackieren. Sainz folgte der Anweisung vom Kommandostand widerwillig, und fast sofort versuchte Max, Kwjat zu überholen, wobei er sich verbremste und dann mit zwei Bremsplatten an die Box musste, um die Reifen zu wechseln, womit er seine Rennstrategie zunichte gemacht hatte.

Obwohl der Toro Rosso 2015 nur mäßig konkurrenzfähig war, zeigte Max in seiner ersten Formel-1-Saison einige sehr starke Auftritte und bemerkenswerte Manöver. Er blieb auf seinem eingeschlagenen Weg, in nicht allzu langer Zeit ein großer Star zu werden. Was angesichts seiner spektakulären Höhepunkte und seines aggressiven Stils etwas in den Hintergrund geriet, war die Tatsache, dass Sainz über die ganze Saison gesehen genauso schnell gewesen war. Kaum jemand wird heute noch bezweifeln, dass es für die Verstappens die vollkommen richtige Entscheidung war, nach nur einer Saison in einem Rennwagen als 17-Jähriger den großen Schritt in die Formel 1 zu wagen – eine Herausforderung, an der ein weniger talentierter Fahrer zweifellos gescheitert wäre. Aber dass er den erfahreneren und ebenfalls sehr schnellen Teamkollegen nicht dominieren konnte – und die gelegentlichen unauffälligen Wochenenden – zeigte, dass die F1 selbst für einen so unglaublich begabten Fahrer wie Max eine ziemlich große Herausforderung war. Als Lewis Hamilton in seiner ersten Formel-1-Saison 2007 um die Weltmeisterschaft kämpfte und sich mit dem großen Fernando Alonso als Teamkollegen ein Kopf-an-Kopf-Rennen lieferte, war er 22 Jahre alt und hatte fünf Jahre Rennerfahrung in den Nachwuchsklassen auf dem Buckel. Verstappen kam als wesentlich jüngeres Talent in die F1, mit viel weniger Rennerfahrung. Aus diesem Grund passte das im Mittelfeld mitschwimmende Toro-Rosso-Team in dieser frühen Phase auch viel besser zu ihm als etwa ein namhafter Teamkollege im anderen Cockpit eines wirklich konkurrenzfähigen Autos.

Das Einzige, was zählte, war, dass Toro Rosso und Red-Bulls-Motorsportchef Helmut Marko nach wie vor von ihm begeistert waren, während die Situation bei Red Bull noch etwas unklar war und sich vielleicht langsam zu Max' Gunsten entwickelte. Daniil Kwjat, der 2015 im Alter von 21 Jahren als Ersatz für Sebastian Vettel nach nur einem Jahr als Toro-Rosso-Rookie zu Red Bull geholt wurde, hatte eine schwierige Saison hinter sich. In Japan kam er gegen Ende von Q3 von der Strecke ab und überschlug sich – ein einfacher Fahrfehler, worüber Marko alles andere als erfreut war. Dieser Anfängerfehler lässt sich vermutlich auch dadurch erklären, dass der Russe unter einem gewissen Druck stand: Im Vorfeld des Rennens hatte Marko Kwjat gesagt, dass man bei Red Bull mehr von ihm erwarte.

Im Vergleich zu Daniel Ricciardo im zweiten Red Bull war Kwjat im Schnitt rund 0,2 Sekunden langsamer und lag im teaminternen Vergleich etwas hinten. Am Ende der Saison hatte er allerdings drei WM-Punkte mehr auf dem Konto als sein Teamkollege, der in der Fahrerwertung hinter ihm auf Rang acht landete. Für Kwjat war das angesichts seines raschen Aufstiegs eine respektable Leistung, und in jedem anderen Team und in jeder anderen Saison, ohne einen Max Verstappen, der mit den Hufen scharrt, wäre man damit mehr als zufrieden gewesen. Aber Marko, dem Jos im Nacken saß und der wusste, dass Max in ein oder zwei Jahren gemäß Vertrag die Möglichkeit besitzen könnte, das Team zu verlassen, hatte nun noch höhere Ansprüche als je zuvor. Kwjat sollte das Red-Bull-Cockpit dennoch bis 2016 behalten, aber dass diese Zeit nur noch geliehen war, war klar.

Die Toro-Rosso-Fahrerpaarung mit Max und Sainz blieb für die neue Saison 2016 unverändert, beide würden den neuen STR11 fahren. Die Vertragsbeziehungen zwischen Red Bull und dem

Motorenlieferanten Renault führten dazu, dass das Nachwuchsteam den Motorenhersteller wechselte und nun nicht mehr wie das Mutterteam mit den französischen Aggregaten fuhr, sondern stattdessen mit 2015er Ferrari-Motoren. Zu Beginn der Saison 2016 waren diese noch einigermaßen konkurrenzfähig, doch da die Entwicklung an ihnen eingestellt worden war, fielen sie im Laufe der Saison im Vergleich zu den nach und nach besser werdenden Motoren der Konkurrenz immer weiter zurück. Es schien von vornherein sehr unwahrscheinlich zu sein, dass die Toro Rossos, was die unmittelbaren Konkurrenten anging, in naher Zukunft besser abschneiden konnten als im Vorjahr.

Dass man an der Fahrerpaarung Verstappen/Sainz für eine weitere Saison festhielt, trug nicht dazu bei, die teaminternen Spannungen abzubauen. Diese sollten beim ersten Rennen 2016 in Melbourne, dem einjährigen Jubiläum ihres Debüts, sogar noch an Schärfe zunehmen. Max sicherte sich mit der fünftbesten Zeit in Q3 eine gute Ausgangsposition für das Rennen, wobei er in Q2 etwas langsamer war als Sainz. Sainz ging von P7 ins Rennen.

Nach einem schlechten Start von Pole-Setter Lewis Hamilton fiel dieser bis zur ersten Kurve auf P5 zurück, während Max auf Rang vier lag und sich bravourös gegen die schnelleren Mercedes verteidigte. Sainz, noch unverändert Siebter, war direkt hinter dem Williams von Valtteri Bottas. Obwohl die Vorderreifen der Toro Rossos rasch abbauten, gelang es Max, Hamilton am Überholen zu hindern, und Sainz konnte den Druck auf Bottas aufrechterhalten. Schließlich wurde Sainz zu einem frühen ersten Stopp an die Box geholt, um an dem Williams per Undercut vorbeizukommen. Max drängte seine Crew, ihn ebenfalls wegen seiner Reifen reinzuholen, aber man tat es nicht, da es im Feld gerade keine günstige Lücke zum Rauskommen nach dem Stopp für ihn gab. Schließlich nahm er die Sache selbst in die Hand.

Fünf Runden, nachdem Sainz an der Box gewesen war, funkte ein verzweifelter Max, dass er jetzt reinkommen würde. Damit überraschte er die Boxencrew, die seine neuen Reifen noch nicht bereitliegen hatte, als er ankam. Er kam vor Sainz auf die Strecke zurück, lag aber nur knapp vor ihm. Das Rennen wurde mit der roten Flagge unterbrochen, nachdem Fernando Alonso sich mit seinem McLaren überschlagen hatte, während Verstappen und Sainz gerade auf den Plätzen vier und fünf lagen. Während einer Rennunterbrechung haben alle Fahrer die Möglichkeit, die Reifen zu wechseln. Es waren noch 39 Runden zu fahren, und bei Toro Rosso ließ man an beiden Autos neue Softreifen aufziehen, davon ausgehend, dass diese bis zum Ende des Rennens halten würden. Das war jedoch nicht der Fall, was zu weiteren Konflikten innerhalb des Teams führte.

Die ersten Runden nach dem Restart blieb Max dicht hinter Ricciardos Red Bull. In der Dirty Air war der Reifenverschleiß noch einmal höher, und schon nach wenigen Runden hatte er Mühe, die Pace beizubehalten. Sainz, der sich durch seinen Teamkollegen aufgehalten fühlte, bat das Team, Max anzuweisen, ihn vorbeizulassen – schon wieder! Das Team funkte Max an, doch der weigerte sich. Dann begannen auch die Reifen von Sainz stark abzubauen. Beide Fahrer baten darum, zum Wechseln auf frische Reifen an die Box kommen zu dürfen, was ihnen jedoch verwehrt wurde, da das Team der Meinung war, dass sie am Ende besser abschneiden würden, wenn sie draußen blieben, anstatt reinzukommen und danach aufholen und die verlorene Zeit wieder gutmachen zu müssen. Doch dann zog sich Sainz an seinem abgefahrenen Vorderreifen auch noch einen Platten zu, der ihn zum sofortigen Wechsel zwang. Max war sauer, als er Sainz im Rückspiegel in der Boxengasse verschwinden sah, um das zu tun, was ihm nicht erlaubt worden war. Also kündigte er zum zweiten Mal in diesem Rennen an, eigenmächtig an die Box zu kommen. Dadurch verzögerte sich sein Boxenstopp erneut – diesmal so sehr, dass er hinter Sainz herauskam, was Max mit einer Schimpftirade quittierte, da er glaubte, Sainz habe sich nach vorne gemogelt. Wild entschlossen, die alte Ordnung wiederherzustellen, attackierte er Sainz. Dabei berührte er mit seinem Auto leicht dessen Hinterrad, wodurch er sich drehte, sodass Sainz erleichtert als Neunter und Verstappen verärgert als Zehnter ins Ziel kamen.

Franz Tost war verständlicherweise verärgert, dass Max zweimal eigenmächtig die Strategie geändert hatte. Das war mehr als nur eigensinnig, das grenzte schon an Meuterei. Nun war Marko gefragt, die Wogen zu glätten.

Zwei Wochen später starteten sie in Bahrain von den Plätzen 10 und 11. Max war zwar in Q2 etwas schneller gewesen als Sainz, der aber, wie schon in Australien, in Q1 die insgesamt schnellste Zeit von ihnen gefahren war. Das zeigte einmal mehr, wie gering die Abstände zwischen den beiden waren. Für das Rennen entschied man sich bei Toro Rosso, die beiden auf unterschiedlichen Reifenstrategien fahren zu lassen – vielleicht, damit sie sich nicht wieder in die Quere kamen –: Max sollte auf den Supersofts und Sainz auf den Softs starten. Nach einer Kollision mit Perez war das Rennen für Sainz früh gelaufen, der später noch mit einem technischen Defekt ausschied, während Max ein starkes Rennen fuhr und Sechster wurde. In China stand Sainz in der Startaufstellung vor Max, wobei sie in umgekehrter Reihenfolge das Rennen beendeten.

Nächste Etappe: Sotschi, Russland. Max ließ Sainz in der Qualifikation hinter sich, aber – auch wenn Max es noch nicht wusste – Sainz war nicht mehr sein Konkurrent. In der Führungsetage von Red Bull rumorte es, und so kam es dazu, dass man sich Kwjats Leistungen ganz genau ansah. Auch wenn er in China Dritter wurde, nachdem er sich mit einem aggressiven Überholmanöver in der ersten Kurve den Zorn von Vettel zugezogen hatte, ist er dabei durch einiges begünstigt worden. Als das Team die zugrunde liegende Leistung analysierte, stellte es fest, dass sich der Rückstand auf Ricciardo bezüglich seiner Pace weiter vergrößert hatte. Er entwickelte sich in die falsche Richtung.

„Ich fand, dass Kwjat 2015 eigentlich ganz gut war", sagt Christian Horner. „Er hatte in der Fahrerwertung sogar mehr WM-Punkte als Riccardo. Dann haben wir zu Beginn der Saison 2016 den Bremsenhersteller gewechselt, und damit schien Daniil seit Beginn der Vorsaisontests überhaupt nicht mehr klarzukommen, er schaffte es einfach nicht, sich auf das neue Material einzustellen."

Wie bereits erwähnt, ist die erste Rückmeldung bezüglich des Grips der Strecke, das sensorische Feedback, das ein Fahrer beim Treten des Bremspedals erhält, für seine Leistung von entscheidender Bedeutung. Unterschiedliches Material der Bremsen fühlt sich auf dem Pedal unterschiedlich an – und das kann die Leistung eines Fahrers oft stark beeinflussen. Vom Timing her war es für Kwjat extrem unglücklich, dass diese Änderung genau zu der Zeit vorgenommen wurde, als Marko nach einer Möglichkeit suchte, Max weiter voranzubringen. Abgesehen von den Auswirkungen, die es auf die langfristige vertragliche Bindung hatte, hatte ein Tausch von Max gegen Kwjat auch den Vorzug, die Lage bei Toro Rosso zu beruhigen, wo es in Sotschi beim Qualifying erneut zu teaminternen Querelen gekommen war.

In Q2 kam Max entgegen Tosts Plan früher aus der Garage als Sainz. Im Sinne der mit Marko getroffenen Absprache tat Verstappens Ingenieursteam das, was es für das Beste für seinen Fahrer hielt, auch wenn es dem Gesamtplan des Teams zuwiderlief. Und es hatte funktioniert – dieser Schachzug war ausschlaggebend dafür, dass Max sich für Q3 qualifizierte, während Sainz auf seiner letzten Runde im Verkehr stecken blieb. Doch Franz Tost war über diese Insubordination dermaßen verärgert, dass in der Folge Xevi Pujolar und zwei seiner Ingenieurskollegen das Team verlassen mussten. „Seit einiger Zeit schon gab es Missverständnisse und Diskussionen zwischen einigen Ingenieuren und dem Team", so Tost. „Das hat die Zusammenarbeit erschwert, sodass wir uns von ihnen getrennt haben, wie es bei solchen Unstimmigkeiten üblich ist." Im Rennen – seinem letzten für Toro Rosso – schied Max auf Platz sechs liegend mit einem Motorschaden aus.

Kwjat besiegelte sein eigenes Schicksal mit einer chaotischen ersten Runde, in der er Vettels Ferrari zweimal touchierte, wobei er ihn beim zweiten Mal drehte, sodass er heftig in die Streckenbegrenzung einschlug. Ein wütender Vettel – der Kwjat schon nach dem Kontakt in China vorgeworfen hatte, sein Rennen ruiniert zu haben – beschwerte sich an der Boxenmauer bei seinem früheren Chef Christian Horner und forderte ihn auf, seinen Fahrer besser zu kontrollieren. Was gar nicht mehr nötig war, wie sich rasch herausstellte.

„Ricciardo hatte in China in Führung liegend einen Reifenschaden", erinnert sich Horner, „und Kwjat hatte es dort aufs Podium geschafft, was aber nicht an seiner Pace lag. Der Abstand zwischen den beiden Fahrern war einfach zu groß, wie man immer deutlicher sah, und es gab die Möglichkeit, im Rahmen dessen, was mit Max vereinbart war, zu sagen: ‚Okay, wir müssen etwas dagegen tun, wir befinden uns in einer privilegierten Lage, weil wir zwei Teams haben.' Es ist schon etwas unorthodox, aber wenn man zwei Teams hat, die demselben Eigentümer gehören, warum sollte man die Fahrer nicht innerhalb des A- und B-Teams so flexibel einsetzen, dass man insgesamt das Beste herausholen kann? Nach dem katastrophalen Großen Preis von Russland entschied man sich, die beiden Fahrer die Cockpits tauschen zu lassen."

Aber noch war alles streng geheim. Aufgrund einer beiläufigen Bemerkung von Marko hatte Jos vermutet, dass etwas im Busch war, aber sicher konnte er sich nicht sein. Und Max war es noch weniger. In der Dokumentation *Becoming Max*

Verstappen erinnert er sich: „Die ersten Rennen der Saison waren gut. Alles lief ganz ordentlich. Wir hatten einige gute Ergebnisse eingefahren. Mein Vater rief mich zu Hause in Monaco an und sagte: ‚Max, ich glaube, es sieht nicht schlecht aus, dass du beim nächsten Rennen für Red Bull fährst', und ich sagte: ‚Red keinen Unsinn, was erzählst du da?' Ich habe ihm nicht geglaubt. Irgendwann rief mich Helmut an – ich glaube, es war am Dienstag – und sagte: ‚Du musst nach Graz kommen.' Also sind wir gemeinsam Mittagessen gegangen, eine Stunde ging rum, ohne dass irgendetwas Entscheidendes besprochen wurde, und ich dachte: ‚Warum sind wir hier?' Und dann sagte Helmut plötzlich: ‚Ach übrigens, nächste Woche in Barcelona fährst du für Red Bull, also mach dich bereit.'"

Nach nur fünf Rennen in seiner zweiten Formel-1-Saison, in seiner dritten im Autorennsport also, fuhr der 18-jährige Max Verstappen damit für eines der absoluten Topteams der Formel 1. Kwjat erinnert sich, wie es war, als er die Nachricht erhielt, dass es für ihn in die entgegengesetzte Richtung ging: zurück zu Toro Rosso.

„Ich war in Moskau, lag auf dem Sofa und schaute eine Fernsehserie, als der Anruf kam. Es war Dr. Marko: ‚Hallo, wir haben Neuigkeiten für dich', und es folgte ein 20-minütiges Gespräch über... Um ehrlich zu sein, mir wurde nicht wirklich erklärt, warum man sich so entschieden hatte. Ich glaube, wenn die Bosse sich etwas in den Kopf gesetzt haben, dann machen sie das auch. So einfach ist das... Die Leute, die die Entscheidung getroffen haben, können die Gründe dafür besser darlegen. Die Frage richtet sich an sie. ... Wir beendeten das Gespräch, und ich guckte meine Fernsehserie zu Ende. Welche Serie das war? *Game of Thrones* – eine Serie, in der es um Intrigen und Machtspiele geht."

Kwjats Auto bei Toro Rosso wurde von einer neuen Gruppe von Renningenieuren betreut, weil Tost Max' Team wegen seines eigenmächtigen Vorgehens in Sotschi gefeuert hatte. Pujolar, der zwischen zwei Stühlen gesessen hatte, hatte sich für Marko und gegen Tost entschieden. Marko hat sich für die Loyalität ihm gegenüber bedankt, indem er Pujolar bei Sauber einen neuen Job verschaffte.

Max' Renningenieur bei Red Bull wurde Kwjats ehemaliger Ingenieur dort, Gianpiero Lambiase, oder „GP", wie er im Team genannt wird. Horner hatte ihn zwei Jahre zuvor von Force India abgeworben, weil er sich um Sebastian Vettels Auto kümmern sollte – als Ersatz für seinen langjährigen Ingenieur Guillaume Rocquelin (alias „Rocky"), der zum Leiter der Red-Bull-Nachwuchsakademie befördert worden war. „Eigentlich hat Seb das Vorstellungsgespräch mit GP geführt", erinnert sich Horner. „Es ging ja um ihn. Ich sah in GP einen großartigen Renningenieur, der sehr praktisch veranlagt war, und nachdem ich mit ihm gesprochen hatte, hat ihm ein vierfacher Weltmeister auf den Zahn gefühlt, und er reagierte absolut beeindruckend. Er ist ein tougher, aber ruhiger Typ. Sebastian ging dann zu Ferrari, und GP landete bei Daniil, bevor Max dessen Cockpit übernahm. ... Max kann sehr fordernd und spitzzüngig sein, wenn die Emotionen hochkochen, und viele Ingenieure würden mit diesem Druck sicher nicht klarkommen, weil Max extrem hohe Erwartungen hat. GP kann damit umgehen, und beide können so gut austeilen, wie sie einstecken können, dass man manchmal fast vergessen könnte, wer von beiden der Fahrer und wer der Ingenieur ist. ... Ihre Beziehung ist ganz anders als die zwischen Rocky und Seb. Rocky hat sich auch um mentale Aspekte gekümmert, etwa dadurch, dass er Bestimmtes auf Sebastians Sturmhaube schrieb, seinem Auto einen Namen gab, all diese kleinen Dinge. Bei Max und GP ist das viel weniger sentimental. Sie sind einfach brutal ehrlich zueinander, ohne Hemmungen, und in dieser Hinsicht glaube ich, dass es eine sehr klare, sehr aufrichtige Beziehung ist."

Doch bevor die beiden diese Beziehung zueinander aufbauen konnten, musste sich Max erst einmal an das neue Auto gewöhnen. Im Werk in Milton Keynes wurde ein Abdruck von ihm genommen, um eine eigene Sitzschale für ihn anzufertigen. Er hatte den RB12 noch nicht einmal im Simulator gefahren, bevor er beim Training zum Großen Preis von Spanien zum ersten Mal in ihm saß.

„Ich bin sehr glücklich über die Chance, die sie mir gegeben haben", sagte er auf der FIA-Pressekonferenz zu Beginn des Wochenendes. „Ich fahre jetzt für ein Topteam, was immer mein Plan war. Ob das ein Risiko ist? Um ehrlich zu sein, ich denke, es war ein größeres Risiko, so jung in die Formel 1 zu kommen, was ich aber ganz gut gemeistert habe. Jetzt geht es nur noch darum, sich auf das neue Auto einzustellen, was in der laufenden Saison nicht ganz so einfach ist, aber mit all dem, was ich im Werk schon machen konnte, bin ich voller Zuversicht."

Zu Beginn des Wochenendes machte Sophie etwas, das sie seitdem als Ritual beibehalten hat, wie sie *WagsF1* erzählte: „Ich gehe in die kleine Kirche hier in der Stadt, zünde eine Kerze an und spreche ein Gebet. Dann schicke ich Max ein Foto davon."

Als ich ihn im ersten Training in Kurve 7 von außen beobachtete, konnte ich sehen, dass sein Muskelgedächtnis noch auf den weniger griffigen Toro Rosso eingestellt war. Er lenkte früher ein als der mit dem Red Bull vertraute Ricciardo, und das Auto reagierte sofort, was hieß: zu früh. Er musste lernen, dass er das untersteuernde Auto nicht mehr bis zum Scheitelpunkt kontrolliert rutschen lassen musste, sondern spät und hart einlenken konnte – und dass das Auto reagierte. Nach ein paar Runden hatte er den Dreh raus. Aber das war alles neu für ihn.

Verstappen hatte mit Ricciardo, der ein Jahr zu spät zum Red-Bull-Mutterteam gestoßen war, um noch ein wettbewerbsfähiges Auto gestellt zu bekommen, mit dem man um den Titel kämpfen konnte, einen Teamkollegen, mit dem es noch schwieriger sein sollte, sich zu messen. Im Jahr 2014, als zum ersten Mal Hybridmotoren eingesetzt wurden, war die Power Unit von Renault nicht mehr konkurrenzfähig, doch Ricciardo erwarb sich schnell dennoch hohes Ansehen, da er den amtierenden Weltmeister und Teamkollegen Sebastian Vettel hinter sich ließ und drei Grands Prix gewann. Der 2015er Red Bull war nicht nur chancenlos gegen die dominierenden Silberpfeile, sondern auch gegen die Ferraris, und Ricciardo konnte kein einziges Rennen mehr gewinnen. Das 2016er Auto war viel besser, und obwohl es immer noch nicht mit dem Mercedes mithalten konnte, war es zumindest dem Ferrari ebenbürtig.

„Es gab damals nur sehr wenige Leute, die schnellere Rundenzeiten fuhren als Daniel Ricciardo", erinnert sich Horner. „Und dann kam in Spanien Max, der noch nie zuvor in diesem Auto gesessen hatte, und war in Q1 schneller als er, ebenso in Q2, und in Q3 hatte er ihm gegenüber nur das Nachsehen, weil er den Flügelwinkel nicht ändern wollte und dadurch etwas mehr Untersteuern bekam. ... Durch die Umstellung hat Max unter einem enormen Druck gestanden. Aber er ist einfach auf die Strecke rausgegangen und hat gegen unseren Spitzenfahrer geliefert, was sehr beeindruckend war. Das war definitiv ein Wow-Moment."

Doch das war erst der Anfang. Dass er nach dem Qualifying hinter Ricciardo lag, könnte ihm sogar zum Sieg verholfen haben.

Um zu verstehen, wie Max Verstappen sein erstes Rennen für Red Bull gleich gewinnen konnte und mit 18 Jahren und 228 Tagen zum jüngsten Grand-Prix-Sieger aller Zeiten wurde (und damit Sebastian Vettels bisherigen Rekord von 21 Jahren und 73 Tagen pulverisierte), muss man drei wichtige Fakten kennen. Erstens: Die Mercedes-Piloten Lewis Hamilton und Nico Rosberg kollidierten in der ersten Runde und rutschten mit ihren beschädigten Autos ins Kiesbett, womit beide ausschieden. Zweitens entwickelte sich das Rennen zu einem

Strategiewettstreit zwischen Red Bull und Ferrari, da beide Teams ihre Fahrer auf jeweils unterschiedlichen Strategien fahren ließen. Drittens: Max, der wie Kimi Räikkönen im Ferrari auf der besseren Strategie unterwegs war, hielt dem enormen Druck, unter den ihn der finnische Ex-Weltmeister setzte, stand, ohne auch nur den geringsten Fehler zu machen, weshalb er überhaupt in der Lage war, aus den zuvor geschilderten Umständen auch das Beste zu machen.

Im ersten Abschnitt des Rennens verlor Räikkönen drei Plätze, weil er aufgrund von Wheel-Spin einen schlechten Start erwischte. Max war nach dem Ausscheiden der Mercedes nun Zweiter hinter seinem neuen Teamkollegen Ricciardo, der in der ersten Kurve direkt nach dem Start Rad an Rad mit Vettel im Ferrari gekämpft und sich durchgesetzt hatte, so wie unmittelbar darauf Verstappen den Deutschen außen überholte. Vettel verlor auch noch eine Position gegen Sainz im Toro Rosso. Es dauerte einige Runden, bis sich Vettel wieder vor das langsamere Auto setzen konnte, doch als er das geschafft hatte, war man durch seine Pace bei Red Bull gewarnt, dass er ein Drei-Stopp-Rennen fahren könnte – was die Teammitglieder an der Boxenmauer vor eine strategische Herausforderung stellte.

Horner: „Als klar war, dass Vettel drei Stopps einlegen würde, mussten wir eine taktische Entscheidung treffen: Sollten wir versuchen, Vettel mit einem unserer Autos zu covern? Das Auto, mit den unserer Meinung nach besten Chancen, das Rennen zu gewinnen, war das des Führenden [Ricciardo], also entschieden wir uns, mit ihm auf drei Stopps zu gehen."

Diese Entscheidung erwies sich als fatal für Ricciardo – und auch für Vettel war sie alles andere gut. Da der Reifenverschleiß geringer war, als Red Bull befürchtet hatte, war die Zwei-Stopp-Strategie die bessere Wahl. Nachdem alle ihre Stopps absolviert hatten, führte Max vor Räikkönen. Vettel und Ricciardo auf den Positionen drei und vier waren mit ihren frischeren Reifen zwar schneller, aber nicht schnell genug, um die durch den zusätzlichen Boxenstopp verlorene Zeit wieder aufzuholen. Alles, was Max nun tun musste, war, seine Reifen in den restlichen 32 Runden zu schonen und dabei den Ferrari hinter sich in Schach zu halten. Er musste herausfinden, wie er seine Batterieladung am besten nutzen konnte, um sich zu verteidigen – und zwar ausschließlich dafür; hätte er versucht, sich abzusetzen, wäre die Batterie ein paar Runden später leer gewesen – und dann wäre es das gewesen. Und das alles musste er mit einem neuen Auto geregelt bekommen, in dem er für ein neues Team fuhr.

„Es war, als würde man die letzten zehn bis fünfzehn Runden auf Eis fahren", erinnerte er sich auf dem YouTube-Kanal von Red Bull, „und wir waren nicht sicher, ob wir es bis zum Ende schaffen würden. Meine Reifen waren völlig runter, aber ich konnte sehen, dass Kimi hinter mir auch Probleme hatte. Ich wusste, wenn die Räder blockieren oder wenn ich den Scheitelpunkt verpasse, war ich geliefert."

Ein Rennen anzuführen, fühlte sich für ihn sehr vertraut an – er war vor seiner ersten Formel-1-Saison ständig in dieser Situation gewesen. Ein Grand Prix sei wie ein Kartrennen mit mehr Zuschauern, hatte er damals gesagt. Doch gegen Ende der schier endlos scheinenden 32 Runden gab er zu, dass er den Gedanken an die Bedeutung dessen, was er gerade im Begriff war zu erreichen, nicht mehr komplett ausblenden konnte. „Fünf Runden vor Schluss begann ich vor Aufregung und Konzentration ein bisschen zu verkrampfen. Ich habe buchstäblich die Runden gezählt. Der Druck war immens. Mein Vater war am Ende so aufgeregt, dass er Nasenbluten bekam. Ich mag mir gar nicht vorstellen, wie es für ihn gewesen sein muss, in meinem Fahrerraum zu sitzen und die letzten Runden mitzufiebern."

Nach dem Überqueren der Ziellinie meldete sich Horner per Funk: „Max Verstappen, du bist ein Grand-Prix-Sieger. Fantastisch. Was für ein großartiges Debüt."

Christian Horner sagt: „Seine mentale Stärke ist einzigartig, so etwas habe ich noch nie gesehen. Seine Fähigkeit, mit Druck umzugehen, ist phänomenal. Und je größer der Druck ist, desto besser wird er."

Dank dieser Eigenschaft schaffte es der 18-Jährige zwar bei der ersten sich bietenden Gelegenheit seinen ersten Grand-Prix-Sieg zu feiern, aber er war noch nicht in der Lage, dies regelmäßig zu tun. Es sollten noch fünf weitere Saisons folgen, in denen die Autos, die ihm zur Verfügung gestellt wurden, nicht wettbewerbsfähig genug waren, um im Titelkampf mitzumischen, fünf Jahre, in denen er mehr oder weniger auf der Stelle trat. Es gab Zeiten, in denen Max' Loyalität zum Team auf der Kippe stand, als Jos und Raymond keinen Hehl daraus machten, dass sie Zweifel hegten, ob Red Bull in der Lage sein würde, ein Auto zu bauen, mit dem er um die Weltmeisterschaft kämpfen und sein Potenzial voll ausschöpfen könnte. Aber diese mentale Widerstandsfähigkeit, diese Hartnäckigkeit ließ ihn durchhalten, bis er schließlich in einem Red Bull saß, der tatsächlich gut genug war, um mit ihm um den Weltmeistertitel zu kämpfen – und zwar im wahrsten Sinne.

Markos alter Gegenspieler Niki Lauda, der gerade von einer 45-minütigen Krisensitzung im Mercedes-Motorhome mit seinen Fahrern Rosberg und Hamilton zurückgekehrt war, hatte diesen ersten Sieg aufmerksam verfolgt. Er ließ es sich nicht nehmen, zu Jos zu gehen und ihm zu gratulieren, wobei Max' Vater Freudentränen in den Augen standen. „Ich ziehe meinen Hut vor Max", sagte Lauda. „Er ist ein Jahrhunderttalent. … Normalerweise halte ich nichts davon, dass Väter den Fahrern sagen, was sie zu tun haben, weil die sich sonst nicht von ihnen emanzipieren können. Aber er konnte Max sich nicht emanzipieren lassen, weil er noch so jung war. Was Jos getan hat, war absolut richtig. Er hat ihm die Selbstsicherheit vermittelt, die es braucht, um keinen einzigen Fehler zu machen, wenn ein Kimi

Räikkönen so lange dicht an einem dran ist. Ich muss einfach sagen: Marko hat die richtige Entscheidung getroffen. Er ist der Meister der Verstappens."

Jos war sprachlos. Es ist eine Sache, ein Jahrzehnt lang mit allem, was man tut, auf diesen Moment hinzuarbeiten, aber eine ganz andere, ihn zu erleben. „Er ist erst 18 Jahre alt, und die Art und Weise, wie er gefahren ist, war einfach unglaublich. Ich weiß nicht, was ich sagen soll."

Marko sagte: „Wenn ich nach den drei Momenten in meinem Leben gefragt würde, auf die ich am stolzesten war, dann wäre der erste der Sieg in Le Mans als Fahrer, der zweite der erste Weltmeistertitel von Sebastian Vettel und der dritte der Sieg von Max in Barcelona 2016. Und das auch, wegen dem ganzen Scheiß, den ich mir habe anhören müssen, weil ich angeblich einem viel zu jungen Kerl einen Formel-1-Vertrag gegeben hätte. Das war etwas sehr Persönliches für den zähen, alten Knochen."

An diesem Abend gab es viel zu feiern. Das Leben von Max hatte sich gerade grundlegend verändert. Und dieser Erfolg würde auch das Leben von Jos, Sophie und Victoria verändern. Vor ihnen allen lag ein langer Weg, und niemand wusste, wohin er führen würde. Aber eins stand fest: Es würde eine aufregende Reise werden.

DIE SPANNUNG STEIGT

Er kann doch nicht sagen, dass mein Enkel in die Psychiatrie gehört. Er ist der Loser, der stattdessen dahin sollte.

Frans Verstappen

Der Sieg beim Großen Preis von Spanien 2016 bei Max' erstem Rennen für Red Bull war zwar eine grandiose Leistung, weckte aber vielleicht etwas zu hohe Erwartungen bei seiner stetig wachsenden Fangemeinde. Das gemeinsame Projekt mit Red Bull hatte im Grunde gerade erst so richtig begonnen, und angesichts der Mercedes-Dominanz konnten sie jedoch nur gelegentlich Glanzlichter setzen.

In den ersten Jahren der Zusammenarbeit machte sich Max' geringe Erfahrung wiederholt bemerkbar. Neben reichlich Nervenkitzel sorgte er auch immer wieder für haarsträubende Situationen. Es stellte sich heraus, dass der Fahrer, der das Feld in Barcelona so souverän angeführt hatte, durchaus seine Probleme damit hatte, sich mit weniger exponierten Platzierungen zufriedenzugeben. Es gab Momente, in denen die Lust am Wettkampf über das gesunde Urteilsvermögen siegte. Und mit seinem nicht allzu großen Respekt vor den Regeln der Rennetikette, machte er sich im Establishment nicht viele Freunde.

Seinen niederländischen Fans schien das egal zu sein. Beim Großen Preis von Belgien 2016 – der Veranstaltung, die bis zur Wiederaufnahme des Großen Preises der Niederlande in den Rennkalender 2021 einem Heimrennen für sie am nächsten kam – bevölkerten in Orange gekleidete Massen die Zuschauerränge und sorgten für eine völlig neue Atmosphäre. Eine Fahrt durch die umliegenden Städte und Dörfer wurde zu einer

Abenteuerreise durch ein Land im Feierausnahmezustand. Zwei Jahrzehnte zuvor hatte „Jos the Boss“ bereits eine ähnlich enthusiastische Fangemeinde mobilisieren können, aber die Anhängerschaft von seinem Sohn war schon jetzt um einiges größer, weitaus sichtbarer – und in ganz Europa anzutreffen. In Ungarn, Deutschland und definitiv in Belgien drohte Orange das Ferrari-Rot als vorherrschende Farbe im Publikum zu verdrängen. (Immerhin war Max gebürtiger Belgier und der Sohn einer belgischen Mutter.)

Sie jubelten ihm zu, ganz gleich wie die Rennen ausgingen, und dass, obschon er ihnen in den nächsten Jahren nur selten Hoffnung auf größere Erfolge machte. Einer dieser Hoffnungsschimmer flackerte bereits beim ersten Rennen nach dem Großen Preis von Spanien in Monaco auf. Hier schien der Red Bull sogar gegenüber den Mercedes und Ferrari einen gewissen Vorteil zu besitzen. Der enge Stadtkurs kam dem Leistungsdefizit des Renault-Motors entgegen und erlaubte es, das ungemein schnelle Ansprechverhalten des Autos voll auszuspielen. Daniel Ricciardo – dessen Red Bull mit einer neuen, stärkeren Version des Renault-Motors ausgestattet war als Verstappens – war im zweiten Training der Schnellste.

Dass es für Max nicht so gut laufen würde, zeigte sich im dritten Freien Training am Samstag, als er in der Massenet die Leitplanke streifte und dabei den Frontflügel beschädigte. Noch schlimmer kam es in Q1, als er in die Streckenbegrenzung knallte. Wie schon in Barcelona schien sein muskuläres Gedächtnis zum Teil immer noch auf den Toro Rosso eingestellt zu sein, denn gelegentlich lenkte er den Red Bull noch einen Hauch zu früh ein. Das war auch hier der Fall, als er bei der Ausfahrt aus der Piscine-Schikane hart nach rechts einlenkte. Das Auto drehte sich genau dorthin, wohin er es gelenkt hatte – nämlich auf die Streckenbegrenzung zu, die er diesmal aber nicht nur streifte, sondern gegen die er prallte –, ein Unterschied von wenigen Zentimetern. Das Qualifying endete für ihn mit einer gebrochenen Spurstange und einem geplatzten Traum. Während Ricciardo am Sonntag von der Pole ins Rennen ging, musste Max aus der Boxengasse starten. Er kam auf der anfangs noch nassen Strecke beeindruckend gut voran, doch brachte ihm das letztendlich nichts ein. Denn kurz nachdem er auf der noch feuchten Strecke auf Slicks gewechselt hatte, krachte er an der gleichen Stelle in der Massenet in die Leitplanken, wo er sie am Samstag nur gestreift hatte. Ricciardo war auf dem besten Weg, einen Start-Ziel-Sieg einzufahren, doch dann führte ein infolge nicht bereit liegender Reifen völlig verpatzter Boxenstopp dazu, dass Hamilton im Mercedes die Führung übernehmen konnte und schließlich das Rennen gewann.

Zu Max' Unfall in diesem Rennen wäre es vielleicht gar nicht gekommen, wenn er nicht schon den Crash im Qualifying gebaut hätte und somit eine Aufholjagd starten musste. Das war der größte Schnitzer, den er sich in dieser Saison geleistet hatte, denn dadurch hatte er sich um die Chance gebracht, seine ersten beiden Rennen mit Red Bull zu gewinnen. Und solche Chancen bekam er in den nächsten Jahren nur noch selten.

Seine Performance in den restlichen Rennen der Saison 2016 reichte von unüberlegt (Spa) bis unglaublich (Brasilien), aber er war auf jeden Fall immer mit vollem Einsatz und mit Leidenschaft dabei. In Kanada wurde er Vierter und hatte damit an diesem Wochenende das Maximum aus dem Auto herausgeholt. In Österreich wurde er Zweiter, nachdem er in der zweiten Runde Ricciardo mit einem spektakulären Manöver in der Rindt-Kurve überholt hatte. Und in Silverstone bewies Max, dass er auch ein Regenkünstler ist, als er den zweitplatzierten Nico Rosberg im Mercedes auf der nassen Streckte überholte. Zwar holte sich Rosberg seine Position wieder zurück, als die Strecke abtrocknete, allerdings bekam er im Nachhinein noch eine Zehn-Sekunden-Strafe aufgebrummt, sodass Max am Ende dennoch Zweiter wurde.

In Ungarn brachte er Räikkönen – wie schon im Vorjahr in Austin – aus dem Konzept. Im Kampf um Platz fünf in der Schlussphase des Rennens machte er mehr als eine Bewegung in der Bremszone. Max wartete in der Mitte der Strecke darauf, dass sich Räikkönen für eine Seite entschied, um dann genau in diese Richtung zu ziehen und ihn zu blockieren. Als Räikkönen dann die Seite wechselte, tat Max das Gleiche. Das entsprach zwar nicht der Rennetikette, war aber nach dem damals geltenden Reglement auch nicht ausdrücklich verboten. „Wenn er das noch mal macht, dräng ich ihn ab", wütete Räikkönen, kam aber nie nah genug heran, um seine Worte in die Tat umzusetzen.

Max' Verhalten mochte vielleicht erklärbar gewesen sein durch seine Verärgerung über seinen Teamkollegen Ricciardo, der ihn im ersten Stint des Rennens, als die Red Bulls auf P3 und P4 lagen, aufgehalten hatte. „Ich fahr hier wie eine Oma", beschwerte er sich. Er nahm an, dass ihm sein Teamkollege mit voller Absicht ein geringes Tempo aufgezwungen habe, damit er von den nachfolgenden Ferraris eingeholt und überholt werden konnte, was auch tatsächlich geschah, obwohl Ricciardo glaubhaft beteuerte, nur seine Reifen geschont zu haben. Max konnte sich später wieder vor Räikkönen setzen, kam aber an Vettel nicht vorbei. Seine etwas rüpelhafte Verteidigung gegen Räikkönen könnte in diesem Licht gesehen werden.

Im Red-Bull-Lager herrschte zu jener Zeit eine gewisse Spannung zwischen den beiden Fahrern. Während das Team versuchte, beiden die gleichen Chancen einzuräumen, hatte Ricciardo das Gefühl, die Verstappens hätten einen besseren Draht zu Helmut Marko als er. Diese Art von internem Wettbewerb, bei dem der gerissene Marko eine Schlüsselrolle einnimmt, war durchaus nicht neu. Schon einige Jahre zuvor war es zu ähnlichen Zwistigkeiten zwischen Sebastian Vettel und Mark

Webber gekommen, die in deren legendärer Kollision im Kampf um die Führung beim Großen Preis der Türkei 2010 gipfelten. In einer Krisensitzung hatte Webber seinen Standpunkt deutlich gemacht und erklärt, dass er durch die offensichtliche Vorliebe Markos für Vettel unter zusätzlichem Druck stehe. Marko entgegnete, dass er nicht gewusst habe, dass Webber so sensibel sei, sich dessen Worte aber zu Herzen nehmen werde, bevor er hinzufügte: „Aber beim nächsten Rennen in Valencia wird das nicht viel ausmachen, denn da kriegst du eh nie was gebacken!"

Die Verstappens hatten kein Problem mit Markos Macho-Attitüde und seiner altväterlichen Härte. Für sie war das vertrautes Terrain. Dass es andere schwer hatten, da mitzuhalten, ist leicht nachvollziehbar. Allerdings hatte Marko auch immer großen Respekt vor Ricciardo, was er in einem Interview mit mir 2017 auch explizit zum Ausdruck brachte. „Sie sind ein fantastisches Gespann", sagte er. „Max springt ins Auto und ist sofort schnell, egal ob die Strecke neu für ihn ist oder was auch immer. Im Regen ist er eine Klasse für sich, er sucht den Grip und hat sofort ein Gefühl für das Limit. Fast alle anderen müssen sich in der Situation erst zurechtfinden, er ist sofort da. Ricciardo ist ruhig, er lächelt, aber sobald er im Auto sitzt – Sie brauchen sich nur mal seine Überholmanöver anzusehen. Er kommt aus dem Hinterhalt. Sein Maskottchen ist der Honigdachs – der sieht süß aus, ist aber sehr gefährlich. Er fürchtet sich vor gar nichts. Senna war nie so entspannt wie Ricciardo. Und das finde ich erstaunlich: So konkurrenzfähig zu sein und trotzdem das Leben zu genießen. Max ist ähnlich, aber bei ihm ist die Anspannung größer."

Ricciardo war zu diesem Zeitpunkt ein Topfahrer. Mit dem richtigen Auto hätte er es im Kampf um den Weltmeistertitel mit jedem aufnehmen können. Er war in seiner sechsten Saison in der Formel 1 und verfügte somit über jede Menge Erfahrung, was ihm neben seinem großen Talent sehr zugute kam. Dennoch war sein neuer Teamkollege, der erst eine Saison in der

Formel 1 absolviert hatte, mit ihm sofort auf Augenhöhe – mal war er etwas schneller, mal etwas langsamer. Bei den 15 Rennen, in denen 2016 ein fairer Vergleich möglich war, war Ricciardo im Qualifying im Schnitt fünf Hundertstelsekunden schneller. Er war zu Recht besorgt darüber, was Max wohl würde leisten können, wenn er mehr Erfahrung gesammelt haben würde. Und er lag auch richtig mit seiner Vermutung, dass Marko genau dasselbe durch den Kopf ging.

Eine Woche nach dem Großen Preis von Ungarn stellte Ricciardo in Hockenheim mustergültig eine der Fähigkeiten unter Beweis, die Max sich erst noch aneignen musste: Beim Rennen im Pulk die optimale Kombination aus Pace und reifenschonenden Fahren zu finden. Ricciardo war ein Meister auf diesem Gebiet und schlug Max deswegen bei diesem Rennen, der hinter dem Australier Dritter wurde. Bereits in der ersten Kurve hatte Max seinen Teamkollegen auf atemberaubende Weise außen überholt, wobei sich ihre Räder fast berührten.

Dass Max in entscheidenden Situationen gelegentlich zu gefährlichen Manövern neigt, zeigte sich wieder einmal in Spa, wo er sich bereits wenige Sekunden nach dem Start einen schweren Schaden am Frontflügel einhandelte: Vettel, der nicht bemerkt hatte, dass sich in der Rechtskurve zwei Autos innen neben ihm befanden, weil sich Verstappen noch in eine kaum vorhandene Lücke hineingezwängt hatte, drückte Räikkönens Ferrari gegen den Red Bull. Nach einem Boxenstopp, bei dem die Schäden behoben wurden, fielen Max und Räikkönen weit zurück, kämpften aber weiter. Als Räikkönen in der zwölften Runde von Verstappen Windschatten bekam und an ihm vorbeizog, bremste der in der nächsten Kurve innen sehr spät und zwang den Ferrari-Piloten, nachdem sich ihre Räder kurz berührt hatten, in die Auslaufzone auszuweichen, um eine Kollision zu vermeiden. In der folgenden Runde versuchte es Räikkönen erneut, als sie mit rund 340 km/h die lange Gerade entlangrasten. Max blieb in der

Mitte der Fahrbahn, wartete bis Räikkönen sich für eine Seite entschieden hatte und zog dann ebenfalls dort rüber. Räikkönen musste bremsen und nach links ausweichen, um einen schweren Unfall zu vermeiden. Da Verstappens Aktion nicht gegen das damalige Reglement verstieß, wurde der Vorfall später nicht untersucht – sehr zum Ärger von Räikkönen. „Ich habe nichts gegen gutes, hartes Racing", sagte er hinterher, „aber wenn ich auf der Geraden mit 340 km/h bremsen muss, um einen Unfall zu vermeiden, dann stimmt doch irgendetwas nicht. Doch die Stewards sahen darin kein Problem, warum auch immer. Irgendwann wird es einen schweren Unfall geben. Vielleicht muss es erst dazu kommen, damit alle die Dinge klarer sehen."

Möglicherweise war das seine Art zu zeigen, dass es die etablierten Spitzenfahrer nun mit einem neuen Herausforderer zu tun hatten. Zum Teil mag das am Alter gelegen haben – Max war damals 18, also genau halb so alt wie Räikkönen, und seine Fähigkeit, Risiken einzuschätzen, war vielleicht noch nicht voll entwickelt. Gleichzeitig schien hier aber auch die typische Verstappen-Mentalität durch: diese absolute Weigerung, klein beizugeben. Sie zog sich wie ein roter Faden durch die gesamte Karriere von Vater und Sohn, aber Max' Aktionen in Spa waren dafür das bisher extremste Beispiel in der Formel 1. In Zweikampfsituationen war das durchaus eine Stärke, doch Max zog damit neue Grenzen in der Formel 1, die andere nicht unbedingt akzeptieren wollten. Das hatte es seit den Tagen von Michael Schumacher nicht mehr gegeben, als als Reaktion auf einige seiner Manöver neue Regeln aufgestellt werden mussten. Das Gleiche sollte nun wieder als Reaktion auf Max' Aktionen geschehen.

Das war der Moment, als Niki Lauda sagte: „Der gehört in die Psychiatrie", worauf Max fröhlich antwortete: „Toll, dann können wir ja zusammen hingehen." Max' Großvater Frans sah das Ganze natürlich aus der Perspektive seines Enkels und sagte auf RTL: „Seien wir ehrlich, Räikkönen ist eine Heulsuse. Ich habe Lauda immer respektiert, aber was er gesagt hat, ist doch irre. Seit letzter Woche bin ich überzeugt, dass nicht nur die Ohren bei seinem Unfall was abbekommen, sondern auch sein Gehirn. Er kann doch nicht sagen, dass mein Enkel in die Psychiatrie gehört. Er ist der Loser, der stattdessen dahin sollte. Max hat nie gesagt, er wolle Ferrari-Fahrer von der Strecke drängen. Was er gemeint hat, war, dass er nie kampflos aufgeben würde. Er würde niemals absichtlich in jemanden reinfahren."

Im weiteren Verlauf der Saison bekam Lewis Hamilton in der Schlussphase des Großen Preises von Japan einen kleinen Vorgeschmack auf Max' brutale Härte. Der Mercedes-Pilot war auf einer Aufholjagd, nachdem ihn ein schlechter Start weit zurückgeworfen hatte. In der letzten Runde kam er in Schlagdistanz zu dem auf P2 liegenden Verstappen, und die einzige Überholmöglichkeit war in der Schikane nach der Highspeed-Kurve 130R. Max fuhr wieder in der Mitte der Fahrbahn, und Hamilton zog nach rechts. Doch kurz vor der Schikane zog auch Max nach rechts und zwang Hamilton, in die Auslaufzone auszuweichen, um dem Red Bull nicht ins Heck zu fahren. Das war ein weniger gefährlicher Verstoß gegen die Rennetikette als das, was er in Spa gemacht hatte. Im Grunde war es nur hartes Racing, und Hamilton hat sich auch nicht wirklich darüber aufgeregt, wobei er allerdings schon einen ersten Eindruck davon bekam, wie es sein würde, mit Max Rad an Rad zu fahren.

In Mexiko zog Max den Zorn von Sebastian Vettel auf sich, weil er nach einem Verbremser in einer Kurve, in der Vettel ihm im Getriebe saß, einfach über das Gras fuhr und so vor Vettel wieder auf die Strecke kam und sich bis zum Ende weigerte, die auf diese irreguläre Weise gehaltene Position an Vettel abzugeben. Vettel war darüber sehr aufgebracht. „Er ist ein *****. Genau das ist er", schimpfte er über Funk. Max erhielt nach dem

Rennen eine Fünf-Sekunden-Strafe, weil er sich im Zweikampf mit Vettel durch das Verlassen der Strecke einen Vorteil verschafft hatte. Auch Nico Rosberg hatte Grund zur Klage, da es in der ersten Kurve eine leichte Berührung mit Max gegeben hatte.

Räikkönen, Hamilton, Rosberg und Vettel: Bei ihnen allen hatte Max einen gewissen Eindruck hinterlassen. Er war auf der großen Bühne angekommen und würde sich nicht mehr so schnell von ihr verdrängen lassen, und sie wussten nicht, wie sie mit ihm umgehen sollten.

Einerseits waren diese umstrittenen Aktionen zum Teil Max' knallharter Einstellung zum Racing geschuldet, andererseits zeigte sich darin einfach auch seine Entwicklung als Formel-1-Pilot. Aber so wie er sich an die Formel 1 anpasste, so passte sich auch die Formel 1 an ihn an. Seit dem Grand Prix in Austin gab es eine neue Regel, die besagte, dass es dem Vordermann in der Bremszone verboten war, mehr als einmal die Linie zu wechseln. Einer der ersten, der für einen Verstoß gegen diese Regel bestraft wurde, war Vettel, und zwar ausgerechnet nach seiner Aktion im Duell mit Ricciardo in Mexiko – zu der es vor allem deshalb gekommen war, weil er sich über Max' vorangegangenes Manöver geärgert hatte und weil Verstappen ihn aufgehalten hatte, sodass Ricciardo erst so nah rankommen konnte. Welch Ironie des Schicksals!

Abgesehen von seinen gefährlichen Manövern gab es noch andere Dinge, an denen Max feilen musste. Es war ja auch erst seine zweite Saison in der Formel 1 und erst seine dritte nach dem Kartsport. In Barcelona hatte er seine Reifen perfekt geschont, als er das Feld anführte, in Hockenheim hatte er sie bei seinem Rad-an-Rad-Duell hingegen überstrapaziert. Und in Singapur führte sein Frust darüber, dass die Fahrer vor ihm, die versuchten, ihre Reifen zu schonen, ihn aufhielten, und seine Schwierigkeiten beim Überholen dazu, dass er seine Reifen zwischen den Boxenstopps überhitzte, wodurch er sich an einem Tag, an dem Ricciardo als starker Zweiter ins Ziel kam, mit einem unbefriedigenden sechsten Platz begnügen musste. Hier hatte er eine lausige, unreife Leistung gezeigt.

In dieser Phase hing seine Effizienz stark von den Umständen ab. Wenn diese es erforderlich machten, sich in Disziplin zu üben und die Pace zurückzunehmen, ignorierte er oft die entsprechenden Anweisungen. So auch in Austin, als er die Warnung von GP vorm Überhitzen seiner Hinterreifen mit folgenden Worten in den Wind schlug: „Ich bin nicht hier, um Vierter zu werden!“ Selbst Helmut Marko, sein größter Förderer, rügte ihn hinterher und meinte: „Wenn er nicht überholen kann, darf er die Reifen nicht überstrapazieren. Auf die Art gewinnt man keine Rennen, geschweige denn Meisterschaften. Max hatte einen höheren Reifenverschleiß als Daniel.“

Aber wenn es darum ging, anzugreifen, war er wirklich beeindruckend. In Malaysia, wo nach dem Großen Preis von Singapur das nächste Rennen stattfand, lieferte er sich ein großartiges Duell mit Ricciardo um den zu diesem Zeitpunkt zweiten Platz. Der Zweikampf ging über mehrere Kurven, und beide Fahrer bewiesen ein hervorragendes Gespür für die Autos auf dem engen Raum. Es war ein anderes, weniger brutales Duell als das mit Räikkönen, dennoch sah man bei Red Bull an der Boxenmauer einige Teammitglieder sichtlich nervös werden. Ricciardo setzte sich schließlich durch – und eine Runde später schied der Führende Lewis Hamilton mit einem Motorschaden aus, was Ricciardo den Sieg bescherte und Verstappen den zweiten Platz, worüber er nicht ganz so glücklich war. Zumindest hatte er jedoch die Gelegenheit genutzt, da Rosberg hinter ihm weit abgeschlagen war, einfach fahren zu können, ohne auf die Reifentemperaturen besondere Rücksicht nehmen zu müssen.

Das Rennen, bei dem Max’ besondere Fähigkeiten und sein gnadenloser Attackestil 2016 am meisten belohnt wurden, war wahrscheinlich der Große Preis von Brasilien, das vorletzte

Rennen der Saison. Als sich der Formel-1-Tross dorthin aufmachte, hatten sich die Wogen, die er mit seinem Auftritt in Mexiko geschlagen hatte, allerdings noch nicht wieder geglättet. Nach dem Rennen hatte Mercedes-Chef Toto Wolff bei Jos angerufen und sich darüber beschwert, dass Max beim Start mit Rosberg kollidiert war, der zu diesem Zeitpunkt die Fahrerwertung anführte. Auch in der Mercedes-Pressekonferenz nach dem Rennen hatte Wolff den Zwischenfall angesprochen und gesagt: „Wenn man drei Rennen vor Saisonende gegen den WM-Führenden kämpft, sollte es keine Reifenberührungen geben." Ähnlich hatte er sich Jos gegenüber geäußert und ihm den gut gemeinten, aber unerbetenen Rat gegeben, dass Max doch besser etwas ruhiger zu Werke gehen solle. Der völlig unbeeindruckte Jos erzählte Marko von diesem Gespräch, der seinerseits mit Horner darüber sprach – was in den Tagen vor dem Rennen für heftige Wortgefechte im Fahrerlager in Brasilien sorgte.

„Ich glaube, Jos war etwas überrascht, als Toto ihm am Telefon erklärte, dass er nicht nur im Namen von Mercedes spräche, sondern auch im Namen von Ferrari, dass sich Max mit seinem Verhalten keinen Gefallen tue und er sich zurückhalten solle", sagte Horner.

„Dass ein Teamchef den Vater eines für ein anderes Team an den Start gehenden Fahrers anruft, ist mir noch nie untergekommen", sagte Marko, „aber offensichtlich hatte Toto das Bedürfnis, genau das zu tun. Ich halte das für absoluten Blödsinn. Wenn Toto für seine Fahrer ein Rennen haben möchte, bei dem sie nichts riskieren müssen, können wir das für 11 Uhr ansetzen, den Grand Prix, bei dem dann von allen Rennsport getrieben wird, starten wir dann wie gehabt um 14 Uhr. .... Es wird immer absurder. So eine Einmischung habe ich noch nie erlebt. Wenn Herr Wolff etwas von uns will, dann soll er sich an Red Bull wenden und nicht an den Fahrervater."

Natürlich wurde Wolff in Brasilien um eine Stellungnahme zu diesen Äußerungen gebeten. Er sagte: „Max ist spontan, aufregend, genau das, was die Formel 1 braucht. Er leistet einen großen Beitrag, und das Letzte, was er tun sollte, ist, seine Herangehensweise zu ändern. Ich habe nicht gesagt, dass er den Weg freimachen solle. Was ich mit Jos besprochen habe, war zweierlei: Jos wurde in einigen Medien negativ dargestellt, was bedauerlich ist, denn ich bin der Meinung, dass es für Max wichtig ist, dass Jos bei allen Rennen dabei ist. ... Zweitens habe ich gesagt, dass die negative Berichterstattung in den Medien noch zunehmen würde, falls er mit Lewis oder Nico [die um den Weltmeistertitel kämpften] zwei Rennen vor Schluss noch kollidieren würde, und daher sollte man das möglichst vermeiden. Ich habe das aus Sympathie für Max getan. Es war eine rein private Unterhaltung, die in die Öffentlichkeit gezerrt wurde."

Noch während er das in der Mercedes-Presserunde erzählte, kam draußen zufällig Horner vorbei, blickte durch die Fensterscheibe in den Raum hinein und machte mit einer sarkastischen „Ruf mich an"-Geste in Richtung Wolff auf sich aufmerksam... All das sind nur Episoden aus dem Kampf, der abseits der Strecke stattfand und der durch Max' grandiose Leistung im Regenrennen von Interlagos schnell in den Hintergrund gedrängt wurde.

Es herrschten katastrophale Sichtverhältnisse, als das Safety-Car die Strecke verließ und das Rennen freigegeben wurde. Max zog gleich innen in Kurve 1 an Räikkönen vorbei und lag damit auf P3. Er hatte nun nur noch die beiden Mercedes von Hamilton und Rosberg vor sich, doch kurz danach wurde das Rennen unterbrochen, weil nach einem schweren Unfall von Ericsson Trümmerteile geborgen werden mussten. Nachdem die Strecke wieder freigegeben worden war, kam Max auf der nassen Fahrbahn am oberen Ende der Steigung, die zur Boxengasse führt, ins Rutschen, brachte das Auto aber schnell wieder unter

Kontrolle. Nicht so glimpflich davon kam Räikkönen, dessen Ferrari auch ins Schleudern geraten, dann aber heftig gegen die Streckenbegrenzung geprallt war. Eine weitere rote Flagge samt Unterbrechung war die Folge. Als das Rennen zum dritten Mal neu gestartet wurde, nahm Max sofort seinen neuen Kontrahenten Rosberg ins Visier. Auffallend dabei war, dass er auf der nassen Strecke eine völlig andere Linie fuhr als üblich und den Grip abseits der Ideallinie suchte, wo es keinen Gummiabrieb gab. Es war womöglich reiner Instinkt, der daher rührte, dass er in den vergangenen zehn Jahre immer und immer wieder auf nassen Kartbahnen gefahren ist, um seine Fähigkeiten bei Regen zu verbessern, selbst wenn niemand außer seinem Vater am Streckenrand gestanden und ihm zugesehen hatte.

Max gelang es, Rosberg auf seiner speziellen „Kart-Linie" noch vor Kurve 4 zu überholen. Jetzt hatte er nur noch Hamilton vor sich, der ebenso virtuos fuhr wie Max, aber mit einem schnelleren Auto. Eine Zeit lang konnte Max leicht aufschließen, doch dann zog Hamilton das Tempo an und hielt Max auf Abstand.

In dieser Phase des Rennens kam es zu einem spektakulär wirkenden Zwischenfall: Wieder einmal geriet Max am oberen Ende der Steigung zur Boxengasse gefährlich ins Schleudern, wobei sein Red Bull fast quer zur Fahrtrichtung stand. Er lenkte schnell genug gegen, ging etwas vom Gas, legte einen kleinen kontrollierten Power-Slide hin und hatte es damit auf beeindruckende Weise geschafft, seinen Red Bull abzufangen, Zentimeter, bevor er in der Leitplanke gelandet wäre. „Das war in dem Moment, als würde man versuchen, ein Quad wieder unter Kontrolle zu bekommen", scherzte der später. Er verlor durch diesen Zwischenfall zwar etwa vier Sekunden auf Hamilton, blieb aber auf Platz zwei. Am Funk gestand er, dass sein Puls ein kleines bisschen in die Höhe gegangen sei, aber in der nächsten Runde war er bereits wieder über eine Sekunde schneller als Rosberg.

Als der Regen etwas nachließ, versuchte man bei Red Bull, Max die Möglichkeit auf einen Sieg über Hamilton zu verschaffen, indem man früh auf Intermediates wechselte. Hätte der Regen weiter nachgelassen, wäre die Rechnung auch wahrscheinlich aufgegangen und Max hätte das Rennen gewonnen. Doch als erneut ein stärkerer Wolkenbruch niederging, musste Max nach einer weiteren Safety-Car-Phase zurück auf Regenreifen wechseln. Dadurch fiel er 16 Runden vor Schluss auf P14 zurück. Seine anschließende Aufholjagd war atemberaubend. Auf einigen Runden war er bis zu zwei Sekunden schneller als alle anderen. Er überholte die Autos, sobald sie vor ihm auftauchten, manche davon ziemlich frech an Stellen, an denen zuvor noch nie jemand auf die Idee gekommen war, so etwas zu tun. Als Hamilton über die Ziellinie fuhr, hatte er sich wieder bis auf den dritten Platz vorgearbeitet – eine fantastische Leistung.

„Das hat sich toll angefühlt", sagte er. „Fast so toll wie mein Rennen in Barcelona. Jedes Mal, wenn mein Ingenieur über Funk sagte: ‚Gut gemacht, weiter so', konnte ich den Jubel der Zuschauer hören. Das war unglaublich."

„Ich glaube, wir haben gerade etwas ganz Besonderes erlebt", sagte Christian Horner.

Die Bandbreite zwischen gut und extrem speziell sollte auch Max' Rennen in der Saison 2017 prägen, als er versuchte, aus dem RB13, einem anderen nicht ganz so guten Auto, alles herauszuholen.

Red Bull war durch die völlig neuen Aerodynamik-Regeln für diese Saison, die breitere Autos und größere Räder vorschrieben, in Bedrängnis geraten. Die Boliden sollten deutlich schneller sein, doch wie sich später herausstellte, hatte es Red Bull versäumt, seinen Windkanal ausreichend an die neuen Gegebenheiten anzupassen, weshalb sie über keine exakten Aerodynamikwerte für das neue Auto verfügten. Für die

Verstappens waren das keine guten Nachrichten. Nachdem die Red Bulls im Verlauf der Saison 2016 zunehmend konkurrenzfähiger geworden waren, fielen sie nun wieder zurück und brauchten den Großteil der Saison 2017, um wieder an den Punkt zu gelangen, den sie zuvor eigentlich schon erreicht hatten. Die ersten Rennen 2017 machten daher ausnahmslos Mercedes und Ferrari unter sich aus.

Gemessen an dem raketenhaften Aufstieg, den er bisher hingelegt hatte, war 2017 für Max eine Saison, in der er auf der Stelle trat. Dank der Erfahrung, die er inzwischen gesammelt hatte, zeigte er über die ganze Saison gesehen eine ruhigere, klarere Performance als im Vorjahr, wobei er immer noch seinem typischen hochoktanigen Angriffsstil treu blieb, dabei aber weniger durch kontroverse Aktionen auffiel. Gegen Ende der Saison gewann er die zwei Grands Prix in Malaysia und Mexiko souverän, doch die mangelnde Zuverlässigkeit des Autos und einige Runde-1-Zwischenfälle hatten dazu geführt, dass er in der Fahrerwertung nur auf Rang sechs und damit einen Platz hinter seinem Teamkollegen Daniel Ricciardo lag, der selbst nur einen Grand-Prix-Sieg in dieser Saison hatte einfahren können. Während er allerdings 2016 im Qualifying-Vergleich noch einen geringfügigen Rückstand auf Ricciardo gehabt hatte, konnte er 2017 einen ähnlich geringfügigen Vorsprung herausfahren.

Beim Saisonauftaktrennen in Melbourne lag Max' Red Bull noch 1,2 Sekunden hinter der Pace der Silberpfeile, doch Adrian Newey, Chefingenieur bei Red Bull, arbeitete hart daran, diesen Rückstand aufzuholen. Mit der ursprünglichen Spezifikation des Autos belegte Max in den ersten vier Rennen die Plätze fünf, drei, fünf und sechs. Zum fünften Rennen in Barcelona erhielt der Red Bull ein Upgrade-Paket, und obwohl der Rückstand auf die Spitze dadurch um die Hälfte reduziert wurde, konnte Max seinen märchenhaften Sieg aus dem Vorjahr hier nicht wiederholen, weil nach einer Kollision mit Räikkönen in der ersten Kurve für beide das Rennen vorzeitig beendet war.

Dem fünften Platz in Monaco folgte ein brillanter Auftritt in Montreal: Beim Start von P5 zog er aggressiv an Vettels Ferrari vorbei und schaffte es sogar in Kurve 1 bis auf P2 zu kommen, und nach einer frühen Safety-Car-Phase war er sogar in der Lage, den Führenden Hamilton unter Druck zu setzen. Doch dann fiel die Elektronik an seinem Red Bull aus, und damit war auch dieses Rennen für ihn vorzeitig beendet.

Auf dem Stadtkurs in Baku zeigte der Red Bull zum ersten Mal eine konkurrenzfähige Grundgeschwindigkeit. Daniel Ricciardo ging dann auch tatsächlich als Sieger aus diesem verrückten, von etlichen Zwischenfällen geprägten Rennen hervor. Max schied allerdings auch hier wieder einmal aus, diesmal mit einem Motorschaden. In Österreich war das Rennen mal wieder in der ersten Runde für ihn vorbei, nachdem Kwjat mit Alonso kollidiert war, der wiederum mit Max zusammenstieß. In den schnellen Kurven von Silverstone zeigte sich, dass der Red Bull hier nicht so konkurrenzfähig war wie auf langsameren Strecken. Max kam als Vierter ins Ziel, allerdings mit fast einer Minute Rückstand auf Lewis Hamilton, der das Rennen gewann. In Ungarn versuchte Max, Ricciardo in der ersten Runde innen zu überholen, konnte aber nicht mehr rechtzeitig bremsen und schoss ihn ab. Diesmal war für seinen Teamkollegen früh Feierabend. Anschließend entschuldigte Max sich persönlich bei Ricciardo, der die Entschuldigung annahm. In Spa kam er aufgrund von Problemen mit der Elektronik nicht ins Ziel, und in Monza fand die Pannenserie ihre Fortsetzung mit einem Reifenschaden (nach einer Kollision mit Felipe Massa), wobei er immerhin ins Ziel kam, wenn auch als Überrundeter auf Platz zehn.

In Singapur, einer der langsameren Strecken, sah es zunächst gut aus für Max, der sich einen Startplatz in der ersten Reihe gesichert hatte. Doch auch hier war schon wieder in der ersten Runde Schluss. Er war das Opfer einer von Vettel verursachten Kollision mit den beiden Ferraris.

In Malaysia wendete sich das Blatt schließlich zu seinen Gunsten. Mercedes war mit einem schlecht ausbalancierten Auto nicht so stark wie gewohnt, und die Ferraris – die schnellsten Autos auf dieser Strecke – hatten beide mit technischen Problemen zu kämpfen. Während bei Vettels Ferrari nach dem Qualifying der Motor getauscht werden musste (und er deshalb um 20 Startplätze nach hinter versetzt wurde), konnte Räikkönen wegen eines Defekts kurz vor dem Rennen gar nicht erst starten.

Von allen Strecken im Rennkalender wies Sepang in Malaysia die größte Bandbreite an Kurvengeschwindigkeiten auf. Dies war ein besonderes Problem für den auch als „Diva" bekannten Mercedes W08, der laut des Technischen Direktors James Allison „bei hohen Geschwindigkeiten zu nervös und bei geringen Geschwindigkeiten zu starr" war. Jede Änderung der Abstimmung, die eines dieser Probleme löste, verstärkte das andere. Nur dank des im Qualifying starken Motors des Mercedes schaffte es Lewis Hamilton, sich in der Startaufstellung vor die Red Bulls zu setzen, die aus der zweiten Reihe ins Rennen gingen. Valtteri Bottas im zweiten Mercedes schaffte es nur auf Startplatz fünf. Weil die Ferraris vorne fehlten, musste Max es also nur mit den zwei langsameren Mercedes sowie seinem Teamkollegen Ricciardo aufnehmen – eine viel leichter zu bewältigende Aufgabe als üblich, zumal der RB13 endlich ein konstant schnelles Auto geworden war. Darüber hinaus war zu erwarten, dass Hamilton keine großen Risiken eingehen würde, da er kurz davorstand, seinen vierten Weltmeistertitel klarzumachen.

Max ließ Ricciardo bereits in Kurve 1 hinter sich und lieferte sich in Kurve 2 ein Rad-an-Rad-Duell mit Bottas, der beim Start sehr gut weggekommen war, dann jedoch gegen Verstappen das Nachsehen hatte. Damit war für Max der Weg frei, um Hamilton zu jagen. Es war sofort klar, dass der Red Bull in der Lage war, hart an dem Mercedes dranzubleiben. Auf diese Weise zwang Max Hamilton dazu, seine gesamte Batterieleistung zu verbrauchen, um vorne zu bleiben. Max wusste, dass es nur wenige Runden dauern würde, bis die Batterie des Mercedes leer und Hamilton damit ein leichtes Opfer sein würde. Und so überholte er den Silberpfeil des Briten in Runde 4 mühelos innen in Kurve 1. Das war ein typisches Verstappen-Manöver, aggressiv, aber kontrolliert. Hamilton widerstand dem Drang, sich die Führung um jeden Preis zurückzuholen. Er hatte vor allem seinen Titel im Blick. Sein einziger Konkurrent um die Weltmeisterschaft, Sebastian Vettel, war von ganz hinten gestartet, und selbst wenn er sich in diesem Moment gegen Verstappen behauptet hätte, hätte ihn der Red Bull mit Sicherheit früher oder später hinter sich gelassen.

So kam es, dass Max Verstappen am Tag nach seinem 20. Geburtstag seinen zweiten Grand Prix gewann. Dieser Sieg war nicht annähernd so hart erkämpft worden wie sein erster. Max kam 10 Sekunden vor Hamilton ins Ziel, der am Ende noch Ricciardo abwehren musste. „Ich hätte die Tür natürlich auch zumachen können", sagte Hamilton zu Max im Ruheraum vor der Siegerehrung.

„Aber du hast um den Titel gekämpft", brachte Max den Gedankengang für ihn zu Ende.

„Ja, ich wollte nichts riskieren", gab Hamilton zu.

Das sagte im Grunde alles über dieses Rennen. Doch Verstappens mutiges Manöver hat auf Hamilton schon Eindruck gemacht, wie er eine Woche später nach seinem Sieg beim Großen Preis von Japan sagte, bei dem Max ihm dicht auf den Fersen gewesen war. „Nachdem er das letzte Rennen gewonnen hatte, dachte ich: ‚Dieses Rennen überlasse ich dir nicht.' Irgendwann als ich die Gegengerade hinunterraste, dachte ich: ‚Mein Gott, der Kerl hinter mir ist so viel jünger als ich, ich muss meinen Mann stehen, mich meinem Alter gemäß verhalten und dafür sorgen, dass ich vorne bleibe, zeigen, dass ich im Grunde meines Herzens noch ein junger Kerl bin.‘ Das waren in etwa die Gedanken, die mir durch den Kopf gingen.“

Beim Großen Preis der USA überholte Verstappen noch in der letzten Runde den auf Platz drei liegenden Räikkönen, weil er dabei allerdings kurzzeitig die Strecke verließ und abkürzte, erhielt er eine Zeitstrafe, sodass Räikkönen dennoch als Dritter auf dem Podium stand. Anschließend zog der Formel-1-Zirkus weiter nach Mexiko. Die Höhenlage von Mexiko City kam dem Renault-Motor entgegen, wobei sich auch der relativ hohe Luftwiderstand des Red Bull in der dünnen Luft nicht ganz so nachteilig auswirkte wie auf anderen Strecken. Max sicherte sich nach einem starken Qualifying den Startplatz neben Pole-Setter Vettel, Hamilton und Bottas standen in Startreihe zwei.

Für die Fahrer auf P1 bis P3 in der Startaufstellung standen ganz unterschiedliche Dinge auf dem Spiel: Hamilton reichte ein fünfter Platz, um sich im drittletzten Rennen den Weltmeistertitel vorzeitig zu sichern, Vettel musste das Rennen unbedingt mit einem Sieg beenden, um überhaupt noch eine Chance auf den Titel zu haben, und Verstappen wiederum hatte rein gar nichts zu verlieren. Nach dem Sieg in Austin ging es für ihn darum, es allen erneut zu zeigen – was in einem Red Bull, dem diese Strecke sehr gut lag, durchaus möglich war. Es war klar, dass etwas passieren musste, als sich die drei Kontrahenten direkt nach dem Start noch vor der ersten Kurve ein Rad-an-Rad-Duell lieferten, und das Einzige, was sicher war, war, dass Max vor nichts zurückschrecken würde. Anders als für die beiden anderen ging es für ihn um nichts – eine Situation, die für ihn und seinen Fahrstil wie geschaffen war.

Entweder würde sein Auto beschädigt werden, oder – was viel wahrscheinlicher war, da die beiden anderen nichts riskieren durften – er würde in Führung gehen. Und genau so kam es. Vettel versuchte unklugerweise, in der Kurve neben Verstappen zu bleiben, wobei der Frontflügel des Ferrari leicht beschädigt wurde. In der Folge berührten sich Hamilton und Vettel ausgangs der Kurven 1 und 2, was etwas größere Schäden zur Folge hatte, weshalb sie gleich zu Boxenstopps gezwungen wurden und dadurch weit zurückfielen. Das wiederum führte dazu, dass Max einen leichten Sieg einfahren konnte. „Das war eines der einfachsten Rennen meiner Karriere“, sagte er. „Die Pole ist mir gestern durch die Lappen gegangen, daher war ich sehr motiviert, heute das gewünschte Resultat zu erzielen.“

Bei den beiden letzten Rennen in Brasilien und Abu Dhabi sollte ihm das nicht mehr gelingen. Hier landete er jeweils abgeschlagen auf einem unbefriedigenden fünften Platz.

Abgesehen davon, dass Max unter Beweis gestellt hatte, dass sein erster Sieg für Red Bull 2016 kein Zufallserfolg war und dass er durchaus in der Lage war, jede noch so kleine Chance auf einen Sieg zu ergreifen und zu nutzen, war 2017 hauptsächlich eine Saison, in der die Weichen für das gestellt wurden, was noch kommen sollte. Fragte sich nur: Wann würde es soweit sein?

GUTE JUNGS, BÖSE JUNGS

Arschloch. Er muss lernen, Respekt zu zeigen.

Lewis Hamilton

Nachdem Red Bull aus den Fehlern des Vorjahres gelernt hatte, war der 2018er RB14 aerodynamisch das vielleicht fortschrittlichste Auto im Starterfeld. Mit einem Rückstand von 0,5 Sekunden im Qualifying auf Mercedes und Ferrari war er jedoch noch immer nicht konkurrenzfähig, um im Kampf um den Titel wirklich mitzumischen.

Red Bulls technischer Direktor, das Aerodynamik-Genie Adrian Newey verzweifelte an Renault, dem Motorenpartner des Teams. Die Franzosen hatten ihm für den 2018er Motor viel versprochen, aber das hatten sie früher auch schon getan. Er würde genau verfolgen, welche Leistungen das Juniorteam Toro Rosso zeigen würde, das jetzt mit Honda-Motoren fuhr, und die Power Units direkt vergleichen. Zu Beginn des Jahres bestätigte Horner, dass der Honda-Motor im Vergleich mit dem von Renault nur etwas weniger Leistung habe, dafür aber noch einiges an Steigerungen zu erwarten sei.

Newey war von den Ambitionen des japanischen Konzerns sehr beeindruckt, obgleich die kürzlich beendete dreijährige Zusammenarbeit des Motorenherstellers mit McLaren nicht von Erfolg gekrönt war. Seiner Meinung nach fehlte Renault eben dieser Ehrgeiz, er hatte den Eindruck, dass die Franzosen hauptsächlich aus Marketinggründen in der Formel 1 vertreten sein wollten. Langsam, aber sicher entwickelte sich Honda zu einer entscheidenden Größe für die Mission von Red Bull, Max ein konkurrenzfähiges Auto zur Verfügung zu stellen. Zumindest war es das, was Horner den Verstappens erzählte, als denen dämmerte, dass 2018 wieder einmal eine Saison werden würde, in der es für Max vielleicht die eine oder andere Gelegenheit für einen Sieg geben könne, sie jedoch weit davon entfernt wären, ihr Schicksal wirklich in der eigenen Hand zu haben.

Während Jos und Raymond längerfristige Optionen prüften, gab Max alles, um trotz der Unzulänglichkeiten des neuen Autos das Beste herauszuholen. In den ersten Rennen des Jahres 2018 war er nicht mehr der ruhige und besonnene Fahrer wie im Vorjahr, sondern eher der unbeirrbare Unruhestifter, der er 2016 gewesen war. Er schien einen Rückschritt gemacht zu haben.

In Australien verlor er in der ersten Kurve den Anschluss und steckte in den ersten Runden auf P5 liegend hinter dem langsameren Haas von Kevin Magnussen fest, ohne an ihm vorbeizukommen. Währenddessen bauten die vor ihm fahrenden Silberpfeile und Ferraris ihren Vorsprung um bis zu eine Sekunde pro Runde aus, und Max versuchte immer verzweifelter, den defensiv fahrenden Magnussen zu überholen. Doch seine wütenden Attacken blieben erfolglos. Schließlich setzte er ausgangs der schnellen Kurve 12 mit dem Auto hart auf den Kerbs auf, wobei er den Diffusor beschädigte. Dadurch verlor er viel Abtrieb am Heck, weshalb seine Hinterreifen noch schneller abbauten. Das wiederum führte mit dazu, dass er sich in der zehnten Runde drehte und von mehreren Fahrern überholt wurde. Am Ende wurde er Sechster, 21 Sekunden hinter seinem Teamkollegen Ricciardo, der als Vierter ins Ziel gekommen war.

In Bahrain drehte sich Max im Qualifying und schlug nach dem Rutschen durchs Kiesbett in der Streckenbegrenzung ein. Die Quittung für den Crash: Startplatz 15. Auch für Hamilton, der von P9 startete, war das Qualifying nicht wie gehofft verlaufen. Nach dem Startgerangel fuhren beide in der ersten Runde hintereinander, wobei Hamilton die Nase vorn hatte. In der zweiten Runde versuchte Max den amtierenden

Weltmeister in Kurve 1 innen zu überholen. Es war ein Manöver, das ihm Hamilton vielleicht hätte durchgehen lassen und bei dem er zurückgezogen hätte, wenn er kurz vor dem erneuten Titelgewinn gestanden hätte, aber zu diesem Zeitpunkt der Saison kam das für ihn nicht in Frage. Max schien mit Hamiltons gar nicht so unwahrscheinlicher Reaktion überhaupt nicht gerechnet zu haben, jedenfalls kam es zum Kontakt zwischen beiden Autos, wobei sich der Red Bull den linken Hinterreifen aufschlitzte, sodass er langsam die ganze Runde fahren musste, bevor er zum Reifenwechsel an die Box kommen konnte. Damit war das Rennen für ihn gelaufen. Hamilton fuhr unbeeindruckt weiter und wurde Dritter. Als die Bilder des Zwischenfalls vor der Siegerehrung im Green Room gezeigt wurden, hörte man Hamilton zu seinem Teamkollegen Bottas sagen: „Arschloch. Er muss lernen, Respekt zu zeigen." Diese Bemerkung zeigt, wie sehr es um Fragen wie Stolz und verletztes Ego ging in diesem Konkurrenzkampf, der sich in diesem Rennen Bahn brach. Verstappen hatte im Vorjahr in Malaysia auf sich aufmerksam gemacht, und seitdem wuchs die Spannung stetig an. Max war sich der Bedeutung seiner Entscheidung, den Zweikampf gegen Hamilton so zu führen, wie er es getan hatte, durchaus bewusst.

Nach diesem kleinen Streit reichten sie sich zu Beginn des folgenden Grand-Prix-Wochenendes in China öffentlich die Hand. Aber die Auseinandersetzung auf der Rennstrecke war damit offensichtlich noch nicht beigelegt.

Alles deutete auf ein Routinerennen hin: Bottas führte in seinem Mercedes vor Vettel im Ferrari und seinem Teamkollegen Hamilton das Feld an, die Red Bulls von Verstappen und Ricciardo lagen auf den Plätzen vier und fünf. Da von hinten aber keine Gefahr drohte, hatte das clevere Red-Bull-Strategieteam die letzten Boxenstopps hinausgezögert, in der Hoffnung, dass es vielleicht noch eine späte Safety-Car-Phase geben könnte und sie davon profitieren könnten. Und so kam es tatsächlich. Die Red Bulls kamen unter dem Safety-Car an die Box und ließen sich frische Reifen aufziehen, wodurch sie, weil das Feld nur langsam vorbeizog, nur wenig Zeit verloren, sodass sie sich direkt hinter den drei Führenden wieder einreihten – allerdings jetzt auf viel schnelleren Reifen.

Der Sieg war zum Greifen nah. Es war noch genug Zeit, sodass sie auf einer Strecke, auf der das Überholen in der Haarnadelkurve gegen Ende der Runde relativ einfach war, nicht viel riskieren mussten.

Ricciardo war hinter Räikkönen rausgekommen, aber er schnappte sich sofort den Ferrari des finnischen Ex-Weltmeisters und heftete sich an die Fersen von Max. Die beiden schlossen schnell zu Hamilton auf. Normalerweise würde man mit einem Angriff bis zur Haarnadelkurve warten, aber Hamilton spielte mit Verstappen. Als sie auf die schnelle Kurve 7 zusteuerten – eine eher untypische Stelle zum Überholen –, ließ er außen eine verlockende Lücke. Verstappen folgte dem typischen Impuls eines Rennfahrers, dem er in diesem Moment besser widerstanden hätte, und setzte zu einem spektakulären Überholversuch an. Ein wenig (absichtlich herbeigeführtes?) Übersteuern von Hamilton genügte, und Max war gezwungen, in die Auslaufzone auszuweichen, um eine Kollision zu vermeiden. Der hinterherfahrende Ricciardo konnte sein Glück kaum fassen, als er in der nächsten Kurve an den beiden vorbeizog und dann auch noch Vettel und Bottas überholte und das Rennen gewann. Max gelang es schließlich zwar noch, an Hamilton vorbeizukommen, doch touchierte er bei dem Versuch, in der Haarnadelkurve an Vettel vorbeizukommen, dessen Ferrari, woraufhin sich beide Autos drehten und Max auf den fünften Platz zurückfiel, da Hamilton und Räikkönen wieder vorbeizogen.

Während der Zwischenfall mit Hamilton eindeutig darauf zurückzuführen war, dass Max dem Routinier auf den Leim gegangen war, war er an dem Unfall mit Vettel ganz alleine Schuld. Selbst Jos übte nach dem Rennen öffentlich Kritik an seinem Sohn. „Das Überholmanöver gegen Vettel war nicht in Ordnung", sagte er. „Das konnte nicht gut gehen. Das war eine Fehleinschätzung. In manchen Situationen muss Max einfach mehr nachdenken."

Ricciardo ging als strahlender Sieger aus diesem Rennen hervor. Entscheidender war aber vielleicht, dass außergewöhnliche Bild, das sich einprägte, mit den drei Fahrern, die stolz auf ihre Podiumsplätze waren, auf der einen Seite und dem jungen Herausforderer, dessen Elan einen Dämpfer erhalten hatte, auf der anderen. War Hamilton überrascht, dass Max in Kurve 7 zu überholen versucht hatte? „Ja", antwortete er. „Ich habe noch nie jemanden dort überholen sehen, schon gar nicht einen Topfahrer. Ich bin überrascht, dass er es versucht hat." Was er dabei nicht sagte, war, dass er ihn selbst in diese Falle gelockt hatte.

Dann kam der Große Preis von Baku 2018, ein Rennen, das ebenso in die Annalen von Red Bull eingegangen ist wie der Große Preis von Istanbul 2010 mit der Kollision zwischen Vettel und Webber. Die Red Bulls waren in diesem Rennen nicht so schnell wie die Ferraris und die Silberpfeile. In der Anfangsphase lagen Ricciardo und Max hintereinander auf den Plätzen vier und fünf, bis – nach Zweikämpfen mit den auf den schnelleren Softreifen fahrenden Renaults – Max eine Gelegenheit nutzte, um Ricciardo zu überholen. Er war nun der führende Red Bull, und als solcher durfte er als Erster zum Boxenstopp reinkommen, was normalerweise ein Vorteil ist. Nachdem die Renaults aus dem Weg geräumt waren (für Hülkenberg war das Rennen nach einem Crash beendet, Sainz war bereits an der Box gewesen), ging der teaminterne Konkurrenzkampf bei Red Bull weiter, was für Christian Horner teilweise schwer mitanzusehen gewesen sein dürfte.

Ricciardo blieb auf der langen, kurvenreichen „Geraden“, die parallel zur Küste des Kaspischen Meeres verläuft und auf der die Autos Vollgas geben, in Max’ Windschatten (wobei ihm das DRS, das es dem hinteren Auto ermöglicht, schneller zu sein, einen Vorteil verschaffte). Dann setzte er sich daneben und versuchte, in Kurve 1 zu überholen. Max weigerte sich, Ricciardo Platz zu machen, und während sie nebeneinanderher fuhren, berührten sich zweimal ihre Reifen. Bei Red Bull an der Boxenmauer sah man nicht erst seit dieser Aktion besorgte Minen, aber dann erinnerte man sich wohl daran, dass die beiden schon im vergangenen Jahr in Malaysia so gefahren waren und offenbar zu wissen schienen, wie weit sie gehen konnten. Dennoch schien der Reifenverschleiß etwas zu hoch zu sein… Schließlich gelang es Ricciardo, sich kurz vor den Boxenstopps vor seinen Teamkollegen zu setzen, sodass er als Erster reinkam, während Max‘ Reifenwechsel für die nächste Runde eingeplant war.

Normalerweise hat derjenige, der zuerst an die Box kommt, einen Vorteil, weil er seine Out-Lap auf frischen Reifen fährt, während der andere seine In-Lap auf alten, abgefahrenen Reifen absolviert. Aber manchmal bekommt man die neuen Reifen nicht schnell genug auf Temperatur, und so war es auch hier, was Ricciardo auf seiner Out-Lap merkte. Unterdessen legte Max eine beeindruckende In-Lap hin, wobei ihm der starke Windschatten beim Überrunden des Toro Rosso von Pierre Gasly half. Ricciardos Reifen waren gerade auf Temperatur, als er seine Out-Lap beendete – aber da setzte sich Max, der in diesem Moment aus der Box kam, auch schon wieder vor ihn. „Du musst einfach alles noch einmal machen“, sagte Ricciardos Renningenieur Simon Rennie – als ob Ricciardo das nicht selbst gewusst hätte…

Genau das war Ricciardos Plan. Er wusste, dass Max mit den neuen Reifen in dieser Runde genau die gleichen Temperaturprobleme haben würde wie er in der Runde zuvor, und dass er entsprechend angreifbar war. Es war die einzige Runde, in der Ricciardo von einem Grip-Vorteil profitieren konnte, und so ging er das Ganze strategisch an. Er kam besser aus der letzten Kurve auf die lange Gerade und nutzte den Windschatten und das DRS perfekt aus. Max konnte ihn kommen sehen und wusste, dass er ihn in der Bremszone attackieren würde. Ricciardo täuschte zunächst einen Angriff auf der Außenbahn an, nur um im letzten Moment auf die Innenbahn zu wechseln. Doch Max war auf dem Posten und parierte den Überholversuch, indem er ebenfalls nach innen zog – Ricciardo, der bereits hart gebremst hatte, blieb kein Platz mehr. Er fuhr Verstappen mit voller Wucht ins Heck. Max' Hinterräder hoben kurzzeitig ab, und beide Red Bulls blieben schwer beschädigt in der Auslaufzone liegen.

Adrian Newey riss sich an der Boxenmauer seine Kopfhörer herunter und warf sie zu Boden. Christian Horner stapfte wutentbrannt in den Red-Bull-Bereich im Fahrerlager und wartete auf die beiden Männer. Er hatte ein Wörtchen mit ihnen zu wechseln...

„Ja, ich war wütend", erinnert er sich. „Ich habe sie beide in der Luft zerrissen." Einige Jahre später verriet er David Coulthard auf Channel 4 weitere Einzelheiten. „Ich weiß noch, dass ich völlig ausgerastet bin, als wir in den Besprechungsraum kamen. Adrian war mit im Raum, und ich erinnere mich, dass er etwas schockiert wirkte. Und diese beiden Kiddies starrten mich an, als sei ich ein überlebensgroßer, furchteinflößender Pauker oder so etwas. Das war wahrscheinlich das letzte Mal, dass ich mich dermaßen aufgeregt habe."

Inzwischen sieht er das Ganze mit ein wenig Abstand. „Sie lagen über drei Saisons sehr nah beieinander und haben immer ihren Konkurrenzkampf ausgetragen, dabei aber nur zweimal Kontakt gehabt. Das ist gar nicht so wild, wenn man bedenkt, wie intensiv es war und wie oft die beiden in der Startaufstellung nebeneinanderstanden – in 98 Prozent der Fälle gab es keine Probleme. In diesem Fall waren beide schuld. Sie haben ihre Interessen plötzlich über die des Teams gestellt." Sie wären Repräsentanten der mehrere Hunderte Leute im Werk, die hart daran gearbeitet hätten, ihnen die Autos zur Verfügung zu stellen, mit denen sie die Rennen fahren durften, sagte Horner. Dass sie dann ihre eigenen Interessen über die des Teams gestellt und die anderen vor vollendete Tatsachen gestellt hatten, sei nicht akzeptabel. Er verlangte von den beiden Fahrern, dass sie nach ihrer Rückkehr ins Werk eine Runde durch alle Abteilungen machten, um sich bei der Belegschaft entschuldigen. Und Horner setzte noch eine weitere Strafe obendrauf: Die beiden müssten die Rechnung für die Getränke bei der Weihnachtsfeier des Teams am Ende des Jahres bezahlen.

„Mir schien, dass Max das nicht sonderlich beeindruckt hat", sagt Horner. In Ricciardos Fall sah das anders aus. „Ich hatte den Eindruck, wie ein ungezogener Schuljunge behandelt zu werden, der sich für etwas entschuldigen muss, an dem er keine Schuld trug." Hat das bei seiner Entscheidung, das Team am Ende der Saison zu verlassen, eine Rolle gespielt? „Ja, auf jeden Fall. Es spielten da einige Dinge mit rein, aber Baku war ein großes Thema", antwortete er.

Als Max hinterher von einem Fernsehreporter gefragt wurde, ob er zustimme, dass er in der Bremszone mehr als einmal die Seite gewechselt habe, wich er aus. „Ich will nicht darüber reden", sagte er. „Das ist eine schlimme Situation für das Team."

So ist das mit Max. Es passiert, und dann ist es vorbei. Es wird wenig bis gar nicht mehr darüber nachgedacht. Das ist eine Eigenschaft, die aber auch hilft, potenziell brenzlige Situationen zu entschärfen, denn er scheint nicht nachtragend zu sein. Es geht ihm nur ums Gewinnen, alles andere wird dem untergeordnet. Wie er in *Whatever It Takes* sagt: „Manchmal muss man sogar ein kleines Arschloch sein."

„Es war ein Rennunfall zwischen den beiden", sagte Helmut Marko unmittelbar nach dem Crash. „Keiner hat mehr Schuld daran als der andere." Auf die Frage, ob das Team den Unfall hätte verhindern können, antwortete er. „Das entspricht nicht unserer Philosophie. Wir lassen die Fahrer fahren. Wir haben keine Nummer eins und keine Nummer zwei. Aber wir erwarten, dass die Fahrer Verantwortung übernehmen."

„Es ist immer eine Herausforderung, wenn man zwei miteinander konkurrierende Fahrer hat", sagt Horner. „Von Teamkollegen zu sprechen, ist eigentlich nicht ganz korrekt, denn beide bestimmen im Grunde den Wert und die Bedeutung des anderen Fahrers. Der eigentliche Konflikt besteht zwischen der Konstrukteurswertung und der Fahrerwertung. Tatsächlich bedeutet ihnen die Fahrerwertung alles, und Rennen zu gewinnen, ist das, was sie so gut macht."

Nachdem er seinen Ausflug nach Milton Keynes hinter sich gebracht hatte, ging es direkt weiter zum Großen Preis von Spanien, bei dem Max auf einen soliden dritten Platz landete, mit großem Rückstand auf Hamilton und Bottas, die für Mercedes einen Doppelsieg einfuhren. Auch in diesem Rennen kam es zu einer Berührung mit einem anderen Auto, nämlich mit dem Williams von Lance Stroll, dessen Frontflügel Max beim Überholen streifte. Es war das fünfte Rennen in Folge, bei dem er in einen Zwischenfall verwickelt war. Danach ging es an die Côte d'Azur, wo als Nächstes das prestigeträchtigste Rennen der Formel 1 ausgetragen wurde: der Große Preis von Monaco.

Die persönliche Enttäuschung über den Unfall im Training, der sich dort ereignete und der fast eine Wiederholung des Crashs von 2016 war – inklusive der daraus resultierenden Folge, dass er nicht am Qualifying teilnehmen konnte –, war besonders schlimm, da der Red Bull an diesem Tag extrem schnell auf dem Stadtkurs war. Max und Ricciardo hatten sich während des gesamten Trainings immer wieder mit neuen besten Rundenzeiten überboten. Max war bewusst, dass er eine sehr große Chance verpasst hatte und dass niemand außer ihm selbst daran schuld war.

Nach Abschluss des Qualifyings, in dem sich Ricciardo die Pole gesichert hatte (von wo aus er am nächsten Tag einen Start-Ziel-Sieg einfahren sollte), saß Max noch eine Zeit lang allein, zerknirscht und niedergeschlagen in seinem Zimmer im Hospitality-Bereich des Teams. Irgendwann klopfte Horner an seine Tür und trat ein. „Schon in China hatte er miterlebt, wie Daniel ein Rennen gewonnen hatte, das eigentlich er hätte gewinnen müssen", erinnert sich Horner, „und jetzt war er schon wieder in dieser Lage. Es ging nur darum, sich mit ihm zusammenzusetzen und ihm zu sagen: ‚Sieh mal, du hast das Zeug dazu, du hast mehr Talent als wahrscheinlich jeder andere da draußen, aber du musst nicht in jeder Runde und in jeder Kurve der Schnellste sein. Denk einfach mal darüber nach.' Und er nahm es an, er hörte zu, und nach Montreal kam er dann ganz alleine, ohne jemanden im Schlepptau, und von da an war es, als hätte jemand einen Schalter umgelegt. Er wurde stärker und stärker und stärker. Ich glaube, er hat endlich in sich hineingehorcht. Er war durchaus in der Lage, zu erkennen, dass es Bereiche gab, in denen er sich verbessern konnte, und er war wie ausgewechselt bei diesem Rennen in Montreal, und dann ging es plötzlich los."

Die Anforderungen in der Formel 1 sind komplex, und man kann leicht übersehen, wie tiefgreifend sie sind. Der Unfall in Monaco zwang Max dazu, Verantwortung zu übernehmen, sein Schicksal selbst in die Hand zu nehmen und das Beste aus seinem unvergleichlichen Talent herauszuholen, das schon immer für alle erkennbar gewesen war. Dadurch wurde er zu einem wirklich großen Fahrer, und zwar zu einem, der das jedes Mal zeigte, wenn er in ein Auto stieg, und nicht nur, wenn die

Umstände günstig waren. Seit diesem Crash war er zu einem Weltmeister gereift, der nur auf das richtige Auto wartete.

Interessant ist auch, dass er beim nächsten Rennen ohne Entourage erschien. Nicht einmal Jos begleitete ihn. Diese Trennung war wahrscheinlich notwendig. Er verdankte Jos alles, aber um sich voll und ganz auf seine eigenen Rennen konzentrieren zu können, brauchte er jetzt, wo er das gesamte Rüstzeug in Händen hielt, etwas Abstand. Helmut Marko hatte den Beginn dieses Abnabelungsprozesses schon früher bemerkt. „Ich würde sagen, es hat vielleicht in seinem zweiten Jahr bei Red Bull angefangen", sagt er, „also irgendwann 2017. Er war ja vorher nur ein Jahr in der Formel 3 gefahren, und am Anfang war in der Formel 1 hat er voll und ganz auf Jos gehört und sich auf ihn verlassen. Aber er ist sehr clever. Er hatte ein Niveau erreicht, wo Jos ihm nicht mehr helfen konnte, und es gab Momente, in denen Max ganz klar gesagt hat: ‚Das ist deine Grenze.' Es ging langsam vonstatten, aber es war ein Prozess, der irgendwann beginnen musste." Und Monaco 2018 stellte vielleicht den Abschluss dieses Prozesses dar.

Als er bei der FIA-Pressekonferenz vor dem Rennen in Montreal gefragt wurde, ob er seine Herangehensweise ändern werde, nachdem er bei allen sechs Rennen zuvor in einen Zwischenfall verwickelt gewesen war, reagierte er irritiert. „Nun, wissen Sie, ich bin es leid, dass mir immer wieder gesagt wird, ich solle meine Herangehensweise ändern. Das werde ich nicht tun, denn sie hat mich dahin gebracht, wo ich jetzt bin. Nach einem Rennen ist nicht die Zeit zum Reden. Ich höre sowieso nicht auf diejenigen, die so etwas sagen. Ich mache mein Ding. Natürlich lief der Saisonstart nicht so gut, wie ich es mir gewünscht hätte. Sicher, Fehler wurden gemacht, vor allem in Monaco und China, aber es hat keinen Sinn, immer wieder darüber zu reden, ich bin es langsam leid, das zu tun. Es scheint fast, als gäbe es nichts Besseres, als mich ständig zu fragen, was am vergangenen Wochenende passiert ist. Also ja, ich konzentriere mich einfach auf das, was vor mir liegt. Ich bin zuversichtlich, dass ich das Ruder herumreißen kann. Der Speed ist da. Ich war immer schnell, jedes Wochenende. Es wäre ein viel schlimmer, wenn ich richtig langsam wäre. Das wäre ein richtiges Problem."

Ein Journalist versuchte, ihn in die Enge zu treiben, woraufhin Max die Beherrschung verlor. „Wie ich schon zu Beginn der Pressekonferenz sagte: Ich habe ich diese ganzen Fragen satt. Also, ich glaube, wenn ich noch ein paar mehr gestellt bekomme, werde ich wohl jemandem eine Kopfnuss verpassen."

Auch wenn seine Reaktion auf die Provokationen nicht gerade vorbildlich war, so hatte er doch nach Monaco einen deutlichen Schlussstrich gezogen. Er war in sich gegangen, um zu verstehen, was er wollte, und war nun entschlossen, entsprechend zu handeln. Er allein. Ohne weitere Diskussion darüber zu führen – schon gar nicht auf einer Pressekonferenz.

In Montreal war er während des ganzen Qualifyings in bestechender Form gewesen und hatte sich mit der drittschnellsten Zeit für das Rennen Startplatz drei hinter Vettel und Bottas gesichert, und stand damit vor Hamilton. Im Rennen holte das Maximum aus dem Auto heraus, und am Ende standen die ersten drei aus der Startaufstellung in derselben Reihenfolge auf dem Podium. Und so überlegt und gleichzeitig alles gebend, wie er hier fuhr, fuhr er auch die nächsten zweieinhalb Jahre. In Frankreich wurde er Zweiter, nachdem die wieder vor ihm gestarteten Vettel und Bottas in der ersten Runde kollidiert waren.

Manchmal entwickelte es sich auch einfach nur günstig für ihn, und Max machte das Beste daraus – wie beim Großen Preis von Österreich, wo der Red Bull selbst gar nicht besonders schnell war, aber die beiden Silberpfeile im Laufe des Rennens mit mechanischen Defekten ausschieden. In der ersten Runde lieferte sich Max einen Rad-an-Rad-Zweikampf mit Kimi Räikkönen. Er fuhr mit einem Rad auf dem Gras, um in der Anfahrt auf Kurve 4 neben dem Ferrari zu bleiben, und fuhr dann Seite an Seite mit ihm und mit vollem Einsatz durch die schnellen Kurven 6 und 7. Keiner der beiden wollte zurückziehen, und das Duell war erst entschieden, als sich die Reifen der beiden berührten und der Ferrari etwas aus der Spur geriet, sodass Max sich schließlich vor den Finnen setzen konnte. Letztendlich sicherte ihm dieser Schachzug den Sieg. Max schätzte die Situation perfekt ein, indem er seine abgenutzten Reifen nicht zu sehr beanspruchte, während er den hinterherfahrenden Ferraris gleichwohl aufzwang, sein hohes Tempo mitzugehen. Das, was er hier zeigte, war die perfekte Mischung aus Aggressivität und Kontrolle, und das war viel besser als einige seiner übermütigen und letztlich frustrierenden Aktionen wie im Vorjahr. Auf dem Red Bull Ring feierte er seinen Grand-Prix-Sieg Nummer vier.

Ausfälle aufgrund technischer Defekte an Getriebe und Motor in Großbritannien und Ungarn, ein vierter Platz auf dem Hockenheimring mit siebeneinhalb Sekunden Rückstand auf den Drittplatzieren, Platz drei in Belgien mit einer halben Minute Rückstand auf den siegreichen Mercedes, ein fünfter Platz in Monza, wo er von den stärkeren Silberpfeilen und Ferraris abgehängt wurde: Das waren Rennen, die er einfach hinter sich bringen musste. Doch der Stadtkurs in Singapur – wo der Schwerpunkt auf dem Handling des Autos bei niedrigeren Geschwindigkeiten liegt – bot Max die Chance, zu glänzen, vor allem, nachdem Ferrari im Qualifying gepatzt hatte. Hamilton fuhr die seiner Meinung nach beste Qualifying-Runde seiner Karriere und sicherte sich die Pole Position. Max fuhr die seiner Meinung nach beste Qualifying-Runde seiner Karriere und wurde in Q3 Zweiter – wobei er sogar auf dem besten Weg zur Pole-Position gewesen war, bis ihm eine Fehlzündung dazwischenkam. Damit war nicht nur die Startaufstellung festgelegt, sondern gleich auch das Podium für das Rennen am Sonntag: Hamilton gewann vor Verstappen und Vettel.

In Russland (Platz fünf hinter den Mercedes und Ferraris) und Japan (Platz drei hinter den Mercedes) lief wieder alles wie üblich. In Austin brach im Qualifying die rechte Hinterradaufhängung, als Max zu hart über die Kerbs fuhr. Das führte dazu, dass er von P18 aus starten musste, doch in dem von etlichen Zwischenfällen geprägten Rennen zeigte er eine großartige Performance und wurde Zweiter, wobei er sogar noch Druck auf den am Ende siegreichen Räikkönen im Ferrari machte.

In den letzten Runden schloss Hamilton zum Führungsduo, nachdem er zuvor einen zusätzlichen Boxenstopp eingelegt hatte, um mit frischen Reifen an Räikkönen vorbeizukommen. Doch bevor er den Ferrari angreifen konnte, musste er erst einmal an Max vorbei. Auf viel älteren Reifen als der Mercedes kam er zwei Runden vor Schluss zu langsam aus Kurve 12. Hamilton nutzte die Chance, Max zu attackieren, und durch die folgende langsame Kurve fuhren sie Seite an Seite. Verstappen wehrte sich verbissen, und das Rad-an-Rad-Duell zog sich noch die nächsten Kurven hin, bis Hamilton am Ausgang von Kurve 18 die Auslaufzone nutzte und lieber zurückzog, als einen Kontakt und womöglich noch ein Ausscheiden auf den letzten Metern zu riskieren.

„Du hast mir eine Menge Platz gelassen", sagte Verstappen später amüsiert. „Ja", entgegnete Hamilton, „bei dir weiß ich nie. Ich war nicht scharf auf eine Berührung..."

Das Rennen in Austin war die perfekte Vorbereitung auf Mexiko, wo die Höhenlage dem Renault-Motor im Red Bull schon immer entgegengekommen war.

Der Große Preis von Mexiko war Max' letzte Chance, sich den Rekord als jüngster Pole-Setter aller Zeiten zu sichern (der von Sebastian Vettel gehalten wurde), und er war zuversichtlich, dass ihm das gelingen konnte. Umso enttäuschter war er, als Daniel Ricciardo in Q3 zwei Hundertstelsekunden schneller war als er selbst. Als sie am Ende des Qualifyings in den Parc fermé einbogen, fuhr Max den P2-Aufsteller um, vor dem er eigentlich parken sollte. Daniel machte in den anschließenden TV-Interviews eine große Sache daraus, wie sehr er sich über die Pole freue, während Max wie vom Donner gerührt danebenstand. Man merkte ihm an, dass ihm dadurch nur noch mehr Salz in die Wunde gestreut wurde. Der kleine Junge, der seinen Controller in die Ecke pfefferte, wenn er ein Spiel verlor, kam noch immer zum Vorschein.

„Ich habe seinen Gesichtsausdruck gesehen, als er heute auf die Strecke kam", sagte Horner am Sonntag, nachdem Max das Rennen von Anfang bis Ende dominiert hatte, „und mir war klar, dass er entweder mit einem Schaden oder in Führung liegend aus Kurve 2 herauskommen würde. Da führte kein Weg dran vorbei. Ich dachte nicht, dass jemand anderes eine Chance haben würde." Und so kam es dann auch: Ricciardo schied auf P2 liegend mit einem Motorschaden aus, und Max stand zum fünften Mal nach einem Formel-1-Rennen ganz oben auf dem Podium. Hamilton reichte der vierte Platz, um sich vorzeitig seinen fünften Weltmeistertitel zu sichern.

In Brasilien hatte Verstappen die Chance, einen zweiten Sieg in Folge einzufahren, da Mercedes mit erhöhtem Reifenverschleiß zu kämpfen hatte. Nachdem er die beiden Ferraris und die beiden Silberpfeile nach einer furiosen Aufholjagd hinter sich gelassen und einen komfortablen Vorsprung auf Hamilton herausgefahren hatte, kam ihm allerdings sein alter Kart- und Formel-3-Rivale Esteban Ocon in die Quere. Der Franzose war mit seinem Force India zum Reifenwechsel an der Box gewesen und war nun überrundet, wobei er mit den neuen Pneus aber schneller fahren als die beiden Führenden. Er hatte sich bereits von Hamilton abgesetzt und war nun im Windschatten von Verstappen in der Anfahrt zum Senna-S. Max hätte ihn zu diesem Zeitpunkt vorbeilassen und ihn sich zurückrunden lassen können, aber als Führender ging er davon aus, dass der überrundete Franzose sein Rennen nicht stören würde. Wenn er überholen wollte, würde er das an einer risikofreien, unbedenklichen Stelle tun – vielleicht mit DRS auf der Geraden vor Kurve 4, aber nicht, indem er in Kurve 2 innen an ihm vorbeizuziehen versucht. Ocon, der instinktiv wie jeder Rennfahrer seinen Teil der Strecke für sich beanspruchte, wusste nicht, wohin er ausweichen sollte, als Verstappen in der irrigen Annahme nach innen zog, dass Ocon nicht mehr da sei, sondern sich zurückfallen gelassen hätte, um ein weniger riskantes Überholmanöver vorzubereiten. Die beiden kollidierten und drehten sich um die eigene Achse. Bevor Verstappen, an dessen Auto hinten rechts das Chassis beschädigt wurde, weiterfahren konnte, rauschte etwas Silbernes auf der Strecke vorbei: Lewis Hamilton.

Ocon war es natürlich nicht darum gegangen, sich mit einem Fahrer anzulegen, der eine Runde vor ihm lag. Er war einfach davon ausgegangen, dass Max keine Probleme machen würde, aber das hätte er nicht tun sollen. Max wiederum hatte den Fehler gemacht, davon auszugehen, dass Ocon auf eine günstige Gelegenheit warten würde. Aber man konnte Max nicht vorwerfen, den Zwischenfall herbeigeführt zu haben. Ocon erhielt für das Verschulden der Kollision von der Rennleitung eine Zehnsekundenstrafe. Nach dem Rennen stellte Max Ocon an der Waage zur Rede, woraufhin der Franzose etwas sagte, das ihn zusätzlich verärgerte. Max schubste ihn daraufhin ein paar Mal.

Über die Mikrofone konnte man mithören, wie er im Green Room mit Hamilton über den Vorfall mit Ocon auf der Strecke sprach. Hamilton schien ihm einen Rat zu geben und sagte: „Ja, aber er hatte nichts zu verlieren. Du schon." Das zeigte, in welch unterschiedlichen Stadien sich die beiden in ihren jeweiligen Karrieren befanden. Hamilton sprach aus der Perspektive eines Fahrers, der durch jahrelangen Erfolg abgeklärt und in der Lage war, strategisch zu denken, während Max noch alles vor sich hatte und vor Ehrgeiz nur so strotzte.

Hamilton war Max' aggressiver und kompromissloser Fahrstil weiterhin nicht geheuer. Als Hamilton für einen Beitrag von Johnny Herbert von Sky TV in Austin ein paar Runden auf der Strecke drehte, fragte Herbert ihn: „Okay, stell dir vor, dir sitzt Max Verstappen im Nacken, wenn du in diese Kurve kommst, was machst du dann?" Hamilton antwortete: „Nun, das ist das Problem mit Max, man weiß nie, was er tun wird. Ich versuche einfach, ihm Platz zu lassen." Wenn Max das gehört hätte, hätte ihn das vermutlich sehr gefreut.

Dass er Ocon an der Waage geschubst hatte, brachte Max eine Verwarnung ein sowie eine Strafe in Form von zwei Tagen gemeinnütziger Arbeit für die FIA während der F1-Pause: beim Marrakesch E-Prix in Marokko musste er die Stewards bei der Arbeit begleiten. Er nahm es mit Humor und meinte hinterher: „Es ist interessant, die Sache mal von der anderen Seite zu sehen – normalerweise kann man nicht einen ganzen Tag mit den Stewards verbringen. Jeder hat am Wochenende seinen eigenen Job zu machen, und es ist gut, mal zu sehen, was alles in Betracht zu ziehen ist, um diese wichtigen Entscheidungen zu treffen – manchmal ist so eine Entscheidung für den, der davon betroffen ist, nicht angenehm, aber sie muss getroffen werden, und natürlich muss man sich auch dabei an die Regeln halten. Ich denke, es ist gut, den Rennsport mal aus einer anderen Perspektive zu erleben, anstatt nur im Auto zu sitzen – hier zu sein und diese Art von Arbeit mitzubekommen, hat mir schon etwas gegeben." Diese bedachte Reaktion zeigte am Ende nur einmal mehr, wie sich seine Persönlichkeit verändert, wenn er in den Rennmodus schaltet.

Doch zuvor stand noch der letzte Grand Prix der Saison in Abu Dhabi an, bei dem Max hinter Hamilton und Vettel nur Dritter wurde. Damit belegte er in der Fahrerwertung den vierten Platz, was für ihn bedeutete, dass er nicht an der FIA-Preisverleihungsgala teilnehmen musste. „Vielleicht wäre das ja auch ein Termin gewesen, bei dem ich meine gemeinnützige Arbeit hätte ableisten können", scherzte er. In Richtung Hamilton und Vettel, dem Sieger und dem Zweitplatzierten, meinte er spaßhaft: „Ich könnte euch ja dabei helfen, eure Reden zu schreiben."

JETZT FEHLTE NUR NOCH EIN KONKURRENZFÄHIGES AUTO

Wieder einmal fehlte Max der geeignete Wagen, um es mit Hamilton aufnehmen zu können.

2019 gab es zwei große Veränderungen bei Red Bull: Daniel Ricciardo ging und Honda kam. Ricciardo lehnte das finanziell sehr attraktive Vertragsverlängerungsangebot seines Rennstalls ab und wechselte zu Renault. Horner war von dieser Entscheidung überrascht worden, und er vermutete, dass der Australier einfach kein Interesse mehr daran hatte, sich an Max messen lassen zu müssen. Zwar hatte Ricciardo 2018 zwei Rennen gewonnen, genauso viele wie Max, aber der teaminterne Wettstreit hätte auch leicht fünf zu null für Max ausgehen können, wenn er klügere Entscheidungen getroffen hätte. Ricciardo wurde 2019 durch den von Toro Rosso zum Mutterteam geholten Pierre Gasly ersetzt – das Cockpit des Franzosen bei Toro Rosso übernahm Max' alter Kart-Rivale Alex Albon.

Ricciardo zu verlieren, war zwar alles andere als ideal für Red Bull, wäre stattdessen aber Max gegangen, wäre das für das Team allerdings verheerend gewesen – und das war eine Überlegung, die den Verantwortlichen immer wieder Sorge bereitete. Helmut Marko bestätigte, dass es in Max' Vertrag eine Team-Performance-Klausel gab, die ihm bei Nichterfüllung in der Saison 2019 erlaubte, zur nachfolgenden Saison Red Bull zu verlassen. Da Mercedes wie üblich Valtteri Bottas auch für 2019 mit einem Einjahresvertrag ausgestattet hat, wäre 2020 für Max ein Platz bei den Silberpfeilen frei. Und Ferrari würde sicherlich ebenfalls seine Fühler nach ihm ausstrecken.

„Max ist ein unglaublich loyaler Mensch", sagt Horner, „genau wie die Leute in seinem Umfeld, und ich bin überzeugt, er glaubt wirklich an dieses Team. Das ist wohl auch der Grund, warum die Gespräche mit ihm, in denen es um die Zukunft ging, immer unkompliziert waren. Er hat immer an das Team geglaubt, an unsere Entscheidung, Honda mit ins Boot zu holen. Sein Vater hat [Ende der 1990er-Jahre] mit Honda zusammengearbeitet, von daher wusste er auch, was sie zu leisten in der Lage sind. Zudem hat er uns vertraut. Alles, was uns fehlte, war der passende Motor, und als Honda ihn liefern konnte, waren wir dabei."

Zu einem wirklich überragenden Aggregat sollte er sich erst ein paar Jahre später entwickeln, aber sie hatten jetzt eine Power Unit, die von Jahr zu Jahr konkurrenzfähiger wurde, anstatt immer wieder bloß auf Besserung zu hoffen und dann doch wieder nur enttäuscht zu werden, so wie es in den vergangenen Jahren mit Renault gewesen war.

Für die neue Saison gab es eine wichtige Änderung des technischen Reglements, die eine Vereinfachung der Frontflügelendplatten, eine Begrenzung der Luftleitbleche unter der Nase, eine Verkleinerung der vorderen Bremskanäle und eine Absenkung der Bordwandhöhe zur Folge hatte. Diese Änderungen schienen Red Bull von ihrem erfolgreichen aerodynamischen Weg abzubringen und wirkten sich bei ihnen stärker aus als bei Mercedes und Ferrari.

Im ersten Drittel der Saison machte das Auto Probleme, da es zwar immer noch sehr schnell in die Kurven einfahren konnte, im weiteren Kurvenverlauf aber instabil wurde, da es sich als unmöglich erwies, das Auto bei wechselnden Geschwindigkeiten und Neigungswinkeln stabil zu halten. Das Heck wurde in den Kurven immer instabiler, was am Selbstvertrauen von Neuzugang Gasly nagte.

Auch wenn beide Fahrer unter dieser Entwicklung zu leiden hatten, vergrößerte sich dadurch die Kluft zwischen Gasly und

Verstappen, weil Letzterer mit den neu aufgetretenen Problemen der Fahrzeugbalance weitaus gelassener umging. Das hatte sowohl Auswirkungen auf das Fahrer-Line-up als auch auf die Entscheidung, welche Richtung das Team bei der Weiterentwicklung einschlug.

Zunächst konzentrierte man sich darauf, den RB15 zu verbessern, der zur Saisonmitte schließlich so gut war, dass Max darin zum zweiten Mal in Folge auf dem Red Bull Ring einen Sieg einfuhr. Bis zu diesem Zeitpunkt hatte er sich im vertrauten Red-Bull-Niemandsland hinter den führenden Mercedes- und Ferrari-Piloten, aber vor den kleineren Teams bewegt: Er wurde Dritter in Australien, wo er Vettel im Ferrari erst spät im Rennen überholte, kam in Bahrain, China und Baku als Vierter ins Ziel und landete in Spanien auf einem abgeschlagenen dritten Platz. In Monaco saß er dank einer brillanten Performance und einer cleveren Reifenstrategie viele Runden lang Hamilton im Nacken, der auf älteren Reifen unterwegs war. In der letzten Runde berührten sich ihre Autos in der Schikane sogar mit den Rädern. Max kam zwar als Zweiter ins Ziel, doch verlor er diesen Podiumsplatz aufgrund einer Strafe wegen einer unsicheren Boxenausfahrt, die ihn auf den vierten Platz zurückwarf. In Kanada wurde er hinter den Mercedes und Ferraris nur Fünfter. Besser lief es in Österreich. Die Silberpfeile hatten mit Überhitzungsproblemen zu kämpfen, und Vettel konnte mit seinem Ferrari aufgrund technischer Probleme nicht an Q3 teilnehmen, sodass er von P10 aus starten musste. Max' alter Rivale aus Kartzeiten, Charles Leclerc, der jetzt für Ferrari fuhr, entschied das Qualifying für sich. Mit einer Viertelsekunde Vorsprung auf Hamilton sicherte er sich die zweite Pole-Position seiner Karriere, während Verstappen vor Bottas Dritter wurde. Trotz der zehnstündigen Autofahrt von Holland nach Österreich, war die Orange Army in beeindruckender Stärke angereist, und Max-Fans bevölkerten die Campingplätze rund um die Strecke. Ein vernehmbares Raunen ging durch die Menge, als die Startampel erlosch und Verstappen kaum vom Fleck kam und auf den achten Platz zurückfiel; er und sein Team hatten den Grip der Strecke unterschätzt und die Kupplung zu aggressiv eingestellt, sodass der Anti-Stall-Modus griff. Im Nachhinein erwies sich das jedoch als Segen, denn dadurch konnten sie auf eine rennentscheidende Reifenstrategie setzen. Da Max, nachdem er die langsameren Autos hinter sich gelassen hatte, als Letzter in der Gruppe der schnellen Autos fuhr, hatte er keinen Undercut-Druck von hinten, was es ihm erlaubte, einen sehr langen ersten Stint zu fahren, sodass er, als er auf seinem letzten Stint draußen war, über viel frischere Reifen verfügte als die Ferraris und die Silberpfeile.

Ein Hauch von Magie lag in der Luft, als er 39 Runden vor Schluss mit 12,9 Sekunden Rückstand auf den Führenden Leclerc auf die Strecke zurückkehrte. Konnte er im Schnitt 0,33 Sekunden pro Runde schneller sein als Leclerc und gleichzeitig die beiden Autos zwischen ihnen überholen? Er wollte es versuchen – und Honda auch. Er bat um mehr Leistung. Und erhielt als Antwort: „Modus 11 (den Max am Lenkrad einstellen konnte). Bleib darin bis zum Ende." Das war der aggressivste Modus des Motors. Hondas Vizepräsident war vor Ort, die fanatische Oranje-Menge stärkte ihnen den Rücken – und Max war gut drauf und wollte es wissen.

Als Erstes fiel ihm Vettel zum Opfer, und die jubelnden Fans übertönten die Motorengeräusche, als er den Ferrari überholte. Als Nächstes war Bottas dran. Doch als er fast gleichauf mit dem Mercedes lag, fiel er plötzlich zurück. „Ich verliere Leistung", meldete er über Funk. Es war nur ein defekter Auspuffsensor, und mit ein paar Anweisungen von der Box, wie man ihn zurücksetzt, lag schon bald wieder die volle Leistung an und er schob sich innen an Bottas vorbei auf Platz zwei, während Leclercs Vorsprung auf nur noch fünf Sekunden zusammengeschmolzen war.

Sechs Runden vor Schluss befand sich Max in DRS-Distanz zum Ferrari – und die Menge tobte. Eine Runde später setzte er sich sowohl in Kurve 3 als auch in Kurve 4 neben Leclerc, der aber mustergültig dagegenhielt. Max sammelte eine Runde lang neue Energie, bevor er in der 68. Runde erneut angriff. Er stach vor Kurve 3 innen rein und übernahm kurz die Führung, die sich Leclerc allerdings in Kurve 4 zurückholte.

In Runde 69, zwei Runden vor Schluss, bremste Max auf der Innenseite von Kurve 3 noch stärker ab. Irgendwo zwischen Kurveneingang und Scheitelpunkt der Kurve hatte Max den Platz, die Nase des Red Bull lag deutlich vorn. Doch Leclerc wollte nicht aufgeben und entschied sich, neben ihm auf der Außenbahn zu bleiben. Max hielt dagegen, die Räder berührten sich – und Leclerc kam kurz von der Strecke ab und verlor wichtigen Schwung.

„Was war das?“, fragte Leclerc in Richtung der Stewards. “Er hat mich von der Strecke gedrängt.“ Die Stewards sahen sich die Szene später noch einmal an, kamen aber zu einem anderen Urteil. Sie fanden nichts Regelwidriges an dem Überholmanöver – und so bescherte Max Honda den ersten Sieg seit 2006.

Freudestrahlend stand er ganz oben auf dem Podium und deutete auf das große „H“ auf seinem Overall.

„Ich glaube nicht, dass das zweite Überholmanöver ganz korrekt war“, sagte Leclerc hinterher, „aber ich denke, am Ende wäre es dennoch auf das Gleiche hinausgelaufen. Trotzdem, so überholt man einfach nicht.“

„Das ist hartes Racing“, konterte Max. „Wenn so etwas im Rennsport nicht erlaubt ist, was ist dann der Sinn der Formel 1? ... Dann müssten wir wohl besser zu Hause bleiben.“

In einer der Pressekonferenzen zu Beginn des Wochenendes wurde Hamilton auf die Gerüchte um einen möglichen Wechsel von Verstappen zu Mercedes im Jahr 2020 angesprochen, worauf er sich etwas überrascht zeigte. „Ich denke, das Team ist mit Valtteri und mir sehr zufrieden", sagte er spontan, bevor er ein wenig tollkühner hinzufügte: „Ich weiß, dass Max definitiv daran interessiert, seine Chancen zu verbessern ... Vielleicht. Wenn es eine Möglichkeit gibt, dann großartig." Er wandte sich an Max und sagte: „Sicher, es macht mir nichts aus, mit dir zu fahren. Ich fahre gegen jeden."

Ich habe Max beim nächsten Rennen in Silverstone darauf angesprochen. „Ja, das musste er wohl sagen", antwortete er mit einem Lächeln. „Das hätte ich in seiner Situation auch gesagt. Er kann natürlich nicht sagen: ‚Oh, das würde mir aber gar nicht passen.' Aber ich denke nicht an solche Dinge. Ich konzentriere mich auch nicht nur auf Lewis. Es gibt andere großartige Fahrer im Paddock, die Ähnliches erreichen können."

In Silverstone ging das Spielchen zwischen Verstappen und Leclerc da weiter, wo es in Österreich aufgehört hatte, auch wenn es diesmal nur zu Platz drei reichte, weil Mercedes den Ton angab. Das Rad-an-Rad-Duell der beiden ließ die Zuschauer jubeln, und diesmal ging Leclerc als Sieger hervor. Später landeten Max und Vettel im Kiesbett, nachdem der Deutsche zu spät gebremst hatte und ihm in der Vale-Kurve hinten drauf gefahren war. Er schaffte es zwar wieder zurück auf die Strecke, doch hatte ihn diese Aktion zurückgeworfen, weshalb hier nicht mehr als der fünfte Platz drin war.

Beim nächsten Rennen auf dem Hockenheimring schlug Max wieder zu. Der Große Preis von Deutschland war eigentlich schon seit Jahren finanziell am Ende, aber die gewaltige Nachfrage der Max-Fans, die nur eine relativ kurze Anreise hierher haben, hatte sein Leben noch mal um dieses eine Jahr verlängert. Seine Fanscharen waren mittlerweile zu einem Phänomen geworden, wie man es seit den Tagen von Michael Schumacher nicht mehr erlebt hatte. Die Orange Army sollte an diesem Juli-Wochenende nicht enttäuscht werden. Das Auto wurde immer schneller – zumindest war das im Fall von Max so. Sein

Teamkollege Pierre Gasly, der immer noch mit der anspruchsvollen Aerodynamik zu kämpfen hatte, kam nicht annähernd an die Pace von Max heran, und Helmut Marko dachte bereits darüber nach, ihn gegen den Toro-Rosso-Rookie Alex Albon auszutauschen – also ein Fahrertausch nach dem gleichen Muster, wie er drei Jahre zuvor mit Kwjat und Verstappen vorgenommen worden war. Max qualifizierte sich für die erste Startreihe, begünstigt durch mechanische Probleme an den beiden Ferraris.

Am Renntag goss in Strömen, was für viel Dramatik auf der Strecke sorgte und Max am Ende den Sieg bescherte. Zunächst lag er hinter den beiden Mercedes auf dem dritten Platz, konnte dann aber die Führung übernehmen, nachdem sowohl Hamilton als auch Bottas auf der rutschigen Strecke größere Probleme gehabt hatten, genauso wie Leclerc, der auch mit seinem Ferrari von der Strecke rutschte und in die Streckenbegrenzung krachte, kurz bevor er die Führung übernehmen konnte. Danach musste Max nur noch aufpassen, unter den extrem schwierigen Bedingungen keinen Fehler zu machen. Er hatte das Rennen unter Kontrolle, während die Safety-Cars kamen und gingen, sowohl die echten als auch die virtuellen. Es war eine herausragende Leistung und eine weitere Bestätigung für sein mittlerweile allumfassendes Können.

„Das war heute eine unglaubliche Leistung von Max und dem Team", sagte Christian Horner nach dem Rennen. „Fünf Boxenstopps waren nötig, um dieses Rennen zu gewinnen. Max hat unter sehr schwierigen Bedingungen einen kühlen Kopf bewahrt, er hatte eine großartige Pace, als er sie brauchte, und er hat diesen Sieg sicher eingefahren." Lobende Worte fand Horner auch für seinen ehemaligen Fahrer Daniil Kwjat, der im Toro Rosso den dritten Platz belegte. „Herzlichen Glückwunsch an Daniil, der zudem gestern Abend auch noch Vater geworden ist." Die Mutter des Kindes war Kelly Piquet, die Tochter des dreimaligen Weltmeisters Nelson Piquet.

Obwohl es Kwjat war, der Toro Rosso dank eines späten Reifenwechsels den Podiumsplatz bescherte, hatte über weite Strecken des Rennens der der Rookie Alex Albon im teaminternen Vergleich geführt, der sich unter schwierigen Bedingungen einen beeindruckenden vierten Platz sicherte. Nach dem Ausscheiden von Gasly – schicksalshafterweise infolge einer Kollision mit Albon – war die Sache für Marko und Horner klar. Sie planten, dass die beiden Fahrer nach dem Großen Preis von Belgien ihre Cockpits tauschen sollten: Gasly sollte zu Toro Rosso zurückkehren, Albon in seiner ersten Formel-1-Saison zu Red Bull befördert werden.

Auf dem Hungaroring in Budapest, eine Woche nach dem Rennen in Hockenheim, holte sich Max endlich die erste Pole-Position seiner F1-Karriere. Das Rennen führte er vor Hamilton an, der in der schnellen Kurve 4 versuchte, außen am Red Bull vorbeizuziehen. Verstappen hielt dagegen, und Hamilton bremste zu spät und musste in die Ausweichzone ausweichen. Es war eine taktische Meisterleistung von Mercedes, dass man angesichts der scheinbaren Unmöglichkeit, Max auf der Strecke zu überholen, entschied, Hamilton noch einmal an die Box zu holen, um zu sehen, ob er den Grip der frischen Mediums nutzen konnte, um vor dem Ende noch an Verstappen ranzukommen und ihn zu überholen. Sie hatten Red Bull damit in eine Falle gelockt, denn Hamiltons „Undercut" hätte dafür gesorgt, dass Max hinter ihm herausgekommen wäre, wenn der seinerseits mit einem weiteren Boxenstopp gekontert hätte. Drei Runden vor Schluss, als seine Reifen fast völlig hinüber waren, musste sich Max in das Unvermeidliche fügen und Hamilton, der eine furiose Aufholjagd hingelegt hatte, vorbeiziehen lassen.

In den folgenden Rennen war die Ausbeute eher mager: Ausfälle und Gridstrafen wegen Motortauschs, nur ein dritter Platz in Singapur und ein vierter in Russland. Max schied in Spa ebenso aus wie in Suzuka, nachdem es jeweils in der ersten Runde zu einem Kontakt mit einem anderen Wagen gekommen – in Belgien war es der Alfa Romeo von Räikkönen, in Japan der Ferrari von Leclerc. In Mexiko fuhr er im Qualifying zwar Bestzeit, wurde aber um drei Startplätze nach hinten versetzt, weil er ausgangs der letzten Kurve trotz gelber Flaggen aufgrund eines Unfalls von Bottas nicht gebremst hatte. Im Rennen kam es dann in der ersten Kurve zu einem heftigen Kontakt mit Hamilton, nachdem er dessen Mercedes nach außen gedrängt hatte, wohl wissend, dass Hamilton vorsichtig sein musste, um seinen sechsten Weltmeistertitel nicht zu gefährden.

Hamilton wich so weit wie möglich aus, doch als er mit dem linken Hinterrad auf die weiße Linie kam, begann sein Auto zu übersteuern. Sie berührten sich und kamen beide von der Strecke ab aufs Gras, wodurch sie einige Plätze verloren.

„Da war etliche Autos um mich herum", berichtete Hamilton. „Ich habe in Kurve 1 gebremst und plötzlich war Max neben mir. Wenn man die vorherigen Rennen gesehen hat, weiß man, dass ich Max immer viel Platz lasse – das ist das Klügste, das man tun kann. Aber hier war einfach kein Platz mehr, den ich ihm hätte geben können..."

Max spukte Hamilton immer noch sehr im Kopf herum. Wenn er in der Nähe war, fuhr Hamilton nicht ungezwungen. Vor Max war das Rennen später vorzeitig beendet, nachdem er sich beim Versuch, Bottas zu überholen, einen Reifenschaden zugezogen hatte.

In Austin wurde er trotz eines Schadens am Unterboden knapp Dritter vor den Silberpfeilen.

Und dann folgte nach diesem späten Saisoneinbruch ganz plötzlich ein grandioser Sieg in Brasilien. Der Honda war nun beeindruckend leistungsstark – nachdem die Power des Ferrari in Austin mittels einer technischen Richtlinie begrenzt worden war, war er vielleicht sogar der stärkste Motor von allen. Verstappen holte sich die Pole-Position, und obwohl er nach einem Undercut von Hamilton Mercedes vorübergehend die Führung verlor, setzte er sich schon kurz darauf wieder an die Spitze des Feldes. Eine späte Safety-Car-Phase stellte Red Bulls Strategiechefin Hannah Schmitz vor das Dilemma, die Führung zugunsten frischer Reifen abzugeben oder Max nach dem Restart des Feldes anführen zu lassen, während ihm Hamilton womöglich mit frischen Reifen direkt im Nacken sitzen würde. Aufgrund der Pace des Red Bull und Verstappens aggressiver Fahrweise entschied sie sich für die erste Option. Und das erwies sich als die richtige Entscheidung: Hamilton, der es vorgezogen hatte, auf seinen alten Reifen draußen zu bleiben, als Max an die Box kam, wurde kurz nach dem Restart von dem Niederländer überholt.

Nachdem sich die beiden Ferraris bei einem Zweikampf gegenseitig beschädigt und damit vorzeitig aus dem Rennen verabschiedet hatten, gab es eine weitere Safety-Car-Phase, die Hamilton nun nutzte, um an die Box zu kommen, und der sich mit frischen Reifen hinter Gaslys Toro Rosso und Albons Red Bull wieder einreihte. Nachdem er Gasly in der letzten Runde überholt hatte, kollidierte er nach einem ungestümen Überholmanöver mit Albon, wodurch er den zweiten Platz einbüßte, der an Gasly ging und Honda einen Doppelsieg bescherte.

Die Rennstrategiegruppe eines jeden F1-Teams besteht aus Dutzenden von Mitarbeitern, von denen ein Großteil Echtzeitinformationen aus dem „Operations Room“ im Werk erhält. Doch die Entscheidungen trifft der Chefstratege an der Boxenmauer. Normalerweise werden diese Entscheidungen aufgrund der Datenlage mehr oder weniger diktiert, und wobei hinter diesen Statistiken eine Menge ausgeklügelter Prognosesoftware steckt, die in Sekundenbruchteilen Millionen von Szenarien analysiert. Aber manchmal, so wie in diesem Fall, muss eine Entscheidung auch aus dem Bauch heraus getroffen werden. Hannah Schmitz hat an der Universität Cambridge Maschinenbau studiert und sich auf statistische Modellierung, Optimierung und Regressionsanalyse spezialisiert. Sie war gerade aus dem Mutterschaftsurlaub zurückgekehrt, als sie in Brasilien an der Boxenmauer saß und die den Sieg bringende Entscheidung traf. Und diese Entscheidung traf sie nicht zuletzt auch deshalb, weil sie absolut sicher war, dass Max Hamilton überholen würde, wenn sie ihm einen frischen Satz Reifen gab. Dieses Vertrauen in seine Fähigkeiten half ihr, ihm zu helfen. In Zukunft sollte sie auch bei weiteren Siegen von Max eine wichtige Rolle spielen.

Nur wenige Tage nach dem Rennen in Brasilien verlor Frans Verstappen, Max' Großvater, den Kampf gegen den Krebs. „Freude und Trauer liegen oft nah beieinander", sagte Max in einer kurzen Erklärung, die im niederländischen Sportsender Ziggo Sport verlesen wurde, als er seinen Auftritt in einer der dort ausgestrahlten Sendungen absagte.

Max beendete die Saison 2019 mit einem zweiten Platz hinter Hamilton in Abu Dhabi. Es war ein vielversprechender Start für Red Bulls Partnerschaft mit Honda: drei Siege und für Verstappen Platz drei in der Fahrerwertung. Aber Max hatte noch immer nicht das Auto, mit dem er die Welt erobern konnte. Würde er dieses Auto jemals bekommen?

Der Red Bull RB16-Honda hätte es sein können. Doch wie sich herausstellte, war er es noch nicht. Die Red-Bull-Ingenieure hatten das aerodynamische Frontkonzept geändert und auf eine schlanke, Mercedes-ähnliche Nase gesetzt, um den Abtrieb am Unterboden zu erhöhen. Doch die Tests in Barcelona deuteten auf mögliche Probleme hin. Das Auto war schon recht schnell, wenn auch nicht so schnell wie der Mercedes. Wirkliche Sorgen bereitete allerdings die Tatsache, dass sich sowohl Verstappen als auch Albon häufig drehten. Es war nicht einfach, herauszufinden, weshalb das Auto so unberechenbar war.

Alle hofften, dass das Auftaktrennen in Melbourne weitere Aufschlüsse liefern könnte. Doch aerodynamische Feinheiten waren im Albert Park kein Gesprächsthema. Und es gab auch nur eins: das neue Coronavirus. Nachdem zwei Mechaniker am Donnerstag positiv getestet worden waren, wurde das gesamte Rennwochenende abgesagt, da die australischen Behörden keine Super-Spreader-Veranstaltung vor ihrer Haustür haben wollten. Diese Entscheidung wurde vor allem von den Automobilherstellern Ferrari, Renault, Mercedes und Alfa Romeo voll und ganz unterstützt.

Als das Alltagsleben im Zuge der globalen Pandemie weltweit zum Stillstand kam, verfolgten die neuen Eigentümer der Formel 1, Liberty Media, die Auswirkungen dieser Entwicklung auf ihr neuestes Investitionsprojekt mit extremem Unbehagen. Ein Rennen nach dem anderen wurde aus dem Rennkalender gestrichen. Derweil erfreuten sich Rennsimulationen immer größerer Beliebtheit: Gelangweilte Formel-1-Fahrer, die im echten Leben nicht mehr ans Steuer durften, nahmen an Online-Rennen teil und sorgten so für Aufsehen. Max hatte sich bereits im Vorjahr mit seinem Freund Lando Norris zusammengetan und mit Redline Racing das virtuelle 24-Stunden-Rennen von Spa gewonnen. Nun kamen noch andere hinzu, die mitmachten – allen voran Charles Leclerc und George Russell.

Das F1-Management von Liberty Media ging die Frage, wie man die Formel 1 in einer Zeit der weltweiten Lockdowns wieder zum Leben erwecken könnte, so an, wie die F1 jedes Problem angeht: mit Analyse, Innovation und Entschlossenheit. Ein Hindernis nach dem anderen wurde aus dem Weg geräumt, bis ein Weg gefunden war, die Rennen ohne Zuschauer, aber mit massiver weltweiter TV-Übertragung durchzuführen. Die Teams, die Logistiker, die Medien und die Fernsehsender bekamen jeweils ihre eigenen sogenannten Blasen zugewiesen, um die Verbreitung zu begrenzen. Vor Ort wurden

Corona-Testzentren eingerichtet, die mit einer automatisierten App gekoppelt wurden, um sicherzustellen, dass nur negativ getestete Personen Zugang zu den ihnen zugewiesenen Bereichen erhielten. Die Formel 1 traf Vereinbarungen mit den jeweils zuständigen Regierungen und Grenzschutzbehörden, nachdem sie sie von der Zuverlässigkeit und Sicherheit ihrer Systeme überzeugt hatte. Es wurden Absprachen mit den Betreibern verschiedener Rennstrecken getroffen, und es wurde ein Rennkalender erarbeitet, der keinem anderen in der jüngeren Geschichte glich – aber es wurde ein Weg gefunden, während dieser noch nie dagewesenen Pandemie 17 Rennen durchzuführen. Die Formel 1 war die einzige globale Sportart, die einen Weg fand, weiterzumachen.

Während die Formel-1-Verantwortlichen noch darüber diskutierten, wie sich der Plan konkret umsetzen ließ, brachte Red-Bull-Eigentümer Dietrich Mateschitz den Stein ins Rollen und erklärte sich bereit, die Saison mit zwei Grands Prix an aufeinanderfolgenden Wochenenden auf seinem Red-Bull-Ring im österreichischen Spielberg zu eröffnen. So begann die Saison 2020 im Juni in der Steiermark und nicht in wie üblich im März in Melbourne, der restliche Rennkalender wurde im Laufe der Zeit improvisiert.

Dies wirkte sich indirekt auf Max' Wettbewerbssituation aus, denn erst mit Beginn der Rennen im Juni wurden deutlich, wo die Grenzen des Autos lagen. Hätte die Saison im März begonnen, wäre mehr Zeit für die Entwicklung gewesen als in der durch die Pandemie verkürzten Saison.

Das Auto hatte eine ziemlich unausgewogene Balance zwischen schnellen und langsamen Kurven. In langsamen Kurven, die einen großen Lenkeinschlag erfordern, neigte es zum Übersteuern, während es in schnellen Kurven im Allgemeinen untersteuerte. Das stellte Alex Albon vor fast die gleiche Situation wie Gasly im Vorjahr. Während Max mit den Eigenheiten des Autos relativ gut klarkam, hatte Albon wesentlich mehr Schwierigkeiten damit.

Das führte dazu, dass Red Bull Albon 2021 durch den erfahrenen Sergio Perez ersetzte. In seiner ersten und zweiten F1-Saison mit einem Ausnahmetalent wie Max in einem solchen Auto konkurrieren zu müssen, wurde Albons Fähigkeiten nicht gerecht. „Max als Teamkollegen zu haben, ist schon sehr schwierig", sagt Christian Horner. „Es muss einen fertigmachen, wenn man sich die Daten anschaut und sieht, dass er eine Dreiviertelsekunde Vorsprung hat. Und man fragt sich nur, wie zum Teufel er das geschafft hat. Und das ist ja nicht bloß bei einem Rennen so, sondern bei jedem. ... Aber er verlangt nicht, die Nummer eins zu sein, in seinem Vertrag steht nichts davon, dass ihm die besten Teile, die neuesten Teile, die neuesten Updates zustehen, er ist da sehr fair, aber das Team wird immer dem Fahrer am meisten zugeneigt sein, der am Ende des Tages die besten Chancen hat."

Helmut Marko schlug in die gleiche Kerbe: „Die Teamkollegen vergleichen ihre Autos mit seinem. Sie fragen sich: ‚Habe ich das gleiche Material?', ‚Wie kann ich ihn bezwingen?' Es gelingt ihnen nicht, also versuchen sie, das Setup des Autos zu ändern oder ihren Fahrstil anzupassen. Natürlich kann man nicht so ohne Weiteres akzeptieren, dass man schlicht nicht so gut ist wie er. Irgendwann muss man einsehen, dass es da jemanden gibt, der etwas Besonderes ist und den man einfach nicht schlagen kann. Manchmal ist es meine Aufgabe, ihnen das klarzumachen. Ist das grausam? Nein, ich glaube nicht."

Während der schwer zu handelnde RB16 einerseits zwar den Abstand zwischen Max und seinem Teamkollegen vergrößerte, sorgte er andererseits aber auch dafür, dass es Max wieder einmal nicht gelang, mit Hamilton mitzuhalten. Zumindest für den Großteil des Jahres.

Beim ersten Grand Prix der Geschichte ohne Zuschauer lag Max im ersten Stint auf dem Red Bull Ring auf Platz zwei zwischen den Mercedes von Bottas und Hamilton, als er aufgrund von Getriebeproblemen aufgeben musste. Am darauffolgenden Wochenende qualifizierte er sich auf derselben Strecke bei starkem Regen als Zweitschnellster hinter Hamilton, wurde im Rennen bei trockenen Bedingungen durch die clevere Boxenstoppstrategie von Bottas auf P3 verwiesen. Sein dritter Platz war ein Vorgeschmack darauf, wie sich die Saison für ihn entwickeln sollte. Im Nassen konnte er gelegentlich mit Bottas mithalten und ihn manchmal sogar hinter sich lassen, wie beim dritten Rennen der Saison in Budapest. Doch Hamilton blieb stets außer Reichweite.

In Silverstone gab es– wie zu Beginn in Österreich – zwei aufeinanderfolgende Rennen, von denen Max das zweite gewann, aber nur, weil die beiden Mercedes mit heftiger Blasenbildung an den Reifen zu kämpfen hatten. In Spanien setzte er sich nach einem verpatzten Start von Bottas zwischen die beiden Silberpfeile. In Belgien blieb die Spitzengruppe (Hamilton, Bottas, Verstappen) unverändert. In Monza schied Max früh mit einem Motorschaden aus, eine Woche später wurde er in Mugello in der ersten Runde von Gaslys Toro Rosso abgeschossen. (Es war übrigens die Strecke, auf der Verstappen auf das berüchtigte „Muschipolster" verzichtete, das Nackenpad, das viele Fahrer eingesetzten, weil in Mugello, wo noch nie zuvor ein Grand Prix ausgetragen worden war, gegen den Uhrzeigersinn gefahrenen wurde.) In Russland verhalfen Max zwei Zeitstrafen für Hamilton, die beim Boxenstopp abgesessen werden mussten, zum zweiten Platz hinter Bottas. Auf dem wegen der besonderen Umstände ausnahmsweise wieder in den Formel-1-Rennkalender aufgenommenen Nürburgring erkämpfte er sich den zweiten Platz vor Bottas, noch bevor dieser ausschied. In Portugal wurde er mit großem Abstand hinter dem Mercedes-Duo Dritter. Und in der beim Novemberrennen in Istanbul herrschenden Kälte und Nässe war für Max aufgrund von Reifenproblemen nicht mehr als Platz fünf drin.

Zwischen diesem und dem nächsten Rennen (in Bahrain) gelang Red Bull jedoch der Durchbruch, und in den letzten drei Rennen war Max mehr oder weniger auf Augenhöhe mit den Mercedes-Piloten. In Bahrain sicherte er sich einen Startplatz in der ersten Reihe, und das Saisonfinale in Abu Dhabi gewann er, nachdem er von der Pole-Position gestartet war.

Der technische Direktor des Teams, Pierre Wache, erklärte, dass Verstappens großes Talent zunächst dazu beitrug, das Team auf die falsche Fährte zu führen, was zur Folge hatte, dass man eine Weile brauchte, bis man erkannte, wo das tatsächliche Problem lag, und in der Lage war, die Entwicklungsrichtung umzukehren: „Er kann mit dieser Instabilität umgehen, was für einige andere unmöglich ist", sagte er. „Wir wissen, dass ein Auto manchmal schneller werden kann, wenn man an gewisse Grenzen geht. Also schlugen wir diese Richtung ein. Da Max seine Rundenzeiten nun verbessern konnte, reizten wir das natürlich noch weiter aus. Aber Max' Rundenzeiten blieben nur so gut, weil er so viel Talent hat. Nach einer Weile haben wir gemerkt, dass wir mit dem Auto in dieser Richtung das Maximum erreicht hatten. Man konnte ja auch sehen, dass die anderen Fahrer, Pierre [Gasly 2019] und Alex [Albon], Schwierigkeiten hatten, das Maximum aus dem Auto herauszuholen. Wir waren in der Hinsicht zu weit gegangen. In der Formel 1 ist es allerdings mühselig, einen einmal gemachten Entwicklungsschritt wieder zurückzunehmen. Aber zum Ende der Saison war es uns gelungen, mit Mercedes auf Augenhöhe und endlich wirklich konkurrenzfähig zu sein. Am Ende war es enttäuschend, denn wenn wir von Anfang an gewusst hätten, was wir später herausgefunden haben, wäre Mercedes zu schlagen gewesen."

Alex Albon, Max' damaliger Teamkollege, lieferte Anfang 2023 bei einem Interview mit *The Players' Tribune*, in dem er über seine Zeit bei Red Bull in den Jahren 2019 und 2020 sprach, weitere Hintergründe zu dieser Geschichte: „Nachdem ich in dem Auto gesessen und mich während ein paar Sessions damit vertraut gemacht hatte, dachte ich an Pierre. Und ich verstand ihn. Mann, ich hab ihn echt verstanden. Das Auto war ganz speziell auf [Max] abgestimmt. Und ich verstehe auch, warum. Schließlich ist er womöglich der beste Fahrer aller Zeiten. Aber er hat auch einen sehr eigenen Fahrstil und ganz bestimmte Vorlieben, was die Abstimmung des Autos anbelangt, und darauf können sich viele andere Fahrer nur schwer einstellen. ... Ich mag viel Frontpartie [Feedback], viel ‚Nase'. Ich war Teamkollege von George [Russell] und Charles [Leclerc], und hatte immer viel mehr Nase als sie. ... Und als ich dann im Red Bull saß... Ich meine, das Ding hatte so viel Nase, dass es sich schon drehte, wenn man das Rad nur anpustete."

Als Wache und sein Team die Entwicklungsrichtung änderten, konnte Max es besser mit den Silberpfeilen aufnehmen, und Albon kam im Qualifying näher an Max heran. Als dessen Teamkollege wurde er 2021 dennoch ersetzt. Dieser Traum war für ihn ausgeträumt. Ebenso wie für Helmut Marko der Traum, dass Verstappen Vettels Rekord als jüngster Weltmeister aller Zeiten brechen würde. Die Saison 2020 war seine letzte Chance dafür gewesen.

Doch die deutlich höhere Wettbewerbsfähigkeit, die man Ende 2020 erreicht hatte, war das erste Anzeichen dafür, dass Red Bull nach sieben Jahren Entwicklung den Titelkampf mit Mercedes, die seit Beginn der Hybrid-Ära im Jahr 2014 jede Weltmeisterschaft gewonnen hatten, endlich aufnehmen konnte. Der Lernprozess in der Saison 2020 und das dadurch gewonnene Verständnis für die optimale Fahrzeugbalance bildete einen Teil der Basis für die folgenden Weltmeistertitel.

Vielleicht ist es einfach unmöglich, auf der Basis von Max' angeborenem Fahrtalent ein optimales Auto zu entwickeln, weil er unabhängig davon, wie sich das Auto verhält, sehr ähnliche

Rundenzeiten fahren kann. So jedenfalls sieht es Guillaume Rocquelin, der sich bei Red Bull als Renningenieur von Sebastian Vettel einen Namen gemacht hat und dort zu Verstappens Zeiten eher eine technische Aufsichtsfunktion innehatte.

Im F1-Podcast *Les Fous du Volant* sagte er im November 2022: „Max ist schon immer sehr chefig aufgetreten. Er hat enormes Selbstvertrauen, er weiß, was er will, und kommuniziert auf eine sehr direkte Art und Weise. Aber um ehrlich zu sein", fuhr er ein wenig mokant fort, „was das Technische anbelangt, ist Max im Vergleich zu anderen Fahrern, mit denen ich gearbeitet habe, etwas schwach, und ich glaube, da muss er noch einiges dazulernen."

Dieses Urteil wirkt ein bisschen hart. Zu bemängeln, dass Max technische Unzulänglichkeiten teilweise durch sein großes Talent kaschieren kann, ist eine sehr ingenieurspezifische Sichtweise.

Christian Horner sieht das anders und zieht den Vergleich zum früheren Red-Bull-Star Sebastian Vettel. „Sebastian hat immer viel überlegt und mitgedacht, er war ein Mensch, der sich sehr sicher fühlen musste, und er der sich auch sehr auf Details konzentrierte. Daraus zog er seine Sicherheit und sein Selbstvertrauen. Max ist in vielerlei Hinsicht einfacher, geradliniger. Wenn man ihn seinen Job machen lässt, weiß man, dass er 110 Prozent geben wird. Wenn er aber den Eindruck hat, dass er nicht 110 Prozent zurückbekommt, wird er sauer und lässt einen das auch wissen. Aber das war's dann auch. Diesen Ärger lässt er im Auto zurück. ... Er ist nicht der Typ, der eine zweieinhalbstündige Nachbesprechung will. Er weiß sehr genau, was das Auto können muss, damit er schneller fahren kann. Er hat ein sehr gutes Gespür dafür, was er braucht und wo seine Grenzen liegen, aber er wird nicht 25 Minuten lang über die Einführungsrunde, Kupplungsdruckpunkte, Temperaturen und so weiter reden, wie es Sebastian tun würde, noch bevor er überhaupt zur Nachbesprechung kommt. Max konzentriert sich auf das, was er braucht, um schneller zu werden: Gib mir das, und ich mache den Rest."

Alles, was er brauchte, war ein konkurrenzfähiges Auto...

ES LEBE DER KÖNIG

Ja, ich glaube, ich mach ihn nervös, wenn er mich in seinen Rückspiegeln sieht.

Max Verstappen

Bevor wir uns mit Max' ersten beiden Weltmeistertiteln der Jahre 2021 und 2022 beschäftigen, lohnt es sich, einen Blick auf das erste Rennen des Jahres 2023, den Großen Preis von Bahrain, zu werfen. Max hat das ganze Wochenende über das Geschehen dominiert, er ist, ohne von einem anderen attackiert zu werden, von der Pole gestartet und hat das restliche Fahrerfeld weit hinter sich gelassen. Er könnte noch schneller fahren, aber das muss er gar nicht. Trotzdem gibt er mehr Gas, als seinem Renningenieur lieb ist. „Bring das Auto einfach nur ins Ziel, Max“, sagt Gianpiero Lambiase in Runde 39, 18 Runden vor Schluss. Max führt zu diesem Zeitpunkt das Rennen mit 11 Sekunden Vorsprung auf seinen Teamkollegen Sergio Perez und 25 Sekunden auf den Drittplatzierten, Charles Leclerc im Ferrari, an.

Die Anweisung, das Auto „einfach nur ins Ziel zu bringen“, ist jedoch offenbar zu schwammig, eine nennenswerte Verringerung von Max' Pace ist jedenfalls nicht feststellbar. In Runde 43 fährt er sogar schneller als in dem Moment, in dem er die Anweisung erhalten hat. Lambiase muss deutlicher werden und ihm die exakte Rundenzeit, die ihm vorschwebt, vorgeben: „Siebenunddreißig-Null, Kumpel, bitte“, sagte er. „Leclerc fährt 37,2.“ Max erwidert nichts, legt stattdessen als Nächstes eine Runde mit 36,3 hin.

„Das Ziel ist 37,0“, wiederholt Lambiase. Endlich antwortet Max: „Ähm ... ich fahre auch gern langsamer, aber alle fahren langsam.“ Der Ingenieur antwortet hörbar verärgert: „Im Moment findet gar kein Rennen statt, Max. Also, das Ziel ist 37,0, bitte. 37,0.“ Max dreht ein paar 36,3er-Runden. Lambiase meldet sich wieder über Funk, und Max scheint sich über den Unfug, den er gerade treibt, köstlich zu amüsieren. „Du hältst also nach einem Plus Punkt Sieben Ausschau, Max. Plus Punkt Sieben auf der Anzeigetafel. Das wird mir zu langweilig, also mach's einfach.“

Dass sie sich hier darüber streiten, wie sehr Max das Tempo drosseln soll, während er sich vom restlichen Fahrerfeld absetzt, zeigt, wie überlegen Max und Red Bull geworden sind. Das erinnert an den Satz aus dem 70er-Jahre-Kultfilm *Fluchtpunkt San Francisco*: „Die Frage ist nicht, wann er aufhört, sondern wer ihn aufhält.“

Doch diese Dominanz ist das Ergebnis einer kontinuierlichen Entwicklung. In einem technologisch so komplexen Bereich wie der Formel 1 ändern sich die Wettbewerbsbedingungen nur langsam. Ein einmal gefundener Vorteil gegenüber der Konkurrenz hat in der Regel lange Bestand. Das zeigt sich etwa an der legendären Ferrari-Schumacher-Ära mit fünf Weltmeistertiteln in Folge Anfang der 2000er-Jahre, den vier aufeinanderfolgenden Weltmeistertiteln von Vettel mit Red Bull in den Jahren 2010 bis 2013 oder auch der Dominanz von Mercedes zwischen 2014 und 2020. Doch sobald die Dynamikkurve abflacht und die großen Namen, die mit dem Erfolg in Verbindung gebracht werden, von der Konkurrenz abgeworben werden, setzt sich das Prinzip der Entropie durch; eine stete Erosion des Vorsprungs gegenüber dem aufstrebenden Team, in diesem Fall Red Bull. Mit etwas Glück erleben wir jedoch ein oder zwei Saisons, in denen das Potenzial des langjährigen Dominators und des Herausforderers in etwa gleich groß ist; und wenn wir wirklich Glück haben, findet nicht nur ein Kopf-an-Kopf-Rennen zwischen den Teams, sondern auch zwischen dem amtierenden Weltmeister und seinem Herausforderer statt. So war es auch 2021, als wir alle einen wahrhaft atemberaubenden Titelkampf erlebten, ja sogar einen der spektakulärsten, den es im Sport je gegeben hat.

In den letzten Jahren der großen Überlegenheit von Mercedes und Hamilton hatte sich immer deutlicher gezeigt, dass ein Herausforderer in den Startlöchern stand – und dieser Herausforderer war Max Verstappen. Hamilton selbst hatte dies spätestens 2017 in Malaysia klar erkannt. Diese Geschichte wiederholt sich in der Formel 1 immer wieder: Man denke nur an Ayrton Senna, der in den 1980er-Jahren Alain Prost den Fehdehandschuh hinwarf; Michael Schumacher, der seinerseits sein Idol Senna herausforderte, bis dieser in Imola 1994 tödlich verunglückte; Fernando Alonso, der 2006 Schumacher die Stirn bot, und Hamilton, der ein Jahr später als Rookie die F1-Bühne betrat und Alonso herausforderte.

Da die Formel 1 ein Sport ist, der maßgeblich von der Technik abhängt, muss diese Technik auf einem sehr hohen Niveau und perfekt aufeinander abgestimmt sein, um sich Herausforderungen wie den oben genannten überhaupt stellen zu können. 2021 gab Red Bull Verstappen endlich ein konkurrenzfähiges Auto an die Hand, das es ihm ermöglichte, es mit dem Mercedes wirklich aufzunehmen und Hamilton den Weltmeistertitel streitig machen zu können. Generell kann man sagen, dass der Red Bull in der ersten Saisonhälfte die Nase vorn hatte und der Mercedes in der zweiten – und so traten die beiden Fahrer beim Showdown-Finale in Abu Dhabi mit Punktegleichstand in der Fahrerwertung gegeneinander an.

Es war eine Saison, in der die beiden Kontrahenten in archetypische Rollen schlüpften, die die Gegensätze in ihrem Wesen betonten. Hamilton ist ein wesentlich emotionalerer Typ, der im Verlauf seiner Karriere hart daran gearbeitet hat, seine Emotionen zu kontrollieren. Sein Wettkampf-Ich – der furchteinflößende Krieger – unterscheidet sich deutlich von seiner Persönlichkeit abseits der Rennstrecke, wo man ihn manchmal sogar als verletzlich wirkenden, in sich gekehrten Menschen erlebt, der sich mit den großen Fragen des Lebens beschäftigt. Und dann gibt es da noch den Entertainer, der in Silverstone ein Bad in der Menge nimmt oder auf dem Parkplatz in Monza für die Fans mit seinem Motorrad einen Burnout macht. Da ist der modebewusste Kosmopolit, der Musiker, der Kämpfer für soziale Gerechtigkeit und gegen Rassismus, der L.A.-Promi, der sich in diversen Hollywoodkreisen bewegt, und manchmal, in unerwarteten Momenten, auch immer noch der Junge aus der Wohnsiedlung in Stevenage. Hamilton ist all das und noch viel mehr.

Den immensen Stolz darauf, das alles trotz aller Widrigkeiten geschafft zu haben, merkt man Hamilton immer an. Er hat ein feines Gespür für Kritik, wobei es ihn einiges an Mühe kostet, sich das nicht anmerken zu lassen. Und wenn er sich in seinem Stolz verletzt fühlt, gibt er unerbittlich Kontra. Aber er sehnt sich auch nach Anerkennung, nach Bestätigung von außen. Bis heute hat er mit den Nachwirkungen zu kämpfen, den der sehr beschwerliche Weg in die Formel 1 für ihn mit sich brachte, in einem Sport, in dem für ihn lange Zeit aus finanziellen wie aus ethnischen Gründen vieles unerreichbar schien, und er hat bis heute auch nicht vergessen, wie es sich anfühlt, Angst zu haben, dass ihm alles plötzlich wieder genommen werden könnte.

Für Max als jemanden, der quasi in die Formel 1 hineingeboren wurde, ist alles viel einfacher. Er hat ein viel unbekümmerteres, sonnigeres, weniger komplexes Gemüt. Weder Kritik noch Lob scheinen ihn zu beeindrucken. Bestätigung von außen interessiert ihn nicht sonderlich, und auf seinen Erfolg scheint er nicht viel zu geben, so als sei er für ihn ohnehin schon immer vorherbestimmt gewesen. Das alles hat weniger mit Arroganz als mit nüchternem Realismus zu tun. Es ist einfach die Realität, die er an jedem Rennwochenende erlebt. Bei der Kommunikation mit seinem Team nimmt er kein Blatt vor den Mund, erwartet im

Gegenzug aber genau das Gleiche von den Menschen, mit denen er zusammenarbeitet. Er benötigt nicht ihren emotionalen Beistand, er verlangt nur, dass sie ihren Job genauso gut machen wie er seinen. In der Hitze des Gefechts kommt bei ihm manchmal der mürrische Junge durch, der seinen Controller wütend durchs Zimmer pfeffert, wenn er beim Zocken verloren hat. Aber abseits der Rennstrecke trägt er keine Kämpfe aus, sondern konzentriert sich einzig und allein auf sein Privatleben.

Obwohl Verstappen und Hamilton in Monaco quasi Nachbarn sind, ist die Wahrscheinlichkeit, dass sie sich dort über den Weg laufen, verschwindend gering. Nicht wegen irgendwelcher Animositäten – sie sind beide keine rachsüchtigen Menschen –, sondern einfach, weil ihre Wellenlängen weder hinsichtlich der Frequenz noch der Amplitude übereinstimmen. Das ist allein auf der Rennstrecke der Fall.

2021 waren Hamilton und Verstappen die beiden besten Fahrer der Welt. Die erfolgreiche Karriere des einen währte bereits so lange, dass sich dieser Umstand auch in den Statistiken eindrucksvoll niedergeschlagen hatte; und fast hatte er vergessen, wie es sich anfühlt, zu verlieren, obwohl er wusste, dass das eines Tages passieren würde. Der andere hatte lange darauf gewartet, endlich wieder regelmäßig gewinnen zu können und dort mitzumischen, wo er seiner Ansicht nach hingehörte – an der Spitze; er war furchtlos und bereit, gegen jeden zu kämpfen, vor allem aber gegen den Mann, der bisher alle Titel gewonnen hatte und den alle bewunderten.

Wegen der massiven finanziellen Auswirkungen der Corona-Pandemie hatte die FIA entschieden, die Einführung eines komplett neuen technischen Reglements um ein Jahr zu verschieben. Folglich sollten 2021 die gleichen Autos fahren wie 2020, mit dem entscheidenden Unterschied, dass die Fläche des Abtrieb erzeugenden Unterbodens verkleinert wurde, um die Belastung auf den Hinterrädern zu reduzieren. Dies wirkte sich jedoch auf den Mercedes mit seinem langen Radstand stärker aus als auf den Red Bull, dessen Radstand kürzer war. Dank der erfolgreichen Entwicklungsrichtung, die Red Bull gegen Ende der Saison 2020 eingeschlagen hatte, sorgte dies dafür, dass die Siegchancen der beiden Fahrzeuge relativ ausgeglichen waren. Bei den Testfahrten in Bahrain vor dem ersten Rennen der Saison 2021 deutete sich zunächst ein Vorteil für Red Bull an, der im Qualifying dadurch bestätigt wurde, dass Verstappen mit 0,4 Sekunden Vorsprung auf Hamilton die Pole-Position klarmachte. Das war Neuland für das bisher so siegreiche Mercedes-Team, das ein wenig geschockt wirkte. „Wir haben keine besonderen Stärken im Vergleich zu ihnen", sagte der Technikchef der Silberpfeile Andy Shovlin, nachdem er sich die Daten angesehen hatte. „Wir sind nirgendwo schneller als sie. Es gab ein paar Kurven, in denen sie im Qualifying schneller waren als wir, in den Hochgeschwindigkeitssektoren. Im Qualifying erreichen wir in unseren besten Kurven genau ihren Speed, aber in den anderen Kurven sind sie schneller."

Der Verfolger zu sein, statt der Verfolgte, kann am Renntag allerdings strategisch von Vorteil sein – und das war für Mercedes in Bahrain der Fall. Verstappen führte vom Start weg und fuhr mit der Unterstützung seines Teams eine möglichst reifenschonende Pace. Hamilton hatte einige Sekunden Rückstand auf ihn, als sich sein Team für einen gewagten Schachzug entschied und ihn sehr früh zum ersten Mal in diesem Zwei-Stopp-Rennen an die Box holte. Einen solch frühen Stopp einzulegen – der einen noch früheren zweiten Stopp erforderlich machte – war ein Wagnis, das nur der Verfolger eingehen konnte. Der Undercut funktionierte. Da die Reifen auf dieser Strecke so schnell abbauen, muss Max vier Runden später an die Box kommen. Hamilton führt jetzt. In Runde 29 wechselt Hamilton erneut, was bedeutet, dass er seinen letzten Stint letztlich auf viel älteren und langsameren Reifen zu Ende bringen muss als Verstappen, der elf Runden nach seinem Kontrahenten zum zweiten Mal reinkommt und mit den frischen Pneus nun einen entscheidenden Vorteil besitzt.

Als Max wieder auf der Strecke ist, hat er noch 17 Runden, um Hamilton, der 8,8 Sekunden vor ihm liegt, einzuholen und die Führung zu übernehmen. Der Kampf der Titanen, auf den die Formel 1 so lange gewartet hatte, ging endlich los. Kleinere Scharmützel hatte es zwar schon früher gegeben, aber noch nie einen Kampf, der sich über einen längeren Zeitraum hingezogen hatte. Und hier war jetzt Max Verstappen im ersten Rennen eines echten Duells um den Weltmeistertitel, ein Ziel, auf das er all die Jahre hingearbeitet hatte. Er jagte seinen Erzfeind, obwohl ihm sein Ingenieur „GP" geraten hatte: „Achte darauf, dass die Reifen noch nicht völlig runter sind, wenn du an ihm dran bist."

Verstappen war auf dem besten Weg, Hamilton vor dem Ende des Rennens einzuholen. Als der Brite von seinem Team aufgefordert wurde, das Tempo zu erhöhen, antwortete er: „Das kann ich nicht, wenn die Reifen noch was hergeben sollen, um mich gegen ihn zu verteidigen, wenn er an mir dran ist." Max holte weiter auf, und Hamilton gab alles. Funkstille in beiden Cockpits. Jetzt ging es nur noch um die beiden, den Weltmeister und den Herausforderer.

In der 51. von insgesamt 57 Runden wurde Hamilton weit aus der Kurve 10 getragen (wie schon in seiner letzten Q3-Runde am Vortag), wodurch er einiges an Zeit verlor. Damit schrumpfte sein Vorsprung auf unter eine Sekunde, und Verstappen befand sich nun dank DRS in Schlagdistanz. In der 53. Runde setzte sich Max auf der Start-und-Ziel-Geraden teilweise neben den Mercedes, die Diffusoren der beiden Autos sprühten Funken, während nur wenige Zentimeter Abstand zwischen ihnen waren. Hamilton blieb ruhig und zwang Verstappen, die lange Außenbahn in Kurve 1 zu nehmen. Als sie zwischen dort und Kurve 4 Antonio Giovinazzi überrundeten, wurde es für Hamilton etwas unangenehm, denn Verstappen zog im Windschatten an ihm vorbei. Max blieb mit mehr Tempo auf der Außenbahn, und es sah so aus, als hätte er es geschafft, aber dann kam er so weit nach außen, dass er mit allen vier Rädern neben der Strecke war, weshalb er die Position wieder zurückgeben und es erneut versuchen musste. Als er in der schnell ansteigenden Kurve 13 erneut einen Angriff wagte, kam er ins Rutschen – seine Hinterreifen waren am Ende, überhitzt von der Verfolgungsjagd und nun völlig ohne Grip. Hamilton war aus dem Schneider.

Runde eins ging an die alten Hasen, aber sie hatten tricksen müssen, um zu gewinnen, und es war auch etwas Glück im Spiel gewesen. Eins stand fest: Verstappen und Red Bull hatten die nötige Pace. Es war ein faszinierendes Auftaktrennen gewesen. In Bahrain wurde klar, dass Red Bull Max endlich die Mittel an die Hand gegeben hatte, mit denen er den Kampf um den wichtigsten Titel im Motorsport aufnehmen konnte. Bei der nächsten Runde in Imola geriet ein weiteres entscheidendes Detail des Duells der Titelanwärter in den Fokus.

Schon die Vorbereitung auf das Wochenende brachte einige interessante Unterschiede zwischen den beiden Autos ans Licht. Viele davon erwiesen sich im Laufe der Saison als entscheidend. Mercedes hatte sein Auto in den drei Wochen seit Bahrain verbessert. Außerdem wirkte sich der Belag der schnellen Strecke in Imola auf die zum Überhitzen und dadurch Übersteuern neigenden Hinterräder des Mercedes positiv aus und verbesserte dessen Balance. Die entscheidende Herausforderung dieses kühlen und feuchten Wochenendes bestand allerdings darin, die Vorderreifen im Qualifying und zu Beginn der einzelnen Stints auf Temperatur zu bringen – eine Aufgabe, die der Red Bull besser meisterte als der Mercedes. Die Streckencharakteristik hingegen machte dem Red

Bull zu schaffen. Obwohl das Team das von Pierre Wache beschriebene extreme Ansprechverhalten der Vorderachse zurückgenommen hatte, war das Auto immer noch bissiger als der Mercedes. Dadurch war es in langsamen Kurven schneller (vor allem dank Verstappens erstaunlicher Fähigkeit, das ausbrechende Heck am Kurveneingang kontrollieren zu können), aber unruhiger in Hochgeschwindigkeitskurven – und in Imola gibt es fast nur Hochgeschwindigkeitskurven. Es war also ein schnelles Auto, aber eines, das dem Fahrer etwas mehr Einsatz abverlangte als der nicht so instabil ausgelegte Mercedes.

Sowohl Verstappen als auch sein Teamkollege Sergio Perez machten in den letzten Qualifying-Runden entscheidende Fehler, sodass Max nur Dritter wurde und Perez Zweiter, während Hamilton sich die Pole-Position sicherte. Valtteri Bottas im zweiten Mercedes, der immense Schwierigkeiten hatte, seine Vorderreifen auf Temperatur zu bringen, wurde Achter. Diese spezielle Konstellation zu Beginn des Rennens – zwei Red Bulls gegen einen Mercedes, und damit die genau spiegelverkehrte Ausgangslage im Vergleich zur Startaufstellung in Bahrain – spielte eine entscheidende Rolle bei dem, was sich wenige Sekunden nach dem Start in der Tamburello-Kurve ereignete. Hamilton kam gegen die beiden Red Bulls, die ihn in der Gischt in die Zange nahmen, nicht an – und als er versuchte, sich gegen Perez auf seiner rechten Seite durchzusetzen, machte er den Fehler, Max auf seiner linken Seite vorbeizulassen. Verstappen, der aus Reihe zwei gestartet war, lag jetzt in Führung, doch Hamilton gab nicht auf und blieb außen am Red Bull dran, als dieser in die Linkskurve einlenkte. Verstappen hatte als Vorneliegender das Recht, seine Linie zu fahren. Hamilton ging also volles Risiko, als er sich entschied, darauf zu vertrauen, dass ihm sein Kontrahent schon genug Platz lassen würde. Er war in der gleichen Situation wie Leclerc in Österreich 2019 – und traf die gleiche Entscheidung. Mit dem gleichen Ergebnis.

Hamilton war auf Verstappens Gnade angewiesen, um sein Manöver erfolgreich durchziehen zu können, doch die wurde ihm – wie kaum anders zu erwarten gewesen war – nicht zuteil. Der Mercedes holperte über die Randsteine und riss sich dabei ein Stück des Frontflügels ab. Verstappen zog davon, während Hamilton rund zehn Runden brauchte, um seine Intermediates vorne auf Temperatur zu bringen.

Bei dem Versuch, Verstappens Vorsprung zu verringern, wurde Hamilton aus der Kurve getragen, rutschte ins Kiesbett und beschädigte sich beim leichten Einschlagen in die Streckenbegrenzung den Frontflügel. Der Brite schaffte es rückwärtsfahrend wieder auf die Strecke und holte sich an der Box einen neuen Frontflügel. Sein Rückstand war jetzt gewaltig, aber ihn rettete die Rennunterbrechung nach der Kollision von Bottas und George Russell im Williams in der nächsten Runde. Das bedeutete, dass Hamilton keine Runde verlor und beim fliegenden Neustart auf P9 lag, mit nur sieben langsameren Autos vor ihm, die ihn von Max trennten. Hamilton kämpfte sich bis auf den zweiten Platz vor.

Doch das war nur ein Detail. Das Wichtigste hatte Verstappen bereits in der ersten Kurve klargemacht: Er fuhr genauso gnadenlos wie immer, was bedeutete, dass Hamilton seine Herangehensweise entsprechend anpassen musste. Hamilton, der in den vergangenen drei Jahren immer wieder darauf hingewiesen hatte, dass er mit Verstappens aggressivem Rad-an-Rad-Fahren nicht gut zurechtkam und ihm stattdessen lieber Platz machte, hatte offenbar eingesehen, dass er sich diese Nachgiebigkeit nicht länger leisten konnte. Da es jetzt darum ging, mit Max um die Weltmeisterschaft zu kämpfen, musste er härter zur Sache gehen. In Imola hatte er es versucht und war Zweiter geworden.

Der psychologische Aspekt dieses Duells war damit klar. Und für Hamilton war das alles andere als beruhigend. Die Frage, die sich nun alle stellten, lautete: Wie wird der stolze siebenfache Weltmeister mit diesem scheinbar unaufhaltsamen Gegner umgehen? All das war Teil des Max-Effekts.

In den ersten beiden Rennen war in puncto Wettkampf und Psychologie der Rahmen für eine spannende Saison abgesteckt worden. Die folgenden Rennen waren von einem unklaren Hin und Her zwischen den beiden Protagonisten geprägt. Hamilton setzte sich in Portugal und Spanien durch, wobei ihm in Spanien der geringere Reifenverschleiß des Mercedes einen entscheidenden Vorteil verschaffte. Ironischerweise führte Verstappen sein aggressiver Start in Barcelona – er setzte sich in der ersten Kurve vor Hamilton, indem er innen später bremste – in eine strategische Sackgasse. Einmal an der Spitze und frei in der Wahl seines Tempos, entschied sich Verstappen, viel aggressiver zu fahren, als es dem Red Bull, dessen Reifen viel schneller abbauten als die des Mercedes, guttat. Hamilton blieb an ihm dran – und die beiden setzten sich so weit vom restlichen Feld ab, dass Mercedes mühelos einen zweiten Stopp einlegen konnte, ohne etwas zu riskieren. So erlebte Verstappen eine alptraumhafte Wiederholung von Budapest 2018: Er führte, hatte aber noch viel zu viele Runden vor sich, um sich gegen einen Gegner, der auf viel frischeren Reifen unterwegs war, behaupten zu können.

In Monaco dominierte Max und lag zum ersten Mal in seiner Karriere in der Fahrerwertung auf Rang eins. Zwei Dinge halfen ihm dabei: Erstens fiel der – nach dem Crash am Ende des Qualifyings wieder reparierte – Ferrari von Charles Leclerc, der von der Pole hätte starten dürfen, auf dem Weg zur Startaufstellung mit einem Defekt an der Radnabe – eine Folge des Unfalls am Vortag – aus. Zweitens blieb Hamilton auf einer Strecke, auf der der Mercedes Schwierigkeiten hatte, seine Vorderreifen schnell auf Temperatur zu bringen, förmlich unsichtbar.

In Baku war Max' Auftritt sogar noch dominanter, bis sein linker Hinterreifen platzte und er mit dem Red Bull bei einer

Geschwindigkeit von rund 320 km/h gegen die Streckenbegrenzung schleuderte (kurz nachdem bereits Lance Stroll mit seinem Aston Martin nach einem ganz ähnlichen Unfall infolge eines Reifenplatzers ausgeschieden war). Das Rennen wurde unterbrochen und nach einer Bergungspause für nur zwei verbleibende Runden neu gestartet. Für Hamilton war das die große Chance, einen Riesenschritt zu machen, denn Max konnte an diesem Wochenende keine Punkte mehr sammeln. Die möglichen Auswirkungen auf die Meisterschaft hätten enorm sein können. Doch ohne es zu wissen, hatte Hamilton während der Aufwärmrunde den Break-Magic-Schalter an seinem Lenkrad betätigt, womit er die Bremsbalance verstellt hatte, sodass nur seine Vorderradbremsen funktionierten, als er vor Kurve eins bremste. Seine Vorderräder blockierten und er rutschte in die Auslaufzone, während der Rest des Feldes an ihm vorbeizog. Das war ein richtig bitterer Fehler: Trotz der Null-Punkte-Ausbeute infolge seines vorzeitigen Ausscheidens hatte das für Verstappen in der Fahrerwertung keinerlei Auswirkungen –Perez gewann das Rennen und machte damit den perfekten Backup-Job für Red Bull, für die er wichtige Punkte in der Herstellerwertung holte.

Bei dem Rennen in Frankreich auf dem Circuit Paul Ricard schienen Red Bull und Verstappen zunächst das Nachsehen zu haben, denn Mercedes war mit einem stärkeren Motor angetreten. Doch mit einer cleveren Zwei-Stopp-Strategie und der Absicherung durch Perez, der ein Ein-Stopp-Rennen fuhr, gelang es Max, vor den beiden Silberpfeilen ins Ziel zu kommen. Das Mercedes-Team führte den entscheidenden Zeitverlust später auf die Lage seiner Box unmittelbar hinter einer Kurve der Boxeneinfahrt zurück, die Hamilton zu einem ungeschickten Manöver zwang.

Es war ein bedeutender und wichtiger Sieg für Verstappen – dem zwei weitere an aufeinanderfolgenden Wochenenden auf dem Red Bull Ring folgten, wo zunächst der Große Preis der

Steiermark und eine Woche später der Große Preis von Österreich stattfanden. „Ein absolut sauberes Rennen", funkte Christian Horner seinem Piloten nach dem ersten dieser Siege zu, bei dem Hamilton weit abgeschlagen als Zweiter ins Ziel kam. „Mach genau so weiter." Da die Rennen in Frankreich und Österreich an aufeinanderfolgenden Wochenenden stattfanden, war Max der erste Fahrer in der Geschichte der Formel 1, der innerhalb von drei Wochen drei Grands Prix gewann.

Der Red Bull wurde dank der kontinuierlichen Weiterentwicklung des Autos immer schneller, mit der Folge, dass Mercedes in der Konstrukteurswertung immer weiter zurückfiel. Während der beiden Wochenenden in Österreich kamen ständig Red-Bull-Trucks vorgefahren, die frisch gefertigte neue Teile aus dem Werk an die Strecke brachten. Mercedes-Chef Toto Wolff war sich völlig im Klaren darüber, wie viele Ressourcen für die Entwicklung des dem neuen Reglement entsprechenden Autos für 2022 benötigt wurden. Er teilte mit, dass es zwar für das nächste Rennen in Silverstone ein Upgrade geben werde, der 2021er Mercedes danach allerdings im Wesentlichen so bleiben würde, wie er war. Red Bull, die nach inzwischen acht titellosen Jahren wieder zum ersten Mal ernsthaft mit um den Weltmeistertitel kämpften, gaben sich dagegen kämpferischer. Horner wurde gefragt, wann die Entwicklung des Autos für 2021 abgeschlossen sei. „In Abu Dhabi", antwortete er und meinte damit das letzte Rennen der Saison.

Doch am Wochenende des Großen Preises von Großbritannien ereigneten sich zwei wichtige Dinge, die den Verlauf des Titelkampfes völlig veränderten – und nichts davon war für Red Bull von Vorteil. Das war der Dreh- und Angelpunkt der gesamten Saison, und der Ton wurde rauer. Mercedes brachte das versprochene Update, das wirklich einen Fortschritt darstellte. Während des Wochenendes in Silverstone, als das Team noch an der Feinabstimmung der neuen Konfiguration arbeitete, war das noch nicht so deutlich erkennbar, dafür aber in den folgenden Rennen. Das bedeutete, dass Mercedes über weite Strecken der zweiten Saisonhälfte über das schnellere Auto verfügte. In Silverstone hatte allerdings die Streckentemperatur einen maßgeblichen Einfluss darauf, welches Auto schneller war. Bei höheren Temperaturen war es der Red Bull, bei niedrigeren der Mercedes, und in dieser Saison wurde die maßgebliche Temperaturgrenze während der drei Renntage ständig überschritten. Unter 40 Grad Celsius fühlte sich der Mercedes am wohlsten, darüber hatte er zu kämpfen.

Am Freitag sicherte sich Hamilton bei relativ kühlen Bedingungen im Qualifying die Pole-Position für das erstmals ausgetragene Sprintrennen, dessen Ausgang die Startaufstellung für das Rennen am Sonntag bestimmte. Am Samstag, als das Sprintrennen ausgetragen wurde, war es wiederum sehr heiß, und so ließ Verstappen Hamilton weit hinter sich und sicherte sich die Pole für das Hauptrennen. Als der Start, der für 14.10 Uhr angesetzt war, näher rückte, betrug die Streckentemperatur 49 Grad Celsius: beste Bedingungen für die Red Bulls.

Hamilton wusste, dass er in der ersten Runde überholen musste, um überhaupt eine Chance zu haben, bei seinem Heim-Grand-Prix einen Sieg einfahren zu können – und selbst dann hätte ihm ein harter Kampf bevorgestanden. Da er in der Fahrerwertung schon 32 Punkte weniger hatte als Max, war es jetzt jedoch nicht an der Zeit, auf Nummer sicher zu gehen. Abgesehen von dem kurzen Scharmützel in der ersten Kurve in Barcelona hatte er sich seit dem heftigen Zwischenfall in Imola keinen Zweikampf mehr mit Verstappen liefern müssen. Die beiden waren in Spanien und Frankreich mit unterschiedlichen Reifen- und Boxenstopp-Strategien immer wieder aneinander vorbeigezogen, aber es waren keine echten Duelle gewesen. Diesmal sah es so aus, als könnte es eines werden.

Schon als die Lichter der Startampeln ausgingen, konnte man den beiden Autos ansehen, dass dieses Rennen eine besondere Intensität besitzen und die Emotionen vielleicht etwas höher kochen würden als sonst. Hamilton erwischte den etwas besseren Start auf der Innenseite und übernahm in der schnellen Abbey-Kurve sogar die Führung, doch Verstappen ließ nicht locker, blieb auf der Außenseite und zog tatsächlich noch vorbei. Der Red Bull schlängelte sich bedrohlich vor dem schwarzen Mercedes über die Strecke. Die Village-Kurve nahm Hamilton so, dass er mit Tempoüberschuss auf die Wellington-Gerade kam, um Verstappen überholen zu können. Das Timing war perfekt: Hamilton zog an Verstappen vorbei und sie fuhren Rad an Rad, sodass sie sich fast berührten, bis zum Eingang in die Linkskurve von Brooklands. Hamilton lag zwar vorn, war aber auf der Außenbahn, und Verstappen schaffte es, innen schneller aus der Kurve rauszubeschleunigen. Es war ein richtig harter Zweikampf, wie man ihn eigentlich in der rennentscheidenden letzten Runde erwartet – aber nicht in ersten. Das war alles andere als normal, und auf Dauer konnte das nicht gut gehen.

Dass Hamiltons sich dazu entschied, die Situation in Brooklands nicht zu forcieren, könnte daran gelegen haben, dass er die spezifische Leistungsentfaltung des Red Bull in der wenige Sekunden später folgenden Woodcote-Kurve kannte. Während des gesamten Wochenendes hatte Mercedes anhand der GPS-Aufzeichnungen beobachtet, dass der Honda-Motor in dieser Kurve abbremste und seine elektrische Leistung leicht reduzierte, um sie an einer anderen Stelle der Runde zu nutzen, wo es für die Rundenzeit vorteilhafter war. Als Reaktion darauf hatte Mercedes seinen Motor so eingestellt, dass er dort die volle Leistung abgab. Hamilton wusste das, und tatsächlich ließ die Beschleunigung des Red Bull im Vergleich zum Mercedes etwas nach. Hamilton bog auf die Gerade ein, holte immer weiter auf und zwang Verstappen, sich zu verteidigen, als sie auf die Copse-Kurve zurasten.

Am Tag zuvor hatte Hamilton versucht, Verstappen außen zu überholen, wogegen Max sich noch vor der Kurve erfolgreich zur Wehr gesetzt hatte, woraufhin sich Hamilton wohl insgeheim vorgeworfen hatte, es nicht innen versucht zu haben. Genau das wollte er diesmal tun. Und so täuschte er zunächst links an, um dann wieder nach innen zu ziehen. Bei dem Tempo, das sie hier draufhatten, gab es nur sehr wenig Spielraum, um diesen Plan durchzuziehen, doch Hamilton war fest entschlossen: Er gab nicht nach und zwängte sich in die winzige Lücke innen neben dem Red Bull. Seite an Seite fuhren sie in die Kurve, Verstappen voraus, Hamiltons linkes Vorderrad neben Verstappens rechtem Hinterrad.

Max hatte keine Wahl: Er fuhr wie immer, was bedeutete, dass er als Führender auf seiner Spur blieb und es dem Hinterherfahrenden überließ, auszuweichen. Immer noch mit Vollgas – die Telemetriedaten bestätigten, dass er den Fuß nicht vom Gas nahm – lenkte er in die Kurve ein, sah, dass Hamilton immer noch da war, und verlangsamte dann leicht, als wolle er dem Mercedes etwas mehr Zeit zum Ausweichen geben. In der allerletzten Millisekunde versuchte Hamilton noch auszuweichen, aber es war zu spät: Als das Hinterrad des Red Bull die Front des Mercedes traf, schleuderte Verstappen mit hoher Geschwindigkeit durch das Kiesbett und in die Streckenbegrenzung. Er schlug in sie – teilweise seitlich – mit einer Wucht von 51 g ein.

„Alles in Ordnung, Max?“, fragte GP über Funk.

Drei Sekunden lang herrschte beunruhigende Stille. Dann hörte man ein kaum weniger beunruhigendes Stöhnen, als wäre Max gerade aus einer Ohnmacht erwacht. Anschließend ein gequältes, völlig benommen klingendes: „Oh fuck!“ Und dann herrschte wieder Funkstille.

Die in den vergangenen Jahrzehnten immer weiter verbesserten Sicherheitsvorkehrungen waren mittlerweile so gut, dass Verstappen am Ende mit nichts weiter als ein paar Prellungen davonkam. Mit dem Hubschrauber wurde er ins Krankenhaus nach Northampton geflogen, wo er auch auf eine mögliche Gehirnerschütterung untersucht wurde und noch in der Nacht entlassen werden konnte.

Hamiltons Schwung war indes von dem Aufprall gebremst worden, sodass der hinter ihm fahrende Leclerc im Ferrari an ihm vorbeiziehen und die Führung übernehmen konnte, bevor das Safety-Car auf die Strecke rauskam. Während Hamilton hinter ihm herfuhr, hatte er zweifellos Zeit, über die möglichen Konsequenzen seines waghalsigen Manövers nachzudenken. „Ich bin einfach in die Kurve reingefahren. Ich war vorne, als ich reingefahren bin. Ich war komplett neben ihm, es war meine Linie." Als das Safety-Car an der Unfallstelle vorbeikam, war über Hamiltons Cockpitkamera deutlich zu sehen, wie tief der Red Bull in den Sicherheitsbarrieren steckte.

Das Rennen wurde unterbrochen, und alle Fahrer mussten an die Box kommen. Auf dem Weg dorthin fragte Lewis schließlich: „Ist Max okay?"

„Er ist aus dem Auto raus", antwortete Hamiltons Renningenieur Pete Bonnington.

Hamilton kassierte für den Zwischenfall eine Zehn-Sekunden-Strafe. Das neu gestartete Rennen beendete er als Sieger.

Es war der umstrittenste Unfall in der jüngeren Formel-1-Geschichte, und natürlich hagelte es umgehend Schuldzuweisungen. Bei Red Bull war man verständlicherweise verärgert, Adrian Newey sprach noch Monate später von einem „absichtlichen Foul". Christian Horner meldete sich über Funk bei Rennleiter Michael Masi und sagte: „Jeder Fahrer, der einmal auf dieser Strecke gefahren ist, weiß, dass man das in der Copse auf der Innenseite nicht machen kann. Max lässt ihm genügend Platz, doch er hält sein Rad rein und fährt quasi in ihn rein. Das ist ein Riesenunfall. Die Kurve gehörte zu hundert Prozent Max. Meiner Meinung nach liegt die alleinige Schuld ganz klar bei Hamilton... Gott sei Dank ist [Max] unverletzt geblieben. Ich hoffe, dass Sie in dieser Angelegenheit angemessen verfahren werden."

Mercedes-Boss Toto Wolff wirkte ebenfalls auf Masi ein. Er ließ ihm per E-Mail eine Anweisung der Rennleitung für solche Situationen zukommen, in der es hieß, dass dem innen fahrenden Auto die Kurve gehört, wenn sich seine Vorderräder vor der Hinterachse des außen fahrenden Autos befinden (wie es hier der Fall war). „Was den Zwischenfall zwischen Lewis und Max angeht", sagte er später auf der Pressekonferenz, „an so etwas sind immer zwei Leute beteiligt, und diese beiden haben sich keinen Zentimeter geschenkt. Es ist eine Hochgeschwindigkeitskurve, deshalb ist es schlimm, so etwas mitanzusehen, aber es gibt eine eindeutige Regel, die schwarz auf weiß nachzulesen ist und die lautet: Wenn du mit der Vorderachse vor der Fahrzeugmitte deines außen fahrenden Konkurrenten bist, dann gehört die Kurve dir. Nun kann man fragen: Ist diese Kurve mit allen anderen zu vergleichen? Vielleicht nicht. Aber noch einmal: An einem Unfall sind immer zwei Fahrer beteiligt. ... Das ist ein Wettbewerb, in dem der beste Fahrer aller Zeiten, ein siebenfacher Weltmeister, mit einem Auto antritt, das vielleicht nicht so gut ist wie das andere, das von einem aufstrebenden Star gefahren wird, der selbst bis ganz nach oben will. Und sie kollidieren und haben einen Unfall. Das hat es auch schon früher gegeben, man muss sich nur all die großen Rivalitäten in der Geschichte ansehen, und genau das ist auch heute wieder passiert."

Aber auch unter denjenigen, die nicht direkt beteiligt waren, waren die Meinungen dazu geteilt. Jenson Button sagte: „Max hat genug Platz gelassen, aber bei dieser Geschwindigkeit war es [für Hamilton] schwierig, die Kurve innen zu nehmen. Er musste ausweichen und hat den Scheitelpunkt falsch eingeschätzt.

Das ist verständlich, denn er kommt mit dieser Geschwindigkeit aus einem neuen Winkel. Es ist schwierig, eine abschließende Antwort auf die Frage zu geben, wer einen Fehler gemacht hat. Ich habe Verständnis für die Strafe [für Hamilton], weil er den Gegner abgedrängt hat, der dann in den Reifenstapeln landete, dennoch ist das keine leichte Entscheidung."

Damon Hill sagte auf Sky: „Max wusste, dass er [Hamilton] da war und hat das vielleicht nicht ausreichend berücksichtigt. Eine Berührung zwischen zwei Autos sollte generell vermieden werden. Wenn sie jung und unerfahren wären, würde man ihnen sagen, sie sollen sich beruhigen. Es war ein riskantes Manöver, Lewis hatte klargemacht, dass er nicht zurückziehen würde, um wieder die Oberhand zu gewinnen."

Einen Tag später sagte Hill im Gespräch mit *talkSPORT*: „Das Niveau und die Intensität des Duells erinnern mich an Senna und Prost, daran wie Senna Alain Prost eingeschüchtert hat. Von Lewis' Aggressivität war ich überrascht. Ich denke, es war in erster Linie ein normaler Rennunfall, dennoch glaube ich, dass Lewis gewissermaßen der Aggressor war, denn er hat versucht, zu überholen. Er wollte das zu einem sehr frühen Zeitpunkt im Rennen tun, weil er wusste, dass das entscheidend war. Er hatte einen Geschwindigkeitsvorteil auf der Geraden und konnte Max aggressiv attackieren, und Max musste sich verteidigen. Es sah von Beginn an so aus, als würde es in dieser Runde passieren."

Jolyon Palmer von der BBC sagte: „Lewis war ziemlich genau neben Max – und damit gab es zwei Konkurrenten um den Weltmeistertitel, die in der Copse die Innenbahn für sich beanspruchten, und einer von ihnen musste zurückstecken. Lewis war genau gleichauf – natürlich verpasst er den Scheitelpunkt ein wenig und fährt in Max hinein, aber Max lenkt auch weiter ein, und er nimmt damit ein großes Risiko in Kauf, wenn er das in der Copse-Kurve macht. Das Ganze ist schwer zu beurteilen, richtig schwer. Ich würde es wahrscheinlich als

Rennunfall werten, weil das von beiden einfach hartes Racing war."

Karun Chandhok von Sky meinte: „Max lässt ihm Platz, Hamilton ist innen, aber er zu keinem Zeitpunkt war er vor Max. Max kommt rein und Lewis scheint vom Scheitelpunkt weit weg zu sein. Als sie sich berühren, geht seine Bahn am Scheitelpunkt vorbei. Max hat Lewis Platz gelassen, aber ich glaube, er hat auch damit gerechnet, dass Lewis hinter ihm bleiben würde. Und das ist der springende Punkt. Ich glaube, Lewis hat erwartet, dass Max ausweicht, und Max hat erwartet, dass Lewis hinten bleibt. Max hätte Lewis mehr Platz lassen können, aber Lewis hätte auch näher an den rechten Kerb ranfahren können... Wenn Sie mich fragen, hätten beide mehr tun können, um den Unfall zu vermeiden – ich würde es als Rennunfall einstufen."

Formel-1-Veteran Jackie Stewart, der sich während und nach seiner aktiven Zeit als Rennfahrer unermüdlich für die Verbesserung der Sicherheitsmaßnahmen in der Formel 1 eingesetzt hat, war der Meinung, dass beide Fahrer zu weit gegangen waren. „Der Unfall zwischen Lewis und Verstappen hat mich sehr bestürzt", sagte er im Gespräch mit *talkSPORT*. „Um ehrlich zu sein, wenn das zu meiner Zeit oder auch noch lange nach meiner Zeit passiert wäre, hätte Verstappen das nicht überlebt. Die Strecke wurde inzwischen so sicher gemacht, die Auslaufzonen sind so groß und die Barrieren, an denen er schließlich zum Stehen kam, sind so effizient, dennoch waren die G-Kräfte enorm. Ich denke, hier konnte man gut sehen, was in Silverstone alles unternommen wurde, um die Strecke sicherer zu machen. Jetzt ist sie so sicher, dass die Leute zu viel riskieren. Die ersten Runden in Silverstone waren ein gutes Beispiel dafür, denn ich glaube, dass es beide Fahrer übertrieben haben, vor allem, wenn man bedenkt, dass das Rennen gerade erst begonnen hatte. Das müssen wir wieder in den Griff bekommen. Traurigerweise muss es manchmal erst zu einem schlimmen Unfall kommen oder sogar ein Todesopfer geben, bevor das wirklich verstanden wird.“

Hamilton gewann das Rennen nach dem Neustart, doch auf seinen überschwänglichen Jubel danach konnte Verstappen nur noch mit Verbitterung reagieren. „Ich bin froh, dass es mir gut geht“, twitterte er vom Krankenbett aus. „Ich bin sehr enttäuscht, so aus dem Rennen geflogen zu sein. Die Strafe hilft uns nicht weiter und wird der gefährlichen Aktion von Lewis auf der Strecke nicht gerecht. Es ist respektlos und unsportlich, so zu feiern, während man selbst noch im Krankenhaus liegt, aber wir machen weiter.“

„Man feiert seinen Sieg nicht so überschwänglich, wenn der Kollege noch im Krankenhaus liegt“, sagte Max’ Vater im Gespräch mit *F1-insider.com*. „Und was Toto Wolff anbelangt: Wir hatten jahrelang einen guten Kontakt, er hat immer wieder angerufen und uns Honig ums Maul geschmiert. Ich denke, jeder weiß warum. Gestern hat er nicht angerufen. Jetzt braucht er es auch nicht mehr zu tun.“

Ein paar Monate später äußerte sich Max noch einmal in einem Interview mit Scott Mitchell von *the-race.com* zu dem Unfall. „Ich werde weiterhin so Rennen fahren, wie ich es immer getan habe. Ich habe nicht das Gefühl, bei diesem Zweikampf etwas falsch gemacht zu haben. Ich habe ihm mehr als genug Platz gelassen, aber er hat die Kurvengeschwindigkeiten völlig falsch eingeschätzt. Mit seiner Pace und dem Winkel, mit dem er in die Kurve einfuhr, hätte er sie nie nehmen können. Wenn er eingangs der Copse so dicht an der inneren Streckenbegrenzung fährt und dann noch versucht, mit der gleichen Geschwindigkeit wie ich in die Kurve zu fahren und ich ihm dann mehr als eine Wagenbreite Platz lasse, geht ihm irgendwann die Straße aus. Er hat dann mein rechtes Hinterrad getroffen, was dazu geführt hat, dass ich in der Streckenbegrenzung gelandet bin. … Was mich betrifft, so fahre ich weiter wie bisher. Und ich denke, er wird aus dem, was da passiert ist, etwas lernen."

„Ich habe ihn ausgetrickst", sagte Hamilton auf der Pressekonferenz nach dem Rennen. „Ich bin nach rechts gezogen, um in die Lücke zu stoßen, und war schon ziemlich weit neben ihm, aber dann merkte ich, dass er mich nicht vorbeilassen würde, wir fuhren in die Kurve ein und sind kollidiert. Wenn einer zu aggressiv unterwegs ist, kann so was passieren. Mehr gibt es dazu für mich nicht zu sagen. Ich hoffe, dass es ihm gut geht, denn natürlich hätte ich gerne das ganze Rennen über Rad an Rad mit ihm gekämpft. Ich fahre gerne gegen ihn und freue mich auch wieder darauf – aber ich werde niemals klein beigeben und mich auch nicht dazu drängen lassen, weniger aggressiv zu fahren."

Einige Monate später verriet mir Hamilton, wie er den Unfall mit einigem Abstand beurteilte. „Wenn ich noch einmal in diese Situation käme, würde ich es wieder genauso machen. So sehe ich das mit meiner Rennerfahrung – und angesichts meiner Erfolgsbilanz scheine ich, was das Überholen angeht oder das Einschätzen, wo sich mein Auto auf der Strecke befindet und wie viel Platz ich für meine Aktionen habe, gar nicht so schlecht zu sein. Aber das war einfach eine andere Situation. Ich würde nicht sagen, dass ich zwangsläufig meine Herangehensweise ändern muss, aber ich musste definitiv Punkte holen, und dann muss man auch schon einmal bereit sein, ein kleines bisschen mehr zu riskieren, wenn man im Lauf der Saison immer mehr Punkte verliert. Zu diesem Zeitpunkt lag ich in der Fahrerwertung ziemlich weit zurück."

Aus rein sportlicher Sicht ist ein Fahrer nicht verpflichtet, einem Herausforderer Platz zu machen. Nach den Regeln der Rennsport-Etikette war in dieser Situation keiner der beiden verpflichtet, nachzugeben, aber es durfte sich eben auch niemand wundern, dass es dann zu diesem Unfall kam – und in einer solchen Situation ist der Fahrer auf der Außenbahn immer am stärksten gefährdet. Verstappen hat diese Kurve genauso genommen wie immer. Was den Unterschied machte, war, dass Hamilton davon ausging, dass er genau das nicht tun würde. Die Frage, ob er sich anders hätte entscheiden müssen, weil sein Manöver in einer so schnellen Kurve durchaus schwerwiegende Folgen hätte haben können, geht über das Rennreglement hinaus. Es ist eine sehr persönliche Entscheidung, und in diesem Moment hat der pure Siegeswille alles andere überlagert.

Valtteri Bottas, der das Geschehen von seinem Auto zwei Plätze weiter hinten aus beobachtete, sagte: „Ich hatte im Gefühl, dass irgendetwas passieren würde. Sie haben hart gekämpft. Dann kann so etwas passieren – so ist der Rennsport. So etwas passiert, wenn zwei mit harten Bandagen kämpfen und keiner nachgibt."

Eine Begebenheit, die Max Verstappen an diesem Tag in guter Erinnerung geblieben ist, ereignete sich Stunden nach seinem Unfall, als er nach der Untersuchung im Krankenhaus an die fast menschenleere Rennstrecke zurückkehrte. Die Fans und die Teams waren bereits abgereist, doch Sebastian Vettel wartete auf ihn vor seinem Motorhome, um sich zu vergewissern, dass es Max gut ging. Das hat Verstappen viel bedeutet.

Durch den extrem harten Aufprall war der gesamte Motorblock von Verstappens Auto beschädigt worden. Max, der mit 32 Punkten Vorsprung nach Silverstone gekommen war, lag nach dem Rennen nur noch acht Punkte vor Hamilton und hatte einen Motor weniger, was mit ziemlicher Sicherheit eine Startplatzstrafe in einem der nächsten Rennen bedeuten würde. Das Verhältnis zwischen Red Bull und Mercedes verbesserte sich beim darauffolgenden Grand Prix von Ungarn kaum, zumal sich Bottas beim Start auf nasser Strecke beim Bremsen vor der ersten Kurve massiv verschätzte, was zu einer Massenkarambolage führte, in die beide Red Bulls verwickelt waren und bei der auch der Motor von

Perez draufging. Bottas krachte ins Heck von Lando Norris und schob dessen McLaren seitlich in Verstappens Red Bull, wobei ein Großteil der Unterseite des Autos zerstört wurde. Hamiltons Auto blieb unversehrt, doch das Team verspielte seine Chancen im Rennen, indem es ihn beim Restart von der Startposition aus wieder ins Rennen schickte, während alle anderen Fahrer angesichts der abtrocknenden Strecke an die Box kamen, um ihre Intermediates gegen Trockenreifen zu tauschen. Dadurch wurde er an einem Tag, an dem sich Verstappen mit dem zehnten Platz begnügen musste, nur Dritter, allerdings übernahm er damit dennoch wieder die Führung in der Fahrerwertung.

Der Start zum Großen Preis von Belgien wurde wegen Dauerregens mehrfach verschoben. Da die Strecke in Spa nicht genug abtrocknete, um mehr zuzulassen als zwei Runden hinter dem Safety-Car, wurde das Rennen schließlich ganz abgebrochen. Trotzdem wurde für die Qualifying-Resultate die Hälfte der sonst im Rennen zu gewinnenden Punkte vergeben. Verstappen erhielt somit 12,5 Punkte für die Pole-Position und Hamilton 7,5 Punkte für die drittschnellste Zeit.

Beim neu in den Rennkalender aufgenommenen Großen Preis der Niederlande in Zandvoort spielte das Wetter wieder mit und die Sonne schien. Es war einzig und allein Max' Erfolg zu verdanken, dass dieses Rennen überhaupt möglich wurde. In Zandvoort hatte seit 1985 kein Grand Prix mehr stattgefunden, doch Max hatte eine so große Welle der Begeisterung in seiner Heimat ausgelöst und so viele Fans mobilisiert, dass man sich entschieden hatte, den Formel-1-Zirkus wieder in den holländischen Dünen gastieren zu lassen. Wie durch ein Wunder spielte eine Streckenoptimierung – der Umbau von Kurve 3 in eine Steilkurve – Red Bull in die Hände, denn die Silberpfeile mit ihrem weiten Radstand kamen nicht durch diese Kurve, ohne dass die Nase Bodenkontakt hatte. Obwohl Hamilton die

Verfolgung aufnahm, kontrollierte Max das Rennen von Beginn an – zur großen Freude der Orange Army.

Was keiner der Zuschauer wusste: Jos musste kurz nach dem Rennen mit einem Hubschrauber ins Krankenhaus geflogen werden, weil er plötzlich unter starken Bauchschmerzen gelitten hatte. Es wurde eine Darmentzündung diagnostiziert und mit Antibiotika behandelt. Die Siegesfeier für Max fiel daher etwas zurückhaltender aus, als es sonst gewiss der Fall gewesen wäre.

Obwohl der Mercedes in Monza in der Qualifikation für das Sprintrennen das schnellste Auto gewesen war, wurde der von der Pole gestartete Hamilton nach einem schlechten Start im Samstagsrennen nur Fünfter, während Verstappen als Zweiter die karierte Flagge sah. Bottas hatte das Sprintrennen zwar gewonnen, doch aufgrund einer Strafe für einen Motorenwechsel ging Verstappen als Pole-Setter und Hamilton von P4 ins Hauptrennen am Sonntag. Ein verspäteter Boxenstopp von Verstappen brachte ihn und Hamilton erneut auf Kollisionskurs. Wie schon in Silverstone war keiner der beiden bereit, klein beizugeben. Mercedes reagierte auf Verstappens Zeitverlust aufgrund eines elf Sekunden dauernden Boxenstopps – verursacht durch einen Mechaniker, der vergaß, am Schlagschrauber einen Bestätigungsknopf zu drücken – und holte Hamilton in der nächsten Runde an die Box. Er kam knapp vor Verstappens Red Bull heraus, aber Max war schneller. In der Rechts-Links-Kombination der ersten Schikane kam es dann zur Kollision. Verstappen blieb auf der Außenseite der ersten Kurve, um die direkt folgende innen zu nehmen, aber Hamilton verwehrte ihm den Platz, ihre Räder berührten sich, worauf der Red Bull etwas abhob und dann mit dem Heck vorne auf dem Mercedes aufsaß, als sie im Kiesbett zum Stehen kamen. Damit war das Rennen für beide beendet. Max führte die Fahrerwertung weiterhin mit fünf Punkten Vorsprung an.

Weil er für den Unfall in Monza verantwortlich gemacht wurde, erhielt Max für das folgende Rennen im russischen Sotschi eine Strafe: Er wurde in der Startaufstellung drei Plätze nach hinten versetzt. Red Bull entschloss sich dazu, diese Strafe mit der Strafe für den Motorwechsel zu kombinieren, die ihnen seit dem Crash in Silverstone drohte – und so startete Max in Sotschi von ganz hinten, während Hamilton von der Pole aus ins Rennen ging. Trotz dieser denkbar schlechten Voraussetzungen gelang es Max, den Schaden für sich und sein Team auf beeindruckende Weise zu begrenzen. Er profitierte von einem Regenschauer am Ende des Rennens und wurde Zweiter hinter seinem Titelrivalen. Den Zeitpunkt zum Ansteuern der Box für den Wechsel von den Slicks auf Intermediates wählte er sehr klug und machte dadurch mehrere Plätze gut. Hamilton brachte der Sieg allerdings wieder die Führung in der Fahrerwertung – mit zwei Punkten Vorsprung.

In Istanbul war es Hamilton, der eine Motorstrafe kassierte. Verstappen konnte daraus allerdings kein Kapital schlagen, denn Valtteri Bottas war deutlich schneller als er und siegte souverän, während Max Zweiter und Hamilton Fünfter wurde. Verstappen übernahm jedoch mit sechs Punkten Vorsprung wieder die Führung in der Fahrerwertung.

Der Circuit of the Americas in Austin war Schauplatz eines sehr ausgeglichenen Großen Preises der Vereinigten Staaten. Verstappen nutzte seine neu entdeckten Fähigkeiten als Reifenflüsterer, um Hamilton auf Abstand zu halten, der in der Anfangsphase geführt hatte. Red Bull nahm sich ein Beispiel an der Mercedes-Strategie in Bahrain und setzte auf einen sehr frühen ersten Stopp, um die Führung zu übernehmen, wohl wissend, dass dies bedeuten würde, das Rennen sehr defensiv zu Ende bringen zu müssen.

„Das war wirklich brillant“, erinnert sich Christian Horner. „Es bedeutete, dass er in den letzten zehn Runden im Grunde ungeschützt war. Er ließ Lewis einfach an sich herankommen, sorgte aber dafür, dass er für die letzten Runden noch genug Grip hatte. Dazu braucht man schon eine Menge Selbstvertrauen, vor allem, wenn einem Lewis Hamilton am Heck klebt.“ Das war ein enormer Unterschied zu seiner reifenfressenden Performance, die er auf dieser Strecke im Jahr 2016 gezeigt hatte. Verstappen hatte nun zwölf Punkte Vorsprung in der Fahrerwertung, doch noch gab es einige Rennen zu fahren und eine Menge Punkte zu vergeben.

In Mexiko bereitete dem Team ein plötzlicher Anstieg der Asphalttemperatur kurz vor dem Qualifying Probleme, weshalb man die Reifen nicht optimal ins Temperaturfenster bekam. Und so musste Max diesmal aus der zweiten Reihe starten, während die beiden Silberpfeile P1 und P2 belegten. Er korrigierte dieses unbefriedigende Resultat auf brillante Weise innerhalb von Sekunden nach dem Start, indem er vor Kurve 1 die von Bottas offengelassene Lücke nutzte und etwa 20 Meter später bremste als die Mercedes-Piloten. Von da an fuhr er einen ungefährdeten Sieg heraus mit 16,5 Sekunden Vorsprung vor Hamilton, der als Zweiter ins Ziel kam. Verstappen lag nun in der Fahrerwertung 19 Punkte vor dem amtierenden Weltmeister.

Für den Brasilien-Grand-Prix wurde der Motor von Hamiltons Auto getauscht. Der neue Motor, der ja nur noch vier Rennen lang halten musste, war viel aggressiver abgestimmt und verschaffte dem Mercedes mit der höheren Leistung auf der Strecke von Interlagos einen enormen Vorteil. Hamilton qualifizierte sich für die Pole im Sprintrennen am Samstag mit einem Vorsprung von über 0,4 Sekunden. Allerdings wurde er nachträglich disqualifiziert und musste somit beim Sprint vom letzten Platz starten, weil festgestellt worden war, dass der bei DRS geöffnete Spalt seines Heckflügels auf einer Seite 0,2 mm zu groß war. Verstappen startete im Samstagsrennen von P2 hinter Bottas, und beide kamen auch in dieser Reihenfolge ins Ziel. Hamilton konnte sich in den 24 Runden von Platz 20 auf Platz 5 vorkämpfen, startete ins Hauptrennen am Sonntag wegen einer Strafe für den Motorwechsel aber von P10.

Schon wenige Sekunden nach dem Start des Grand Prix setzte sich Verstappen vor Bottas und übernahm die Führung, während Hamilton – wie schon am Vortag – seine Aufholjagd begann. Er konnte schnell die langsameren Autos zwischen sich und der Spitze des Feldes überholen und wurde dann von Bottas vorbeigelassen, sodass er nach nur fünf Runden an Position drei hinter den beiden Red Bulls lag. Es dauerte einige Zeit, bis es Hamilton endlich an Perez, der seinen Teamkollegen abschirmte, vorbei geschafft hatte, und als er nur noch Max vor sich hatte, betrug dessen Vorsprung nur noch vier Sekunden. Die beiden Rivalen lieferten sich schließlich wieder einmal ein Duell, aber an diesem Tag konnte der Red Bull einfach nicht das Tempo des Mercedes mitgehen. Das neue Aggregat hatte Hamilton einen großen Leistungsvorteil verschafft, wodurch er auf den Geraden in den Sektoren eins und drei so viel schneller war als Max, dass der in den Kurven des zweiten Sektors extrem pushen musste, wodurch seine Reifen stärker beansprucht wurden als die von Hamilton. Nach den zweiten Stopps war Hamiltons Rückstand weiter geschrumpft. Er machte unablässig Druck, und in jeder Runde, wenn sie die Steigung hochfuhren, wollte Verstappen wissen, wie groß der Abstand war. Wenn es eine Sekunde oder mehr war, brauchte er die Batterieunterstützung nicht voll zu nutzen. Wenn es weniger war, tat er es. So ging es ein paar Runden lang weiter. Verstappen musste nun verstärkt auf die Reifentemperaturen achten, wohingegen sich Hamiltons Auto bei dieser Pace absolut wohlzufühlen schien.

Verstappens Reifen begannen 23 Runden vor Schluss immer mehr abzubauen. In Kurve 3 war er zu langsam, sodass Hamilton ihn auf der Geraden zu Kurve 4 mit Tempoüberschuss einholen konnte und ihn in der Kurve außen hätte überholen können. Doch Max hielt hart dagegen. Er lenkte sehr spät ein, und das Auto begann zu untersteuern. Er hätte die Kurve mit der Geschwindigkeit nehmen können, die ihm das Untersteuern diktierte, dann wäre Hamilton vorbeigekommen. Stattdessen behielt Max auf Biegen und Brechen seine Geschwindigkeit bei und fuhr einfach in einem weiten Bogen nach außen neben die Strecke in die Auslaufzone, was Hamilton zwang, dasselbe zu tun, um nicht mit ihm zu kollidieren. Max nutzte seinen Vorsprung in der Fahrerwertung rücksichtslos aus, denn er wusste, dass sich Hamilton ein Ausscheiden aus dem Rennen weit weniger leisten konnte als er. Doch Verstappen spielte mit dem Feuer, denn die Stewards hätten ihm ohne Weiteres eine Strafe dafür aufbrummen können, dass er einen anderen Fahrer von der Strecke drängte oder sich durch das Verlassen der Strecke einen Vorteil verschaffte.

Hamilton brauchte einige Zeit, bis er einen neuen Angriff wagte, und nach weiteren zehn Runden waren Max' Vorderreifen so stark abgenutzt, dass Hamilton ihn dieses Mal noch vor Kurve 4 überholen konnte und gleich die Tür zumachte. Es lag an Verstappens Unerbittlichkeit, dass es auch bei diesem Rennen, bei dem der Mercedes deutlich schneller war als der Red Bull, zu einem so harten Zweikampf kam. Mit seinem Sieg in São Paulo verringerte Hamilton seinen Rückstand auf Verstappen auf 14 Punkte.

Die neue Überlegenheit des Mercedes sorgte auch beim ersten Großen Preis von Katar dafür, dass Hamilton das Rennen souverän vor Verstappen gewann, womit dessen Vorsprung auf acht Punkte zusammengeschmolzen war.

Die beiden Kontrahenten erhöhten nun auch abseits der Strecke den Druck auf den jeweils anderen. Hamilton sprach sogar öffentlich über den Druck, unter dem sie standen, um den Druck auf Verstappen dadurch zusätzlich zu erhöhen. Auf die Frage, ob er glaube, dass die Kollision zwischen ihnen in Monza auf den Stress zurückzuführen sei, unter dem Max stand, antwortete Hamilton: „Natürlich würde Max das niemals zugeben, und ich werde keine Vermutungen anstellen! Doch ich erinnere mich noch gut daran, dass mein erster Kampf um den Titel sehr herausfordernd war. Es war sehr intensiv. Und auch emotional sehr extrem. Und ich bin nicht immer gut damit umgegangen. Von daher ist das alles nicht überraschend, denn da lastet schon ein ungeheurer Druck auf einem." Was er damit eigentlich sagte, war natürlich, dass er sich selbst bereits neun Mal in dieser extremen Situation befunden hatte – und dabei sieben Mal als strahlender Sieger aus dem Titelkampf hervorgegangen war.

Max wurde auf diese Bemerkung angesprochen und antwortete sarkastisch: „Ja, ich bin so nervös, dass ich kaum schlafen kann. Es ist so furchtbar, um einen Titel zu kämpfen, ich hasse das wirklich! Diejenigen, die mich tatsächlich kennen, wissen, dass ich bei so etwas völlig entspannt bin und mich nicht aus der Ruhe bringen lasse. Diese Kommentare zeigen doch bloß, dass er mich nicht wirklich kennt, und das ist auch gut so, denn ich muss ihn auch nicht gut kennen. Ich konzentriere mich nur auf mich selbst und genieße es, an der Spitze zu stehen, und ich hoffe, dass ich dort noch lange bleiben werde."

In einem Interview mit dem *Dutch Telegraph* ging Max nicht nur auf Hamiltons Sticheleien ein, sondern ging in die Offensive. Auf die Frage, ob er glaube, dass er Hamilton nervös mache, antwortete er: „Das würde er niemals zugeben. Jedenfalls habe ich keine Angst vor ihm. Ja, ich glaube, ich mach ihn nervös, wenn er mich in seinen Rückspiegeln sieht. Er ist ein anderer Fahrertyp als ich, weniger aggressiv. Er weiß nicht, wie man ein Rennen so fährt, wie ich es tue. Das kann ich ihm auch nicht verdenken, denn es hat ihm ja nie jemand beigebracht, so wie es mein Vater mir beigebracht hat."

Der ehemalige Formel-1-Boss Bernie Ecclestone, der so ziemlich jeden Titelkampf in der Königsklasse des Motorsports miterlebt hat, den es je gegeben hat, sah das Ganze folgendermaßen: „Max ist im Vergleich zu Lewis noch ein Kind, und das Schlimmste ist, dass es diese gewaltige Kampagne zugunsten von Lewis gibt. [Mercedes] übt die ganze Zeit Druck auf Max aus, indem Toto immer wieder zur Rennleitung läuft, und dann müssen sie sich alles Mögliche anschauen, das er moniert. Max muss also nicht nur im Rennen gegen sie gewinnen, sondern hat sie auch sonst im Nacken sitzen, weil sie ihn zu schikanieren versuchen und nicht fair spielen. Das sind einfach Psychospielchen. … Max verfügt natürlich auch schon über ein paar Jahre Rennsporterfahrung, hat aber längst nicht so viele Jahre auf dem Buckel wie Lewis. Das hat den Charakter von Lewis geformt. Dass er sicher sein konnte, mit Mercedes zu gewinnen, die in den letzten Jahren das dominierende Team waren, hat ihn zu einem viel gefestigteren Charakter gemacht als Max. … In dieser Saison hat Max zum ersten Mal ein Auto, mit dem er regelmäßig gewinnen kann, deshalb ist er vorher nicht konkurrenzfähig gewesen."

Dr. Riccardo Ceccarelli sieht das etwas anders: „Meiner Meinung nach ist Max mental ein bisschen stärker als Lewis", sagte er dem Podcast *F1 Nation*. „Max ist jemand, der sich nur auf sich selbst konzentriert. Er hat ein enormes Selbstvertrauen. … Lewis sucht immer wieder Unterstützung von anderen. Er ist eben diese Art Mensch. Man sieht ja, wie viel er per Funk mit der Box redet. Er braucht eine gewisse Sicherheit, erkundigt sich nach der Strategie. Max macht das nie. … Oder er [Lewis] versucht, die Leute, die Fans zu mobilisieren, damit sie ihn unterstützen. Wir haben das beispielsweise mit der brasilianischen Flagge gesehen. Und er hat eine Physiotherapeutin, die immer bei ihm ist. Wer der Physio von Max ist, weiß hingegen niemand. … Lewis braucht ein vertrautes Umfeld um sich herum, das ihn schützt. Max hingegen braucht niemanden um sich herum. Er braucht nur sich selbst. Die zwei sind sehr unterschiedliche Menschen, wir müssen beide so respektieren, wie sie sind."

In der Tat. Sie sind sehr verschieden, ganz eigene Menschen mit ganz eigenen Geschichten in ganz unterschiedlichen Stadien ihrer Karriere. Das hat diese hart umkämpfte Meisterschaft so faszinierend gemacht.

Beim vorletzten Rennen – dem neben Katar zweiten neuen Grand Prix in der arabischen Welt, dem Großen Preis von Saudi-Arabien – lastete ein enormer Druck auf Max: Er hatte nur acht Punkte Vorsprung auf seinen Konkurrenten, dessen Auto nun schneller zu sein schien als seine eigenes, und es gab noch zwei Rennen zu fahren – und damit maximal 52 Punkte zu holen. Obwohl er natürlich versuchte, das alles auszublenden, bemerkten die Menschen um ihn herum sehr wohl, dass er, wenn er nicht im Cockpit saß, nicht so entspannt war wie sonst. Er wirkte das ganze Wochenende über etwas mürrisch und zugeknöpft, was gar nicht zu seiner typischen offenen und lockeren Art passte.

„Das ist das erste Mal, dass ich ihn so erlebe", sagte F1-Boss Stefano Domenicali. „Normalerweise scheint er keinen Druck zu spüren. Vielleicht liegt es daran, dass ihm der Titel, der nach so langer und harter Arbeit fast zum Greifen nah ist, noch entgleiten könnte."

„Ich weiß nicht, wie es im Mercedes-Lager war", erzählte Helmut Marko, „aber auf unserer Seite war die Anspannung in dieser Saison schrecklich. Max hat hinterher gesagt, dass er das nicht mehr lange ausgehalten hätte. Das habe ich auch so empfunden. Es war alles so am Limit, mit den ganzen politischen Spielchen, den Anfeindungen."

Vor diesem Hintergrund wurde man als Zuschauer Zeuge eines höchst brisanten Rennwochenendes, an dem Max alles versuchte, um der Überlegenheit der Mercedes etwas entgegenzusetzen. Er war nur eine Kurve davon entfernt, Hamilton von der Pole-Position zu verdrängen – mit einer der spektakulärsten

Runden seiner Karriere, in der er immer wieder bis auf Haaresbreite an die Mauern rangefahren war. Als Fernando Alonso und Daniel Ricciardo – für die gerade nach dem Q2 das Qualifying beendet war – in der TV-Kabine standen und interviewt wurden, konnten sie sich nicht mehr auf die gestellten Fragen konzentrieren, da sie völlig gebannt waren von Verstappens unglaublicher Runde. Alonso stupste Ricciardo an und zeigte auf den großen Bildschirm. Sie standen nur noch mit offenem Mund da und staunten – bis Max schließlich in der letzten Kurve über das Ziel hinausschoss und die Mauer touchierte. Somit musste er von P3 starten, hinter den beiden Mercedes, mit Hamilton auf der Pole.

Max lag zunächst hinter den Silberpfeilen und blieb draußen, als beide zu ihren ersten Reifenstopps an die Box kamen. In Führung liegend ergab sich dann für ihn ein riesiger Vorteil, als nach einem Unfall von Mick Schumacher die rote Flagge geschwenkt und das Rennen damit unterbrochen wurde. Er konnte jetzt in die Box fahren und frische Reifen aufziehen lassen, ohne dass es ihn Zeit kostete, und stand beim Neustart auf der Pole-Position. Er war nun vor den beiden Mercedes, ohne dass er sie hatte überholen müssen. Und nun begann es wild zu werden. Als Hamilton den besseren Start erwischte, packte Verstappen wieder einmal die Brechstange aus und fuhr mit allen vier Rädern neben der Strecke, um sich die Führung in der ersten Links-Rechts-Kurve zurückzuholen. Die Rennleitung hatte keine Zeit, ihn aufzufordern, die Position wieder zurückzugeben, denn erneut wurde die rote Flagge geschwenkt, weil Perez und Leclerc weiter hinten im Feld kollidiert waren und dadurch einen schweren Unfall zwischen Mazepin und Russell verursachten.

Rennleiter Michael Masi machte Red Bull das Angebot, entweder beim Neustart eine Rückstufung um zwei Plätze in der Startaufstellung auf den dritten Platz zu akzeptieren (da Max bei seinem Manöver abseits der Strecke auch Esteban Ocons

Alpine überholt hatte, dem er mit seinem rabiaten Manöver allerdings erst die Tür geöffnet hatte) oder die Entscheidung über die Strafe nach dem Rennen den Stewards zu überlassen und sich somit in deren Hände zu begeben. Max akzeptierte die Rückpositionierung und konterte sie sofort mit einem großartigen Ausbremsmanöver, mit dem er sich in der ersten Kurve vor Hamilton setzte, wobei er seine weicheren Reifen optimal nutzte. Doch da seine Mediums schneller abbauten als Hamiltons härtere Mischung, kam der Mercedes wieder an ihn heran, und mithilfe des DRS zog Hamilton auf der Start-und-Ziel-Geraden vorbei. Max hielt erneut hart dagegen, kam erneut mit allen vier Rädern von der Strecke ab und setzte sich aggressiv vor Hamilton, der ausweichen musste, um einen Zusammenprall zu vermeiden. Wären beide ausgeschieden, wäre Max mit seinem Acht-Punkte-Vorsprung ins letzte Rennen gegangen. Da das Überholen neben der Strecke natürlich kein erlaubtes Manöver war, wurde Max aufgefordert, die Position zurückzugeben. Er verlangsamte kurz vor dem DRS-Erfassungspunkt vor der letzten Kurve, offensichtlich in der Absicht, DRS von Hamilton zu bekommen, um ihn sofort wieder überholen zu können. Hamilton, der sah, was Max vorhatte, bremste ebenfalls. Max versuchte, es zu erzwingen, indem er auf die Bremse trat und das Auto mit einer Kraft von 2,4 g verlangsamte – und Hamilton konnte nicht anders, als ihm hinten draufzufahren. „Der Bremstest mit Hamilton war ein bisschen dumm", sagte Adrian Newey, der seinen Fahrer noch nie zuvor öffentlich kritisiert hatte.

Hamiltons Auto wurde durch die Kollision nur oberflächlich beschädigt, und sie setzten ihren Zweikampf fort. Hamilton ging schließlich endgültig in Führung, als die Stewards Verstappen mit einer Fünf-Sekunden-Zeitstrafe belegten. Als Hamilton an Verstappen vorbeizog, drängte er Max nach außen von der Strecke ab, wofür er von der Rennleitung verwarnt wurde. Der Brite gewann das Rennen und war danach sichtlich erschöpft von der mentalen Belastung durch den Zweikampf mit Max. Der Titelkampf wurde immer erbitterter geführt, was sich auch in der Pressekonferenz zeigte. Lewis und Verstappen waren nun punktgleich, und so musste die Entscheidung im letzten Rennen der Saison fallen. Sollte keiner der beiden in Abu Dhabi ins Ziel kommen, wäre Max Weltmeister, weil er in dieser Saison einen Grand Prix mehr gewonnen hatte als Lewis.

In Abu Dhabi sicherte sich Verstappen mit seiner letzten Runde in Q3 die Pole-Position vor den schnelleren Silberpfeilen. Doch beim Start drehten seine Räder durch, weshalb er trotz seiner weicheren Reifen gegen Hamilton zunächst den Kürzeren zog. In den Kurven 8 und 9 konnte er den Mercedes durch sehr spätes Bremsen innen überholen, doch zwang er dadurch Hamilton, um einen Crash zu vermeiden, in die Auslaufzone auszuweichen, von der dann mit einem Vorsprung vor Verstappen wieder auf die Strecke zurückkam. „Er muss die Position zurückgeben", forderte Verstappen am Funk. Die Stewards sahen das anders, und Hamilton fuhr in der nächsten Stunde einen immer größeren Vorsprung heraus.

Und das schien es dann gewesen zu sein. Jedenfalls dachte Jos das, wie er David Coulthard während eines Interviews am Tag nach dem Rennen erzählte: „Ich ging aus der Box raus nach oben, wo ich mich ruhig vor den Fernseher setzte und mir die Rundenzeiten ansah. Ich hatte nicht das Gefühl, dass es noch klappen könnte, und ich wollte nicht, dass die Kameras die ganze Zeit auf mein Gesicht gerichtet waren."

Auf der Strecke befolgte Max den Rat seines Vaters, der ihm längst in Fleisch und Blut übergegangen ist: Niemals aufgeben, niemals aufhören zu pushen – auch wenn es Jos selbst in diesem Moment schwerfiel, sich an das zu halten, was er all die Jahre immer gepredigt hatte. Max erzählte David Coulthard: „Natürlich sah es während des gesamten Rennens nicht gut aus, sie waren eindeutig schneller, aber ich sagte mir: ‚Ich werde einfach weiter pushen und lasse sie keinen allzu großen Vorsprung herausfahren.' Und im Grunde genommen hatten sie deshalb nie einen Gratis-Stopp, was uns immer die Möglichkeit verschaffte, frische Reifen und andere Reifen aufzuziehen. Am Ende war ich auf den weichen und er auf den alten harten Reifen unterwegs. Wir konnten immer noch flexibel reagieren. Obwohl wir zu langsam waren, lagen wir noch innerhalb des Boxenstoppfensters. Und ja, ich habe immer auf ein Wunder gehofft – und das geschah dann auch."

Fünf Runden vor Schluss krachte Nicholas Latifi mit seinem Williams in Kurve 15 in die Streckenbegrenzung, weshalb das Safety-Car rausmusste. Dies stellte die Mercedes-Strategen vor eine schwierige Entscheidung. Sophie Verstappen, die das Rennen von zu Hause aus zusammen mit ihrer Tochter Victoria verfolgte, schickte Stoßgebete gen Himmel. Jos, der inzwischen Gesellschaft von Raymond Vermeulen bekommen hatte, sprang auf und schrie den Fernseher an, das Safety-Car solle von der Strecke runter, damit sein Sohn weiterfahren und um den Titel kämpfen könne. „Es ist schwer in Worte zu fassen, was da passierte. Es war einfach so unglaublich emotional", sagte Jos.

Würden die Trümmer rechtzeitig geborgen werden, damit das Rennen überhaupt noch einmal wieder aufgenommen werden konnte? Davon hing die Entscheidung von Mercedes ab, ob man Hamilton für den Wechsel auf frische Reifen an die Box holt – in diesem Fall wäre Verstappen sicher draußen geblieben und hätte die Führung übernommen – oder ob man ihn draußen lässt, weil man weiß, dass Red Bull dann sicher Verstappen an die Box holen würde. Hätte Mercedes Ersteres getan und das Rennen wäre unter dem Safety-Car zu Ende gefahren worden, hätten sie die Weltmeisterschaft verschenkt. Hätten sie Letzteres getan und es wäre noch zu einem Restart gekommen, mit Max direkt im Nacken auf frischen Reifen, die einen Vorteil von etwa drei Sekunden gegenüber Hamiltons alten Reifen bedeuteten, hätten sie die Weltmeisterschaft verschenkt. Sie setzten darauf, dass das Rennen nicht neu gestartet würde, und ließen Hamilton draußen. Red Bull holte daraufhin Verstappen an die Box.

Es dauerte einige Zeit, den verunglückten Williams abzutransportieren und die aufprallabsorbierende Streckenbegrenzung wieder herzurichten. Red-Bull-Sportdirektor Jonathan Wheatley und Christian Horner forderten Masi über Funk auf, das Rennen fortzusetzen. Es liegt im Ermessen der Rennleitung, ob sie die überrundeten Autos sich vor dem Neustart zurückrunden lässt. Hätte man dies getan und darauf gewartet, dass sie sich am Ende des Feldes einreihen – und dann das Safety-Car die vorgeschriebene Extrarunde drehen gelassen –, hätte man wahrscheinlich mehr Runden benötigt, als zur Verfügung standen. Hätte man das nicht getan, wären fünf langsamere Autos zwischen Hamilton und Verstappen gewesen, was der finalen Entscheidung jeden Reiz genommen hätte.

Unter großem Druck entschied Masi, nur die fünf überrundeten Autos zwischen Hamilton und Verstappen (und nicht etwa auch die drei anderen) sich zurückrunden zu lassen – und unmittelbar danach das Safety-Car reinzuholen. Keine der beiden Entscheidungen entspricht dem Reglement, aber Masi als Rennleiter hat sie trotzdem getroffen.

Nach dem unter diesen mehr als fragwürdigen Umständen erfolgten Restart war noch genau eine Runde zu fahren. Mit seinen frischen Reifen zog Max in Kurve 5 innen an Hamilton vorbei. Jos konnte nicht glauben, was er da sah. Er sagte später zu Coulthard: „Jeder weiß, wenn Max in der letzten Runde zurückliegt, wird er alles versuchen, egal was, und wir fragten uns nur, wo wird er es tun, und er überholte dann in Kurve 5, was ich nicht erwartet hatte, denn danach kommen zwei lange Geraden."

Das würde Hamilton sicher nutzen können, um ihn auf der folgenden Geraden vor der Schikane zu überholen. Aber Max verteidigte sich gut, sorgte dafür, dass Hamilton möglichst keinen Windschatten von ihm bekam, und konnte, nachdem er in der Bremszone die Nase vorn behalten hatte, wegziehen.

Und so wurde Max Verstappen Formel-1-Weltmeister 2021. Mercedes legte wegen des Restartverfahrens Beschwerde gegen das Ergebnis ein, doch die Stewards schmetterten den Protest ab. Hamilton gratulierte seinem Rivalen und sagte später: „Max hat nichts falsch gemacht. Er hat nur getan, was er tun musste, was jeder Rennfahrer in dieser Situation getan hätte."

Selbst Toto Wolff, der der festen Überzeugung ist, dass sein Team extrem benachteiligt wurde, ließ sich nicht dazu hinreißen, Verstappen seinen Sieg zu missgönnen. „Toto schickte mir eine SMS", sagte Max. „Er gratulierte mir zu meiner Saison und sagte, dass ich es verdient hätte, zu gewinnen. Das war natürlich sehr nett von ihm. Bei beiden Teams kochten in der letzten Runde die Emotionen hoch. Es ist, wie es ist."

Auch wenn er einmal gesagt hatte, die Formel 1 sei im Grunde nur Kartsport mit mehr Zuschauern, war das doch etwas völlig anderes. „Seit ich klein war, war es mein Ziel, Formel-1-Fahrer zu werden. Man hofft, erfolgreich zu sein, man hofft, auch mal auf dem Podium zu stehen, und wenn die Nationalhymne gespielt wird, hofft man, dass sie eines Tages auch deine spielen. Und wenn du dann hier stehst, und sie gratulieren dir, weil du Weltmeister geworden bist, dann ist das einfach nur unfassbar. ... Besonders freut es mich auch für meinen Vater. Ich erinnere mich an einige wirklich besondere Momente, die wir erlebt haben. All die Dinge kommen einem in den Sinn, all die Jahre, die wir gemeinsam unterwegs waren, die wir auf dieses Ziel hingearbeitet haben, und dann kommt alles in der letzten Runde zusammen. Es ist Wahnsinn."

Es stand außer Frage, dass Rennleiter Michael Masi eine extrem umstrittene Entscheidung getroffen hatte. Man kann argumentieren, dass er unter Zeitdruck stand, aber natürlich auch für die Sicherheit verantwortlich war, dass er sich bemühte, das Rennen möglichst nicht unter dem Safety-Car zu beenden, was generell in der Formel 1 verpönt ist und zudem kein würdiges Ende gewesen wäre, und dass er von beiden führenden Teams per Funk bearbeitet wurde, als er versuchte, seine Entscheidung zu treffen. Doch zwei seiner für den Ausgang des Rennes und des Titelkampfs zentralen Entscheidungen waren nicht durch das Reglement gedeckt. Folgerichtig wurde er einige Monate später, vor Beginn der neuen Saison, von seinem Amt entbunden. Später zog er sich komplett aus der FIA zurück. Eine Untersuchung der FIA (der nun der neue Präsident Mohammed bin Sulayem vorstand) ergab, dass Masi zwar nicht in böser Absicht gehandelt hatte, es aber bei der Regelung des Restart-Prozederes zu „menschlichen Fehlern" gekommen sei.

Und das war keineswegs bloß die Ansicht von bestimmten Fans oder eine von voreingenommenen Briten vertretene Verschwörungstheorie. Genauso sieht das Kees van der Grint, der mit den Verstappens eng verbunden ist: „Was in Abu Dhabi 2021 geschah – und ich sage das als Niederländer, der Max und Jos sehr bewundert – ist ein finsteres Kapitel in der Geschichte der Formel 1. Lewis wäre der rechtmäßige Weltmeister gewesen. Hätte es diese chaotische Regelauslegung nicht gegeben, hätte er den Titel verdientermaßen gewonnen. Aber natürlich war an dem ganzen Schlamassel nicht Max schuld."

In einem Fernsehinterview bei der FIA-Preisverleihung sagte Nyck de Vries, ebenfalls ein Niederländer und ein Freund von Max (der damals bei Mercedes unter Vertrag stand): „Kein Frage: Max ist ein würdiger Champion. Er hat es zweifellos verdient, er ist eine fantastische Saison gefahren. Er war sehr stark. Ich denke bloß, dass ... dass Lewis der Titel gestohlen wurde, weil die Regeln nicht so befolgt wurden, wie sie im Reglement stehen. Als Sportler gehen wir davon aus, dass die Dinge fair und gerecht geregelt werden. Ich war wirklich erstaunt, denn ich konnte einfach nicht verstehen, was da passiert ist."

Auf die Frage, ob er sich als Mercedes-Vertragsfahrer, aber auch als Niederländer, ein bisschen zwischen den Stühlen sitzend fühle, antwortete de Vries: „Nein. Ich habe als Fan, der unseren Sport liebt, zugeschaut. In dieser Sache bin ich neutral. Mit mir hat das gar nichts zu tun."

Es hat tatsächlich noch nie so einen Titelkampf wie diesen gegeben. Aber es gab zumindest schon einmal einen, der im letzten Rennen entschieden wurde, bei dem auch der Ausgang der Weltmeisterschaft durch eine irreguläre Einflussnahme auf das Ergebnis bestimmt wurde – und in diesem Fall war Hamilton der unfreiwillige Nutznießer. Durch den absichtlich herbeigeführten Crash von Renault-Pilot Nelson Piquet Jr. beim Großen Preis von Singapur 2008 – dank dem sein Teamkollege Fernando Alonso das Rennen gewann – wurde der Ferrari-Pilot Felipe Massa um den sehr wahrscheinlichen Sieg gebracht. Hätte Massa dieses Rennen gewonnen, wäre er – und nicht Lewis Hamilton – nach seinem Sieg im letzten Rennen in Brasilien Formel-1-Weltmeister 2008 geworden.

Der nun von offizieller Seite begangene Fehler wirkte sich jedoch nicht zu Lewis' Gunsten aus. Die Formel 1 ist ein Wettbewerb, in dem der Erfolg von vielen Faktoren abhängt, zu denen auch Glück gehört – und in diesem Fall hatte Max das Glück auf seiner Seite. Ohne den Unfall von Latifi, ohne die irreguläre Art und Weise, wie der Restart ausgeführt wurde, hätte er diesen Titel nicht gewonnen. Aber das änderte nichts daran, dass auch er den Titel verdient hatte. Sowohl Hamilton als auch Verstappen hatten, trotz aller Kontroversen, während der ganzen Saison eine weltmeisterliche Performance gezeigt.

Xevi Pujolar, Max' ehemaliger Renningenieur bei Toro Rosso, fasste es so zusammen: „Wenn wir nur das Rennen in Abu Dhabi betrachten, bis das Safety-Car rauskam, hat Lewis ganz klar dominiert. Aber wenn wir die Saison als Ganzes betrachten, hat Max den Titel verdient. Die ersten Jahre in der Formel 1 waren nicht leicht für ihn, aber er hat sich den ersten Platz verdient, weil er gezeigt hat, wie sehr er sich verbessert hat. ... Er ist der verdiente Gewinner der Weltmeisterschaft 2021, weil er sehr gut gefahren ist, weniger Fehler gemacht hat – sowohl er als Fahrer als auch sein Team, das auch in Sachen Strategien einen exzellenten Job gemacht hat. Max hatte ein paar Mal Pech und musste mehrere Strafen hinnehmen."

Max Verstappen ist niemand, der lange über so etwas nachdenkt. Was passiert ist, ist schon Teil der Vergangenheit, also abgehakt. Für seinen Titel hat er hart gekämpft, er war die Krönung von vielen Jahren intensiver Arbeit und, wie er in seinem bewegenden TV-Interview mit Sky sagte, die Belohnung für seine Familie, deren Leben durch seinen Rennsport durcheinandergebracht worden war, und die ihn alle – seine Mutter Sophie, seine Schwester Victoria und natürlich auch Jos – immer unterstützt hatten, damit er und sie diesen Moment erleben können. Und das war alles, was für ihn zählte. Dass ihm irgendwelche umstrittenen Entscheidungen zu seinem Sieg verholfen haben sollen, wen interessierte das? Es ging nicht darum, ob irgendetwas richtig oder falsch war, sondern nur darum, was tatsächlich passiert ist: Max Verstappen war Weltmeister 2021 – das konnte ihm keiner mehr nehmen.

UNSCHLAGBAR

Ich habe schon gesehen, dass er sich etwas zurücknimmt, wenn es nicht um die WM-Wertung geht oder darum, ein Rennen zu gewinnen, ... und ich habe gesehen, dass er nicht überschnappt. Ich glaube, das liegt daran, dass er das ganze Renngeschehen im Blick hat, und diese Übersicht hast du einfach als Weltmeister, denn man braucht sie, um zu gewinnen.

Alexander Wurz

„Können wir das noch viele, viele Jahre lang machen?“, fragte Max seine Teamkollegen in der Box während der Auslaufrunde nach seinem Sieg in Abu Dhabi 2021. Diese Frage führte dazu, dass er vor Beginn der Saison 2022 einen neuen Vertrag bei Red Bull unterzeichnete. Dieser Vertrag hat eine Laufzeit bis Ende 2028 – und wird möglicherweise der letzte in seiner F1-Karriere sein.

In einem Gespräch mit *De Limburger* Ende 2022 sagte er: „Ich habe oft gesagt, dass [die F1-Saison] zu stressig ist, weil es zu viele Rennen gibt. Das ist der Hauptgrund, warum ich nicht weitermachen werde, bis ich 40 bin. Dieses ganze Reisen, ständig unterwegs und aktiv sein, das ist auf die Dauer einfach nicht gesund. Es macht mir heute zwar immer noch Spaß, aber man muss dafür auch vieles aufgeben. Es klingt verrückt, denn in der Formel 1 zu fahren ist natürlich für viele ein absoluter Traum. Doch man ist halt immer sehr weit weg von zu Hause und von den Menschen, die man liebt. Irgendwann hat man genug davon. So ist das einfach. Wenn ich genug davon habe, werde ich aufhören. So einfach ist das.“

Bei der Präsentation des Teams 2023 sprach er das Thema erneut an und sagte: „Das Problem ist, dass wir so viel reisen und dass es immer noch mehr wird. Im Grunde stellt sich die Frage: ‚Ist es das wert, so viel Zeit fern von Familie und Freunden zu verbringen, um noch erfolgreicher zu sein?' Ich habe in der Formel 1 alles erreicht, was ich erreichen wollte. Ich weiß, dass mein Vertrag bis 2028 läuft. Dann bin ich 31 Jahre alt. Das ist noch ziemlich jung, aber wie gesagt, ich möchte auch noch andere Dinge im Leben machen."

Das Ziel, das er erreicht hatte, der Traum, der wahr geworden war, war der Weltmeistertitel 2021. Alles, was danach kam, war eine Zugabe. So zumindest sieht er es – was durchaus bemerkenswert ist.

Mit dem neuen Vertrag war auch die Herausforderung in Stein gemeißelt, der sich die Formel 1 in den nächsten Jahren stellen musste. Er band Red Bull und Verstappen endlich langfristig aneinander. Nachdem Mercedes und Ferrari mit George Russell bzw. Charles Leclerc bereits ihre eigenen langfristigen Zukunftspläne geschmiedet zu haben schienen, sorgte nun auch Red Bull diesbezüglich für Klarheit. Das Statement, das sie mit diesem Deal abgaben, lautete im Grunde: „Das, was ihr bisher gesehen habt, war noch gar nichts", und 2022 machten sie sich zusammen mit Max daran, genau das unter Beweis zu stellen und alle Zweifel zu zerstreuen, die die Art und Weise des Titelgewinns 2021 geweckt haben mag. Sie waren im Begriff, eine Saison zu dominieren, wie es nur wenigen zuvor gelungen war, wobei die Vorstellung, dass sie möglicherweise noch gar nicht richtig losgelegt hatten, für den Rest der Formel 1 besonders beunruhigend war.

Die neuen Aerodynamik-Regeln, die 2022 endlich in Kraft traten, nachdem ihre Einführung aufgrund der Corona-Pandemie um ein Jahr verschoben worden war, führten zur Entwicklung von Autos mit sehr effektiven Unterböden, die bei hohen Geschwindigkeiten enormen Abtrieb erzeugen, aber schwer auszubalancieren sind.

Ein weiteres Problem bei den vom sogenannten Ground-Effect betroffenen Autos war das „Porpoising“. Während sich der Abtrieb aufbaut, senkt sich das Heck des Wagens so weit ab, dass es zum Bodenkontakt kommt, wodurch der Luftstrom unter dem Boden und damit der Anpressdruck abreißt, woraufhin der gesamte Prozess abbricht und das Auto wieder auf die Normalhöhe zurückfedert. Red Bulls Technik-Guru Adrian Newey beschreibt das so: „Wenn man ein Aero-Setup hat, das mehr Abtrieb erzeugt, je näher man dem Boden kommt, dann kollabiert die Strömungsstruktur irgendwann und verliert an Abtrieb – und dann wird das Auto träge. Man konnte sehen, dass es generell möglich ist, das Problem zu lösen, aber wie man das genau hinbekommt, wie man es modelliert, darin bestand die Herausforderung.“

Der Ground-Effect, der in den vergangenen vier Jahrzehnten in der Formel 1 keine Rolle mehr gespielt hatte, und die damit verbundenen Gesetzmäßigkeiten der Aerodynamik, erwiesen sich als weitaus komplexer als erwartet. Außer vielleicht für Adrian Newey, der kurz dem Ende der letzten Ground-Effekt-Ära Anfang der 1980er-Jahre direkt von der Universität in die Formel 1 gekommen war.

Der Red Bull RB18-Honda war weitgehend immun gegen das Porpoising – oder konnte zumindest mit einem höheren Downforce-Level fahren als andere Autos, ohne dass das Phänomen auftrat, was reichte, um die anderen zu schlagen. Besonders hart zu kämpfen mit dem Porpoising hatte Mercedes, wo der junge Brite George Russell Valtteri Bottas als Teamkollege von Max’ letztjährigem WM-Rivalen Lewis Hamilton abgelöst hatte. Schnell war klar, dass die beiden in dieser Saison nicht mehr die Hauptkonkurrenten von Red Bull sein würden. Als dieser entpuppte sich Verstappens ehemaliger Kart-Rivale Charles Leclerc im Ferrari.

Der Red Bull hatte zu Beginn der Saison noch um die 25 Kilogramm Übergewicht, sodass der Ferrari mit seiner besseren Chassis-Balance und dem neuen Motor, mit dem man vor allem auch aus den Kurven heraus enorm beschleunigen konnte, zu diesem Zeitpunkt tatsächlich das schnellere Auto war. Vom Saisonstart im März bis zum achten Rennen im Juni musste aus dem Red Bull das Letzte herausgeholt werden, um mitzuhalten zu können. Der Ferrari war jedoch unzuverlässig und das Strategieteam der Italiener traf im Vergleich zu dem von Red Bull relativ oft falsche Entscheidungen. Das alles zusammen mit Max' Hartnäckigkeit brachte dem Team trotz der ungünstigen Voraussetzungen fünf Siege in den ersten acht Rennen ein. Danach wurde der Red Bull auf Diät gesetzt und der Ferrari-Motor wegen der Zuverlässigkeitsprobleme gedrosselt, wodurch der Red Bull zum schnellsten F1-Auto wurde, manchmal mit großem Abstand. Mit diesem leistungsstarken Rennwagen stellte Verstappen mit 15 Saisonsiegen einen neuen Rekord auf und sicherte sich vier Rennen vor Schluss seinen zweiten Weltmeistertitel. Das Blatt hatte sich gewendet.

Die Saison begann mit zwei Rennen im Nahen Osten, in Bahrain und Saudi-Arabien. Dabei wurde einmal mehr deutlich, wie schwierig es für die Formel 1 ist, mit Regimen zusammenzuarbeiten, für die Werte wie Gleichberechtigung, die sich die Formel 1 auf die Fahne geschrieben hat, keinerlei Bedeutung besitzen. Die Diskussion darüber warf auch ein neues Licht auf die Unterschiede zwischen Verstappen und Hamilton. Hamilton hatte das Thema als Teil seiner umfassenden Kampagne für soziale Gerechtigkeit aufgegriffen. Er führte mit dem Prinzen von Bahrain Gespräche über inhaftierte Aktivisten, die in den Hungerstreik getreten waren, und war auf Anfrage bereit, mit den Medien über das Thema zu sprechen. Verstappen wollte einfach nur Rennen fahren. Das spiegelte die Spaltung der Formel-1-Fans wider: Auf der einen Seite standen jene, die glaubten, dass man zwischen Sport und Politik trennen sollte, auf der anderen Seite diejenigen, die eine solche Unterscheidung für unrealistisch hielten und befürchteten, die Tatsache, dass die Formel 1 mit solchen Regimen kooperiert, werde von diesen für politische Zwecke instrumentalisiert. Viele Fans von Hamilton teilten dessen Ansicht, dass die Formel 1 nicht in einer Blase existieren könne und ihre weltweite Bekanntheit und ihr Ansehen nutzen solle, um auf Missstände aufmerksam zu machen. Ein großer Teil der Verstappen-Fans wiederum fühlte sich durch Hamiltons aktivistische Agenda, dass auch die Formel 1 eine Bühne für den Diskurs über gesellschaftliche und politische Probleme werden und „Haltung“ zeigen solle, bevormundet und hatten die Sorge, dass ihnen dadurch ihre Freude am Sport als reinem Unterhaltungsvergnügen vermiest werden könnte. Verstappen unterstützt durchaus Hamiltons Anliegen in Sachen Gleichberechtigung, aber als jüngerer Mann mit ganz anderen Lebenserfahrungen, der sich zu jener Zeit immer noch in erster Linie für den Rennsport interessierte, hatte er kein Interesse daran, selbst etwas Ähnliches zu initiieren.

Wie gesagt waren Max und Lewis auf der Strecke in dieser Saison jedoch keine Konkurrenten mehr. Lewis' Mercedes war pro Runde knapp eine Sekunde langsamer als der Red Bull von Verstappen. Der Gegner, der Max im Nacken saß, hieß nun Charles Leclerc. Der Monegasse hatte sich in Bahrain die Pole-Position gesichert, war 0,1 Sekunden schneller als Max und führte das Rennen an. Max war ihm auf den Fersen. Schon in Runde drei wurde er jedoch angewiesen, etwas Tempo rauszunehmen, um seine Bremsscheiben nicht zu überhitzen. Er durfte nur in einem streng begrenzten Rahmen den Führenden wirklich attackieren. „So ist es unmöglich, ein Rennen zu fahren“, lautete eine seiner vielen frustrierten Beschwerden über Funk.

Nach den ersten Boxenstopps wehrte Leclerc drei Ausbremsmanöver von Max souverän ab. Danach wurden die Bremsen und Reifen des Red so heiß, dass Leclerc das Rennen schon gewonnen hatte, bevor Max' Motor (ebenso wie der seines Teamkollegen Perez) wenige Runden vor Schluss den Dienst quittierte, weil das neue Kraftstoffsystem die letzten Liter Benzin im Tank, in dem sich ein Vakuum gebildet hat, nicht mehr verwerten konnte.

In Saudi-Arabien präsentierte sich Max in Bestform und setzte sich nach einem langen, packenden Zweikampf gegen Leclerc durch. Im Qualifying hatte ihn allerdings sein Teamkollege Perez ausgestochen und sich die Pole geholt, vor Leclerc auf P2 und ihm selbst auf P3. Der Mexikaner führte den ersten Stint des Rennens an, schied jedoch durch eine für ihn ungünstig getimte Safety-Car-Phase, von der seine beiden Verfolger profitierten, aus dem Kampf um den obersten Podestplatz aus.

Bei den spannenden Duellen, die sich Verstappen mit Leclerc in Bahrain und Saudi-Arabien lieferte, fiel auf, dass von Max keines der rücksichtslosen und kompromisslosen Manöver zu sehen war, mit denen er so oft Hamilton attackiert hatte. Er bestritt, dass er irgendetwas anders machte, aber andere nahmen den Unterschied sehr wohl wahr. „Ich glaube", sagte Christian Horner, „dass es eine Frage des Status ist. Kein anderer Fahrer fährt so gegen Hamilton wie er. Ich glaube, sie fahren härter gegeneinander, weil sie im jeweils anderen erkennen, dass sie beide außergewöhnlich sind und sich in unterschiedlichen Phasen ihrer Karriere befinden und nicht nachgeben wollen."

Dem stimmt Helmut Marko zu. „Lassen Sie es mich so sagen: Er und Charles gehören der gleichen Generation an, sie sind schon im Kart gegeneinander gefahren. Wenn er gegen Mercedes verloren hat, war das etwas anderes. Jetzt ist das ist ein rein sportlicher Wettkampf, kein politischer."

„Ich glaube, für die beiden ging es ein bisschen ums Ego", sagt Giedo van der Garde. „Sie waren die beiden besten Fahrer im Grid. Lewis hatte schon viele Meisterschaften gewonnen, und Max wollte beweisen, dass er den Größten und Erfolgreichsten schlagen kann. Ich denke, deshalb war es manchmal schwierig und ging hart zur Sache. Ich glaube, Lewis hat jetzt viel Respekt vor Max, und Max hat mehr Respekt vor Lewis. Wenn sie zusammenkommen, liegt immer eine gewisse Spannung in der Luft, und ich glaube, deshalb geraten sie leicht aneinander."

Alexander Wurz, langjähriger Präsident der Grand Prix Drivers' Association, der Formel-1-Fahrervereinigung, der über die Jahre an vielen Fahrergesprächen hinter verschlossenen Türen beteiligt war, hat eine sehr differenzierte Sicht auf Verstappens Rennstil. „Als Max in die Formel 1 kam, testete er die Grenzen des vom Reglement her Erlaubten aus – und die Grenzen jedes Einzelnen. Auf der Strecke und vielleicht auch bei den Stewards im Büro. Aber ich denke, die Sache hat zwei Seiten. Zum einen werden die Regeln ständig angepasst und geändert, wobei man über das Für und Wider wahrscheinlich ganze Bücher schreiben könnte. Zum anderen hat aber auch er sich verändert. Zum Teil ist das darauf zurückzuführen, dass er älter und reifer geworden ist, aber auch darauf, dass er jetzt über ein Auto verfügt, dass schnell genug ist, um damit gewinnen zu können, sodass er nicht jede Gelegenheit, die sich bietet, auf Teufel komm raus ergreifen muss. Denn genau das muss man tun, wenn man mit einem etwas unterlegeneren Auto fährt. Jetzt, wo er das schnellere Auto hat, wirkt er etwas kontrollierter, weil er auch mal auf die nächste oder übernächste Chance warten kann. Aber er ist definitiv jemand, der Grauzonen auslotet. Als Fahrer muss er das aber auch tun, denke ich, und er macht es gut. Es ist interessant, das als Außenstehender zu beobachten ... Er schenkt einem nichts. Man muss sich der Situation und seiner selbst schon sehr bewusst sein, um ihn anzugreifen. Ich habe schon gesehen, dass er sich etwas zurücknimmt, wenn es nicht um die WM-Wertung geht oder darum, ein Rennen zu gewinnen, und wenn er weiß, dass der andere vielleicht ein ganz anderes Ziel verfolgt, und ich habe gesehen, dass er nicht überschnappt. Ich glaube, das liegt daran, dass er das ganze Renngeschehen im Blick hat, und diese Übersicht hast du einfach als Weltmeister, denn man braucht sie, um zu gewinnen."

In Australien lag Max weit abgeschlagen hinter Leclerc auf Platz zwei, als er seinen Red Bull wegen eines Benzinlecks vorzeitig abstellen musste. Nach nur drei Rennen hatte Max nun schon 46 Punkte Rückstand auf Leclerc, woraufhin er sich nicht scheute, dem Team Druck zu machen: „Wir müssen schneller sein, als wir im Moment sind, und wir müssen zuverlässiger sein, als wir es gerade sind. Es gibt also eine Menge Dinge, an denen wir arbeiten müssen." Auf die Frage, wie er die Chance für Titelverteidigung sähe, antwortete er: „Darüber denke ich überhaupt nicht nach. Im Moment gibt es keinen Grund, sich irgendwelche Hoffnungen zu machen."

Als er später, nachdem er den Titel gewonnen hatte, auf die damalige Situation und seine Aussagen angesprochen wurde, gab er einen kleinen Einblick in die Abläufe hinter den Kulissen: „Natürlich war erst mal jeder sauer, aber dann haben wir versucht, es wirklich schnell in Ordnung zu bringen und super motiviert zu sein, um das Blatt noch einmal zu wenden. Ja, man ist vielleicht mal ein oder zwei Tage sauer, aber dann setzt man sich hin und spricht mit den Leuten: Was können wir tun, was können wir ändern? Und wie machen wir weiter? Und dann kommt das nächste Rennen, und alle lachen wieder. Wir haben doch alle die gleichen Ziele. Das ist das Schöne am Team. Man steht das gemeinsam durch, denn man teilt nicht nur Erfolge, sondern auch Enttäuschungen ... Man muss einfach konzentriert bleiben."

Das Comeback von Red Bull begann in der vierten Runde beim Großen Preis der Emilia-Romagna im kühlen und feuchten

Imola. Leclerc hatte im Sprintrennen am Samstag fast durchgängig in Führung gelegen, doch als seine Vorderreifen massiv abbauten, konnte Max an ihm vorbeiziehen und sich so Startplatz eins für das Hauptrennen am Sonntag sichern. Weil sich Perez beim Start sofort an P2 setzen und Leclerc damit auf Abstand halten konnte, konnte Max seinen zweiten Saisonsieg feiern.

Die stärkere Beanspruchung der Vorderreifen durch den Ferrari spielte auch in Miami eine Rolle. Zunächst führte Leclerc das Rennen an, doch Max konnte ihn mit einem souveränen Manöver überholen und früh die Führung übernehmen. Nach einer Safety-Car-Phase erhielt Leclerc die Chance, anzugreifen, doch gelang es Max, sich erfolgreich zur Wehr zu setzen. Er hielt dem Druck seines Verfolgers stand, bis seine Reifen auf Temperatur waren und er sich wieder absetzen und am Ende seinen nächsten Sieg einfahren konnte.

In Barcelona waren die Vorderreifen nicht mehr der entscheidende Schwachpunkt des Ferrari, und Leclerc konnte die Überlegenheit seines Autos, die es zu Saisonbeginn hatte, wieder voll ausspielen. Max fuhr hinterher, bis ihn eine Windböe aus Kurve 4 ins Kiesbett trug, wodurch er viel Zeit und einige Plätze verlor, einen davon an Perez. Leclerc sah wie der sichere Sieger aus, doch nach 27 von 66 Runden streikte die Power Unit seines Ferrari. Da er ein Problem mit dem DRS hatte, musste Max auf eine Zwei-Stopp-Strategie wechseln, um wieder vor den Mercedes von George Russell zu kommen (der überholt hatte, als Max durchs Kiesbett fuhr), was wiederum die Kooperation von Perez erforderte, der angewiesen wurde, Max vorbeizulassen. Perez war nur widerwillig dazu bereit und machte mehr als deutlich, wie wenig er davon hielt. Trotzdem: Er ließ Max vorbei, und der schaffte es schließlich auch, Russel zu überholen. Damit hatte Max jetzt vier von sechs Rennen gewonnen.

Aber er hatte das Gefühl, dass alles etwas schwieriger war, als es hätte sein sollen, vor allem mit seinem eigenen Teamkollegen.

Perez war mit dem schwereren und vorne etwas trägeren Red Bull in dieser Saison viel konkurrenzfähiger als mit dem anspruchsvolleren Vorjahresauto. Beim nächsten Rennen in Monaco erreichten die Spannungen zwischen den beiden Fahrern, wie zuvor bereits erwähnt, einen Höhepunkt. Perez gewann das Rennen – nicht zuletzt dank seines Crashs im Qualifying, der verhindert hatte, dass Max seine Runde beenden und sich die Pole-Position sichern konnte – und der sichtlich verstimmte Max kam als Dritter ins Ziel. Das war der Auslöser für Jos' Schimpftirade gegen das Team auf Max' Website.

Zwei Wochen später in Baku hatte Perez beim Qualifying erneut die Nase vorn und führte den ersten Stint des Rennens an, während Max den auf Platz zwei liegenden Leclerc gehörig unter Druck setzte, aber keinen Weg an ihm vorbei fand. Dadurch, dass Perez während einer Safety-Car-Phase draußen blieb, Leclerc aber an die Box fuhr, verlor Perez seine Position, als er selbst frische Reifen holen musste, an den Ferrari. Verstappen war ebenfalls draußen geblieben, vor seinem eigenen Boxenstopp aber noch an Perez vorbeigezogen, daher lag nach den Stopps der beiden Red Bulls nur noch Leclerc vor ihm. Wie das Duell zwischen Max und dem Monegassen, der auf den älteren Reifen unterwegs war, ausgegangen wäre, bleibt reine Spekulation, denn in Runde 20 schied Leclerc wieder einmal mit einem Motorschaden aus – genau wie Carlos Sainz im zweiten Ferrari einige Runden zuvor –, und Max sah wieder einmal als Erster die karierte Flagge.

Viel entscheidender aber war die Tatsache, dass an beiden Ferraris ein verheerender Schaden entstanden war, der das Team dazu zwang, die Motoren für den Rest der Saison etwas zu entschärfen. Das kostete sie etwa 0,2 Sekunden pro Runde. Das sowie die Tatsache, dass beim nächsten Rennen in Kanada der neue, leichtere Red Bull zum Einsatz kam, sorgte dafür, dass sich das Blatt entscheidend wendete.

Maßgeblich war auch, dass das Gewicht des Red Bull vor allem im vorderen Bereich reduziert wurde, woraufhin er nicht mehr so stark untersteuerte. Das bedeutete, dass Max seine Fahrkünste nun wieder voll zur Geltung bringen konnte und Perez weit hinter sich ließ, der nun wieder die Rolle des Unterstützers übernahm. Max war in den kommenden Rennen haushoch überlegen. In Kanada, Frankreich, Ungarn, Belgien, Holland, Italien, Japan, USA, Mexiko und Abu Dhabi stand der Red-Bull-Pilot, dessen Auto seit dieser Saison die Nummer eins trug, ganz oben auf dem Podium (wobei er in Ungarn sogar nur von Platz 10 und in Belgien von Platz 14 gestartet war).

Wenn er einmal nicht gewann, dann nur, weil ihn irgendein Zwischenfall oder Fehler daran hinderte. In Großbritannien hatte er gerade dem Ferrari von Carlos Sainz die Führung abgenommen, als er über Trümmerteile fuhr, die von einer Kollision der beiden Alpha Tauri aus der Runde zuvor stammten, und sich die Bodenplatte aufschlitzte. In Österreich wurde das Setup falsch gewählt, weshalb der Reifenverschleiß enorm war, was Leclerc zum Sieg verhalf. Im Qualifying in Singapur unterlief dem Team dann der einzige schwerwiegende Fehler der Saison. Max dermaßen wütend darüber, dass er sich nicht einmal dazu durchringen konnte, an der Teambesprechung teilzunehmen, sondern einfach zurück ins Hotel stürmte. Selbst Jos war fassungslos und sagte, so aufgebracht habe er Max noch nie erlebt.

Auf der nassen, aber abtrocknenden Strecke ging es in Q3 nur noch um den Benzinstand. Das Reglement schreibt vor, dass am Ende des Qualifyings oder Rennens mindestens ein Liter Benzin im Tank übrig sein muss, damit die FIA auf Wunsch eine Probe nehmen kann. Ist am Ende weniger als diese Menge im Tank, wird der Fahrer fürs Qualifying nachträglich disqualifiziert und muss beim Rennen aus der letzten Reihe starten.

Max fuhr gerade eine Runde, die ihm – hätte er sie zu Ende fahren können – sicher die Pole gebracht hätte, als er von seinem

Team aufgefordert wurde, die Runde abzubrechen, weil zu befürchten stand, dass er in der nächsten Runde (wenn die Strecke noch trockener und schneller wäre) vom Verkehr aufgehalten werden würde. Nachdem sie ihn dazu gebracht hatten, sein Tempo zu drosseln, um die nötige Lücke zu schaffen, stellten sie fest, dass, wenn er die angefangene Runde zu Ende bringen würde, weniger als ein Liter Treibstoff im Tank übrig wäre, und so wurde auch diese Runde abgebrochen. Die Zeit, die für Verstappens Platz in der Startaufstellung maßgeblich war, hatte er damit auf einer vergleichsweise nassen Strecke gesetzt, weshalb er in Q3 nur Achter wurde. Dass Perez sich Startplatz zwei gesichert und Leclerc die Pole geholt hatte, machte das Ganze für ihn umso ärgerlicher. Letztendlich erwies sich Perez beim Rennen wieder einmal als perfekter Ersatzmann für den um einen besseren Startplatz gebrachten Max, indem er sich und Red Bull nach einem intensiven Duell mit Leclerc den Sieg sicherte.

Eine Woche später in Japan war aller Ärger vergessen, denn Max machte hier vorzeitig seinen zweiten Weltmeistertitel klar. (Sieben Jahre zuvor hatte Max in Suzuka übrigens zum ersten Mal an einem Formel-1-Rennen teilgenommen.) Er dominierte das unter widrigen Bedingungen gestartete Regenrennen, nachdem er in der ersten Kurve mit einem gewagten Manöver auf der Außenbahn an Leclerc vorbeigezogen war, wobei aufgrund der wetterbedingten Startverzögerung nicht einmal die Hälfte der Renndistanz gefahren wurde. Selbst unter den Teams war man davon ausgegangen, dass aus diesem Grund nur halbe Punktzahlen vergeben würden – was bedeutet hätte, dass Max in den verbleibenden vier Rennen rein rechnerisch noch hätte überholt werden können –, doch aufgrund einer geringfügigen Änderung im sportlichen Reglement, die schon seit der vergangenen Saison gültig war, wurden tatsächlich die vollen Punkte vergeben. So erfuhr Max erst kurz vor seinem Interview mit Johnny Herbert von Sky, dass er Weltmeister geworden war. „Sind Sie sicher?“, fragte Max nach. Er blieb trotz allem noch eine Zeit lang skeptisch, bis ein FIA-Vertreter ihm schließlich bestätigte, dass er seinen Titel tatsächlich verteidigt hatte. „Ich fand das Ganze eigentlich ganz lustig“, kommentierte er dieses Durcheinander später.

Er konnte es sich leisten. Die Situation war nicht im Geringsten so angespannt wie Ende 2021; wer in der Fahrerwertung am Ende oben stehen würde, stand im Grunde seit Monaten schon fest. „Ich begann daran zu glauben, als wir [im Juli] in Frankreich waren“, verriet Max bei der Weltmeister-Pressekonferenz.

Der Gewinn seines zweiten Weltmeistertitels unterschied sich deutlich von dem seines ersten: Er war durchschlagender und hallte wesentlich stärker nach. Und auch der Sport selbst hatte sich durch die neue Generation der Autos stark verändert. Max dachte über die „schöne Seite“ dieser Autos nach. „Früher hat man sich sehr auf das Qualifying konzentriert, weil man wusste, dass es sehr schwer ist, im Rennen ein Auto zu überholen. Jetzt kann man, selbst wenn das Qualifying nicht so gut gelaufen ist, mit einem guten Auto immer noch kämpfen und andere tatsächlich überholen. ... Ich glaube, dass wir andernfalls nicht so viele Rennen gewonnen hätten, wie wir es in diesem Jahr getan haben, denn von der Pole-Position zu starten, ist zwar immer schön, aber es bedeutet nicht immer, dass man das Rennen auch gewinnt. ... Es war ein sehr unterhaltsames Jahr. Und der Höhepunkt war das Wochenende in Spa, würde ich sagen. Ich glaube, das war einfach die totale Dominanz, solche Wochenenden erlebt man nur sehr selten. Als ich an diesem Abend nach Hause kam, fing ich an, ein bisschen über das Wochenende nachzudenken, wie man das so macht. Und irgendwann merkt man dann, dass es ziemlich verrückt und ziemlich besonders war.“

Er war entspannt, offen und schien alle Fragen gerne beantworten zu wollen, egal wie lange es dauerte. Auf die Frage, ob es einen Einfluss auf seine Saison gehabt habe, dass er die Rennen nun als amtierender Weltmeister bestritten hatte, antwortete er: „Ja, wahrscheinlich erwarten die Leute ein bisschen mehr von dir. Aber für mich ändert sich im Endeffekt nicht viel. Man schaut immer auf sich selbst und fragt sich, was man besser machen kann. Ich glaube nicht, dass ich unbedingt ein schnellerer Fahrer geworden bin, denn ich bezweifle, dass man in diesem Stadium seiner Karriere mit seinem Fahrstil plötzlich noch ein Zehntel oder zwei Zehntel mehr rausfahren kann. Es geht vor allem darum, aus den vergangenen Saisons zu lernen und zu versuchen, das Gelernte umzusetzen. Und möglicherweise ist man in manchen Situationen einfach ein bisschen schneller. Das kann am Auto liegen, an den Reifen oder einfach an der Erfahrung auf der Strecke. Aber ja, für den Großteil der Saison war unser Auto nicht das, das für die besten Rundenzeiten gut war. ... Und am Anfang hatte es natürlich auch ein bisschen Übergewicht, ziemlich viel sogar. Das hilft nicht gerade dabei, super Rundenzeiten zu fahren."

Ein besonderes Lob gab es von Max für Honda. Schließlich war es besonders passend gewesen, dass er den Titel auf der Strecke des Red-Bull-Motorenpartners geholt hatte – zumal dessen Rennabteilung immer noch versuchte, den japanischen Konzern von einem langfristigen Verbleib in der Formel 1 zu überzeugen.

„Es fühlt sich alles so perfekt an", sagte er, „denn wir fahren ja nicht einfach nur mit Honda-Motoren. Wir arbeiten schon seit einigen Jahren mit ihnen zusammen – es geht also auch um das, was wir zusammen aufgebaut haben. Ich glaube, alle oder zumindest die meisten Leute haben uns für verrückt erklärt, als wir anfingen mit ihnen zusammenzuarbeiten, weil sie damals eine schwere Zeit durchmachten. Aber da sieht man mal wieder, man darf nie aufgeben und muss immer alles geben, und dann klappt es auch. Natürlich waren wir schon letztes Jahr sehr konkurrenzfähig, aber dieses Jahr sind wir noch besser. Und deshalb bin ich wirklich stolz auf das ganze Team und auf alle bei Honda, die diese Mentalität an den Tag gelegt haben. Denn es ist schwer, wenn man viel Kritik einstecken muss. Und der Druck ist enorm, weil die Leute viel verlangen und man abliefern muss, man muss Ergebnisse vorweisen. Aber sie sind ruhig geblieben und wussten, was sie zu tun hatten, und schauen Sie sich an, wo wir jetzt stehen."

„Er ist dieses Jahr ein anderer Fahrer", sagte Marko in Japan. „Schauen Sie sich Spa an und Ungarn, wo er von einem ungünstigen Startplatz aus ins Rennen ging. Er fuhr sehr kontrolliert und geduldig. Ich dachte, da sitzt ein anderer Fahrer im Auto. Wer ist das da drin? Das hätte es letztes Jahr so nicht gegeben. Auch sein Umgang mit den Reifen ist jetzt einfach überragend. Er hat ein tolles Gefühl für die Reifen, und das verbessert sich sogar immer noch. Eigentlich waren wir davon ausgegangen, dass Sergio der Reifenflüsterer sein würde, aber jetzt übernimmt immer mehr Max diese Rolle."

Markos alter Freund Dietrich Mateschitz verfolgte das Geschehen in Japan aufmerksam, obschon er inzwischen schwer erkrankt war. Es war das letzte Rennen, das er miterlebte. Er starb einen Tag vor dem Großen Preis der USA, dem nächsten F1-Rennen, das wenige Wochen später stattfand, und bei dem Verstappen einen dramatischen Sieg errang, nachdem er zunächst geführt hatte, dann aber bei einem Boxenstopp elf Sekunden lang aufgehalten wurde, woraufhin er zu einer großen Aufholjagd ansetzte, um sich kurz vor Schluss wieder an die Spitze des Fahrerfelds zu setzen.

Eine Woche darauf, beim Großen Preis von Mexiko bestätigte die FIA, dass Red Bull 2021 die Budgetobergrenze geringfügig überschritten hatte und mit einer Geldstrafe, einer Einschränkung der Windkanalzeit und anderen Simulationsbeschränkungen zu rechnen habe. Bei einer Budgetobergrenze von 145 Millionen Dollar beliefen sich Red Bulls Mehrausgaben 2021 auf knapp 500.000 Dollar, was gemessen am Gesamtbudget etwa 0,3 Prozent ausmachte.

Beim Rennen war wie bereits in Austin Hamilton in seinem zunehmend konkurrenzfähiger werdenden Mercedes Verstappens ärgster Verfolger.

In Brasilien gewann George Russell, nachdem Red Bull wie schon in Österreich mit Abstimmungsproblemen zu kämpfen hatte. Max wurde nach einer fast unvermeidlichen Kollision mit Hamilton, die wie eine Neuauflage ihres Crashs von 2021 wirkte, nur Vierter. „Ich fuhr außen herum und merkte sofort, dass er keinen Platz machen würde“, erzählte Max. „Ihn hat es um den Sieg gebracht. Ich bekam eine Fünf-Sekunden-Strafe, was für mich allerdings keine große Rolle spielte, weil wir ohnehin viel zu langsam waren. Aber es ist einfach schade. Ich dachte, wir könnten zusammen gutes Racing abliefern, aber offensichtlich bestand kein Interesse daran.“

„Man weiß ja, wie es mit Max ist“, konterte Hamilton. Das Verhältnis der beiden Fahrer zueinander war 2022 immer noch so vergiftet wie ein Jahr zuvor, als ihre Autos noch konkurrenzfähig gewesen waren.

Doch das war nicht einmal der größte Aufreger, an dem Max in Brasilien beteiligt war. Zu dem kam es in der letzten Runde, als er die Anweisung erhielt, Perez – der zuvor Max vorbeigelassen hatte, damit der versuchen konnte, Leclerc zu überholen, der mit Perez um den zweiten Platz in der Fahrerwertung konkurrierte – wieder auf den vierten Platz vorrücken zu lassen. Max reagierte nicht. Als GP sich über Funk nach dem Grund erkundigte, entgegnete er bissig. „Ich habe euch schon im Sommer gesagt, dass ihr mich das nicht noch einmal fragen sollt, okay? Sind wir uns da einig? Ich habe meine Gründe genannt, und ich stehe dazu.“

Damit spielte er offenbar auf den Unfall von Perez im Qualifying von Monaco an, ein Vorfall, den er seinem Kollegen offenbar immer noch nicht verziehen hatte. „Das zeigt, wer er wirklich ist", schimpfte Perez. Bei einem Krisentreffen nach dem Rennen kochte der Groll noch einmal hoch, danach beteuerten beide Fahrer jedoch, dass zwischen ihnen alles geklärt sei. Ob sie ihr Zerwürfnis tatsächlich überwunden oder nur notdürftig gekittet hatten, musste sich zeigen. Sollten sich die beiden weiterhin bekriegen, konnte man sich kaum vorstellen, dass ein anderer als Max als Gewinner aus diesem Streit hervorgehen würde. Vor dem Hintergrund des überwältigenden Erfolgs von Red Bull mag diese Episode wie ein kleiner Schluckauf wirken. Sie vermittelt aber einen Eindruck davon, wie es um die Gefühlslage im Cockpit bestellt ist.

Ex-Red-Bull-Pilot Mark Webber meinte dazu beim KTM Summer Grill von *Speedcafe.com:* „Die Teamchefs sind stets darum bemüht, die Spannungen zwischen den Fahrern in Grenzen zu halten, und das ist eigentlich auch ganz einfach, wenn es nicht gerade um Rennsiege oder Meisterschaftsplätze geht. In den Top-4- oder Top-5-Teams gibt es in der Regel keine großen Reibereien zwischen den Fahrern, und das Management hat es hier leichter, aber das ändert sich, sobald es um die Meisterschaft bzw. die jeweiligen Positionen in der Fahrerwertung geht. Auch die Teamchefs machen da was mit – sie haben nicht auf alles eine Antwort parat. Damals war es für Christian, Sebastian, mich und Red Bull die erste Erfahrung damit. Es gab schwierige Momente, aber das liegt in der Natur der Sache. Rückblickend gibt es Entscheidungen, die man anders und besser für das Team oder einen der jeweiligen Fahrer hätte treffen können, aber im Nachhinein war die Formel 1 großartig. Das Team kann nicht mitten im Rennen die Pausetaste drücken. Max scheint in Brasilien von der Anweisung des Teams ein wenig überrascht gewesen zu sein. Das wurde nach dem Rennen intern geklärt. Es ist nicht immer einfach, sich in den letzten Runden des Rennens ein vollständiges Bild vom

Geschehen zu machen, indem man mit einem Fahrer spricht, der den Helm noch aufhat."

Mit Verstappens fulminantem Sieg in Abu Dhabi kehrte die Normalität zurück – eine Normalität, die sich bis Anfang 2023 noch verfestigte. Max sagt, er jage keinen Zahlen und keinen Rekorden mehr hinterher. Er freut sich einfach, dass er das Ziel, das er und sein Vater sich vor so vielen Jahren gesteckt hatten, noch einmal erreicht hat.

Die Statistiken werden trotzdem immer besser. Red Bull dominiert die Formel 1 auf eine Weise, die vielleicht sogar die Vorherrschaft noch in den Schatten stellt, die der Rennstall während der Vettel-Ära ausübte. So sieht es jedenfalls Christian Horner. „Das ist mit Abstand das beste Red-Bull-Team, das wir je hatten. Wir haben so viel Stärke in der Tiefe, und ich glaube, dass wir mit Max den besten Fahrer der Welt haben."

Doch nicht nur Red Bull als Team hat sich weiterentwickelt, auch Max selbst hat sich verändert, meint Marko. „Er ist heute ein viel ruhigerer Fahrer als früher, als er fast schon die Nerven verlor, wenn er freitags auf den Zeittafeln nicht ganz oben stand", sagt der Motorsport-Chef des Teams. „Wir haben uns jeden einzelnen Erfolg in jedem einzelnen Rennen hart erarbeiten müssen, woran Max vor ein oder zwei Jahren noch etwas zu knabbern hatte. Denn er wollte einfach immer P1 sein. Aber das Wichtigste ist natürlich der Sieg."

Inzwischen sind es so viele Siege geworden, dass man sie langsam gar nicht mehr alle auseinanderhalten kann, es beginnt alles ineinander über zu gehen. Und während sich diese Siege häufen, winken irgendwo am Horizont die Rekorde, von denen Max sagt, dass sie ihm nichts bedeuten. Da sein Vertrag Ende 2022 noch sechs Jahre läuft, könnte er maximal noch sechs weitere WM-Titel gewinnen, die zu den beiden hinzukämen, die er bereits gewonnen hat.

Als Max Lewis Hamilton in Abu Dhabi 2021 daran hinderte, Michael Schumachers Rekord als siebenfacher Weltmeister – den er 2020 schon eingestellt hatte – zu brechen, stellte man sich die Frage, wann Hamilton wohl zum nächsten Mal die Chance bekäme, diesen Rekord zu knacken.

Vielleicht haben wir uns da einfach die falsche Frage gestellt.

FREUDEN UND LEIDEN EINES WELTMEISTERS

Ich bin nicht hier, um Zweiter zu werden.

Max Verstappen

Max hatte jahrelang auf ein konkurrenzfähiges F1-Auto gewartet, und Red Bull hatte so hart daran gearbeitet, dass sie die Entwicklung nicht verlangsamten, nachdem sie es endlich geschafft hatten, ihm ein solches zu liefern, sondern nur noch besser wurden. Max hatte vermutlich selbst nicht damit gerechnet, dass er 2023 einen noch größeren Wettbewerbsvorteil haben würde als nach seiner Rekordsaison 2022, in der er 15 Grand-Prix-Siege gefeiert hatte. Von nun an würde es für ihn ein wenig ruhiger werden, mag er gedacht haben, er würde mühelos zum dritten Mal Weltmeister werden und sich auf die nächsten fünf Saisons, für die sein Vertrag galt, freuen können. Das war doch alles, wovon er geträumt hatte, nicht wahr?

Vielleicht. Dennoch schwang in vielen von Max' Äußerungen zu Beginn der Saison 2023 eine gewisse Unzufriedenheit mit. Dabei ging es nicht unbedingt um sein Auto oder das Team, sondern um ein generelles Unbehagen, als verlöre er zunehmend die Geduld mit der Formel 1 angesichts ihrer Entwicklung in der seit Längerem andauernden aggressiven Expansionsphase, bei der es primär nur noch um Marketing geht. Die Übernahme des Sports durch die Amerikaner ließ die Kassen zwar öfter und lauter klingeln als je zuvor, führte aber auch zu einem immer volleren, dichter gepackten Rennkalender. Dies und der allgemeine Rummel stießen Max übel auf, und er antwortete bereitwillig offen und umfassend, wenn er darauf angesprochen wurde.

So sagte er, als er bei der Pressekonferenz zum Großen Preis von Australien gefragt wurde, ob es 2023 Änderungen am Sprintformat geben werde, beispielsweise: „Ich hoffe, es wird nicht zu viele Änderungen geben, sonst werde ich es nicht mitmachen. Ich werde dann nicht mehr lange dabei sein."

Diese Drohung, die Formel 1 zu verlassen, erinnerte an das, was er gesagt hatte, nachdem er und seine Familie nach der Kontroverse mit seinem Teamkollegen Sergio Perez beim Großen Preis von Brasilien Ende 2022 in den sozialen Medien massiv beschimpft worden waren. „Wenn die eigene Schwester einen bittet, etwas zu unternehmen, weil es wirklich zu viel wird, sagt das genug. Das macht natürlich etwas mit mir, weil man meine Familie nicht so angehen sollte... Um ehrlich zu sein, das ist nicht der einzige Grund, aber ich werde nicht mehr hier sein, wenn ich 40 bin, das steht fest."

Man kann es nur als Ironie des Schicksals bezeichnen, dass der Fahrer, der am meisten über seinen Ausstieg aus der Formel 1 sprach, derjenige war, dessen Vertrag am längsten lief. Seine Unzufriedenheit war dennoch ganz real.

Trotz dieses gelegentlichen Ärgers schien er auf dem besten Weg zu seinem dritten Weltmeistertitel zu sein, vereinzelte kleine Zwischenfälle nicht ausgeschlossen. Nachdem er das erste Rennen in Bahrain dominiert hatte, warf ihn eine gebrochene Antriebswelle in Saudi-Arabien auf Platz 15 zurück und ebnete Sergio Perez den Weg zum Sieg. Max konnte sich zwar wieder bis auf P2 vorkämpfen, kam aber nicht mehr nah genug an seinen Teamkollegen heran, um ihm gefährlich zu werden. In gewohnter Manier ließ es sich Max nicht nehmen, seinen Unmut kundzutun: „Ich habe mich auf den zweiten Platz vorgekämpft", sagte er, „das ist gut. Und natürlich ist die Stimmung im Team gut, alle sind glücklich, nur ich persönlich bin es nicht. Denn ich bin nicht hier, um Zweiter zu werden, vor allem nicht, weil man auch im Werk sehr hart arbeitet, um sicherzustellen, dass hier alles in einem tadellosen Zustand ankommt und im Grunde perfekt ist. Und dann muss man eine Aufholjagd starten, was mir durchaus gefällt – ich meine, es macht mir nichts aus, das Feld von hinten aufzurollen – aber wenn man um die Weltmeisterschaft kämpft, vor allem, wenn es so aussieht, als ob die nur zwischen zwei Autos entschieden wird, muss man schon sicherstellen, dass diese beiden Autos auch zuverlässig sind.“

Gegen Ende des Rennens fragte er Lambiase nach der schnellsten Runde. „Darüber machen wir uns keine Gedanken“, antwortete der Ingenieur. „Ja, aber ich mir schon“, entgegnete Max. Perez die schnellste Runde abzunehmen, wäre für ihn in Bezug auf den Abstand zu seinem Teamkollegen zwei Punkte wert. Für seinen Angriff in der letzten Runde konnte er auf seine komplette Batterieenergie zurückgreifen – mit Erfolg. Der Extrapunkt, den er für die schnellste Runde erhielt, bescherte ihm die Führung in der Fahrerwertung. Das war eine wirklich großartige Leistung, wenn man bedenkt, dass er an diesem Rennwochenende noch nicht ganz gesund gewesen war. „In den Tagen vor dem Rennen war ich zu Hause sehr krank, ich konnte kaum laufen und es fühlte sich an, als würde mir ein ganzer Lungenflügel fehlen. Als es dann aufs Wochenende zuging, dachte ich, es sei wieder alles okay, denn normalerweise geht es einem zwei oder drei Tage nach einem Infekt wieder gut und man kann trainieren. Aber als ich dann im FP1 ins Auto sprang… Nach nur einer Runde hatte ich das Gefühl, dass ich mich zwei Runden lang erholen muss, um wieder normal atmen zu können. Also ja, es hat mich definitiv das ganze Wochenende über beeinträchtigt, und das hat mir nicht gefallen, weil es eines der ersten Rennen war, bei dem ich das Gefühl hatte, körperlich eingeschränkt zu sein.“

Zwei Wochen später in Australien war er wieder völlig gesund und kontrollierte das Rennen, obwohl mehrere Rennunterbrechungen nach roten Flaggen seinen herausgefahrenen

Vorsprung immer wieder zunichte machten. In Baku verlief das Rennen ähnlich wie in Jeddah: Perez hielt dem immensen Druck von Max stand und gewann. Auf dem Straßenkurs, auf dem Perez immer gut zurechtkam, lief es für Max nicht so gut wie sonst. Seine frühe Führung verlor er durch einen unglücklich getimten Boxenstopp kurz vor einer Safety-Car-Phase. Red Bull holte ihn rein, als Perez gerade mit DRS an ihm vorbeiziehen wollte. Das vereitelte Überholmanöver gelang „Checo" kurz danach doch noch, indem er Zeit sparte als er, während das Safety-Car das Feld verlangsamte, selbst an die Box fuhr. Max war gnädig in seiner Niederlage. Es war kein Teamfehler. „Du hattest einfach Pech", kommentierte Perez seinen schlecht getimten Boxenstopp. „Ja, das kann passieren", sagte Max. „Du hast das letztes Jahr in Jeddah ja auch erlebt."

In Miami lieferten sich die beiden erneut ein äußerst spannendes Duell: Max startete nur von P9, nachdem er in seinem ersten Q3-Run in einer Kurve zu viel Gas gegeben hatte und er wegen einer roten Flagge nach einem Unfall von Leclerc keine Chance mehr für einen zweiten Versuch bekam. Obwohl Perez von der Pole aus gestartet war, dauerte es nicht lange, bis Max hinter ihm auftauchte. Da die Teamkollegen auf unterschiedlichen Reifenstrategien unterwegs waren, kam es nun darauf an, wer aus der Kombination von Geschwindigkeit und Reifenverschleiß das Beste herausholen konnte. Entscheidend war, wie gut Max die langsamen Kurven im zweiten Sektor meisterte. Dadurch war Perez gezwungen, in den schnellen Kurven des ersten Sektors Zeit gutzumachen, was seinen Reifen letztlich schadete und es Max ermöglichte, mit DRS an seinem Teamkollegen vorbeizuziehen und zu gewinnen.

Je mehr sich der Sport an den Marketingstrategien der Rechteinhaber orientiert, desto schwieriger scheint es für Max zu werden, den Verstappen-typischen Impuls zu unterdrücken, allem, was er für dumm und irrelevant hält, eine Absage zu erteilen, und das zehrt an den Energiereserven, die ihn in der Formel 1 halten. Bei der offiziellen Pressekonferenz vor dem Großen Preis von Miami gab es einen sehr vielsagenden Moment, als Max nach einer besonders belanglosen Frage ein Ausdruck irritierter Verärgerung über das Gesicht huschte, bevor er sich wieder zusammenriss und eine passende Antwort gab. Diese verräterische Mimik zeigt im Kleinen beispielhaft seine zunehmende Enttäuschung über den Sport, in dem er es bis an die Spitze geschafft hat. Wie groß seine Reserven noch sind und inwieweit die Erfolge, die er sich erarbeitet, sie wieder auffüllen können, weiß vielleicht nicht einmal er selbst. Zumindest noch nicht.

In einem Interview mit der *Sport Bild* zu Beginn der Saison sprach er erneut über das absehbare Ende seiner Karriere. „Manchmal klingt das für Außenstehende sicher komisch ... du bist in der Formel 1, du gewinnst – ich würde mich sicher selbst wundern, wenn ich in ihrer Position wäre, aber wenn du mittendrin bist, ist es nicht immer so, wie es aussieht oder wie es sich die Leute vorstellen. Ja, es ist großartig, es ist faszinierend und man kann vieles tun, aber es gibt auch immer gewisse Grenzen."

Dieses ständige Spannungsfeld, in dem sich Max befindet, zwischen seiner Verärgerung über die Verpflichtungen, die die Formel 1 ihm auferlegt, und der Freude über die Erfolge, die er auf ihrer Bühne erringt, scheint seine verbleibende Zeit in diesem Sport zu prägen – wann auch immer diese enden wird. Mit Auslaufen seines Vertrages im Dezember 2028? Früher? Oder auch später?

Bei der Abwägung dieser Entscheidung wird wohl nicht zuletzt die Frage nach seinen Finanzen eine entscheidende Rolle spielen. Nämlich die Frage, ob er genug verdient hat, um sich selbst und allen, für die er sich verantwortlich fühlt, weiterhin das Leben zu ermöglichen, an das sie sich gewöhnt haben. Für immer. Das ist eine schwere Bürde für einen so jungen

Menschen. Wenn es soweit ist – falls das nicht jetzt schon der Fall ist –, wird sein Verbleib in der Formel 1 wohl nur noch von der Frage abhängen, ob die Freude über seine Erfolge bei ihm den Überdruss angesichts seiner Pflichten in der Formel 1 überwiegt. Die Aussicht auf Rekorde, die er möglicherweise noch brechen könnte, wird hingegen eher irrelevant sein. Er hat immer wieder gesagt, dass ihn das nicht interessiert. Wenn die Zeit gekommen ist, wird sich Max, der Unaufhaltsame – zu seinen eigenen Bedingungen und zu einem Zeitpunkt, den allein er und kein Vertrag bestimmt – selbst aufhalten.

DANKSAGUNG

Ich danke Jonathan Taylor von Headline für die Konzeption des Buches und David Luxton von David Luxton Associates für die Koordinierung des Projekts. Der Journalistin Linda Vermeeren danke ich für ihre Übersetzungsleistungen und Verstappen-Anekdoten. Meinem Freund Ernst Berg gebührt Dank für die Vermittlung wertvoller Kontakte.

Ein weiterer Dank geht an alle, die mir ihre Zeit zur Verfügung gestellt haben, insbesondere Frans van Amersfoort, Kees van der Grint, Allard Kalff, Giedo van der Garde, Michel Vacirca, Christian Horner und Helmut Marko.

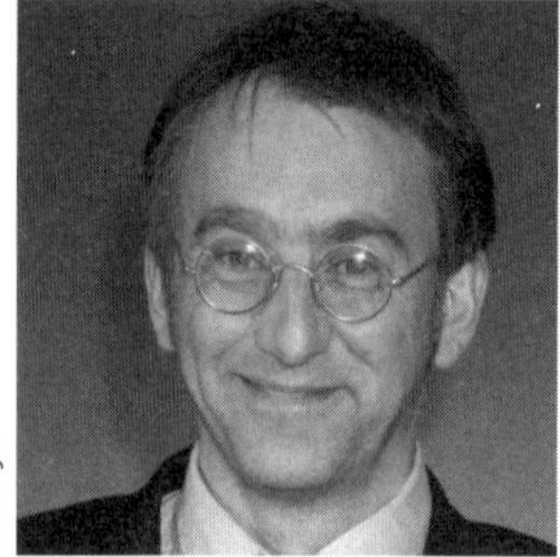

© imago

ZUM AUTOR

Mark Hughes ist Redakteur beim *Motorsport-Magazin* und schreibt für the-race.com sowie die offizielle Website der Formel 1. Zudem arbeitet er für das Motorsport-Jahrbuch *Autocourse* und für Sky F1. Als Autor veröffentlichte er unter anderem *Speed Addicts*, das 2006 den British Sports Book Award für das beste illustrierte Buch erhielt.

IMPRESSUM

Projektkoordination: *Dr. Marten Brandt*
Layout und Satz: *Datagrafix GSP GmbH, Berlin | www.datagrafix.com*
Gestaltung von Umschlag und Bildstrecke: *Groothuis. Gesellschaft der Ideen und Passionen mbH | www.groothuis.de*
Lithografie: *Frische Grafik, Hamburg*
Druck und Bindung: *GGP Media GmbH, Pößneck*

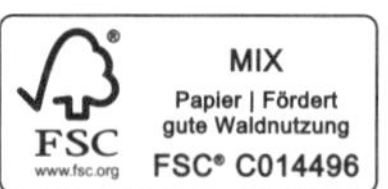

1. Auflage 2024
© 2024 Edel Verlagsgruppe GmbH
Neumühlen 17
D-22763 Hamburg
ISBN: 978-3-98588-103-1

LIEBE LESERINNEN, LIEBE LESER

wie schön, dass Sie ein Buch von EDEL SPORTS lesen! Wir lieben große Geschichten, herausragende Persönlichkeiten und starke Meinungen aus der faszinierenden Welt des Sports und freuen uns sehr, dass Sie diese Leidenschaft mit uns teilen. Sport ist Emotion, Entertainment und Business zugleich. Geben Sie uns gern Ihr Feedback auf Instagram (@edel.sports) oder schreiben uns an: *info@edelsports.com*

UNSER VERLAGSHAUS

Mit Standorten in Hamburg und München zählt die Edel Verlagsgruppe zu den größten unabhängigen Buchanbietern Deutschlands. Zur Gruppe gehören die Verlage Dr. Oetker Verlag Edel Sports, KARIBU und ZS.

EDEL Sports – Ein Verlag der Edel Verlagsgruppe
www.edelsports.com
www.instagram.com/edel.sports